Jean-Marie Husser

Le songe et la parole

Beihefte zur Zeitschrift für die alttestamentliche Wissenschaft

Herausgegeben von
Otto Kaiser

Band 210

Walter de Gruyter · Berlin · New York
1994

Jean-Marie Husser

Le songe et la parole

Etude sur le rêve et sa fonction dans l'ancien Israël

Walter de Gruyter · Berlin · New York
1994

⊗ Gedruckt auf säurefreiem Papier,
das die US-ANSI-Norm über Haltbarkeit erfüllt.

Catalogage en Publication de la Deutsche Bibliothek

[Zeitschrift für die alttestamentliche Wissenschaft / Beihefte]
Beihefte zur Zeitschrift für die alttestamentliche Wissenschaft.
– Berlin ; New York : de Gruyter.
Früher Schriftenreihe
Fortlaufende Beil. zu: Zeitschrift für die alttestamentliche Wissenschaft
NE: HST
Bd. 210. Husser, Jean-Marie: Le songe et la parole. – 1994
Husser, Jean-Marie:
Le songe et la parole : etude sur le rêve et sa fonction dans l'ancien Israël / Jean-Marie Husser. – Berlin ; New York : de Gruyter, 1994
(Zeitschrift für die alttestamentliche Wissenschaft : Beihefte ; Bd. 210)
Zugl.: Paris, Sorbonne, Diss., 1990
ISBN 3-11-013719-4

ISSN 0934-2575

Printed in Germany
Diskettenkonvertierung: Lewis & Leins, Berlin
Druck: Arthur Collignon GmbH, Berlin
Buchbinderische Verarbeitung: Lüderitz & Bauer-GmbH, Berlin

Avant propos

Le dossier concernant le rêve dans l'Ancien Testament n'est pas considérable, mais assez divers cependant, tant en ce qui regarde la forme des textes (récits de songes, allusions polémiques, descriptions d'expériences oniriques), que leur finalité. On aborde ainsi un domaine où s'entrelacent en liens serrés l'imaginaire d'un fonctionnement cérébral universel – dont la raison d'être demeure, aujourd'hui encore, en grande partie énigmatique –, et son utilisation polymorphe à des fins littéraires, politiques et théologiques. La subtilité et la complexité des rapports réciproques entre ces deux faces du phénomène laisse ouvert le dossier à toute recherche future.

On ne trouvera pas ici un nouvel inventaire ordonné et commenté de tous les passages touchant au rêve dans l'Ancien Testament; l'ouvrage de L. Ehrlich demeure, à cet égard, une référence nécessaire, même si ses développements de critique littéraire ont inévitablement vieilli. La distinction, devenue habituelle dans l'exégèse, entre les rêves à message et les rêves allégoriques a servi de point de départ pour une nécessaire sélection des textes à étudier, de manière à définir plus précisément le champ d'investigation. Nous n'avons retenu que les songes de la première catégorie, autrement dit, ceux qui décrivent une rencontre entre le rêveur et un être divin, et rapportent un dialogue onirique, sans aucune image ni scénario. Un index en fin de volume donne la liste des textes examinés dans le cours de l'ouvrage.

Une telle étude rencontre une difficulté méthodologique évidente: comment saisir un objet si éminemment subjectif? Seul le rêveur est témoin de son rêve, et nous n'en saurons jamais que ce qu'il veut bien en dire. Notre objet sera donc un *récit* de rêve, et non le rêve lui-même, qui n'est phénomène que pour celui qui le «voit». Le récit de cette expérience nous rapporte ce que la mémoire du rêveur en aura retenu, et ce que sa conscience saura formuler, compte tenu du transfert et du déplacement symbolique inhérent à tout travail onirique. En outre, et c'est une certitude acquise par la critique, aucun des récits de songes contenus dans la Bible n'a été écrit par le rêveur lui-même: il faut tenir compte de l'intervention d'un ou de plusieurs rédacteurs. Les rêves rapportés dans nos sources sont ainsi rédigés selon des conventions d'écriture et des canons littéraires contraignants, des références symboliques culturellement déterminées, une intention théologique précise, et ne sauraient dès lors nous transmettre l'expérience psychologique crue des individus qui sont supposés les avoir vus.

Par le choix initial de porter notre attention exclusivement sur les songes à message, généralement dépourvus de toute imagerie symbolique, on aura davantage affaire à des *situations oniriques* qu'à des *contenus oniriques*, ce qui nous semble garantir, d'un point de vue phénoménologique, une plus grande authenticité des sources. En effet, si stéréotypées que fussent ces descriptions de songes quant à la situation évoquée, elles déterminaient en retour, pour une grande part, l'expérience réelle des individus à qui elles s'adressaient. Il nous paraît donc possible de postuler, entre l'expérience subjective intime de cette situation onirique et sa formulation littéraire paradigmatique, une relative analogie formelle, quelle qu'ait pu être par ailleurs la diversité de ces rêves quant à leurs contenus, trop facilement modifiables au gré des intentions théologiques ou idéologiques des rédacteurs.

Le fait que ces récits de songes relèvent de l'artifice littéraire n'enlève rien, pensons-nous, à l'authenticité de leur témoignage. Le processus de communication inhérent à tout acte d'écriture implique, pour fonctionner, une nécessaire connivence entre l'auteur et son lecteur. Le premier doit tenir compte d'un savoir culturel commun, livresque, traditionnel ou expérimental, partagé avec le second, s'il veut être compris de lui. S'il est illusoire, en deçà de ces récits, de chercher à saisir l'expérience réellement vécue par un rêveur, on est en revanche assuré qu'ils décrivent un état onirique connu du lecteur et identifiable par lui, sinon ils n'auraient pas de sens.

Ainsi, la seule subjectivité que ces récits de songes sont susceptibles de nous révéler n'est pas celle du rêveur, ni celle de l'auteur, dont la personnalité, dans le cas d'une littérature traditionnelle, pose toujours un problème, mais celle du lecteur à qui ils étaient adressés. Cela paraît mince, mais c'est en réalité beaucoup: c'est le gage que ces textes ont bien quelque chose à nous apprendre sur l'onirisme des hommes de ces temps reculés, et sans doute aussi sur l'onirisme en général.

On est donc autorisé à admettre, sinon la réalité historique de tel rêve décrit par les textes, du moins l'authenticité psychologique d'un certain type d'expérience onirique à laquelle on reconnaissait une valeur particulière, et dont l'écriture témoigne de l'interprétation traditionnelle et culturellement partagée qui en était faite. En l'occurrence, pour l'un comme pour l'autre, la réalité de la rencontre avec Dieu ou un être divin dans le rêve ne semble poser aucun problème et ne susciter aucun doute. Une expérience onirique particulière était interprétée et exprimée à travers le schéma littéraire type d'une telle situation.

On s'efforcera dès lors de définir son rôle et sa fonction à plusieurs niveaux:

Fonction du rêve au niveau strictement littéraire tout d'abord, où l'on mettra en évidence le rôle dynamique et structurant d'un récit de songe dans un ensemble littéraire plus vaste. Qu'il s'agisse d'une narration de type épique ou d'une unité plus petite, l'introduction d'un songe comme élément de composition permet généralement d'articuler le récit sur des niveaux de réalités différentes. Sous cet angle formel, il apparaît déjà comme médiateur et opérateur de sens.

Fonction du rêve dans différents cadres socio-culturels, tels que la royauté, le prophétisme et le courant sapientiel. La nature des sources nous contraint à un certain «pointillisme», car leur rareté empêche d'appréhender tous les aspects du phénomène tel qu'il put être vécu et utilisé dans ces contextes. Il est évident que nous n'avons jamais affaire à un discours neutre, et que le rêve peut être l'enjeu ou l'argument d'une intention polémique, apologétique ou simplement idéologique des textes qui l'utilisent. Nonobstant cette inévitable compromission, ce n'est pas tant le contenu d'un songe qui est significatif pour nous que la situation onirique décrite et son intervention en un moment précis de la vie sociale, politique ou religieuse.

Fonction anthropologique du rêve enfin, que nous tenterons de définir à travers les niveaux précédents. Si le rêve peut être médiateur d'un simple point de vue littéraire, il apparaît tel également en tant qu'expérience (*Erlebnis*) permettant la rencontre de l'homme avec le divin. Le rêveur se trouve ainsi placé à une articulation qui ne peut pas être sans incidences sur son devenir social, psychologique ou spirituel. On s'interrogera sur la *valeur transformante* de cette expérience, laquelle concerne davantage l'être du héros que son agir, même si le contenu littéraire des messages reçus à cette occasion laisse penser le contraire.

Notre démarche sera par conséquent volontairement éclectique, guidée et contrainte par une nécessaire critique historique des documents qui n'apparaît pas d'emblée en relation avec le sujet, mais aussi soucieuse de faire la part à une analyse littéraire synchronique. La question s'est bien entendue posée de la pertinence de l'herméneutique psychanalytique pour un tel sujet. Nous partageons, jusqu'à un certain point, la réticence traditionnelle des exégètes à l'égard de ce type de lecture, réticence due au fait évoqué plus haut, que ces récits de rêves ne peuvent être considérés comme l'expression directe et spontanée d'un état psychologique vécu. De plus, une véritable mise en lumière psychanalytique s'effectue au sein d'un processus thérapeutique, et en fonction de tout un contexte d'analyse. A défaut de ce contexte, ou de séries significatives de rêves, on aura inévitablement recours au procédé facile et réducteur de la mise en regard du texte et d'une grille préétablie d'équivalences symboliques.

Le *contenu latent* d'un récit de rêve – si tant est qu'on puisse en postuler un au sens psychanalytique – n'est pas à chercher derrière le rêve lui-même, mais derrière le texte qui relate ce rêve. L'écrivain étant distinct du rêveur, c'est lui qui donne forme au récit, et c'est à lui seul que sont imputables les «résistances», révélatrices du «non-dit» à décrypter, et les déplacements symboliques qui traduisent ce non-dit. L'étude historico-critique des textes n'a pas attendu la théorie psychanalytique pour s'interroger sur les discordances et les tensions du discours écrit, significatives de sa mémoire rédactionnelle, et à ce titre révélatrices d'un véritable discours latent, souvent stratifié. Cependant, une lecture psychanalytique n'a de sens que si elle rencontre un sujet parlant; or, ce discours latent révélé par l'exégèse critique ne renvoie pas à un sujet unique et précis, mais à un enchevêtrement complexe de traditions, de rédactions et de relectures, si bien que, du strict point de vue scientifique, l'auteur d'un texte apparaît, en tant que sujet, aussi insaisissable que le rêveur du songe rapporté.

Comme on l'a dit plus haut, la seule subjectivité que ces récits de songes nous permettent de saisir est celle du lecteur. Dans la mesure où un tel récit, si fictif soit-il, signifie quelque chose pour ce dernier, il échappe au pur cloisonnement du genre littéraire et restitue une part de l'expérience psychologique commune. C'est par là que les lectures analytiques freudienne ou jungienne retrouvent une certaine pertinence, bien montrée dans la récente étude de P.Gibert. Sans entrer nous-même dans ce type de lecture, on verra comment, en quelques cas précis, la prise en compte de cette nécessaire connivence psychologique entre l'auteur et le lecteur permet de sortir des apories d'une démarche exclusivement historique ou littéraire.

Nous avons réparti l'étude des textes selon leurs contextes socio-culturels respectifs, ce qui organise cet ouvrage en trois parties, traitant successivement de la fonction du songe dans la royauté, dans le prophétisme et dans le milieu sapientiel. Cette répartition n'a rien d'exclusif, et l'on constatera que plus d'un texte, au cours de son histoire rédactionnelle, enregistrera des influences diverses. C'est, dans la mesure où la critique peut les définir avec assez de précision, l'appartenance et l'intention du document primitif ou de la première rédaction d'un texte, qui déterminent sa place dans l'une ou l'autre de ces trois parties. Nous n'avons pas systématiquement cherché à faire une étude chronologique de ces documents, d'une part en raison du caractère souvent hypothétique et approximatif de leur datation et, d'autre part, parce que la fonction réservée à l'onirisme dans ces différents domaines culturels nous semble plus significative qu'une évolution générale des mentalités sur ce sujet, dont on constatera d'ailleurs qu'elle n'a pas été si sensible qu'on le dit souvent.

Table des Matières

Introduction

1. Etat de la question

a) La recherche historique et littéraire

La première, et jusqu'ici la seule monographie consacrée au rêve dans l'Ancien Testament est la thèse de E.L. Ehrlich, publiée en 1953[1]. L'ouvrage se présente comme un examen critique de l'ensemble des textes bibliques relatifs à la question, classés et répartis en six chapitres, selon qu'ils concernent le problème de l'incubation (chap. I), les rêves symboliques (chap. II), les injonctions divines transmises par voie onirique (chap. III), la légitimité du rêve comme moyen de révélation divine (chap. IV), les témoignages de scepticisme à l'égard du rêve (chap. V), son rejet comme moyen de révélation (chap. VI).

En réponse à certaines affirmations de l'histoire des religions, E. Ehrlich étudie plus spécialement le problème de la pratique de l'incubation en Israël, et parvient à une conclusion très réservée. De tous les textes examinés dans son premier chapitre, il ne retient que I Reg 3,5-15 (le songe de Salomon à Gabaon), comme attestation claire de cet usage. Un autre souci de l'auteur fut d'établir la légitimité et l'autorité reconnue en Israël au rêve comme source de révélation, malgré l'attitude sceptique de la littérature sapientielle et quelques vives critiques issues du milieu prophétique.

Ayant ainsi clarifié le dossier sur ces deux points, E. Ehrlich passe en revue le corpus des songes symboliques – définis comme les rêves requérant une interprétation – essentiellement ceux de l'histoire de Joseph (Gen 37; 40; 41), celui de Jdc 7,13-14 et les deux songes de Nabuchodonosor dans Daniel. Dans ces récits, l'interprétation du songe apparaît comme l'explicitation d'un sens implicite, non perçu par le rêveur; l'importance de cette opération a pour corollaire le rôle prépondérant tenu par l'interprète des songes. Dans la tradition biblique, Dieu est non seulement à l'origine de tels songes, mais c'est encore lui qui inspire leur interprétation ; dès lors, si les rêves symboliques sont un moyen choisi par Dieu pour communiquer

---

1 E.L. Ehrlich, Der Traum im Alten Testament, BZAW 73, 1953.

quelque chose aux hommes, ils sont aussi, et surtout, par ce biais de l'interprétation inspirée, l'occasion de manifester sa supériorité sur les autres dieux et sur la sagesse humaine. S'agissant des rêves transmettant un ordre divin, le travail de E. Ehrlich se limite à un simple catalogue des passages concernés – principalement dans les récits patriarcaux – les situant rapidement par rapport à la critique littéraire, mais jugeant leur apport insignifiant sur la question du songe. Ces rêves n'en sont pas véritablement, selon lui, puisqu'ils ne comportent aucun aspect visuel et ne font que rapporter une parole divine[2].

Les biblistes ont pu compléter avec bonheur le dossier de E. Ehrlich par l'importante publication de A.L. Oppenheim[3] parue peu après et qui, essentiellement consacrée à la littérature mésopotamienne, fournit un abondant matériel de comparaison, traduit, commenté, et parfois même inédit jusqu'alors. Cette étude donne le texte, la traduction et le commentaire d'un traité assyrien d'oniromancie rédigé sur onze tablettes, mais c'est surtout sa première partie qui est devenue, pour l'exégèse biblique, une indispensable référence, par la remarquable synthèse que L. Oppenheim y développe sur l'interprétation des songes dans le monde assyro-babylonien. Il distingue dès l'abord trois plans très différents sur lesquels se manifeste le phénomène du rêve: «dreams as revelations of the deity which may or may not require interpretation; dreams which reflect, symptomatically, the state of mind, the spiritual and bodily «health» of the dreamer, which are only mentionned but never recorded, and, thirdly, mantic dreams in which forthcoming events are prognosticated»[4]. Il convenait, en effet, avant d'aborder la question des rêves prémonitoires (*mantic dreams*) qui font l'objet de ces traités d'oniromancie, de préciser la position de ce type de rêves dans l'ensemble des expériences oniriques et des attitudes qu'elles suscitaient.

L'oniromancie apparaît comme un cas particulier dans l'ensemble des pratiques divinatoires connues; elle relève de la divination déductive[5], qui tire son principe de l'idée que n'importe quel phénomène naturel extraordinaire, n'importe quelle anomalie dans

---

2 R. Follet s'est proposé, dans un court article en latin (Šunâtuâ damqâ, VD 32, 1954, 90-98), de compléter l'ouvrage de Ehrlich par un rapide survol des sources suméro-akkadiennes et ougaritiques. Les textes ne sont malheureusement pas cités, mais seulement résumés. On trouve, en début d'article, quelques considérations sur la classification des songes, le vocabulaire akkadien et l'arrière-plan mythologique.

3 A.L. Oppenheim, The Interpretation of Dreams in the Ancient Near East, Trans. of the Am. Phil. Society, 1956, 174-354.

4 Oppenheim, Dreams, 184.

5 Par opposition à la divination intuitive, la divination déductive ne provient pas d'une inspiration spontanée chez l'homme, mais d'un effort d'observation et de déduction. Cf. Oppenheim, Dreams, 237 ss.

l'ordre habituel des choses, recèle une indication sur le destin fixé par les dieux, et requiert de ce fait une interprétation. L. Oppenheim précise sa pensée sur ce point, et sur la classification générale des différents genres de songes, dans sa contribution à l'ouvrage collectif *Le rêve et les sociétés humaines*[6], où il qualifie de «scientifique», au sens moderne du terme, la démarche logique qui préside à l'établissement des grandes collections de la mantique mésopotamienne. Ces recueils, composés de longues listes de présages, sont formulés d'une manière strictement codifiée où «chaque *omen* comporte une protase, qui décrit le fait ou l'événement inquiétant, et une apodose, qui contient une prédiction. Par cette manière objective d'observer la réalité et par la volonté constante d'enregistrer les observations en termes soigneusement choisis, qui réduisent des faits complexes à des éléments formulables sans équivoque, ces textes divinatoires reflètent une attitude rationnelle, dont il est difficile de trouver un équivalent ailleurs dans la littérature mésopotamienne»[7].

A ce type d'attitude envers le rêve, L. Oppenheim en oppose une autre qu'il qualifie de «folklorique»: celle que l'on observe devant tous les rêves à contenu étrange ou inquiétant. Ces rêves sont considérés comme funestes, davantage en raison de la forte impression qu'ils laissent sur le rêveur que de leur contenu, et pour cette raison, ils ne sont jamais relatés dans les textes. Ils sont l'expression de la santé psychosomatique du rêveur et de son état de pureté rituelle. Suscités par des divinités ou par des esprits, ils nécessitent, au réveil, une sorte d'exorcisme, une purification du rêveur, afin de dénouer l'emprise qu'ils exercent sur lui. Ainsi le verbe *pašāru* désigne-t-il aussi bien le fait de raconter son rêve à un tiers, de l'interpréter en traduisant ses images symboliques en langage clair, ou encore de dénouer magiquement les effets néfastes de ces rêves démoniaques[8].

Mais c'est à l'aspect plus théologique et littéraire du songe, à ce niveau de l'expérience onirique où les dieux rencontrent les humains et leur transmettent un message, que L. Oppenheim consacre l'essentiel de son étude préliminaire. Reprenant une classification ancienne, il répartit ces songes en deux catégories: les songes à messages et les songes symboliques.

Les premiers sont les plus nombreux dans les sources, ils sont caractéristiques des inscriptions royales et leur rédaction est très stéréotypée. Ils rapportent l'apparition, dans le rêve, d'une figure divine qui transmet, généralement au roi, un message clair contenant

---

6 R. Caillois-G.E. von Grunebaum (éd.), Le rêve et les sociétés humaines, 1967

7 Oppenheim, Le rêve et les sociétés humaines, 326.

8 Oppenheim, Dreams, 228 s.

soit un ordre, soit une promesse. La soudaineté de la rencontre avec cette figure onirique est caractéristique de ce genre de rêves. Le rêveur demeure passif, il ne fait que «voir» cette figure qui «entre», «vient», «s'approche», «part», et dont la beauté ou la taille gigantesque est souvent soulignée. Il s'agit généralement d'un dieu ou de son messager (rarement d'un mort, jamais d'un vivant), qui «se tient debout», soudainement, au chevet du rêveur, et lui délivre son message. Celui-ci ne requiert aucune interprétation, il est d'emblée intelligible par le rêveur qui ne peut qu'acquiescer. Parfois, cependant, survient un dialogue entre le rêveur et l'être apparu dans le rêve.

Pour L. Oppenheim, cette théophanie est caractéristique de ce type de rêves, lequel «en tant qu'événement théologique et thème littéraire, remonte à une forme de rêve d'une grande antiquité, celle du rêve d'incubation. De vrais rêves d'incubation sont assez rares dans les textes du Proche-Orient ancien, mais l'explication la plus logique du «rêve-message» est que c'est une création littéraire, fondée sur une transformation d'expériences oniriques réelles de personnes passant la nuit – après une préparation rituelle convenable – dans le sanctuaire d'un dieu, pour recevoir ses ordres et conseils»[9].

La seconde catégorie comprend les songes symboliques, beaucoup moins nombreux, et insérés dans des oeuvres littéraires, mythologiques ou épiques. En fait, ces rêves transmettent eux aussi un message, mais sous une forme imagée, allégorique, et donc non immédiatement intelligible. Ils sont beaucoup plus proches de l'expérience commune du rêve, mais ne sont jamais relatés sans leur interprétation. C'est elle qui les fait sortir du lot des expériences individuelles, dangereuses, des *evil dreams* dont la monstruosité n'est pas digne de mémoire.

Le message transmis par ce type de songe n'est plus une injonction divine, mais une information concernant l'avenir de l'individu ou du groupe. Le décryptage de ce message caché sous les images nécessite le savoir-faire d'un spécialiste, le *mupaššir šunāte* (l'interprète des rêves), le *bārû* (le voyant) ou le *šā'ilu* (l'interrogateur), dont la compétence n'est d'ailleurs pas limitée à l'oniromancie, mais s'exerce dans le cadre de ses activités divinatoires. Les trois activités désignées par le verbe *pašāru* (raconter un rêve, interpréter un rêve, dénouer magiquement ses effets néfastes), n'en sont en réalité qu'une seule, car on attachait une grande importance à cette «mise en liberté» du pouvoir magique concentré dans le rêve. Un rêve interprété perd son caractère dangereux, il est exorcisé, même si son message est mauvais et ne peut être changé. On distingue donc le rêve lui-même, expérience pleine de terreurs et de dangers, du message véhiculé qui, une fois

---

[9] Oppenheim, Le rêve et les sociétés humaines, 331.

expliqué, dénoué, enlève au rêve l'emprise magique qu'il exerce sur le rêveur. L'interprétation est dès lors une nécessité quasi thérapeutique.

Aux inscriptions royales et aux textes littéraires s'ajoute maintenant une nouvelle sorte de documents: les lettres. Parmi l'abondant corpus épistolaire livré par les archives du palais royal de Mari, et dont la publication était à peine commencée en 1950, plus de trente tablettes touchent au prophétisme, et dix-sept lettres rapportent des songes oraculaires. Depuis leur édition, ces textes ont donné lieu à plusieurs études; mentionnons ici simplement la récente publication de synthèse de J.-M. Durant, qui donne les textes transcrits, traduits et annotés, ainsi qu'une courte mais dense présentation du sujet[10].

Ces «lettres prophétiques» rapportent presque exclusivement (à deux exceptions près) des songes à message, dont le contenu est toujours en rapport direct avec la vie politique – d'où la présence de ces lettres dans les archives royales – et qui sont «vus» par des rêveurs de toutes conditions. On insiste sur l'importance des consultations hépatoscopiques effectuées pour s'assurer de la valeur oraculaire des songes rapportés et il semble que les rêves reçus dans la première moitié de la nuit aient été d'emblée disqualifiés. Cet effort critique conduit ainsi à distinguer diverses qualités de rêves, indépendamment de leur contenu apparent, et on a pour cela tenu compte des phases du sommeil.

Les commentaires bibliques ont largement profité du travail de L. Oppenheim qui, concurremment à la thèse de E. Ehrlich, demeure un ouvrage de référence. On a malheureusement trop souvent retenu de son analyse uniquement les descriptions – parfois prises comme de véritables définitions – des rêves à message d'une part, des rêves symboliques d'autre part, en négligeant le fait que ces songes «théologiques» ne constituaient ensemble que l'un des trois niveaux d'expression du phénomène onirique tel que L. Oppenheim l'analyse.

Il est vrai que cette distinction correspond à deux formes littéraires autonomes, et semble suffire à rendre compte de tous les récits de songes qu'on trouve dans l'Ancien Testament. Celui-ci n'atteste aucune trace d'une pratique officielle de l'oniromancie (condamnée au même titre que les autres formes de divination), et pas davantage de purifications rituelles nécessitées par le danger que représente l'emprise magique de certains rêves sur l'individu. Cependant, les quelques appréciations critiques à l'égard du rêve que nous livrent tant la littérature sapientielle que les milieux prophétiques concernent vraisemblablement davantage ces manifestations oniriques distinctes

---

[10] J.-M. Durant, Archives épistolaires de Mari, I, ARM XXVI, 1988, 3e partie: Les rêves.

des songes à valeur théologique, et témoignent, par effet de contraste, de l'attention portée à d'autres formes oniriques à travers l'histoire culturelle et religieuse d'Israël.

La collection des Sources Orientales a publié en 1959 un volume consacré aux songes et à leur interprétation, rassemblant en de courtes contributions une synthèse des connaissances sur ce sujet. A. Caquot y traite du «rêve selon Canaan et Israël»[11]. Il reprend la distinction entre les rêves à message, qu'il appelle *théorématiques,* selon la terminologie d'Artémidore d'Ephèse, et les rêves *allégoriques*[12], et présente le dossier dans une perspective historique, ce que n'avait pas fait E. Ehrlich. S'appuyant sur quelques vestiges épars, il précise à son tour ce qu'il est possible d'affirmer au sujet de la pratique de l'incubation en Israël. Selon lui, le songe de Salomon à Gabaon (I Reg 3,4-15) n'offre, malgré les apparences, aucune garantie en ce sens. On peut néanmoins, d'après I Sam 28,6, penser qu'il était possible pour le roi de solliciter un oracle par le truchement du rêve, «ce qui oblige à admettre l'existence en Israël de pratiques analogues à l'incubation»[13]. Succinctement, mais de façon éclairante, A. Caquot élargit la définition de cette pratique en la rapprochant des rites de prostration nocturne connus en Israël (cf II Sam 12,12; 13,31).

On doit à W. Richter une analyse formelle des récits de songes qui comble, sur ce point, une lacune de la monographie de E. Ehrlich[14]. Pour W. Richter, s'il existe un genre *Traumbericht,* c'est à travers sa forme qu'il convient de l'identifier scientifiquement[15]. Pour ce faire, il lui faut examiner en priorité les récits de songes qui présentent une forme complète, c'est à dire essentiellement ceux de l'histoire de Joseph (Gen 37; 40; 41). Il met en évidence un schéma commun à ces récits, comprenant cinq éléments, chacun caractérisé par une construction grammaticale type: 1° l'annonce du songe (*wyḥlm* ou *bḥlwm*); 2° la formule d'introduction du songe (généralement *whnh*);

[11] A. Caquot, Les songes et leur interprétation selon Canaan et Israël, Les songes et leur interprétation, SO 2, 1959.

[12] Le qualificatif «allégorique» nous paraît également plus adéquat que «symbolique», car dans l'allégorie, la relation du signifiant au signifié est univoque et exclusive. Dans le symbole, au contraire, elle est en tension: le signifiant renvoie à une constellation de signifiés. Même si, dans l'expérience onirique vécue, on a effectivement affaire au symbole – on est à la source même de la fonction symbolique – la pratique interprétative des songes est, dans les textes que nous étudions, toujours allégoriques: un signifiant renvoie à un seul signifié.

[13] Caquot, Les songes et leur interprétation, 115.

[14] W. Richter, Traum und Traumdeutung im Alten Testament. Ihre Form und Verwendung, BZ 7, 1963, 202-220.

[15] Cf W. Richter, Traditionsgeschichtliche Untersuchungen zum Richterbuch, BBB 18, 1966², 344-383; Formgeschichte und Sprachwissenschaft, ZAW 82, 1970, 216-225.

3° le corps du songe lui-même, constitué de «tableaux» (*Traumbilder*) successifs, toujours écrits en phrases nominales ; 4° l'interprétation du songe, rédigée en phrases nominales identifiant les diverses scènes; 5° la réalisation, souvent absente du récit ou envisagée à long terme. La structure du corps du songe (point 3) peut atteindre une relative complexité: si l'un des «tableaux» qui le constituent se développe en un mouvement ou en une action, on verra apparaître une phrase verbale dépendante de la phrase nominale, respectivement au *qṭl* ou au *yqṭl*.

De cette analyse il ressort que la forme élémentaire, constituée d'un seul tableau onirique, s'exprime en une simple phrase nominale, à laquelle répond la phrase, grammaticalement semblable, donnant l'interprétation. Théoriquement (car cette forme élémentaire n'apparaît pas dans les textes bibliques), on aurait un récit de songe formulé ainsi: «J'ai rêvé: voici que ... » (un tableau = une phrase nominale). Puis vient l'interprétation: «Ce ... (reprise du tableau = une phrase nominale), c'est... (interprétation)». L'analogie avec les formules stéréotypées des recueils d'oniromancie, constituées d'une protase (tableau onirique) et d'une apodose (interprétation), est sensible. De cette analogie, W. Richter conclut que le récit de songe tient sa forme littéraire particulière d'une pratique officielle de l'oniromancie qui en aurait été le *Sitz im Leben* primitif. De plus, puisque ces songes allégoriques requièrent une interprétation, ce genre littéraire implique l'existence d'une classe de spécialistes. Les quelques allusions à un usage perverti du rêve chez les prophètes (Jer 23,25-32; 27,9) attestent bien que ceux-ci avaient des songes prophétiques, et W. Richter de supposer qu'ils ont pu, à l'occasion ou de façon habituelle, être également les interprêtes professionnels des rêves des autres.

On constate cependant que le rédacteur élohiste, à qui l'on attribue la plupart de ces passages, rapporte également nombre de rêves totalement aberrants par rapport à ce schéma, en premier lieu par l'absence de scénario et de perception visuelle. Ce sont les songes à message, tellement différents des songes allégoriques et de l'expérience onirique vécue, que W. Richter y voit de purs artifices littéraires[16]. L'Elohiste ferait ainsi preuve d'une attitude critique à l'égard du rêve et de son usage, préférant la clarté de la parole divine énoncée directement à l'ambiguïté confuse des images. Il reconnaît certes la valeur du rêve comme moyen de communication avec Dieu, mais en rédigeant des messages oniriques sans image allégorique, il prend quelques distances envers l'institution de l'oniromancie et l'arbitraire

[16] En comparant, par exemple, la version E de l'enlèvement de Sarah (Gen 20), où le songe d'Abimelek joue un rôle important dans la composition littéraire, avec la version J du même épisode (Gen 12,10-20) qui ne contient pas de songe.

de la science interprétative[17]. Ce soupçon jeté par E sur une institution que W. Richter suppose avoir été très vivante jusqu'au début de la monarchie, se serait mué bientôt en une véritable critique avec Jérémie et le mouvement deutéronomiste.

Cet article de W. Richter apporte l'indispensable complément d'histoire littéraire à l'ouvrage de E. Ehrlich, et selon les principes de la *Formgeschichte,* il tente de retrouver l'histoire d'une institution à travers l'évolution de la forme littéraire. On peut cependant lui faire une objection méthodologique importante: si c'est la *forme* seule qui définit objectivement le genre littéraire, celle-ci est nécessairement déterminée par le choix préalable des textes examinés. Or, W. Richter, en reconnaissant d'emblée le caractère typique des songes de l'histoire de Joseph, opère un choix guidé avant tout par le *contenu* de ces songes, et en vertu de leur proximité ressentie avec l'expérience commune du rêve.

En fait, il est douteux que la forme seule suffise à définir un genre littéraire, même si elle paraît offrir des garanties d'objectivité. D'autres données interviennent dans tout processus d'indication, dont en premier lieu la très subjective intentionalité du locuteur ou du rédacteur. On ne peut pas non plus lier un genre à une forme unique, et les songes à message ne sauraient être dans leur ensemble réduits à des procédés littéraires utilisés par E pour faire l'économie de la phase interprétative et de ses ambiguités. L. Oppenheim l'a bien montré et les documents de Mari l'ont confirmé: les rêves à message constituent également un genre littéraire autonome, bien attesté dans un type particulier de documents (les inscriptions royales et les documents d'archives), et il convient à son sujet de se poser la même question du *Sitz im Leben.* On a vu que, pour L. Oppenheim, l'origine socio-culturelle de ce genre littéraire est le rêve d'incubation, une pratique cultuelle dont bien des auteurs, à la suite de W. Richter et A. Caquot, ont admis l'existence – discrète – en Israël. Aurions-nous dès lors, dans ces deux types de songes – songes à message et songes allégoriques – l'expression littéraire de deux pratiques, plus ou moins officielles en Israël à haute époque, l'incubation d'une part, l'oniromancie d'autre part? La recherche n'est pas allée jusqu'à l'examen de cette question que nous reprendrons en cours d'ouvrage.

Il s'est peu à peu élaboré, dans les études bibliques, une sorte d'*opinio communis* selon laquelle le songe, dans les couches les plus anciennes du Pentateuque, serait un emprunt de la source élohiste à

[17] Selon Richter, même lorsqu'il condescend à relater des rêves symboliques (dans l'histoire de Joseph, par ex.), E prend soin de souligner que l'interprétation également est donnée par Dieu (Gen 40,8), afin de minimiser le plus possible l'intervention humaine dans le processus de révélation.

la culture cananéenne ambiante et témoignerait de ses affinités avec le milieu prophétique[18]. Dès J. Wellhausen, le rêve apparaît comme l'un des éléments discriminants permettant d'identifier ce qui appartient à E[19]. Dans la théologie attribuée à l'Elohiste, le songe permettrait une relation directe entre Dieu et l'homme sans compromettre la distance qui les sépare, ni avoir recours à des théophanies trop anthropomorphes à la manière du Yahviste.

Dans une étude concernant l'attitude de l'Elohiste envers la religion cananéenne, K. Jaroš consacre un chapitre à la question du rêve précisément[20]. Partant de la traditionnelle répartition des sources entre J et E dans le Pentateuque, il constate que E voit dans le songe une réelle possibilité d'intervention de la transcendance dans le monde; il aurait accepté cette dimension de la piété cananéenne en la considérant compatible avec la religion de Yahvé. K. Jaroš souligne le fait que E mentionne les songes principalement dans les traditions patriarcales, ce qui lui permet de distinguer la tradition prémosaïque et cananéenne de la révélation au Sinaï. Si E intègre le songe comme moyen de révélation conformément à la tradition cananéenne, il le limite en même temps, le réservant aux patriarches et aux prophètes. K. Jaroš interprète Num 12,6-8 dans un contexte élohiste: ce texte serait la clef de l'attitude de E à l'égard des révélations oniriques, car il précise que songes et visions sont réservés aux prophètes, tandis que la révélation reçue par Moïse est d'un ordre bien supérieur. La Torah, le coeur de la religion israélite donc, n'a pas été reçue par le rêve: c'est toute la différence entre la religion patriarcale et la tradition mosaïque.

Dans cette optique de la critique des sources, l'essentiel des textes rapportant des récits de songes appartient au document E du Pentateuque. Les conclusions de W. Richter et K. Jaroš convergent quant à leur appréciation de la destinée du rêve dans la rédaction des textes: hérité du fonds cananéen avec tout ce que les traditions patriarcales contiennent encore de paganisme, il aurait été assimilé au stade primitif de la religion yahviste par E qui, tout en reconnaissant encore en lui une voie privilégiée par laquelle Dieu s'adresse à l'homme, amorce une première réaction critique à son égard. Le songe n'aurait eu aucune part dans la révélation de Moïse, lequel voit Dieu face à face, et les milieux prophétiques qui influencèrent l'Elohiste

---

18 Cf O. Procksch, Das nordhebräische Sagenbuch: die Elohimquelle, 1906, 195 ss.

19 Cf H. Klein, Ort und Zeit des Elohisten, EvT 37, 1977, 247-260, qui voit dans cet intérêt de E pour le songe un indice permettant de situer son origine: puisque ces révélations oniriques ont lieu dans des sanctuaires (?), on pense naturellement à Bethel, seul temple où E mentionne une théophanie onirique.

20 K. Jaroš, Die Stellung des Elohisten zur Kanaanäischen Religion, OBO 4, 1982[2], ch. I: Die Träume, pp. 31-50.

semblaient préférer déjà – même sous une forme onirique – la clarté de la parole à l'ambiguïté des images. Si les oracles par le rêve et l'interprétation des songes ont pu exister de manière institutionnelle en Israël à haute époque (mais cette hypothèse ne fut guère partagée), «la normalisation deutéronomiste et prophétique de la religion d'Israël a en quelque sorte désacralisé le rêve. Il devint ainsi ce qu'il est pour notre sens commun, symbole de l'illusion, du passager ... »[21].

On cite comme indices de cette évolution des choses l'attitude négative d'un Jérémie à l'égard des faux prophètes qui prétendent avoir des songes (Jer 23,25-32; 27,9; 29,8-9), le silence relatif du Deutéronome et de l'histoire deutéronomiste à leur propos, et un prétendu scepticisme des milieux de sagesse, pour qui le rêve serait l'exemple même de ce qui passe et n'a pas de consistance (Job 20,8; Jes 29,7-9; Ps 73,20), produit par l'état psychosomatique du dormeur (Jes 29,8; Koh 5,2.6; Si 40,5-7).

Ce schéma évolutionniste de l'attitude d'Israël envers le songe est devenu classique[22], il ne va cependant pas sans poser quelques problèmes. Les textes sapientiels tout d'abord, ne font pas unanimement preuve du rationalisme qu'on leur prête en la matière. Le Siracide n'ignore pas l'origine divine de l'inspiration onirique (Eccl 34,6), et c'est en Job sans doute qu'on trouve la description la plus réaliste de l'intervention d'un être divin dans le rêve (Job 4,12-16). On ne s'expliquerait guère d'ailleurs des textes comme Joël 3,1 et Job 33,14-16, ainsi que la formidable importance des visions nocturnes dans les écrits apocalyptiques dès le Proto-Zacharie, si le rêve avait été réellement disqualifié par les prophètes, et réduit à un phénomène trompeur d'ordre psychosomatique par l'ironie des milieux éclairés.

Quant à la relation obligée entre les récits de songes et la source élohiste du Pentateuque, elle s'est évidemment ressentie des récentes remises en cause de la théorie documentaire. Pour ne pas parler de l'histoire de Joseph, au sujet de laquelle ces deux dernières décennies ont vu s'exprimer les hypothèses les plus contradictoires, un certain nombre de textes traditionnellement attribués à E se voient maintenant attribuer des dates de rédaction beaucoup plus tardives. Sans vouloir céder à ce qui pourrait n'être qu'une mode passagère, nous tenterons une appréciation de chaque cas. La comparaison avec d'autres littératures du Proche-Orient ancien montre en outre que les mêmes documents peuvent contenir des genres très différents de théophanie, dont les rêves ne sont qu'une forme particulière. Il est par conséquent méthodologiquement hasardeux de prendre les modes de

---

21 Caquot, Les songes et leur interprétation, 118.
22 Ainsi, p.ex., A. Oepke, s.v. onar, TWNT V, 1954, 220-238.

révélation comme critères permettant de distinguer des documents ou des traditions qui auraient utilisé exclusivement l'une ou l'autre forme de théophanie[23].

Cette prétendue évolution de la pensée théologique d'Israël concernant le phénomène onirique postule implicitement qu'une conception critique et naturaliste du rêve est incompatible avec la croyance en sa signification oraculaire, et qu'elle est nécessairement plus récente. Or, cela est méconnaître l'attitude réelle de l'Antiquité à cet égard. Dans le monde grec, la réflexion rationnelle sur ce sujet remonte, d'après nos sources, à Platon. Il établit une classification générale de la divination, selon que l'initiative vient de la divinité se révélant directement à l'âme humaine, ou qu'elle résulte d'une opération voulue et réfléchie de l'homme[24]. Cette classification fut reprise par tous les philosophes de l'Antiquité, et l'école stoïcienne pourvut à son tour la divination d'une théorie rationnelle conforme à son propre système, et fondée sur la même distinction de base[25]. Dans cette classification, le rêve participe aussi bien de la divination inspirée (dite encore «intuitive» ou «spontanée», selon les nomenclatures) quand il s'impose à un dormeur passif pour lui transmettre un message, que de la divination artificielle (ou «inductive», «conjecturale»), lorsqu'il est traité comme un phénomène naturel omineux, chargé d'un message à décrypter. Il est alors l'objet de l'oniromancie.

Les cinq livres d'Onirocritique d'Artémidore d'Ephèse[26] nous ont transmis la somme des efforts visant à classer et à analyser rationnellement les rêves dans l'Antiquité. Ils distinguent également les rêves (ἐνύπνια), simples phénomènes naturels qui ne contiennent aucune révélation, et les songes (ὄνειροι), possédant seuls une valeur divinatoire. Les rêves proviennent soit du corps, et témoignent de l'état de ses organes, soit de l'âme, exprimant les désirs et les craintes qui l'agitent. Ils indiquent donc une disposition présente, et n'ont aucun rapport avec l'avenir. L'homme dont le corps et l'âme sont au repos ne rêve pas, il songe. Les songes donc (ὄνειροι), sont «un mouvement ou un modelage polymorphe de l'âme, qui signifie les événements bons ou mauvais à venir» (I,2). Dans son système matérialiste, Artémidore ne conçoit pas, cependant, que le songe soit autre chose qu'une production naturelle et spontanée de l'âme. Il distingue, de plus, les songes *théorematiques,* «ceux dont

23 Objection déjà soulevée par M. Lichtenstein, Dream-Theophany and the E Document, JANES 1/2, 1969, 45-54.

24 Cf Plat. Phaedr. 244c-245b; 249d-e; 265b-c.

25 Cf Cic. Div. 1,18; 2,11.

26 Texte grec édité par A. Pack, 1963; trad. française par A.J. Festugière, Artémidore. La clef des songes. 1975.

l'accomplissement a pleine ressemblance avec ce qu'ils ont fait voir» (I,2), et les songes «allégoriques ... qui signifient de certaines choses au moyen d'autres choses» (ibid.). C'est précisément la distinction reprise par les critiques modernes, L. Oppenheim en particulier, entre songe à message et songe symbolique[27].

Il importe de ne pas négliger que l'appréciation portée dans les diverses sources bibliques sur les rêves tient compte implicitement de ces catégories, systématiquement formulées par les auteurs grecs de l'Antiquité tardive. Bien antérieurement à la Grèce, en effet, le monde sémitique opérait, dans sa pratique onirocritique, les mêmes distinctions fondamentales, et traitait différemment le rêve en tant que phénomène naturel, et le songe à portée religieuse. Les traités d'oniromancie, telle la compilation «canonique» du Ier millénaire publiée par L. Oppenheim, témoignent de l'usage, attesté par ailleurs dès le milieu du IIe millénaire, d'une divination déductive à partir du rêve. «Les rêves que prend pour objets omineux cette oniromancie, ce ne sont pas les révélations, «visions», apparitions diurnes ou nocturnes et communications extraordinaires de la divination inspirée, qui portaient en elles-mêmes leur message, formel ou en tout cas assez immédiatement compréhensible, mais les rêves de chaque nuit, poursuite de la vie quotidienne dans une sorte d'état second, jamais clairement défini, et dont on savait seulement qu'il permettait des expériences inusitées dans l'existence courante. De tels rêves, que rien d'essentiel ne distinguait des activités et des événements de chaque jour, pouvaient, comme ces derniers, servir de présages et être analysés en vue d'en extraire le contenu omineux»[28].

Ainsi, tout en étant considéré comme un phénomène tout à fait naturel, et à ce titre même, le rêve était-il signe, présage d'événements futurs fixés par les dieux. Le rêve quotidien semble avoir présenté, aux yeux des oniromanciens, les mêmes garanties d'objectivité et

---

[27] Pour la valeur de cette classification et son usage dès l'Antiquité, cf l'ouvrage magistral et maintenant centenaire de A. Bouché-Leclercq, Histoire de la divination dans l'Antiquité, 4 vol., 1879-1882 (réimp. 1963), Vol. I, 107: «La divination aborde l'homme de deux manières, par le dehors ou par le dedans: elle se manifeste par des signes extérieurs ou par une illumination intérieure. De là, deux méthodes générales auxquelles peuvent se ramener tous les procédés et rites particuliers; la méthode que les anciens ont appelée artificielle (ἔντεχνος, *artificiciosa*) et qui consiste dans l'interprétation conjecturale des signes extérieurs; et la méthode dite naturelle ou spontanée (ἄτεχνος, *naturalis*) dans laquelle l'âme se laisse passivement diriger par l'inspiration divine. Cette classification doit être maintenue.» Cf également pp. 276 ss.

[28] J. Bottéro, Symptômes, signes, écriture en Mésopotamie ancienne, Divination et rationalité, J.P. Vernant (éd.), 1974, 70-197. La substance de cette contribution est reprise plus brièvement dans Ktema 7, 1982, 19-22.

de récurrence que les autres phénomènes observés dans le monde physique. On ne se pose pas la question de son origine, seul son contenu importe, aussi significatif dans sa variabilité que, par exemple, la position d'une tache de naissance (*umṣatu*) sur le corps d'un individu. Autrement dit, le fonctionnement même de l'oniromancie postule la réalité du rêve en tant que *signe,* au même titre que tout autre phénomène naturel, mais ne se préoccupe pas de sa vérité. L'attitude est celle d'une observation positive du phénomène et d'une systématisation logique de ses rapports avec les autres phénomènes naturels.

En dehors de la perspective historique et de la critique littéraire proprement dite, on trouve encore l'essai de théologie biblique de A. Resch, *Der Traum im Heilsplan Gottes*[29]. Dans une première partie, A. Resch examine et résume l'approche psychologique moderne du rêve, considérant ses sources que sont les sens, les pulsions, les conflits de la psyché; puis le travail onirique, qui transforme le contenu latent du rêve suscité par ces sources pour le rendre acceptable à la conscience par le moyen du déplacement sémantique, de l'allégorie et du symbole. A. Resch se montre éclectique dans l'appréciation qu'il donne du phénomène: la fonction onirique est tout aussi bien de satisfaction (Freud), que de compensation (Jung, Maeder). S'il ne manque pas de souligner que le contenu du rêve dépend de la situation existentielle présente ou passée du rêveur, il tient que, dans son fonctionnement, le rêve possède, comme l'hypnose, une capacité de perception supérieure à l'état de veille. Si Dieu intervient dans le rêve, ce n'est pas, comme le pensaient les Anciens, en abolissant la barrière séparant l'humain du divin, mais c'est en agissant, par le jeu des forces psychiques, sur cette capacité de perception inhérente au rêve.

La fonction du rêve dans l'économie du salut est évaluée par A. Resch au cours de la démarche suivante, appliquée à chaque péricope concernée: 1° explication exégétique du passage; 2° analyse psychologique, où sont examinés les rapports entre le contenu du rêve et la situation physique, morale et sociale du rêveur; 3° évaluation de ce qui ne relève ni du conditionnement physique, social ou psychique du rêveur, ni de la fonction précognitive du rêve; ce «précipité» donne alors la dimension proprement prophétique du rêve et son message théologique permanent. C'est à ce niveau que sont mesurées sa pertinence et sa fonction dans l'histoire du salut.

Le propos de A. Resch n'est pas exégétique, mais théologique: dès lors que la valeur religieuse du rêve dans la Bible est historiquement

---

[29] A. Resch, Der Traum im Heilsplan Gottes, 1964.

assurée, et que la psychologie nous dit quelque chose de son fonctionnement, il cherche à définir comment cette capacité naturelle de l'homme est utilisée par Dieu pour intervenir dans l'histoire. Mais la critique littéraire est bien souvent insuffisante pour assurer la valeur de la documentation, et l'analyse psychologique des situations demeure nécessairement sommaire. Il semble que A. Resch se soit heurté, sans bien l'identifier, à la difficulté majeure de son projet: si le discours onirique fonctionne essentiellement à partir du déplacement sémantique, comment atteindre ce contenu latent, alors que, par le jeu de la création littéraire, aucun rêveur réel ne se laisse saisir derrière le récit?

b) L'interprétation psychanalytique

Paradoxalement, les rêves rapportés dans la Bible n'ont jusqu'ici guère fait l'objet d'une lecture psychanalytique. Le paradoxe n'est cependant qu'apparent, car la transposition à la lecture d'un texte, et de manière analogique, d'une méthode d'écoute spécifique à la cure psychanalytique ne va pas sans poser quelques problèmes, et particulièrement en ce qui concerne le texte biblique[30]. Comme nous l'avons évoqué dans l'Avant-propos, l'interprétation des résistances du discours *écrit* et la recherche de son contenu latent, révèlent moins le discours caché d'un sujet rêvant que la mémoire rédactionnelle du texte et ses conditionnements multiples et successifs. La notion d'auteur est d'un maniement délicat, s'agissant de la Bible, et à défaut de pouvoir identifier un sujet qui s'exprime derrière le texte écrit, l'herméneutique psychanalytique a été davantage appliquée au contenu symbolique d'un petit nombre de figures et de péricopes.

Parmi celle-ci, mentionnons le meurtre d'Abel, le sacrifice d'Isaac, la tour de Babel, le combat de Jacob avec l'ange, le jugement de Salomon, Jonas, ainsi que des couples symboles comme Jacob et Esaü, David et Jonathan[31]. En comparaison de ces figures et de ces situations archétypiques, il est vrai que le dossier biblique des songes n'offre pas, sur le plan symbolique, la richesse que l'on attendrait, beaucoup ne transmettent que des paroles. Il est à cet égard significatif que, dans l'interprétation psychanalytique qu'elle fait de «la guérison de Sarah» (Gen 12;16;17;20-21), M. Balmary[32] ne consacre pas un seul paragraphe

---

30 D. Stein, Une lecture psychanalytique de la Bible est-elle possible? Concilium 158, 1980, 39-50; Id., Lectures psychanalytiques de la Bible, 1985.

31 Cf la bibliographie francophone donnée par M. Sales, Possibilités et limites d'une lecture psychanalytique de la Bible, NRT 101, 1979, 699-723 (711-712), ainsi que par A. Vergote, Psychanalyse et interprétation biblique, DBS IX, 1975, 252-260.

32 M. Balmary, Le sacrifice interdit. Freud et la Bible, 1986.

au songe du roi Abimelek (Gen 20). C'est pourtant au cours de cet épisode, selon la lecture même de M. Balmary, que se trouve restituée l'ordonnance symbolique des relations père – fille – époux, et que Sarah se voit ainsi libérée de la possession pervertie qui est cause de sa stérilité.

Le seul récit de songe qui soit assez fécond symboliquement, et dont l'interprétation n'a pas été «gelée» par l'herméneutique biblique interne, est le songe de Jacob à Bethel (Gen 28). Plusieurs essais de lectures psychanalytiques lui sont consacrés[33]. «Si nous reconnaissons dans l'épisode de Bethel un conte mythique, on peut admettre que sa logique métonymique est celle de l'inconscient, que ce rêve est le miroir où se reflète l'ensemble de la problématique des aventures du patriarche, qu'il joue le rôle d'un commentaire de ces dernières»[34]. Fidèle à la théorie freudienne des rêves, R. Couffignal voit dans le rêve l'accomplissement symbolique du désir méconnu, et interprète le songe de Jacob comme la vision de l'accouplement parental originel. Les unités cosmiques, pour les Anciens comme pour les psychanalystes modernes, représentent les membres de la famille; le ciel et la terre symbolisent donc ici le père et la mère, unis ensemble par l'escalier dressé, le long duquel le mouvement rythmé de la montée et de la descente signifie le coït[35]. Dans ce schéma, la nuit à Bethel apparaît comme un événement initiatique où Jacob reçoit en don la révélation de ce qu'il a de plus secret en lui. L'érection et l'onction de la stèle qui suivent délivrent rituellement le héros de son désir incestueux.

C'est finalement l'ensemble du cycle de Jacob qui se révèle comme une expression du drame oedipien: «La faute de Jacob – analogue à celle d'Oedipe – fut donc tout d'abord l'agression contre son père (Gen 27) puis, à Bethel (Gen 28), la consommation symbolique de l'inceste (pierre dressée et effusion ...); enfin, au Jabboq, en conséquence de ce qui a précédé, le héros est atteint à la hanche, équivalent de la castration infligée par l'inconnu en qui l'on devait reconnaître la figure paternelle»[36]. Mais ce type de lecture n'évite pas l'écueil qui guette toute herméneutique des textes anciens, car

---

33 W.G. Niederland, Jacob's Dream, Journal of the Hillside Hospital 3, 1954; R. Couffignal, Le songe de Jacob. Approches nouvelles de Genèse 28,10-22, Bib 58, 1977, 342-360.

34 Couffignal, Bib 58, 353.

35 Cf S. Freud, Die Traumdeutung, 1900 (Ges. Werke II-III), trad. française de I.Meyerson revue par D.Berger, 1970, pp. 315-319. Notons que cette interprétation de l'échelle dressée entre ciel et terre comme symbole du coït est un lieu classique de la psychanalyse appliquée, diffusé par O. Rank, Das Inzestmotiv, Dichtung und Sage. Grundzüge einer Psychologie des dichterischen Schaffens, Leipzig-Wien, 1912, 362.

36 Couffignal, Bib 58, 359.

il consiste en une simple mise en regard du texte avec le corpus théorique de la psychanalyse. Par cette superposition d'une grille interprétative aux correspondances symboliques trop univoques, le procédé enlève au texte toute réelle autonomie de sens et apparaît, proprement, réductrice.

Dans un récent *Essai de confrontation analytique,* P. Gibert[37] s'attache à surmonter les difficultés qui ont jusqu'ici entravé ou discrédité ces quelques tentatives d'interprétation freudienne des récits de rêves dans la Bible. Considérant, comme nous l'avons fait, qu'une nécessaire connivence entre auteur et lecteur est implicite à l'acte d'écriture, il postule que les différentes composantes du processus onirique sont reproduites, dans un récit de rêve, non par le rêveur fictif, mais par l'auteur lui-même. «Car, même s'il est «fabriqué» par le rédacteur biblique qui le rapporte d'un autre, le «récit de rêve» doit être reconnaissable comme tel par le lecteur. Ceci invite donc à ne pas assimiler trop immédiatement ou a priori le récit de rêve à un genre littéraire «objectif», dénué des principales caractéristiques d'un rêve de «vivant» et réduit pour cela à l'artifice de procédés. Condensation et déplacement devront donc être repérés dans ces récits, même si devra jouer pour cela le principe d'analogie»[38].

Ainsi, les données fondamentales qui définissent le rêve individuel dans la théorie analytique: condensation, transfert, déplacement symbolique, jeu symbolique, élaboration secondaire, doivent être identifiables dans un récit de rêve, même fictif, car alors, c'est l'auteur qui s'assimile quasiment au moi du rêveur, et reproduit peu ou prou, dans son écriture, les processus psychiques inconscients de l'élaboration onirique. La qualité littéraire et la crédibilité du récit dépendent de cette capacité à recréer un discours onirique vraisemblable grâce à la présence, justement mesurée, de ces éléments.

P. Gibert teste l'hypothèse à travers plusieurs récits bibliques où se vérifie la mise en oeuvre littéraire de ces processus psychiques d'élaboration onirique, et cela tout particulièrement dans les rêves interprétés par Joseph en Gen 40-41. Dans ces récits, la pensée du rêve outrepasse largement les dimensions du texte et sa fonction littéraire (phénomène de condensation), et le déplacement symbolique se laisse appréhender par la distorsion entre le désir explicite du rêveur (désir de liberté chez le panetier, p.ex.) et son désir implicite (désir de tromper le pharaon). «On peut dire que le rédacteur respecte le rêve au point de ne pas chercher à rendre compte de tous ses éléments. La pensée du rêve déborde le récit et le rédacteur, comme Joseph, n'en retient que ce

---

37 P. Gibert, Le récit biblique de rêve. Essai de confrontation analytique, 1990.

38 *Ibid.* p. 25.

qui concerne l'histoire. Le lecteur a donc la possibilité de continuer à jouer avec ces récits qui, du texte, n'apparaissent pas comme totalement interprétés et dont le sens n'est pas totalement épuisé»[39].

L'essai de P. Gibert, par l'accent mis sur la fiction littéraire et le rôle créateur de l'auteur, lève clairement l'ambiguïté des démarches précédentes, et restitue la perspective vers la seule subjectivité atteinte par ce genre de texte: celle du lecteur, pour qui le récit doit prendre sens. Une interprétation analytique des récits de rêve apparaît dès lors possible, dans la mesure où, derrière toutes les conventions d'écriture, transparaît encore pour le lecteur un schéma fonctionnel correspondant à sa propre expérience du rêve. Ce n'est dès lors plus la psychologie d'un rêveur imaginaire que l'on rencontre, ni d'un auteur volontairement dépersonnalisé, mais celle des lecteurs – dont nous sommes – et qui trouvent dans cette fiction littéraire une part de leur propre fonctionnement onirique.

2. *Le rêve et les états oniriques*

a) Le sommeil et le rêve.

La distinction entre songes symboliques et songes à message s'inspire de celle élaborée par les praticiens antiques de l'onirocritique (cf Artémidore d'Ephèse cité plus haut), qui voulait d'abord rendre compte de deux types fondamentaux d'expériences oniriques à valeur oraculaire: les songes allégoriques et les songes théorématiques. En situant les songes à message et les songes symboliques dans leurs contextes littéraires respectifs, les inscriptions royales pour les premiers, les textes mythologiques ou épiques pour les seconds, L. Oppenheim a introduit cette classification traditionnelle dans le domaine de la critique littéraire. Le récit de songe apparaît bien, en effet, comme un genre littéraire polymorphe, et on ne saurait le définir à partir d'un seul schéma formel, comme a tenté de le faire W. Richter. Pour commode qu'elle soit d'un point de vue formel, cette typologie s'avère pourtant insuffisante à caractériser l'ensemble des phénomènes oniriques rapportés dans la Bible.

S'agissant de récits de songes, remonter au *Sitz im Leben* du genre littéraire à travers son expression formelle obligerait préalablement à se demander si ce *Sitz im Leben* est nécessairement une *pratique* socialement attestée (oniromancie, incubation, rêves provoqués, etc.), ou bien s'il n'est pas dans certains cas l'*expérience* subjective d'un

---

[39] *Ibid.* p. 63.

état onirique particulier, indépendamment de toute institution. Si l'on considère, avec W. Richter, que les songes allégoriques tiennent leur forme littéraire de l'expression stéreotypée des traités d'oniromancie, ou, avec L. Oppenheim, que les songes à message sont l'expression littéraire d'une situation onirique caractéristique de rites d'incubation, on limite la référence vécue de ces textes aux seuls types d'expériences oniriques rencontrées dans ces pratiques. Or, derrière deux récits de songes de formes littéraires identiques, le songe de Salomon à Gabaon (I Reg 3) et le songe d'Abimelek (Gen 20), par exemple, il est possible d'identifier une pratique d'incubation pour le premier[40], et l'expérience effrayante d'un cauchemar pour le second.

La difficulté de rejoindre, derrière les formes littéraires, l'expérience subjective à laquelle renvoit le texte est réelle, pour deux raisons: 1° nous n'observons que l'expression littéraire, culturellement déterminée, de cette expérience; 2° une unique racine *ḥlm,* désigne une variété d'expériences et d'états oniriques difficile à évaluer. On ne peut cependant négliger le fait que ces textes font toujours référence à une expérience du rêve connue du lecteur, et on supposera qu'ils donnent suffisamment d'indications, même allusives, pour permettre de l'identifier.

Si intime et si personnelle que puisse être l'expérience du rêve, nous savons de façon certaine qu'elle est vécue par tous les êtres humains, quelle que soit la manière dont ils en rendent compte. Derrière l'expression culturelle qui en est donnée, l'onirisme relève d'une activité cérébrale réelle et aujourd'hui scientifiquement étudiée grâce à des indices biologiques précis et significatifs, et que l'on suppose identiques au cours de l'histoire humaine. Les recherches modernes sur la neurophysiologie du sommeil et du rêve ne saisissent rien de l'expérience onirique en elle-même, mais étudient son expression physiologique[41]. Puisque la permanence de ces manifestations physiologiques du sommeil et du rêve est assurée, on en déduira que la même diversité d'états oniriques qu'elles nous permettent aujourd'hui de saisir était sous-jacente aux textes que nous allons étudier.

---

40 On verra, dans le chapitre concerné, les conditions que nous mettons à l'usage de ce terme d'incubation à propos de I Reg 3.

41 Cf les publications suivantes accessibles aux non spécialistes: W.C. Dement, La psychophysiologie du rêve, Le rêve et les sociétés humaines, R. Caillois-E.G. von Grunebaum (éd.), 1967, 64-91, qui donne une abondante bibliographie de titres antérieurs à 1964; R. Cahen, La psychologie du rêve, ibid., 102-127; F. Bremer, Le problème neurophysiologique du sommeil, ibid., 47-63; W.C. Dement, Dormir, rêver, 1981; M. Jouvet, Le sommeil et le rêve, 1992 (bibliographie récente).

Les observations électro-encéphalographiques ont mis en évidence une activité corticale variée durant le sommeil, et des études neurophysiologiques récentes ont identifié et localisé un certain nombre des neurotransmetteurs du cerveau responsables de cette activité et de ses alternances. Il apparaît en effet que le sommeil n'est pas cet état homogène d'une absence de vigilance qui servit longtemps à le caractériser, mais est au contraire l'occasion d'une activité cérébrale et hormonale spécifique, parfois très intense, variant au cours des différentes phases qui le constituent.

Les cycles du sommeil durent chacun entre 60 et 90 minutes et connaissent des stades, ou des états de sommeil variés, à partir desquels on peut dresser l'hypnogramme d'une nuit normale de sommeil pour un sujet humain adulte. Celui-ci entre dans le sommeil à partir de l'état de veille; le sommeil devient alors de plus en plus profond, passant à travers quatre stades, chacun étant caractérisé par des signes biologiques spécifiques. Au bout de 80 à 120 minutes environ, apparaît un brusque changement et intervient une première période de «sommeil paradoxal» (SP) qui peut durer de 15 à 30 minutes. Après quoi le dormeur se retrouve brutalement au premier stade de sommeil, voire même éveillé, pour recommencer aussitôt à s'enfoncer progressivement jusqu'à une nouvelle période de sommeil paradoxal. Il y a ainsi 5 à 8 de ces cycles dans une nuit de sommeil normal, le premier étant plus long que les suivants et généralement seul à connaître le sommeil de stade 4.

Au cours de l'endormissement, l'individu humain passe donc successivement par quatre stades durant lesquel le sommeil s'approfondit progressivement. Ces stades sont définis à partir de l'observation électro-encéphalographique qui enregistre un envahissement progressif du tracé par des ondes lentes de grande amplitude. On appelle ainsi ce sommeil «sommeil à ondes lentes» (SOL). Cet état est essentiellement caractérisé par l'immobilité relative du dormeur, la relaxation musculaire, l'installation de rythmes cardiaque et respiratoire lents et réguliers, la diminution de la pression artérielle. Un relatif tonus musculaire demeure cependant, permettant certaines activités motrices comme les changements de position, les automatismes gestuels, verbaux (somniloquie) ou ambulatoires (somnambulisme).

La succession harmonieuse des différents stades de ce sommeil à ondes lentes (SOL) conduit normalement à cet état particulier de sommeil qualifié de «paradoxal» (SP). On y observe en effet un tracé électro-encéphalographique rapide et de faible amplitude, souvent très semblable au tracé d'éveil, témoignant d'une activation quasi générale de l'encéphale. Celle-ci est en outre objectivée par l'augmentation de l'activité unitaire des neurones, l'accroissement de la consommation cérébrale en oxygène et en glucose, ainsi que de la température cérébrale. Le paradoxe de cet état de sommeil est que cette activité corticale, comparable à celle de l'état de veille, s'accompagne physiologiquement de la perte totale du tonus musculaire, de la paralysie de toute motricité par blocage des influx moteurs, d'un isolement sensitif généralisé, de mouvements oculaires rapides et saccadés, de rythmes cardiaques et respiratoires très irréguliers. Parmi bien d'autres manifestations physiologiques spécifiques de ce SP, mentionnons encore l'érection du pénis chez l'homme (et son équivalent clitoridien chez la femme), et cela à tous les âges de la vie, du nourrisson au grand vieillard, *quel que soit le contenu du rêve.*

Le SP apparaît ainsi comme une véritable rupture dans le cycle des stades du sommeil, tenant à la fois de l'état de veille, par le véritable «orage cérébral» qu'on y enregistre, et du sommeil, par l'inhibition portée sur les centres sensoriels et moteurs. Aussi préfère-t-on parler d'un *cycle veille – sommeil – sommeil (ou éveil) paradoxal,* plutôt que d'une simple *alternance veille – sommeil,* car le SP est une activité de l'organisme aussi caractérisée que la veille ou le SOL.

Une corrélation est établie de façon certaine entre ce SP et l'activité onirique, d'une part sur la foi du témoignage de sujets réveillés juste après ou pendant cette phase de sommeil, d'autre part grâce à des expériences de laboratoire effectuées sur des chats par M. Jouvet[42]. On sait ainsi aujourd'hui que le rêve est lié à une intense excitation cérébrale en certaines phases du sommeil, intervenant plusieurs fois au cours de la nuit, et de façon plus fréquente dans la deuxième partie de la nuit[43]. Le plus souvent le réveil du matin se fait à une fin brutale d'une phase de rêve, et c'est pourquoi le rêveur s'en souvient. En revanche, s'il recommence à dormir un peu jusqu'au stade II ou III avant de se réveiller, il oublie son rêve et a l'impression de n'avoir pas rêvé.

On observe deux états de conscience onirique, connus depuis longtemps par l'expérience commune du rêve, et confirmés par

---

42 L'expérience, décrite dans Pour la science 25, 1979, 136 ss. (repris dans Le sommeil et le rêve, 79 ss.), consiste à léser chez un chat le système de commande pontique de l'atonie posturale. Cette lésion ne gène en rien le SP, elle empèche seulement l'inhibition des centres moteurs pendant cette phase du sommeil. Toutes les activités cérébrales et physiologiques étant dûment enregistrées, au moment où le SP commence, le chat se met à «mimer» des comportements caractéristiques (chasse, fuite, léchage), tout en restant parfaitement insensible au monde extérieur. Jouvet parle alors d'un «comportement onirique observé».

43 Si les périodes de SP s'allongent et deviennent plus nombreuses dans la seconde partie de la nuit, le stade IV du SOL est essentiellement, et parfois exclusivement, atteint dans les deux premières heures du sommeil, c-à-d pendant le premier cycle. Pendant les cycles suivants, le SOL est surtout vécu en stade II.

quelques observations scientifiques récentes[44]: 1° une conscience réflexive des événements et situations vécus dans le rêve, accompagnée de la certitude de ne pas rêver et de vivre la réalité; 2° une conscience réflexive au second degré, où le rêveur est conscient de son rêve et peut même, dans certains cas, diriger à volonté son action au sein de cette situation onirique. Les rêves de ce type sont appelés «rêves lucides» et interviennent également pendant le SP, tout en étant beaucoup plus rares que les rêves avec conscience du 1er degré (1 à 2% des souvenirs de rêves). On peut sans grand risque supposer une telle capacité de conscience et la connaissance des rêves lucides à l'arrière-fond de quelques-uns des récits de rêves de nos sources anciennes.

Il semble cependant que l'activité onirique ne soit pas limitée aux périodes de sommeil paradoxal. Le sommeil à ondes longues connaît également une certaine activité mentale au long de ses différents stades, et bien des sujets réveillés à ce moment (50-60%) affirment avoir rêvé, sans pouvoir toutefois raconter un scénario suivi, contrairement à ce qui se passe pour les rêves vus pendant le SP. Le pourcentage de souvenirs oniriques en SOL dépend, en fait, de la définition que l'on donne du rêve aux sujets soumis à l'expérience, et il décroît fortement à mesure qu'on se rapproche de la définition du rêve en SP. «Comparées aux souvenirs des périodes de sommeil paradoxal, les actions mentales au cours du sommeil lent sont généralement plus pauvres en souvenirs, plus proches des pensées que des rêves, moins vivantes, moins visuelles, plus conceptuelles, soumises à un plus grand contrôle de la volonté, plus en liaison avec la vie quotidienne, car elles surviennent lors d'un sommeil plus léger, moins sujet aux émotions et plus plaisant»[45]. L'élément visuel et l'organisation dramatique paraissent ainsi prédominants dans la phase onirique du SP, tandis que l'onirisme du SOL serait davantage fait de pensées plus ou moins confuses ou d'auditions. A.Virel faisait l'hypothèse que le rêve visuel ne serait qu'un aspect d'une fonction onirique polysensorielle permanente[46].

Dans cette perspective, un dernier point reste à évoquer rapidement: l'état de *veille diffuse*. Cet état est défini par un tracé électro-encéphalographique d'ondes *alpha*, caractéristiques des régions postérieures de l'encéphale, et survient généralement à la fermeture des yeux chez l'homme éveillé, en état de détente psycho-sensorielle. Parfois qualifié de «conscience altérée», les travaux de A. Virel ont montré

---

[44] Cf S.P. Laberge, Lucid dreaming: the Power of Being Aware in your Dreams, 1985; Jouvet, Le sommeil et le rêve, 130-132.

[45] Jouvet, Le sommeil et le rêve, 113.

[46] R. Fretigny-A. Virel, L'imagerie mentale. Introduction à l'onirothérapie, 1968, 18, n. 1.

qu'en fait, chez des individus quelque peu entraînés aux techniques de l'imagerie mentale[47], l'état de détente psycho-sensorielle s'accompagne d'un rythme *alpha* singulièrement stable, alors que se manifestent simultanément des états de conscience très riches. Ce même rythme *alpha* caractérise également les états de relaxation et de méditation tels que yoga, zen, training autogène, et tous les états d'onirisme éveillé, lesquels fonctionnent selon le modèle de l'onirisme *hypnique*, à la différence qu'ils peuvent être guidés ou induits par des facteurs exogènes. Selon ces mêmes travaux, l'entraînement artificiel du rythme *alpha* semble propre à atténuer l'anxiété chez les individus anxieux, à faciliter et amplifier le surgissement d'images mentales ainsi que l'activité onirique, ou du moins sa mémorisation.

b) Champs sémantiques et expériences oniriques

De ce rapide survol de la recherche contemporaine sur la neurophysiologie du rêve, on retiendra la diversité inattendue des manifestations du phénomène. D'où la nécessité de fractionner l'unique signifiant «rêve» en quantité d'expressions plus ou moins heureuses, telles que rêve éveillé, rêve hypnique, état hypnoïde, rêve lucide, imagerie mentale, etc. Il se pourrait que la même distorsion entre une multiplicité d'aspects de la fonction onirique et sa désignation univoque dans le langage parlé existât en hébreu et dans les langues ouest-sémitiques. Que ce soit en hébreu, en ougaritique ou dans les différents dialectes araméens, une seule racine, *ḥlm,* avec ses dérivés nominaux, désigne le rêve dans toutes ses manifestations, sans distinguer entre les expériences individuelles et les pratiques sociales.

En ougaritique, on connaît deux synonymes de *ḥlm,* utilisés dans le parallélisme poétique: *hdrt* et *ḏrt* (*ḏhrt,* sous sa forme pleine). Le premier évoque l'éclat, la splendeur divine, et souligne – dans le cas précis – le caractère théophanique du *ḥlm.* L'étymologie et la signification de *ḏrt* sont plus discutées: le terme peut signifier la vision, la veille, la figure survenant dans le rêve. Difficile pourtant, en dehors de l'effet du style, d'évaluer en quoi l'onirisme désigné par *ḥlm* était précisé par ces parallèles.

L'étymologie même de *ḥlm* n'est pas éclaircie, bien que sa signification «rêver» soit assurée. On connaît un autre champ sémantique pour *ḥlm:* «être, devenir fort», attesté en hébreu (Job 39,4,

47 Désigne toute méthode d'exploration psychologique ou de psychothérapie dans laquelle, le sujet étant relaxé et mis en état hypnoïde, apparaissent spontanément ou sur induction des images mentales, visuelles ou non, qui tendent à s'articuler selon un déroulement dramatique, et dans laquelle le sujet verbalise ses sensations et ses états de conscience en présence d'un opérateur.

en parlant de petits d'animaux), en syriaque (*ḥelim*, «fort») et en arabe (*ḥalama*, «devenir homme», sexuellement parlant). Certains admettent par conséquent deux racines *ḥlm* distinctes[48], tandis que d'autres expliquent, à partir de la même racine, une évolution sémantique de «être fort», «devenir pubère», «avoir des rêves sexuels», «rêver»[49]. Cette explication paraît un peu forcée, car il n'est pas certain que le substantif dérive de la racine verbale, le contraire paraît même plus vraisemblable. Néanmoins, on se souviendra que l'érection du pénis est une des manifestations physiologiques caractéristiques du sommeil paradoxal; la corrélation entre cette apparente excitation sexuelle et le rêve a très bien pu être faite dès une très haute antiquité.

Si l'on s'en tient aux passages dans lesquels *ḥlm* ou *ḥlwm* sont mentionnés, l'activité onirique est, dans la plupart des cas, explicitement associée à la nuit ou au sommeil:

lylh	Gen 20,3; 31,24; 40,5; I Reg 3,5
škb	Gen 28,11
yšn	Gen 41,5; Dan 2,1
qyṣ	Gen 28,16; 41,7; I Reg 3,15; Ps 73,20
trdmh	Job 33,15
ḥzwn lylh	Jes 29,7; Job 20,8; 33,15

L'association de *ḥ*^{a}*lôm* avec *tardemah* (torpeur) est surtout significative par sa rareté: sur sept emplois du terme dans la Bible, un seul est explicitement associé au rêve. Mis à part Gen 15 et Job 4,13 où cette torpeur semble propice à une vision, partout ailleurs elle est au contraire la cause d'une absence complète de sensation. On ne peut donc affirmer, comme on le voit parfois, que cette torpeur – souvent provoquée par Dieu (Gen 2,21; 15,12; I Sam 26,12; Jes 29,10) – est l'occasion privilégiée d'un songe.

A travers les emplois de la racine *ḥlm* dans la Bible on discerne, dès la première lecture, différents types d'états oniriques:

- un rêve ordinaire (produit par un état psychosomatique): Jes 29,8; Koh 5,2.6;
- un cauchemar: Gen 20,3-8, Job 7,13-14; 33,14-18;
- un rêve prémonitoire: Gen 37,5-9.19-20; 42,9;
- un songe allégorique: Gen 40-41 (passim); Jdc 7,13-15; Dan 2; 4 (passim);
- l'audition d'une parole divine: Gen 20,3.6; 28,13b-18; 31,10-13.24; Num 12,6-8; I Reg 3,5-14; Joel 3,1; Job 33,14-16;

[48] Cf W. Gesenius, Hebräisches und aramäisches Handwörterbuch, 1921, 234.

[49] Cf L. Koehler-W. Baumgartner, Hebräisches und aramäisches Lexikon zum Alten Testament, I, 1967, 307.

– une théophanie: Gen 28,12-13a I Reg 3,5,

ou de pratiques:

– une forme de consultation oraculaire (?): I Sam 28,6.15; Jer 23,25-32;
– une pratique de l'oniromancie: Dtn 13,2-6; Jer 27,9; 29,8; Sach 10,2;
– une incubation (?): I Reg 3,4-5.

En outre, *ḥlwm* peut servir, comme en français, à désigner métaphoriquement l'illusion, ou une réalité sans consistance: Jes 29,5-7; Job 20,4-8; Ps 73,20. Un certain nombre de points ne vont pas de soi dans cette classification sommaire, ils seront discutés plus loin. En conséquence de ce que l'on a vu plus haut, on peut se demander si d'autres états oniriques n'étaient pas désignés par une racine différente de *ḥlm,* ou simplement évoqués par la description de quelque trait caractéristique.

Le parallélisme établi dans certains textes entre *ḥ^{a}lôm* et *ḥazôn laylah* («vision de la nuit»), ainsi que l'usage très particulier de la racine *ḥzh* dans le contexte prophétique orienteront notre recherche dans cette direction. Dans son acception prophétique, *ḥzh* ne désigne jamais une vision proprement dite, mais plutôt une «audition», ou une «vision entendue». Ce parallélisme *ḥ^{a}lôm – ḥazôn,* dès lors qu'un certain type de songe consiste en une expérience purement auditive (les songes à message), semble rapprocher une forme d'inspiration prophétique de cet état onirique particulier, sans toutefois les identifier. On verra que si l'on ne parle jamais de «songe» (*ḥ^{a}lôm*) de manière positive chez les prophètes, leurs nuits pouvaient être peuplées de «visions» (*ḥazôn*) et que, sans doute, ils maîtrisaient des techniques susceptibles de les provoquer et pouvaient pratiquer une forme de rêve lucide, ou de rêve dirigé.

L'usage de *ḥlm* en hébreu est assez simple et ne s'écarte pas d'un certain nombre d'expressions fixes:

«Rêver»	*ḥlm*	Gen 28,12; 41,1.5; Jes 29,8; Jer 23,25
	ḥlm ḥlwm	Gen 37,5.9^{2}; 40,5.8; 41,11^{2}.15; Dtn 13,2.4.6; Jdc 7,13; Dan 2,1.3
	ḥlwm 'šr ḥlm	Gen 37,5.6; 42,9; Jer 29,8
	bḥlwm	Gen 40,9.16; 41,17
	r'h bḥlwm[50]	Gen 31,10; 41,22
«Raconter un songe»		
	spr ('t) ḥlwm	Gen 37,9; 40,9; 41,8; Jdc 7,13.15; Jer 23,28
	hgyd ḥlwm	Gen 37,5
«Interpréter un songe»		
	ptr ('t ḥlwm)	Gen 40-41 (passim)

L'expression la plus courante pour dire «rêver» est celle utilisant l'accusatif interne: *ḥlwm ḥlmty,* «j'ai rêvé un rêve». Remarquons toutefois qu'elle est exclusivement réservée pour introduire un songe allégorique[51]. Le songe à message, quant à lui, est simplement introduit par l'expression *bḥlwm,* «dans un songe», précédée d'un verbe décrivant l'intervention de Dieu (Yahwé ou Elohim), spécifique en chaque contexte: *wyb'* (Gen 20,3; 31,24; Num 22,9.20, mais sans *bḥlwm*) / *wy'mr* (Gen 20,6; 31,11) / *'dbr* (Num 12,6) / *nr'h* (I Reg 3,4) / *ḥtt* (Job 7,14; 33,16) / *yglh* (Job 33,16) ... *yhwh/'lhym bḥlwm.*

Si le champ sémantique de *ḥlm* s'enrichit de son intersection avec celui de *ḥzh* les constructions grammaticales distinguent au moins deux expériences très différentes: les songes «vus» et les songes «entendus», les visions allégoriques et les théophanies parlées. Avertis d'autre part que les diverses manifestations de l'onirisme peuvent correspondre à des activités cérébrales spécifiques, nous nous garderons de considérer comme une réalité uniforme ce que, par souci de concision, nous avons appelé simplement *le* songe dans la Bible.

---

50 On remarque combien l'usage du verbe «voir» (*r'h*) est rare dans ce contexte; nous aurons l'occasion de montrer que ces deux seuls emplois sont même très certainement abusifs, et pourraient être la trace d'évolutions et d'influences littéraires précises.

51 A l'exception peut-être de Dtn 13 qui ne précise pas quel type de rêve est concerné.

Premiere partie
Le songe royal et l'incubation

Chapitre I
Le problème de l'incubation dans les textes d'Ougarit

Les textes littéraires ougaritiques contiennent deux récits relativement clairs et explicites de rêves. Le premier appartient au mythe de Baal et Mot (KTU 1.6:III:1-21), c'est un songe de présage annonçant que Baal est vivant par un certain nombre de signes. Une lacune de la tablette ne permet pas de savoir exactement qui en est le bénéficiaire, mais on peut penser qu'il s'agit de El lui-même. Le second intervient au début de l'épopée de Keret, le légendaire roi de Hubur, qui reçoit par là des instructions du dieu El pour remédier à l'anéantissement de sa famille (KTU 1.14:I:26-43). Un troisième texte cependant s'est trouvé associé aux précédents, avec pour effet de focaliser l'attention des commentaires sur une seule problématique: *l'incubation.* Il s'agit du début de la légende d'Aqhat (KTU 1.17:I:1-17), racontant comment Danil, roi lui aussi, accomplit certains rites dans le but d'obtenir un descendant. Ce sont ces rites que la critique, dans sa grande majorité, depuis une étude à ce titre célèbre de J. Obermann[1], estime relever d'une pratique d'incubation.

Cette pratique, bien connue de l'histoire des religions, consiste à passer la nuit dans un lieu sacré ou un sanctuaire pour y dormir et recevoir, dans un songe, la visite d'une divinité. Ce sommeil sacré est préparé par des observances rituelles, jeûnes, rites de purification, offrandes ou sacrifices, vêtement particulier ou nudité rituelle, dans le but de disposer l'esprit de l'incubant à cette rencontre onirique et de solliciter la venue de la divinité. D'autres sacrifices et rites sont généralement accomplis à l'issue de l'incubation. Ce schéma est restitué à partir d'abondants témoignages littéraires et épigraphiques, essentiellement d'époques hellénistique et romaine, dont L. Deubner[2] a constitué le dossier. C'est la référence, explicite ou implicite, de toute appréciation des documents du Proche-Orient ancien sur cette

---

1 J. Obermann, How Daniel was Blessed with a Son. An Incubation Scene in Ugarit, Suppl. to JAOS VI, 1946.

2 L. Deubner, De incubatione, 1900; cf aussi M.P. Nilsson, Geschichte der griechischen Religion, Bd II, 1974, 222 ss.; 229 ss.; 469; E.R. Dodds, Les Grecs et l'irrationnel, trad. française, 1965, 112 ss.

question, la grille de lecture obligée à partir de laquelle on évalue si oui ou non tel texte décrit ou sous-entend un rite d'incubation.

Cette définition suscite deux réserves sur le plan méthodologique:

1° Elle se réfère à l'incubation *thérapeutique,* très répandue dans le bassin méditerranéen dès le Ve s. a.C., et qui connaîtra un essor considérable pendant la période romaine. Elle est à distinguer de l'incubation *oraculaire,* bien qu'elle en soit directement issue, attestée dans la Grèce archaïque, mais beaucoup moins bien documentée dans les détails de sa pratique. Or, le type d'incubation auquel semblent se référer quelques textes du Proche-Orient ancien est davantage à caractère oraculaire. Il semble par conséquent difficile, compte tenu également de l'écart culturel et chronologique, que le schéma hellénistique permette une lecture correcte de nos sources.

2° Il n'est pas a priori certain qu'une fonction ritualisée du sommeil et de l'onirisme obéisse partout au même schéma, tant en ce qui concerne les rites préparatoires, le lieu de l'incubation, que l'expérience onirique elle-même. Il serait sans doute judicieux de tenir pour probable des formes d'incubation très variées, non seulement selon les aires culturelles, mais surtout selon les contextes sociaux, les divinités invoquées et le but recherché: incubation thérapeutique ou oraculaire, incubation royale, prophétique ou populaire.

Un article de G. Del Olmo Lete[3] est venu enrichir ce dossier d'une prise de position nette, par laquelle il interprète les deux passages mentionnés de Keret et d'Aqhat comme la description de rites d'incubations, accomplis par des personnages de rang royal, et dont on retrouverait des parallèles dans l'Ancien Testament: Gen 28,10-19; I Reg 3,4-15; 19,1-21. C'est donc bien par ces deux textes qu'il convient d'aborder la question, puisqu'ils apparaissent comme les pièces les plus anciennes et les plus complètes – sinon les plus claires – du dossier de l'incubation pour le monde ouest-sémitique, celles à partir desquelles se définissent aujourd'hui les positions sur ce sujet.

1. Le songe de Keret

Le texte de la première des trois tablettes actuellement conservées de la légende de Keret (KTU 1.14) s'articule autour de l'oracle que El délivre au roi dans un songe. Après avoir rapidement raconté comment Keret, à la suite d'une série de catastrophes, a perdu son épouse et

[3] G. Del Olmo Lete, Antecedentes cananeos (ugariticos) de formas literarias hebreo-Biblica, Simposio Biblico Español (Salamanque, 1981), 1984, 84-114; Id., Interpretación de la mitología cananea, 1984, 119-120.

l'ensemble de sa postérité[4], le récit nous montre le héros pleurant ses malheurs et succombant finalement au sommeil. C'est alors que El lui apparaît dans un songe; il lui demande la raison de ses larmes et lui offre de somptueux présents. Keret n'en a que faire, car le seul objet de son désir est d'engendrer une descendance. Le dieu lui donne alors de longues et minutieuses instructions sur la manière dont il pourra obtenir comme épouse la fille de Pabil, roi de Udum, laquelle lui donnera cette postérité tant désirée (KTU 1.14:II:9–III:49). A son réveil, Keret se met en devoir immédiatement d'exécuter les ordres de El, et nous entendons une seconde fois le récit de son expédition, sur le mode narratif et non plus impératif.

Le passage qui nous intéresse présentement est la description relativement brève, mais précise néanmoins et assez claire du point de vue philologique, de la «situation onirique». Il introduit le contenu même du songe, l'instruction de El à Keret, et constitue une unité littéraire bien circonscrite[5].

KTU 1.14: I: 26-43:

26) *y'rb.bḥdrh.ybky*	Il entre dans sa chambre, il pleure,
27) *bṯn.'/pgmm.wydm'*	en répétant (ses) malheurs, il verse des larmes.
28) *tntkn.udm'th*	Ses larmes se répandent,
29) *km.ṯqlm.arṣh*	comme des sicles sur le sol,
30) *km ḫmšt.mṭth*	comme des pièces de cinq sur sa couche.
31) *bm.bkyh.wyšn*	Tout en pleurant, il s'endort,
32) *bdm'h.nhmmt*	en répandant des larmes, il s'assoupit.
33) *šnt.tlunn* (34) *wyškb.*	Le sommeil le gagne et il se couche,
nhmmt (35) *wyqmṣ*	une somnolence, et il se pelotonne.
wbḥlmh (36) *il.yrd.*	Et dans son rêve, El descend,
bḏhrth (37) *ab.adm.*	dans sa vision, le Père des hommes.
wyqrb (38) *bšal.krt*	Et il s'approche de Keret en (l')interrogeant:
mat (39) *krt.kybky*	«Qu'a-t-il, Keret, à pleurer?
40) *ydm'.n'mn.ǵlm* (41) *il*	à verser des larmes, le favorit, le page d'El
mlk[.ṯ]r abh (42) *yarš.*	est-ce la royauté du taureau, son Père, qu'il désire?
hm.drk[t] (43) *kab.adm[*	la souveraineté, comme le Père des hommes?»

Ainsi s'engage un dialogue entre le roi et son dieu à l'issue duquel, après le refus des richesses offertes par El en consolation de sa

4 Ou sept épouses, selon certains. Par une interprétation judicieuse des formes numériques, J. Finkel (A Mathematical Conundrum in the Ugaritic Keret Text, HUCA 26, 1955, 109-149) arrive à la conclusion que Keret avait trente enfants.

5 Les textes ougaritiques sont cités d'après l'édition de M. Dietrich-O. Loretz-J. Sanmartin, Die keilalphabetischen Texte aus Ugarit, AOAT 24, 1976. Pour l'interprétation générale du poème, sur laquelle on revient en fin de chapitre, cf. A. Caquot-M. Sznycer-A. Herdner, Textes ougaritiques I, LAPO 7, 1974, 483-498; J.C.L. Gibson, Canaanite Myths and Legends, 1977, 19-23; G. Del Olmo Lete, Mitos y leyendas de Canaan, Madrid, 1981, 239-285; P. Xella, Gli antenati di Dio, 1982, 149-157; A. Caquot, DBS IX, 1979, 1391-1397.

peine, Keret entend la description détaillée de l'expédition qui lui permettra d'acquérir pour épouse Hurray, fille du roi Pabil. Ces instructions s'achèvent par le message qu'il devra envoyer à Pabil pour lui demander sa fille en mariage. Le message se termine lui-même ainsi:

KTU 1.14: III: 45-51:

45) *ašlw.bṣp.ʿnh*	«Je goûterai le repos dans la limpidité de ses yeux.
46) *dbḥlmy.il.ytn*	(C'est elle) que, dans mon songe, El (m')a donnée,
47) *bḏrty.ab.adm*	dans ma vision, le Père des hommes,
48) *wld.šph.lkrt*	afin d'enfanter une postérité à Keret,
49) *wǵlm.lʿbd.il*	un garçon au serviteur d'El.»
50) *krt.yḫṭ.whlm*	Keret ouvre les yeux, et c'était un songe,
51) *ʿbd.il.whḋrt*	le serviteur d'El, et c'était une apparition.

Sans entrer dans le détail des discussions et des recherches auxquelles la traduction de ces textes a donné lieu, il n'est pas inutile à notre propos d'y revenir sur quelques points précis. Une acception spécifique reconnue à l'un ou à l'autre terme peut, en effet, inciter[6] à lire ce passage comme la description d'une scène d'incubation.

– Ligne 26, *yʿrb:* Le sens de la racine *ʿrb* ne pose pas de problème; inconnue de l'hébreu biblique, elle est bien attestée en akkadien où *erêbu ana* offre un parallèle parfait avec la construction ougaritique *ʿrb.b* «entrer dans». G. Del Olmo fait cependant remarquer que chaque fois que Keret entreprend une action sacrée, il est dit qu'il «entre» quelque part[7], sous-entendant par là une connotation proprement cultuelle à ce terme en un certain nombre de contextes. Il est vrai que l'on connaît l'existence, par le poème dit «La naissance des dieux», d'une catégorie de prêtres appelés *ʿrbm* (KTU 1.23:7,12,18,26), littéralement «ceux qui entrent», évoquant le titre sacerdotal akkadien *erib biti,* «ceux qui entrent dans le temple». En akkadien, le titre semble être un nom générique, et il en est sans doute de même à Ougarit, où ces «entrants» doivent être les prêtres officiant à l'intérieur même du sanctuaire. Mais des deux exemples cités par G. Del Olmo en plus de ce passage (KTU 1.14:II:12; 1.15:II:9), on ne voit pas en quoi le contexte – le début d'une action cultuelle, certes – donne au verbe «entrer» un sens technique particulier: dans le premier cas, Keret «entre» dans la bergerie pour y prendre un agneau de sacrifice; dans le second, il «entre» dans sa propre maison pour y offrir un banquet sacré aux dieux à l'occasion de son mariage avec Hurray. Nul doute qu'il faille entendre ici *ʿrb* dans son sens obvie et très général de «entrer». A part les *ʿrbm* cités plus haut, aucun texte ougaritique n'autorise pour

[6] Ainsi J.C. Greenfield, Some Glosses on the Keret Epic, EI 9, 1969, 60-65; et en dernier lieu: Del Olmo, MLC, 248.

[7] Del Olmo, MLC, 248, n.38.

l'instant à isoler une acception de cette racine propre à une fonction sacrée.

– *bḥdrh:* «dans sa chambre». La question pourrait se poser d'une destination liturgique de ce lieu, mais le sens générique indubitable de *ḥdr,* «pièce, chambre», exigerait alors d'être précisé par une épithète ou un contexte clair. Le texte KTU 4.195, concernant des installations destinées à compléter une maison (ou un palais), parle de *ḥdrm,* «pièces» (1.3), et de *ḥ]dr.mškb,* «chambre à coucher» (1.6). Dans un contexte mythologique, on trouve évoquées les chambres nombreuses de la demeure de El, lorsqu'il entend la voix de Anat «à travers les sept chambres, à travers les huit portes des antichambres» (KTU 1.3:V:11-12: *bšbʿt.ḥdrm.[bt]mn[t.ap] / sgrt*). Le parallèle *ḥdrm // sgrm* se retrouve dans KTU 4.195. La racine *sgr* «fermer», en akkadien *sakāru,* évoque un lieu clos, fermé de toutes parts. De même, l'hébreu *ḥèdèr* ne désigne rien d'autre qu'un lieu fermé, retiré, intérieur, sombre, propice à l'intimité; c'est la chambre, l'appartement privé. En Jdc 16,9.12, c'est la chambre nuptiale, tandis qu'en Jdc 3,24, cela semble désigner simplement le lieu d'aisance! L'ougaritique *ʿrb bḥdr* correspond à l'hébreu *bw' ḥdr* (Gen 43,30; I Reg 20,30; 22,25; II Reg 9,2), et n'a, pas plus que ce dernier, aucune connotation spécifiquement cultuelle.

– Ligne 33, *šnt.tlunn: tlunn* est la correction maintenant généralement retenue d'une écriture défectueuse où on lit *tlu* + un signe à quatre clous horizontaux. On y reconnaît la racine *l'y* «être fort, prévaloir, vaincre», et un suffixe *n* ou *nn.* Le sujet est *šnt,* «le sommeil», parallèle à *nhmmt,* «somnolence» (de la racine *nwm*) à la ligne suivante. Le parallèle entre les racines *nwm* et *yšn* se rencontre en Jes 5,27 et Ps 121,4. Cette irruption du sommeil qui «terrasse» Keret est comparable au *tardemah* de l'Ancien Testament «tombant» (*npl*) sur les hommes qui ne peuvent lui échapper (Gen 15,12; I Sam 26,12; Prov 19,15; Job 33,15). Ce trait est sans doute significatif ici, puisqu'il prépare une intervention de El.

– Ligne 35, *wyqmṣ:* Ce mot a été très diversement traduit par les auteurs. Ceux qui, à la suite de Ch. Virolleaud, avaient compris *nhmmt* en s'appuyant sur l'hébreu *hmm* «faire du bruit» et sur l'arabe *hamma* «être troublé», l'ont généralement traduit à partir de l'arabe *qamaṣa* «sauter, bondir»[8]. Mais nous retenons l'étymologie akkadienne *kamāṣu,* «s'incliner, se courber, se prosterner»[9]. J.C. Greenfield y

[8] J. Aistleitner, Wörterbuch der Ugaritischen Sprache, (1963) 1974[4], 2422; C.H. Gordon, Ugaritic Texbook, AnOr 38, 1965, Gloss. 2241.

[9] F.C. Fensham, Remarks on Keret 26-43, JNLS 2, 1972, 37-52, p. 45: «he reclines»; M. Dietrich-O. Loretz, Der Prolog des KRT-Epos (CTA 14 I 1-35), in Wort und Geschichte, Fests. K. Elliger, AOAT 18, 1973, 31-34; p. 35: «in die Knie gehen»; Herdner, TO I, 509: «il se pelotonne»; Gibson, CML, 83: «he curled up»; J.C. De

voit la description d'une position prise par le dormeur dans le but de provoquer l'apparition d'un songe, à la manière d'Elie au Mont Carmel, courbé, la tête entre les genoux (I Reg 18,42).[10] Nous avons gardé la traduction de A. Herdner, «il se pelotonne», qui rend bien l'idée générale de la racine, sans trop préciser toutefois. L'idée de J.C. Greenfield est intéressante cependant: nous aurions ici la première indication technique de ce passage indiquant que le rêve de Keret pourrait avoir été provoqué.

– Ligne 36, *d̮hrt:* N'offre aucune difficulté de traduction en raison de son parallélisme constant avec *ḥlm* «rêve», soit sous sa forme pleine, soit sous sa forme défective *d̮rt*[11], bien que les avis soient très partagés sur son étymologie[12]. L'autre synonyme de *ḥlm* que nous trouvons en KTU 1.14:III:50-51, *hdrt,* à rapprocher de l'hébreu *hadar* «éclat, gloire, majesté», fréquent dans les Psaumes, en précise le champ sémantique. Il s'agit d'une vision, d'une apparition onirique, et on peut même parler, à propos de *hdrt,* de «théophanie», au sens d'une révélation de la majesté divine[13].

Moor – K. Spronk, Problematical Passages in the Legend of Kirtu (1), UF 14, 1982, 153-171, p. 157: «to crouch, to curl up»; Del Olmo, MLC, 291: «y se acurruco».

10 Greenfield, EI 9, 62: «*qmṣ* in this verse refers to lying down in a recumbent position to induce dream».

11 *ḥlm* // *d̮rt*: KTU 1.6:III:4-5; 10-11; 1.14:III:46-47; VI:31-32; *ḥlm* // *d̮hrt*: KTU 1.14:I:35-36

12 *d̮rt* < *d̮r* est expliqué à partir: de l'hébreu *swr* I, «voir, regarder», par T.H. Gaster, Psalm 42,8, JBL 73, 1954, 237 s.; F.M. Cross, Yahweh and the God of the Patriarchs, HTR 55, 1962, 225-259 (p. 249); M. Dahood, Ugaritic-Hebrew Philology, BO 17, 1965, 6-7; Gibson, CML, 145; de l'arabe *zawr,* «figure vue dans le rêve», de la racine *zara,* «visiter», par J.C. De Moor, The Seasonal Pattern in the Ugaritic Myth of Ba-'alu, AOAT 16, 1971, 217, et UF 14, 157; Herdner, TO I, 261, note c; L. Badre *et al.*, Notes ougaritiques I: Keret, Syr 53, 1976, 95-125 (p. 105); D.Pardee, BiOr 37, 1980, 285; de l'araméen *šhr,* «veiller», et de l'arabe *šahira,* «veiller toute la nuit», par Aistleitner, WUS 2714: «halbwaches Traumen, Vision»; de l'akkadien *šāru,* «vent, souffle», équivalent, dans les listes lexicographiques, à *šēḫu,* «esprit extatique», et à *za/iqiqu,* «vent, souffle, esprit, dieu du rêve», par Sanmartin, UF 12, 1980, 337; de l'hébreu *zhr,* «briller», *hiph.* «instruire, enseigner, conseiller», par Del Olmo, MLC, 540: «visión».

13 Gordon, UTGloss, 752: «The semantic connection may be: (divine) majesty = theophany = dream.» Aistleitner (WUS, 817) renvoie à l'arabe *hadara,* «delirieren», et traduit par «vision». Caquot (In splendoribus sanctorum, Syr 3, 1956, 36-41) examine l'hébreu *hadar* et *hadarah* à propos de la doxologie de Ps 29,2; 96,9 et I Chr 16,29, et remarque que «hadar semble exprimer en premier lieu l'idée d'éclat surnaturel qui enveloppe la divinité ou la personne royale d'où la traduction par »majesté« ... Ainsi a-t-on soutenu que hadar, comme kabod, appliqué à Yahweh pouvait être tenu pour une hypostase de la divinité elle-même» (p.38). A propos de l'ougaritique *hdrt,* il note (p.40): «il faudrait donc entendre par hdrt une révélation de la majesté divine».

– *yrd:* Avec cette racine «descendre», nous tenons l'un des termes habituels aux théophanies de l'Ancien Testament, chaque fois qu'il apparaît avec Dieu comme sujet. Précisons toutefois qu'il s'agit toujours, dans l'Ancien Testament, d'apparitions ou d'interventions de Dieu dans l'histoire[14]; lorsqu'il est question de sa venue dans le rêve, l'hébreu use de la racine *bw'*[15]. Le sujet de *yrd* est El, et le «lieu» de cette descente est clairement précisé, *bḥlmh, bḏhrth,* «dans son rêve», «dans sa vision»; si nous pouvons considérer *yrd* comme un terme technique de la théophanie onirique, il convient de souligner qu'il n'est pas spécifique à cet usage, et que c'est le contexte seul qui détermine sa valeur sémantique particulière ici. On peut en dire autant de *qrb* à la ligne suivante, ou de l'hébreu *bw'.* Ces verbes «descendre» et «s'approcher» illustrent d'ailleurs un type de relations entre l'homme et la divinité dans le rêve se caractérisant par la passivité du premier, tandis que l'initiative de l'approche et de la parole vient du second.

On a reconnu, aux lignes III:45-51, la description typique de la transition du rêve à la réalité, où s'expriment en une formule ramassée, connue également dans l'Ancien Testament, tout à la fois l'éveil du dormeur, sa surprise et sa prise de conscience de l'expérience onirique. La forme verbale *yḫṭ,* d'une racine *ḫyṭ,* que l'on trouve en akkadien sous la forme *ḫâṭu,* «voir, examiner», semble désigner aussi bien l'action de s'éveiller en ouvrant les yeux, que celle de se remémorer le songe vu, éléments essentiels tant de l'expérience elle-même que du genre littéraire des rapports de songes.

2. *La supplication de Danil*

Avant de reprendre plus en détail le cas de Keret pour la question qui nous occupe, l'enjeu de celle-ci apparaît plus clairement si on le confronte d'emblée avec le passage d'Aqhat que l'on a coutume de lui comparer. Le cycle légendaire d'Aqhat nous est parvenu lui aussi dans un état très fragmentaire, mais les trois tablettes qui s'y rattachent de façon certaine (KTU 1.17-18-19), malgré leurs lacunes, nous permettent d'en suivre la trame générale. Si la fin malheureusement nous manque, nous sommes sûrs de posséder le début et la séquence des tablettes est maintenant acquise.

Après une lacune d'une dizaine de lignes, le récit s'ouvre sur la description d'un rituel complexe, qui témoignerait d'une pratique

---

[14] Gen 11,5.7; Ex 3,8; 19,11.18.20; 34,5; Num 11,25; 12,5; Jes 31,4; Mi 1,3; Ps 18,10. Cf Fensham, JNSL 2, 47; J. Jeremias, Theophanie: Die Geschichte einer alttestamentlichen Gattung, 1965.

[15] Gen 20,3; 31,24.

d'incubation. Pendant sept jours, Danil accomplit quotidiennement ce rite, liturgiquement «ceint» d'un pagne, offrant aux dieux des aliments, se couchant pour passer la nuit après s'être dévêtu. A l'issue de quoi, Baal intercède pour lui auprès de El, afin que ce dernier réponde à son offrande en le bénissant et en lui accordant la postérité dont il se lamente d'être dépourvu. On apprend ainsi le but du rituel en question: obtenir de El une descendance. Cette intervention de Baal ainsi que la bénédiction accordée par El donnent lieu à une description, dans le plus pur style sapientiel, des devoirs du fils idéal envers son père, description répétée pas moins de quatre fois.

Nous sommes dans le même genre d'oeuvre littéraire que Keret, à la même époque de rédaction. Cependant, si les héros sont de famille royale, la royauté ne semble pas être la préoccupation première de la légende. Il s'agit bien plutôt d'un enseignement sur les rapports entre les dieux et les hommes: les traits de caractère dominants des premiers et le comportement que les seconds se doivent d'observer envers eux, les pouvoirs et prérogatives des uns, les droits et les devoirs des autres, eu égard à leur rang. L'un des thèmes essentiels, comme en Keret, mais dans une autre perspective, est celui de la progéniture mâle, indispensable au roi et fruit de la bénédiction divine. C'est le souci de cette naissance d'un héritier qui remplit les deux premières colonnes de la tablette CTA 17 dont nous nous occupons maintenant.

KTU 1.17: I: 1-19:

[apnk (1) *dnil.mt.rp]i*	[Alors, que Danil, l'homme de Rap]iu,
aph.ǵzr (2) [mt.hrnmy.]	alors, que le héros, [l'homme de Harnam,]
uzr.ilm.ylḥm.	ceint du pagne, aux dieux donne à manger,
3) *[uzr.yšqy.] bn.qdš*	[ceint du pagne, donne à boire] aux saints.
yd (4)*[ṣth.y'l.] wyškb.*	Qu'il rejette [sa tunique, monte] et se couche,
yd (5)[mizrth.] pyln.	qu'il rejette [son pagne] et passe la nuit.
hn.ym (6)[wṯn	Voici, un jour [et un second,
uzr.] ilm.dnil	ceint du pagne,] aux dieux, Danil,
7)*[uzr.ilm].ylḥm.*	[ceint du pagne, aux dieux] il donne à manger,
uzr (8)*[yšqy.b]n.qdš.*	[ceint du pagne, il donne à boire aux] saints.
ṯlṯ.rb' ym	Un troisième, un quatrième jour,
9)*[uzr.i]lm.dnil.*	[ceint du pagne, aux d]ieux, Danil,
uzr (10)*[ilm.y]lḥm.*	ceint du pagne, [aux dieux il donne] à manger,
uzr.yšqy.bn (11) *[qdš*	ceint du pagne, il donne à boire aux [saints.
ḫ]mš.ṯdṯ.ym.	Un cinquième, un sixième jour,
uzr (12)*[il]m.dnil.*	ceint du pagne, [aux dieu]x, Danil,
uzr.ilm.ylḥm.	ceint du pagne, aux dieux il donne à manger
13)*[uzr].yšqy.bn.qdš.*	[ceint du pagne,] il donne à boire aux saints.
yd.ṣth (14)*[dn]il.*	Il rejette sa tunique, [Dan]il,
yd.ṣth.y'l.wyškb	il rejette sa tunique, monte et se couche
15) *yd.mizrth.pyln.*	il rejette son pagne et passe la nuit.
mk.bšb'.ymm	Puis, au bout de sept jours,
16)*[w]yqrb.b'l.bḥnth*	Baal s'approche par pitié pour lui:

abynt (17)*[d]nil.mt.rpi.*	«Misère de [Da]nil, l'homme de Rapiu,
anḫ.ǵzr (18) *mt.hrnmy.*	soupir du héros, l'homme de Harnam,
din.bn.lh (19)*km.aḫh.*	parce qu'il n'a pas de fils comme ses frères,
w.šrš.km.aryh	ni de rejeton comme ses pairs.»

L'intercession de Baal se poursuit par la demande expresse de la bénédiction de El, faisant valoir le rite accompli par le roi:

KTU 1.17: I: 21-26:

21) *uzrm.ilm.ylḫm*	«Oui, ceint du pagne, aux dieux il a donné à manger,
22) *uzrm.yšqy.bn.qdš*	oui, ceint du pagne, il a donné à boire aux saints.
23) *ltbrknn ltr.il aby*	Bénis-le donc, ô Taureau, El, mon père,
24) *tmrnn.lbny.bnwt*	fortifie-le, ô Créateur des créatures,
25) *wykn.bnh.bbt.*	et qu'il ait un fils dans sa maison,
šrš.bqrb (26) *hklh.*	un rejeton au milieu de son palais !»

Ici s'enchaîne la première description du fils idéal tel qu'est en droit de l'attendre un homme du rang de Danil. El accède à la demande de Baal et, dans un geste de bénédiction, déclare accorder à Danil cette descendance tant souhaitée: seconde description du fils idéal, en partie reconstituée en raison de la cassure en bas de la colonne I. La colonne II, dont il manque environ 11 lignes au début, nous livre une troisième version de ce portrait, sans que nous sachions exactement qui la prononce: Baal, ou un messager qui annonce au roi cette naissance. Danil alors se réjouit, répétant à son tour, pour une quatrième fois, la liste des devoirs qui seront remplis par ce fils qu'il reçoit. Il rentre chez lui et offre boissons et aliments pendant sept jours aux Kotharot, les divinités sages-femmes, présidant à l'union nuptiale et à la naissance. La fin de la colonne manque, elle nous laisse entrevoir Danil comptant les mois qui passent.

– *uzr:* c'est le terme-clef du rituel ici décrit, mais son interprétation est précisément ce qui partage les commentateurs, car s'il apparaît treize fois dans la colonne I de cette tablette, on ne le retrouve nulle part ailleurs dans les textes ougaritiques, du moins sous cette forme. Impossible donc de cerner son champ sémantique en des contextes variés; le seul recours pour l'instant est l'étymologie.

Pour les uns, à la suite de l'interprétation qu'en avait donnée Ch. Virolleaud, il est à dériver de la racine *'zr,* «ceindre», attestée en hébreu, en arabe, en syriaque, en akkadien[16], et se référant ici à un vêtement couvrant plus particulièrement la région lombaire, une ceinture, un pagne[17]. On se trouve donc en présence d'une forme

---

16 Cf D. Cohen, Dictionnaire des racines sémitiques, I, 1970, 14.

17 Ch. Virolleaud, La légende phénicienne de Danel, Mission de Ras Shamra I, 1936: «ceint»; J.A. Montgomery, Ras Shamra Notes VI: The Danel Text, JAOS 56, 1936, 440-445 (p.441): «the girded one»; T.H. Gaster, Thespis, New York, 1950, 270:

de participe décrivant Danil dans une attitude de suppliant, puisqu'on remarque en Israël l'*ézor* comme vêtement de l'ascète et du prophète[18], et chez les arabes le *izar* comme vêtement du pèlerin. Cette même étymologie est retenue maintenant unanimement pour le *mizrt* que Danil rejette avant de passer la nuit (lignes 5.15), et que l'on retrouve sous une forme duelle pour désigner le vêtement de deuil porté par El et Anat[19]. On l'a rapproché du sac noué autour des reins des pleureuses du sarcophage d'Ahiram. Danil serait donc ceint (*uzr*) d'une espèce de pagne rituel (*mizrt*), propre au suppliant, à l'endeuillé ou à l'ascète. Au demeurant, cette racine *'zr* n'apparaît qu'une seule fois dans les textes rituels[20], et reste difficile d'interprétation dans ce contexte; il semble néanmoins qu'il s'agisse d'une offrande de vêtement ou d'un rite de vêture de statuettes divines[21].

Certains se rallient à l'explication proposée par J. Obermann avec quelques précautions, faisant de *uzr* un dérivé de la racine *nzr*, signifiant «mettre à part, consacrer» (distincte de *ndr/ndr*, «faire un voeu»); *uzr* serait alors une offrande, une nourriture mise à part, consacrée[22]. On aurait ici un terme spécifique aux offrandes présentées pendant l'incubation, laquelle se caractérise par une «mise à l'écart» de l'incubant. J.C. De Moor et M. Dijkstra[23], qui ont repris en dernier lieu cette étymologie, font valoir dans le vocabulaire cultuel hébreu une dérivation analogue de *'zkrh* à partir de *zkr;* de même, *nzr*

«clothed in a loincloth»; J. Gray, The Legacy of Canaan, SVT 5, Leiden, 1957, 108: «veiled»; J. Aistleitner, Mythologische und kultische Texte aus Ras Shamra, 1959, 67: «in Trauer gehüllt»; H.H.P. Dressler, Ugaritic UZR and Joel 1:13, UF 7, 1975, 221-225: «girded»; J. Sanmartin, Ug. UZR und Verwandtes, UF 9, 1977, 369-370: «ceint»; Del Olmo, MLC, 524: «vestido, revestido»; B. Margalit, The Ugaritic Poem of AQHT, BZAW 182, 1989, 144: «in loincloth».

18 II Reg 1,8: *'ezor 'ôr 'azur,* «ceint d'une ceinture de peau»; cf Mt 3,4: ζώνην δερματίνην.

19 KTU 1.91:8: [ ]*lpš.yks.mizrtm.* Cf S. Ribichini-P. Xella, La terminologia dei tessili nei testi di Ugarit, 1985, 46-47.

20 KTU 1.91:8: *[ ]lp.izr,* laissé sans traduction par J.-M. de Tarragon dans A. CAQUOT-J.-M. de Tarragon-J.L. Cunchillos, Textes ougaritiques II, LAPO 14, 1989, 175.

21 Cf P. Xella, I testi rituali di Ugarit I, 1981, 338 ss.; J.-M. de Tarragon, Le culte à Ugarit, CRB 19, 1980, 48; 98 ss.

22 De Vaux, RB 46, 1937, 442: «sacrifice votif»; Obermann, Daniel, 5: «offerings»; Gordon, UL (1949), 85: «the offerings»; H. Ginsberg, ANET^2, 149: «oblation»; G.R. Driver, CML(1956), 49: «the nectar»; Cazelles, VT 7, 428: «le sacrifice d'incubation»; W. Herrmann, Götterspeise und Göttertrank in Ugarit und Israel, ZAW 72, 1960, 207: «Opferspeise»; M. Dietrich – O. Loretz, Zur ugaritischen Lexicographie V, UF 4, 1972, 27-35 (p.35): «Opferspeise»; A. Jirku, Kanaanäische Mythen und Epen aus Ras Shamra-Ugarit, 1962, 115, n. 2: «Inkubationsopfer».

23 J.C. De Moor-M. Dijkstra, Problematical Passages in the Legend of Aqhatu,UF 7, 1975, 171-215 (p.172): «sacrifices, consecrated food».

donnerait *'unzr, 'u(z)zr,* un type d'offrande, ou plus simplement un terme général, «aliment (liquide ou solide) consacré». Si l'explication est philologiquement séduisante, l'absence totale de ce type d'offrande dans les textes de la pratique, oblige à la prudence, d'autant que la racine *nzr* n'est pas attestée en ougaritique.

Le mot *uzr,* comme «offrande» ou «sacrifice», a été rapproché du phénico-punique *'zrm,* terme sacrificiel que l'on a identifié à *'zrm*[24]. L'équivalence donnée par quelques bilingues *'dr 'zrm = praefectus sacrorum*[25] suggère un sens très général de *'/'zr, sacrum,* et l'inscription d'Eshmunazar (KAI 13:3) permet à H. Cazelles de préciser qu'il s'agissait d'un «sacrifice d'incubation»[26]. Il conclut ailleurs que, différents usages de *'zr,* tant en ougaritique que dans l'inscription d'Eshmunazar ou sur les stèles puniques et néo-puniques, désignent non pas «une offrande ni un sacrifice *molk* nocturne, mais un mets, solide ou liquide, revigorant, absorbé avant la nuit»[27]. Ainsi, partant du sens premier de *'zr* «se ceindre», il retrouve l'idée de force, de vigueur virile, puisque le fils est «celui qui sort des reins» du père (Gen 35,11; I Reg 8,19), et le sens de «stimulant» pour *uzr.* T.H. Gaster avait déjà expliqué *uzr* par l'arabe *azr* «force» et y voyait une épithète de Danil, le fort, «le héros», à la manière homérique[28]. S'appuyant sur cette étymologie, A. Caquot traduit dans *TO* I: «le stimulant», destiné à rendre au roi sa capacité virile, mais il abandonne ce sens jugé «peu convaincant»[29].

Malgré toutes ces tentatives, et en raison même de leur impuissance à chacune d'être pleinement satisfaisante, J.C.L. Gibson, dans son édition[30] ne traduit pas *uzr,* remarquant simplement «precise meaning unknown»; M. Dietrich et O. Loretz[31] le considèrent encore comme un «ungelostes Problem»[32].

---

[24] De Moor-Dijkstra, UF 7, 172; H. Cazelles, 'UZR ugaritique et 'zr phénico-punique à travers des travaux récents, Atti del 1 Congr. Int. Studi Fenici e Punici (1979),1983; S.E. Loewenstamm, Comparative Studies in Biblical and Ancient Oriental Literatures, AOAT 204, 1980, 37; 196-198.

[25] KAI 120:1.3; 121:1-2; 126:2.

[26] Cazelles, VT 7, 428.

[27] Cazelles, Atti, 676.

[28] T.H. Gaster, The Story of Aqhat, SMSR 12, 1936, 126-149 (p. 139, n. l).

[29] A. Caquot, Notes philologiques sur la légende ougaritique de Danel et d'Aqhat I, Sem 37, 1987, 5-16 (p. 7).

[30] Gibson, CML, 103, n.1.

[31] Dietrich-Loretz, UF 10, 65-66.

[32] M. Tsevat (Eating and Drinking, Hosting and Sacrificing in the Epic of Aqht, UF 18, 1986, 345-350) propose une nouvelle solution en rapprochant *uzr* du hittite *es-ri, e-es-sa-ri* (prononcé *esri, esari* ou *ezri, ezari*), signifiant «statue, figure, ressemblance».

La solution à cette question nécessite de trancher un autre problème, celui de la traduction de *ylḥm – yšqy*, si *uzr* est considéré comme objet direct de ces deux verbes. Le sujet en est à l'évidence Danil; mais si le sens de *lḥm* est «manger», celui de *šqy* est «donner à boire», comme l'akkadien *šaqû* (G), ce qui rend boiteux le parallélisme pourtant clair des deux vers *uzr ilm ylḥm // uzr yšqy bn qdš.* On résout généralement le problème en voyant en *ylḥm* une forme D (intensive) avec le sens de «donner à manger»[33]. Mais l'on n'a pas d'autres exemples d'une telle forme D avec un sens factitif pour *lḥm,* alors que la forme Š est au contraire bien attestée[34]. De plus, le texte d'Aqhat présente deux cas où *šlḥm* est parallèle à *ššqy* (17:II:30; V:19). Cette forme factitive d'un verbe signifiant déjà «donner à boire» indiquerait une acception de *šqy* G au sens de «boire», à moins que nous ayons là une simple attraction modale. En bref, l'alternative revient à admettre un *šqy* (G) au sens de «boire»[35], ou à postuler un *lḥm* (D) à sens factitif «donner à / faire manger»[36]. Nous avons opté pour la seconde solution, qui élimine du même coup la fonction de *uzr* comme complément d'objet de ces deux verbes, et supprime également la rupture inacceptable du syntagme génitival *uzr bn qdš* par la place du verbe *yšqy.*

Il rend donc ainsi les deux distiques initiaux de ce passage:

[apnk] dnil mt rpi	[Thereupon ?] Dnil, man of Rpu
ap[h]n ǵzr mt hrnmy	Thereat the hero, man of Hrnmy
uzr ilm ylḥm	Eats (*i.e.* offers to) the statue(s) of Il
uzr yšqy bn qdš	The son of Il drinks (*i.e.* libates) to the statues.

33 Avec Obermann, Daniel, 8; De Moor-Dijkstra, UF 7, 172; Del Olmo, Interpretacion, 119; Caquot, Sem 37; ainsi que les traductions de Gaster, Thespis (1950); Jirku, KME; Gibson, CML; Xella, Antenati.

34 Attestations de la forme *šlḥm:*

KTU	1.3:I:5-9:	*wyšlḥmnh . . . wyšqynh*
	1.16:VI:49:	*lpnk ltšlḥm ytm*
	1.17:II:30:	*yšlḥm.kṯrt.wyššq.*
	1.17:V:19:	*šlḥm.ššqy.ilm*
	1.100:6:	*nḥš.yšlḥm*

35 Avec Caquot, TO I, 419, n.c; Cazelles, Atti, 675; et les traductions antérieures de Gaster, Thespis (1936); Driver, CML; Aistleitner, MKT.

36 Tsevat (UF 18) propose un autre parallèle hittite, étudié par Kammenhuber et Arch, où, dans des textes rituels, l'expression *LUGAL DAN e-ku-zi,* «le roi boit (le dieu) X . . . » en vient à signifier, sans aucun changement de forme, «le roi fait une libation (au dieu) X». Sans aller chercher si loin, l'existence d'une valeur identique pour les formes G et Š de la même racine est admise et argumentée par S.E. Loewenstamm, The Seven-Day Unit in Ugaritic Epic Literature, IEJ 15, 1965, 121-133 (p.124, n.13).

Si *ylḥm* et *yšqy* s'entendent tous les deux au factitif, ils désignent alors certainement un geste d'offrande solide et liquide dont les bénéficiaires sont *ilm / bn qdš.* Le sujet de cette action cultuelle étant Danil, et puisque le sens de *uzr* comme désignation d'une offrande ne paraît pas satisfaisant, il ne lui reste que la seule fonction d'attribut du sujet. On retiendra donc la solution faisant dériver *uzr* de la racine *'zr* «ceindre», qui paraît la plus simple, et en raison du parallèle *uzr // mizrt.* Il ne semble pas toutefois que le choix de l'une ou l'autre des solutions possibles actuellement soit déterminant dans la question de l'incubation.

– Ligne 16, *w]yqrb.b'l.bḥnth:* L'unanimité s'est faite (sauf M. Dahood)[37] sur le sens de *ḥnt,* substantif dérivé de *ḥnn,* «avoir pitié, se montrer favorable», mais les traductions divergent sur trois points, qui les font aller dans quatre directions différentes, selon que l'on rend *ḥnt* par «supplication» ou «pitié», que l'on considère Baal ou Danil comme antécédent du suffixe *-h,* selon que Baal enfin (sujet de *yqrb*) est censé s'approcher de Danil ou de El[38]. J.C. De Moor et M. Dijkstra[39] ont bien fait remarquer l'impossibilité d'admettre Danil comme antécédent de *-h:* en observant les dérivés nominaux de la racine *ḥnn* en hébreu et en akkadien, on constate une distinction entre les dérivés de la forme G (qal): *ḥen, ḥeninah,* «charme, faveur, bienveillance, pitié», et ceux de la forme tD (hitp.): *teḥinnah,* «supplication». De même, l'akkadien *enēnu,* «être favorable», donne *ennu,* «faveur», et *utne(n)nu,* «implorer, supplier», donne *unnenu,* »prière« (*AHW* 217; 219). Or, nous avons ici un dérivé de la forme G, exprimant l'attitude du supérieur envers l'inférieur, donc la «faveur» de Baal envers Danil, ou sa «bonté», comme le précisent M. Dietrich – O. Loretz – J. Sanmartin[40].

Mais, si des trois points de divergence mentionnés, deux se trouvent ainsi résolus, le terme du mouvement indiqué par *yqrb,* «il s'approche», n'est pas évident. Pour les uns, Baal s'approche de El en intercesseur de la supplication de Danil, et c'est à El que s'adresse le discours qui débute dès les mots suivants. Pour les autres, Baal s'approche de Danil dans un mouvement de commisération, et on

---

37 M. Dahood (Hebrew-Ugaritic Lexicography VI, Bib 49, 1968, 358 s.) qui fait dériver *ḥnt* de la racine *nḥn,* et traduit: «because of his groaning». Mais dans UF 1, 1969, 29, Dahood traduit: «because of his plea for mercy».

38 Baal s'approche de **El,** en suppliant (Ginsberg, Fronzaroli, Gray, Gibson) / par pitié pour Danil (Caquot-Sznycer, Parker). Baal s'approche de **Danil,** à cause de sa supplication (Gaster, Aistleitner) / par bonté (Driver, Dietrich-Loretz, Del Olmo).

39 De Moor-Dijkstra, UF 7, 1975, 171-215.

40 M. Dietrich-O. Loretz-J. Sanmartin, Das Nomen ḤNT «Güte, Erbarmen» im Ugaritischen, UF 8,1976, 433-434.

aurait là l'indication d'une apparition du dieu dans un songe du suppliant[41]. On remarque dès lors l'enjeu de la discussion pour la question de l'incubation. De fait, il serait curieux que la syntaxe de la phrase ne donne aucune indication de terme à *yqrb*.

Dans le passage parallèle de Keret que l'on a vu plus haut: *wyqrb bšal.krt,* «et il s'approcha en interrogeant Keret»,il est clair que Keret est à la fois complément d'objet direct de *šal,* et complément de lieu de *qrb,* et c'est pourquoi nous avons traduit: «et il s'approcha de Keret en l'interrogeant». Il en est sans doute de même dans notre construction *w]yqrb bʿl.bḥnth.* A la place de l'infinitif *šal,* nous avons ici *b* + substantif, une phrase nominale, et il reste possible de comprendre le pronom *-h* comme un suffixe datival ayant pour antécédent Danil, sorte de génitif objectif: «et Baal s'approcha par pitié *pour lui*», plutôt que «dans sa pitié»[42]. On peut même considérer, qu'à l'exemple du parallèle de Keret, le suffixe datival *-h* se rapporte à la fois à *ḥnt* et à *w]yqrb,* qui trouve ainsi son complément de direction: «et Baal s'approcha (de lui) par pitié pour lui».

Est-ce à dire que le discours qui s'ouvre alors s'adresse à Danil? Il n'est pas facile d'en décider, d'autant que nous nous heurtons maintenant à un difficile problème de lecture à la fin de la ligne 16:

– Ligne 16, *aby xx:* Le texte de CTA lit *abynt,* mais A. Herdner note que les deux derniers signes ne sont pas absolument certains et que la ligne peut empiéter sur la colonne II[43]. On suppose alors que *abynt* correspond à l'hébreu mishnique *ébyonut,* «misère». J. Obermann avait préféré lire *abyn,* avec un *n* à quatre clous, mais cette solution n'est pas défendable. A. Caquot ne traduit prudemment que les trois signes lisibles: *aby,* «mon père»[44]. M. Dietrich-O. Loretz ont d'abord proposé[45] *abynm,* l'adjectif *abyn* + *m* emphatique soulignant le premier mot d'un discours direct. Cette solution a été retenue par J.C. De Moor et M. Dijkstra[46], mais une nouvelle collation du texte incite M. Dietrich, O. Loretz et J. Sanmartin à lire: *abyn at [d]nil,*

---

41 Baal s'approche de **El** en intercesseur (Ginsberg, Gray, Fronzaroli, Caquot-Sznycer, Gibson). Baal s'approche de **Danil** dans une vision (Driver, Aistleitner, Dietrich-Loretz, Del Olmo).

42 Cf Ex 3,21: *wntty 't ḥn h ʿm hzh b ʿyny mṣrym,* «Je ferai trouver grâce à ce peuple aux yeux des Egyptiens» (Dhorme).

43 Herdner, CTA, 80, n. 3.

44 Caquot, TO I, 420, n. i.

45 Dietrich-Loretz, UF 4, 34: «*-m* ist hier angesichts der Tatsache, dass es nach dem ersten Wort in der direkten Rede steht, wohl mit dem akkadischen *-mi* gleichzusetzen, das in zitierter direkter Rede an betonte Wörter angehängt wird und dort meist schon einmal gleich zu Beginn der Rede als Enklitikum im ersten Wort auftritt.»

46 De Moor-Dijkstra, UF 7, 174.

«unglücklich bist du, Dnil ... » lecture qui fait de Daniel le destinataire des paroles de Baal[47].

Cette lecture est celle retenue par KTU et les auteurs les plus récents travaillant sur la base de cette édition, dont G. Del Olmo Lete qui traduit: «Qué miserable estas, Daniilu el Rapai ... » Mais cette solution, outre son caractère malgré tout peu assuré épigraphiquement[48], offre quelques difficultés quant à la logique interne du texte. M. Dietrich et O. Loretz remarquent bien (*UF* 8, 1976, 433) cette manière inhabituelle de passer d'un discours adressé à Danil puis à El, sans la moindre indication du changement d'interlocuteur. Cette incohérence viendrait du fait, selon eux, que *at* est une glose marginale ajoutée après coup pour dissiper l'imprécision du début du discours ...[49].

Après avoir personnellement examiné la tablette, la seule conclusion que nous avons jusqu'ici pu en tirer est qu'aucune lecture après *aby* ne s'impose vraiment. Il est possible, comme le notait déjà A. Herdner, de lire trois signes si l'on considère la trace horizontale visible dans la colonne II, au-delà de la marge, comme un signe intentionnel. La lecture de KTU, comme celle de CTA, ne tient compte que de traces horizontales. Or, il n'est pas impossible de lire un clou vertical dans le second sillon de la marge. Mais de guerre lasse, nous gardons finalement la lecture de CTA: *abynt,* qui nous semble encore la plus probable.

Le dernier mot n'est pas encore dit sur la traduction et l'interprétation de ce passage d'Aqhat. Il apparaît pourtant, pour le sujet qui nous occupe, qu'une compréhension aussi exacte que possible de ces dernières lignes est d'une grande importance. Il faudra donc tourner la difficulté provenant de ces incertitudes de lecture en cherchant des arguments dans la logique interne de l'ensemble du texte. Auparavant, il n'est pas sans intérêt de suivre rapidement la genèse des arguments soutenant la thèse de l'incubation.

---

47 Dietrich-Loretz-Sanmartin, UF 8, 433 s.: «Eine Kollation des Textes hat jedoch ergeben, dass die Stelle *abyn a*t** eindeutig zu lesen ist (...).»

48 Cf H.H.P. Dressler, Problems in the Collation of the AQHT-Text, Column One, UF 15, 1983, 43-46: « ... Similarly, line 16 (KTU) reads *abyna*t** when it should read either *abynt* ? or *abyna*/t** since there is no indication of two damaged wedge-signs.»

49 Revenant sur la question, Dietrich-Loretz expriment une nouvelle fois leur perplexité (UF 10, 1978, 67): «Da der Lesung *abyn a*t** zwar epigrapisch gegenüber *abynm* der Vorzug zu geben ist, aber vom Kontext her *at* in einer Anrede Ba'als an El fehl am Platz ist, liegt der Verdacht nahe, dass *a*t** als Schreibfehler anzusehen ist. Liegt eine Vorwegnahme – aberratio oculi – von *anḫ* (Z.17) vor, die während des Schreibens noch bemerkt wurde?» Remarquons qu'il n'est déjà plus question d'une parole adressée par Baal à Danil: le changement d'optique est à souligner!

3. *Histoire d'une théorie*

Une étude a véritablement fait date dans cette interprétation du début du poème d'Aqhat, celle de J. Obermann, *How Daniel Was Blessed with a Son, An Incubation Scene in Ugarit,* parue en 1946 (Supplement to JAOS VI). Dix années séparent ce travail de l'*editio princeps* de Ch. Virolleaud, *La légende phénicienne de Daniel,* constituant le tome I des publications de la Mission de Ras Shamra (1936). Un coup d'oeil jeté sur les études d'ensemble ou de détail consacrées à ce texte durant cette période ne permet de déceler aucune allusion à un quelconque rite d'incubation[50]. Il est vrai qu'alors les problèmes de déchiffrement et de traduction tenaient encore largement le devant de la scène. C'est donc bien au savant américain que revient la paternité de la théorie telle qu'elle nous est parvenue.

Il est le premier à considérer que les colonnes I et II de CTA 17 constituent une unité littéraire où il distingue huit sections: I: description du rituel d'incubation(1-6), II: période d'incubation (6-16), III: supplication de Danil (16-22), IV: demande d'intercession de la part des dieux (22-34), V: réponse favorable de El (35-53), VI: Danil apprend la nouvelle dans un songe (1-9), VII: Danil exprime sa joie (10-23), VIII: fin et transition (24-27).

Après l'édition du texte ainsi structuré et sa traduction, il livre section par section un commentaire philologique riche de nombreuses propositions originales. Nous en avons déjà mentionné quelques-unes. Il ne sera pas inutile de rassembler ici celles qui concernent les termes essentiels et soutiennent sa démonstration. La première section décrit le rituel lui-même:

uzr ilm ylḥm	He gives the gods offerings to eat,
uzr yšqy bn qdš	gives the holy ones offerings to drink,
yd ṣth y'l wyškb	besprinkles his cubicle, goes up to sleep,
yd mizrt pyln	besprinkles his clothes, then passes the night.

Ce rituel, explique J. Obermann (p. 10), comprend des sacrifices (*uzr*) dont on sait seulement qu'ils sont solides et liquides. Le personnage passe ensuite la nuit dans une alcôve (*ṣt*), sans doute une partie du temple, après l'avoir aspergée (*yd*), ainsi que son vêtement. L'interprétation qu'il fait du groupe *yd ṣth* n'est plus reçue aujourd'hui

[50] Gaster, SMSR 12, 126-149; Dhorme, Syr 18, 1937, 104-113 (recension de l'édition de Virolleaud); Montgomery, JAOS 56, 1936, 440-445; De Vaux, RB 46, 1937, 440-447 (recension de l'édition de Virolleaud); U. Cassuto, Daniel et son fils dans la tablette II D de Ras Shamra, REJ 105, 1939/40, 125-131; H.L. Ginsberg, The North-Canaanite Myth of Anat and Aqhat, BASOR 97, 1945, 3-10; 98, 1946, 15-23; R. Dussaud, Les découvertes de Ras Shamra et l'Ancien Testament, 1941², 145-152; K.I. Engnell, Studies in Divine Kingship, Uppsala, (1943) 1967², 134-142.

(faisant de *yd* une forme dérivée de la racine *ndy* = hébr. **naza,* aram. *neda,* «répandre, asperger»).

A la ligne 16, le sujet de *yqrb* n'est pas Baal, mais Danil. Dans cette troisième partie, en effet, le narrateur décrit la supplication de Danil et sa détresse. *bʿl* n'est pas le nom du dieu, mais une variante orthographique de *pʿl,* «faire, accomplir», et J. Obermann traduit: *k]yqrb bʿl bḥnth,* «When he draws near to perform his supplication ... » Rien n'indique, selon lui, le début d'un discours direct; les lignes qui suivent s'adressent à l'auditeur et lui décrivent la détresse de Danil. Puis le narrateur se tourne vers les dieux et leur demande d'intercéder pour le héros et de le bénir par El: il comprend *ltbrknn* (l. 24) comme un pluriel dont le sujet est *ilm* et *bn qdš*; le *-n* final est un suffixe et la particule *l-* souligne bien la finalité du rite d'incubation (*uzrm ilm ylḥm*): obtenir la bénédiction des dieux qui assurera la descendance.

Entraîné dans son élan, J. Obermann entreprend de restituer les parties manquantes du début de la colonne II. On y lit, en effet, la troisième version des devoirs du fils idéal, avec des suffixes à la 2e du singulier, montrant qu'il s'agit de paroles adressées à Danil: l'annonce de la naissance prochaine de ce fils. Où peut avoir lieu une telle annonce sinon dans un rêve, puisque nous sommes dans un rite d'incubation et que le contact onirique avec la divinité fait nécessairement partie d'un tel rite? On lira donc, en restituant le début de cette colonne (pp. 4 et 27):

[bḥlmh tḥm ilm]	the gods speak in his dream,
[rgmh bn qdš bšrt]	the holy ones tell him good tidings.

Tous les éléments censés appartenir à une pratique d'incubation se trouvent ainsi rassemblés: le sacrifice, un rite de purification, l'incubation proprement dite dans une partie d'un sanctuaire, la réponse donnée par les dieux dans le rêve. On ne se soucia apparemment guère du fait qu'aussi bien le rêve que le sanctuaire – éléments essentiels – sont totalement absents du texte, et n'interviennent ici, comme sortis d'une boîte aux accessoires, que pour la commodité de l'exposé.

Depuis J. Obermann, notre compréhension du texte s'est notablement améliorée et nombre de ses interprétations ont été corrigées ou simplement abandonnées. Or, si une part importante de son argumentation reposait sur ces interprétations aujourd'hui caduques, il est remarquable que la thèse de l'incubation, elle, a survécu à l'érosion de ses assises, et qu'elle fut rarement mise en question. Au contraire, elle semble avoir été admise d'emblée par la critique comme allant de soi, ainsi qu'en témoignent les éditions et études immédiatement postérieures.

C.H. Gordon, dans son *Ugaritic Literature* (Rome, 1949), résumant le problème, écrit simplement: «Baal at last appeared to him in a dream produced by the technique of incubation» (p. 84), et renvoie dans une note à J. Obermann. A. Herdner, faisant le point la même année sur l'état des études relatives à Aqhat, écrit un peu plus prudemment: «La scène se situe sans doute dans un sanctuaire, où notre héros passe la nuit; selon Obermann, il s'agirait d'un rite d'incubation»[51]. Mais c'est T.H. Gaster qui, dès la première édition de sa *Thespis,* en 1950, apporte à la thèse de l'incubation une contribution déterminante. Sans donner d'arguments nouveaux, et tout en offrant une traduction sensiblement améliorée, il explique dans une longue note (pp. 330-332 de l'édition de 1950): «What is here described is the well-known rite of incubation. The suppliant lodges for a few days in the precincts of the sanctuary in order to entreat the god and obtain the divine oracle in a dream or by some other manner». Et d'ajouter plus bas: «The custom of incubation was widespread in the religious life of the ancient Near East ... » et il renvoie pour illustration à I Sam 3; Gen 28,10-22; Num 22,8, et à G. Furlani (*Religioni della Mesopotamia e dell'Asia Minore*). Mais l'essentiel des exemples cités est tiré du monde grec.

Cette note de *Thespis* servira de référence constante à laquelle renverront désormais tous les auteurs voyant en ce passage d'Aqhat un rite d'incubation. G.R. Driver édite son *Canaanite Myths and Legends* quelques années plus tard (1956), dans lequel il résume sans autre justification: «Daniel, a righteous king, described as clothed in sack-cloth or as the vice regent of El, after a feast undergoes a rite of incubation in the hope of obtaining a son ... On the seventh day Baal, taking pity on his misery, visits him»[52]. Le début de la colonne II est restitué selon la proposition de J. Obermann: «Danel, blessed by El in a dream ... » (*bḥlm tḥm ilm* etc!). Le caractère hypothétique de ces restitutions n'échappe certes à personne, mais elles cadrent si bien avec la théorie qu'elles semblent s'imposer d'elles-mêmes.

Dans la recension qu'il fit de l'édition de G.R. Driver, H. Cazelles[53] apporta son eau au moulin en proposant de traduire *uzr* par «sacrifice d'incubation», grâce à un rapprochement avec l'énigmatique *'zrm* de l'inscription d'Eshmunazar (KAI 13:3). A. Jirku accepta cette traduction de *uzr* et fit sienne également l'hypothèse de l'incubation[54].

---

[51] Herdner, Syr 26, 1949, 2.

[52] G.R. Driver, Canaanite Myths and Legends, 1956, 6.

[53] Cazelles, VT 7, 1957, 428.

[54] A. Jirku, Kanaanäische Mythen und Epen aus Ras-Shamra – Ugarit, 1962, 115, n. 2.

Désormais le fait est acquis; que l'on s'accorde ou non sur la traduction de *uzr*, la quasi unanimité des auteurs comprend ce texte comme un récit d'incubation.

J. Gray considère cette interprétation comme évidente[55], et dans son article «Sacral Kingship in Ugarit» (*Ug* VI, 1969, 296), cette attitude votive de Danil lui offre une illustration de la fonction sacerdotale du roi soulignée avec emphase par les nombreuses études consacrées à ce sujet. En tant que lieutenant du dieu-roi, le roi-prêtre est le médium privilégié par lequel sont révélées les volontés divines. Le rêve oraculaire perçu au cours d'une incubation s'intègre ainsi parfaitement à la fresque du *sacral kingship*. J. Gray cependant, n'apporte aucun élément nouveau aidant à éclairer ce passage, sinon qu'en l'intégrant à une théorie plus vaste, celle de la royauté sacrée, il semble offrir à l'incubation un degré supplémentaire de vraisemblance; mais la base textuelle de l'édifice reste toujours aussi fragile.

Sans contester la dimension sacrée et sacerdotale de la fonction royale à Ugarit – attestée par les textes cultuels en particulier[56] – il est excessif de lui rattacher l'ensemble des faits ayant trait à la royauté. Dans le cas présent, on peut certes affirmer l'importance vitale pour le pays de la permanence dynastique, et par conséquent supposer le caractère religieux de tout ce qui touche à la naissance d'un descendant mâle. Mais est-ce bien de cela qu'il s'agit ici? Il est remarquable et sans doute significatif que le catalogue des vertus du fils idéal ne concerne que des devoirs strictement familiaux: la dimension proprement dynastique et royale en est absente. Peut-on alors sans autre affirmer que le rite accompli par Danil relève de sa fonction royale et sacerdotale? La royauté sacrée n'est pas la problématique essentielle de la légende d'Aqhat et il est de ce fait inopportun de l'utiliser comme grille d'interprétation en ce cas précis.

Les traducteurs récents ont intégré l'hypothèse – qui est devenue entre-temps évidence – à leurs éditions et commentaires[57], à l'exception de A. Caquot et M. Sznycer, qui voient dans cette scène davantage une cure destinée à rendre sa vigueur au roi frappé de stérilité. Seul, à notre connaissance, B. Margalit, dans sa récente monographie consacrée au poème d'Aqht[58], s'oppose à la théorie de l'incubation avec des arguments qui rejoignent les nôtres.

---

55 J. Gray, The Legacy of Canaan, SVT 5, 1965, 108.
56 Cf de Tarragon, Le culte, spéc. ch. IV.
57 Gibson, CML, 24; Del Olmo, MLC, 334.
58 B. Margalit, The Ugaritic Poem of AQHT, BZAW 182, 1989, 260-266.

4. Keret et Danil sont-ils des «incubants»?

a) Critique de la thèse de l'incubation

Au cours du Simposio Biblico Español qui s'est tenu à Salamanque en 1982, G. Del Olmo Lete a présenté ces deux textes d'Aqhat et de Keret comme des antécédents cananéens à la pratique de l'incubation attestée également dans quelques passages de l'Ancien Testament[59]. Partant de la définition de l'incubation donnée plus haut, il retient de chacun des textes les éléments essentiels permettant d'esquisser un modèle de rituel auquel les deux scènes de Keret et d'Aqhat sont ensuite confrontées dans le tableau suivant:

Elementos	Campo semantico	1.14 (Krt)	1.17(Aqht)
a) lamento/afliccion	*bky, anḥ*	X	(implic.)
b) atuendo cúltico	*uzr, mizrt*	...	X
c) ofrenda previa	*lḥm, šqy*	...	X
d) incubatio	*škb, yšn, ln*	X	X
e) teofania	*qrb*	X	X
f) diálogo teofánico	*šal*	X	(equiv.)
g) banquete-sacrific.	*ḏbḥ, tbḥ, lḥm/šqy*	X	X

Il remarque en conclusion de ce tableau que, si le parallélisme est moins net dans les rites initiaux, il est en revanche complet en ce qui concerne les éléments essentiels de la séquence: incubation, théophanie, dialogue théophanique, banquet sacrificiel.

Malgré l'autorité reconnue de G. Del Olmo en matière de philologie, un pareil traitement des textes appelle quelques sérieuses réserves. Tout d'abord à propos du genre littéraire. Si nous avons en Keret et Aqhat deux légendes épiques, le passage en question est le récit d'un songe dans le premier, tandis que dans l'autre nous avons la description d'un rituel – il semble même en avoir pour une part la phraséologie. Difficile donc de les considérer d'emblée comme des documents comparables quant à la forme: une attitude qui semble rituelle dans le second ne l'est pas nécessairement dans le premier, même si les termes sont identiques. Quant au fond, nous avons en Keret une oeuvre de propagande en faveur d'une royauté protégée par les dieux, et pour laquelle la question dynastique est capitale. Dans le passage d'Aqhat en revanche, il s'agit du récit de la naissance miraculeuse d'un héros. Les perspectives sont différentes, différents aussi les modes d'intervention des dieux.

L'auteur reconnaît que l'équivalence est imparfaite dans les préliminaires de l'incubation (a, b, c): en Keret, en effet, nul vêtement cultuel,

[59] Cf *supra*, note 2.

aucune offrande. S'il est raisonnable d'admettre une lamentation implicite en Aqhat, puisque l'on a pu constater que le comportement de Danil est en bien des points comparable à celui d'un suppliant, il est plus difficile de considérer les pleurs de Keret comme un rite préparatoire à l'incubation, même si plusieurs auteurs l'entendent ainsi[60]. On a souvent attiré l'attention sur le parallélisme littéraire existant entre ce passage et le Psaume 6,7:

ygʿty bʾnḥty	Je suis épuisé à force de gémir.
ʾśḥh bkl lylh mṭty	Chaque nuit je baigne ma couche,
bdmʿty ʿrśy ʾmsh:	de mes larmes j'inonde mon lit.

L'expression *ygʿty bʾnḥty,* se retrouve en Jer 45,3 dans la bouche de Baruch: «Pauvre de moi! le Seigneur ajoute l'affliction aux coups que je subis; je suis épuisé à force de gémir, je ne trouve pas le repos». Ces comparaisons montrent que nous avons affaire à des formules littéraires propres à un contexte de lamentation, et c'est solliciter indûment le texte que de voir dans les pleurs de Keret une technique visant à provoquer le rêve. Il n'y a donc, à notre avis, sur les éléments préliminaires, *aucune* correspondance.

Concernant les offrandes, elles sont certes bien attestées en Aqhat, puisque l'essentiel du rituel accompli par Danil consiste à «donner à manger aux dieux, offrir à boire aux saints» (*ilm.ylḥm / yšqy.bn.qdš*), mais il est impossible de les interpréter comme les préliminaires d'une incubation. En effet, selon le modèle théorique d'un tel rituel, les sacrifices sont offerts à la divinité dont on attend la venue dans le sommeil. Or ici, les offrandes sont faites «aux dieux» en général, tandis que c'est Ba'al qui est censé apparaître dans le rêve.

Et nous voici à l'incubation, disons pour être précis, au moment où le personnage se couche (*škb*), dort (*yšn*), et passe la nuit (*ln*). Le caractère liturgique de cette action en Aqhat ne fait aucun doute, elle fait partie intégrante du rituel décrit. Cela n'autorise cependant pas à considérer comme sûr et acquis le fait que Danil passe la nuit dans un sanctuaire[61]: le texte – lacuneux certes – ne le dit pas, même s'il est satisfaisant de le penser. Quant à Keret, c'est dans sa chambre (*bḥdrh*) que le sommeil s'empare de lui (*tlunn*). Nous l'avons remarqué, rien dans ce terme n'est spécifiquement cultuel, il s'agit simplement de la chambre privée du roi, et il est abusif de prendre le verbe «entrer» (*yʿrb*) pour l'indication qu'il entreprend à ce moment une fonction sacrée. La comparaison avec Joseph se retirant dans sa chambre pour

---

60 En particulier Greenfield, EI 9, 62.

61 Obermann, Daniel, 10, et en dernier lieu Del Olmo, MLC, 334: « ... el rito incubatorio termina climaticamente el séptimo dia con la teofania del dios en cuyo santuario se ha celebrado el ritual.»

y pleurer en secret ne manque pas de pertinence (Gen 43,30: *wyb' bḥdrh wybky šmh*).

Mais qu'y a-t-il de véritablement semblable entre ces deux scènes, mis à part le fait que le héros se couche et s'endort? Danil le fait de façon répétée sept jours durant, observant semble-t-il un rituel précis. Keret, en proie à sa peine, se retire dans sa chambre avant d'être terrassé par le sommeil. Il ne semble y avoir jusque là aucune intentionnalité dans sa démarche, il est beaucoup plus passif que Danil – et cela dans l'ensemble du poème d'ailleurs. S'il y a chez lui la volonté de susciter un songe au moment où le sommeil s'empare de lui, on pourrait considérer cette position recroquevillée qu'il prend (*wyqmṣ*) comme un indice[62]; mais s'il s'agit d'un terme technique de l'incubation, on s'étonne alors de ne pas le retrouver à propos de Danil dont le texte abonde pourtant en expressions de ce genre. Enfin, rien ne permet en fait d'affirmer que l'intervention de Baal a lieu pendant le sommeil de Danil. Au contraire, l'expression *mk.bšbʿ.ymm* semble plutôt laisser entendre que Baal s'approche dans ce septième jour.

Abordant la question de la théophanie, on touche le point névralgique de toute la théorie. On se demande d'abord pourquoi elle n'est caractérisée dans le tableau de G. Del Olmo que par le verbe *qrb*, alors que, s'agissant d'une vision du dieu qui se révèle dans le rêve, les termes *ḥlm* et son parallèle *ḏ(h)rt* sont tout aussi spécifiques sinon davantage. Seulement alors, force serait de constater l'évidence que pas une seule fois le rêve ni la vision ne sont mentionnés dans le texte d'Aqhat. J. Obermann avait comblé cette lacune par sa restitution abusive de la colonne II, mais plus personne aujourd'hui ne le suit sur ce point.

En ce qui concerne *qrb*, il est exagéré de dire qu'il évoque à lui seul «la tipica descripcion cananea de la teofanía»[63]. Ce verbe, en effet, n'a rien de spécifique au langage religieux, à tel point que dans Keret, tout le contexte en précise le sens, en particulier le parallèle de *bḥlmh il yrd*, «dans son rêve El descend ... ». *Yrd* serait au demeurant tout aussi typique de cette description de la théophanie. Il l'est des théophanies bibliques, mais lorsque les sources du Pentateuque évoquent la «venue» de Dieu dans le rêve (utilisant alors la racine *bw'*, terme non spécifique lui aussi), elles précisent toujours le «lieu» de cette venue par l'indication *bḥlm*, «dans le rêve»[64]. En Aqhat, l'économie de cette précision dans un texte qui ne craint pas la

---

62 Greenfield, EI 9, 62; cf la discussion de *yqmṣ*, *supra* p. 33-34.

63 Del Olmo, MLC, 334.

64 Cf Gen 20,3; 31,24.

redondance des expressions, fait douter fortement que *qrb* évoque une théophanie.

Il a été discuté plus haut du destinataire des paroles prononcées par Baal en KTU 1.17:I et du problème de lecture à la fin de la ligne 16. Il est beaucoup plus vraisemblable que Baal s'adresse directement à El. Rien n'indique, on l'a vu, un changement d'interlocuteur, pas plus que le passage du rêve au monde de la veille. Cela ferait beaucoup d'entorses aux habitudes stylistiques des Ougaritains que de supposer d'aussi abrupts changements de scènes. Encore une fois, il n'est pas possible de mettre en parallèle Keret et Aqhat à propos d'un «dialogue théophanique». La comparaison des expressions *w]yqrb.bʿl.bḥnth* (1.17:I:16, «et] Baal s'approche par pitié pour lui») et *wyqrb.bšal.krt* (1.14: I:37-38, «et il s'approche de Keret en l'interrogeant»), si elle est pertinente d'un point de vue grammatical, n'implique nullement une similitude de situations. Dans le cas de Keret, la théophanie onirique est incontestable, ainsi que le dialogue engagé par la proposition *bšal.krt.* Il n'en va pas de même pour Danil: ce qui est signifié ici, c'est l'intervention de Baal en faveur du héros dans un rôle d'intercesseur.

Comme dernier élément du rituel d'incubation, G. Del Olmo relève le banquet sacrificiel. Dans Keret, il y a certes une action sacrificielle[65], mais elle fait partie des instructions données par El à Keret et que celui-ci s'empresse d'accomplir au sortir de son rêve. Le sacrifice ne scelle pas la vision, il inaugure l'expédition vers Udum la Grande. Quant à l'offrande faite par Danil aux Kotharot, les sages-femmes divines présentes dans sa maison, il convient de bien situer le récit. Deux possibilités se présentent à son sujet: ou bien elle a lieu après la «théophanie» – disons plus simplement: après l'oracle annonçant à Danil qu'il aura un fils, donc au moment de la conception; ou bien elle se situe après la naissance du fils, dont l'annonce provoque la joie de Danil. Ici encore, les lacunes du texte sont la première cause de notre embarras et il est nécessaire de recourir à la logique interne du récit pour tenter de trouver la solution.

b) KTU 1.17:I-II, la naissance d'un héros

J. Obermann, on l'a vu, considère que les colonnes I et II de la tablette 1.17 forment une unité littéraire susceptible d'une analyse propre. Nous ne suivons cependant pas sa division du texte en huit sections, car il n'inclut pas l'offrande aux Kotharot dans son plan, alors que celle-ci, selon nous, fait partie intégrante de toute cette partie. L'ensemble (1.17: I-II) apparaît bien structuré, organisé en six

65 KTU 14:I:62-79.

épisodes, et encadré par deux actions cultuelles de sept jours, dans chacune desquelles se retrouvent des offrandes et des libations à des divinités:

1. Action cultuelle de sept jours:	I:]1–15	*ilm ylḥm – yšqy bn qdš* *uzr – yd ṣth – yškb – yln*
2. Baal intercède auprès de El:	I: 15–33	1re description du fils idéal.
3. El bénit Danil:	I: 34–[	2e description du fils idéal.
4. On annonce à Danil la nouvelle:	II:]1–8	3e description du fils idéal.
5. Danil exprime sa joie:	II: 8–23	4e description du fils idéal.
6. Action cultuelle de sept jours:	II: 24–42	*yšlḥm kṯrt – yššqy bnt hll snnt*

Dans les épisodes 1 et 6, l'action cultuelle se dénoue le septième jour, qui opère la transition avec l'épisode suivant, introduit chaque fois par la particule *mk* «alors». Le sujet de la phrase change et l'action, un instant suspendue dans la répétition rituelle, reprend. Une lacune de dix lignes environ au début de la colonne I, soit à peu près 14-15 vers, comprenait sans doute une introduction au poème en exposant la situation de Danil.

Nous choisissons de nous arrêter en II:42, considérant qu'avec le départ des Kotharot se clôt la première partie du récit consacrée à la naissance du héros lui-même, Aqhat. Contre l'opinion de H.L. Ginsberg[66], il est préférable de comprendre que les mois qui sont comptés dans les dernières lignes (très endommagées) de la colonne II concernent la croissance du héros plutôt que sa gestation, et n'appartiennent plus à la première partie[67]. Les Kotharot ont en effet quitté la maison de Daniel après sept jours de présence (1.17:II:39). Même si elles président également à la conception, comme l'atteste le poème dit des «Noces de la lune» (KTU 1.24), la précision de cette durée de sept jours s'accorde mieux avec les circonstances d'une naissance. Danil se trouvait hors de sa maison, à l'annonce de la naissance de son fils il rentre chez lui (1.17:II:24), et pendant les sept jours fatidiques suivant la naissance, il retient par des offrandes la présence tutélaire des Hirondelles divines. On a ici la description sommaire d'un rituel domestique. Il semble avoir été d'usage, en effet, que le père fût absent de la maison au moment des couches (cf Jer 20,15), et c'est un tiers qui venait lui apporter la nouvelle (ainsi El apprend-il la naissance des dieux ses fils, KTU 1.23:52)[68].

Dans la partie du poème qui nous occupe (17:I-II), le choix du rôle attribué aux Kotharot s'opère dans la manière de rendre l'exclamation de Danil à l'annonce de la naissance de son fils. Il se réjouit, car, dit-il, «il m'est né un fils» (1.17:II:14: *kyld.bn.ly).* Mais ce *kyld* pourrait tout

---

[66] Ginsberg, BASOR 97, 4.

[67] Caquot-Sznycer, TO I, 426, note n.

aussi bien être traduit par un futur, et de la manière qu'on le traduira, il s'ensuivra deux perspectives totalement différentes:

Ou bien on rend *kyld.bn.ly* par un futur: «car il me naîtra un fils», et on intègre ainsi les quatre descriptions du fils idéal dans un seul mouvement d'aller et retour de Baal intercesseur. L'annonce de la naissance imminente (assortie de la 3e description du fils idéal) étant faite par voie oraculaire, le sacrifice aux Kotharot précéderait alors la *gestation* du fils, indiquée par l'écoulement des mois dès la ligne II:43, et pourrait s'envisager au sortir du rêve, si rêve il y avait. Cette solution est adoptée par les tenants de l'incubation et de la théophanie[69].

Ou bien on le traduit au passé: «car il m'est né un fils», et c'est cette naissance, et non pas sa promesse, qui provoque la joie de Danil. Les trois épisodes de la colonne II se situent alors *après* la naissance du fils, laquelle est censée avoir eu lieu soit immédiatement après la bénédiction de El[70], soit dans la lacune du début de II. Le messager n'est dès lors plus nécessairement Baal, puisque l'annonce n'est pas directement liée à son intervention.

Cette seconde solution paraît préférable[71]. D'une part en raison du rôle des Kotharot qui semblent mieux à leur place dans les jours qui suivent la naissance, compte tenu de la structure de l'ensemble de ces deux colonnes. Il est en effet plus vraisemblable que les deux actions cultuelles de sept jours (épisodes 1 et 6) encadrent les circonstances de la venue au monde du héros Aqhat, plutôt que de voir dans la seconde (l'offrande aux Kotharot) la conclusion d'un songe oraculaire obtenu à l'issue d'une incubation de sept jours. D'autre part, considérer que les quatre descriptions du fils idéal, ou à tout le moins les trois premières, font partie d'un seul songe est

---

68 A. Van Selms (Marriage and Family Life in Ugaritic Literature, 1954) hésite et penche finalement pour la présence des Kotharot au moment de la conception (pp. 86-87). La pratique consistant à circoncir l'enfant le huitième jour après sa naissance dans le judaïsme relève aussi de ce caractère particulier des sept premiers jours de la vie.

69 Obermann, Daniel, 7: «for a son shall be born unto me»; Gaster, Thespis[2] (1961), 338: «for that a son is to be born unto me» (situe pourtant l'intervention des Kotharot après la naissance); Jirku, KME, 118: «denn geboren wird mir ein Sohn»; Gibson, CML, 105: «for a son's to be born to me»; M.D.Coogan, Stories from Ancient Canaan, 1978, 34: «for a son will be born to me»; Del Olmo, MLC, 372: «porque un hijo me va a nacer».

70 En KTU 1.17:I:42, il est dit de la femme de Danil, immédiatement après la bénédiction de El: *ylt.* La forme G qtl 3e f. sg. ne fait pas de doute. On peut l'entendre comme un parfait à sens de jussif (cf Gibson, CML, 104, n.13), ou alors comme un passé: «elle a enfanté» (cf Caquot, TO I, 423).

71 C'est celle adoptée par: Virolleaud, Danel, 198: «car il m'est né un fils»; Ginsberg, ANET[2] (1950), 150: «for a son's born to me»; Fronzaroli, Leggenda, 33: «perché mi è nato un figlio»; Driver, CML, 51: «for a son has been born»; Caquot-Sznycer, TO I, 425: «car il m'est né un fils».

absurde, car le va-et-vient qui les accompagne implique une mise en scène totalement inconnue de ce type de songe à théophanie que l'on voudrait voir ici. Cela nous semble être, finalement, l'argument le plus fort contre la théorie de l'incubation: en effet, ces longues répétitions de tirades mot à mot caractéristiques de ces récits s'accompagnent toujours d'un changement de scène et/ou d'interlocuteur. Or, dans la typologie du songe à théophanie et à message, on n'observe jamais de tels changements.

L'offrande aux Kotharot n'est donc pas un rite de conclusion à une incubation. Cette offrande a lieu après la naissance d'Aqhat, dont les circonstances sont nimbées d'une ambiance religieuse caractéristique de la destinée des héros légendaires. Son père ne s'est pas dérobé à l'accomplissement des rites prescrits, qu'ils fussent de supplication pour obtenir des dieux sa naissance, ou d'attention révérencieuse envers les sages-femmes divines. Les dieux, de leur côté, n'ont pas dédaigné d'intervenir, à leur niveau et selon leurs compétences respectives.

L'intervention médiatrice de Baal est le résultat d'un rite qui, s'il n'est pas très clair dans le détail de son déroulement, implique des offrandes aux dieux et, sans aucun doute, une dormition rituelle et répétée. L'absence de songe exclut de la qualifier d'incubation, du moins selon la définition admise jusqu'ici. En revanche, puisqu'il est évident qu'il s'agit d'un rite de supplication, on peut le comparer à la supplication accomplie, sept jours durant, par David, dans sa propre maison, pour obtenir la guérison du fils de Bethsabée; ce texte montre bien qu'une dormition rituelle répétée ne correspond pas automatiquement à ce que l'on entend par incubation:

II Sam 12, 16:

Et David implora Dieu à cause de l'enfant.
Et David jeûna strictement,
et il rentrait passer la nuit, et se couchait sur le sol.

c) Une incubation héroïque: Gilgamesh IV

Si la question de l'incubation nous paraît définitivement exclue pour le texte d'Aqhat, nous avons mentionné une suggestion de J.C. Greenfield à propos du sommeil de Keret, qui laisse encore ouverte, pour ce texte, la possibilité d'un songe provoqué:

KTU 1.14:I:33-35:

33) *šnt.tlunn* (34) *wyškb.*	Le sommeil le gagne, et il se couche,
nhmmt (35) *wyqmṣ*	une somnolence, et il se pelotonne.

En traduisant la forme *yqmṣ* d'après l'akkadien *kamâṣu* («s'incliner, se courber, se prosterner»), ce que font la plupart des traducteurs, on peut comprendre, soit que Keret prend la position du dormeur «en chien de fusil», soit que, à la manière d'Elie au Mont Carmel (I Reg 19,42), recroquevillé, la tête entre les genoux, il adopte une position propre à favoriser un sommeil peuplé de songes. Une position semblable est décrite dans l'épopée de Gilgamesh, lorsque le héros, parti pour attaquer Humbaba et quelque peu anxieux de l'issue de l'expédition, demande pendant cinq nuits consécutives à la montagne de lui envoyer un songe, lequel sera ensuite interprété par son compagnon Enkidu. Nous prenons le texte dans la version ninivite, traduite par J. Bottéro[72].

Gilgamesh IV: 13-21:

[(Alors,) devant Šamaš,]
    Ils creusèrent [un puits]
Et placèrent [ ]
    Da[ns (?)].
Puis Gilgameš,
    Monté au faîte de la Montagne,
Versa de la farine-à-brûler
    Pour [Šamaš, (en disant):]
«Montagne, apporte-moi un songe,
    Promesse de bonheur!»
Enkidu exécuta (alors) le rituel mantique
    [Pour Gilgameš],
(Tandis qu')une bourrasque
    Passait et s'éloignait;
Puis il fit se coucher
    [Et l'enferma] dans un cercle-enchanté,
(Si bien qu')il était
    Comme [ ].
Gilgameš, ayant appuyé
    Son menton sur ses genoux,
Le Sommeil, qui se déverse sur les hommes,
    Tomba sur lui.

Malgré les lacunes, le texte est relativement clair dans son ensemble, car la scène se répétera cinq fois. L'intérêt de ce passage est qu'il nous décrit, dans un contexte épique, un rituel destiné à obtenir une révélation onirique et dont on peut retenir les éléments suivants:

72 J. Bottéro, L'épopée de Gilgameš, 1992, 98 ss.

- Face au soleil couchant, on creuse un trou destiné, d'après un passage de la recension en vieux babylonien, à trouver de l'eau pure, afin de faire une libation à Shamash et à Lugalbanda, son dieu personnel. Le conseil est donné à Gilgamesh par les Anciens d'Uruk au moment de son départ[73].
- Puis on monte sur une hauteur (le puits étant nécessairement creusé dans la plaine), où l'on fait une offrande de *maṣḫatu,* de «farine grillée» selon von Soden, ou plus exactement d'une sorte de farine odoriférante brûlée en sacrifice[74]. L. Oppenheim rapproche cela de l'encens utilisé par le *šā'ilu* dans l'interprétation des rêves[75]. Cette offrande est destinée à Shamash, car c'est probablement de lui que sera envoyé le songe.
- Gilgamesh demande alors dans une prière un rêve favorable tandis que son compagnon exécute un rituel propre à le favoriser, dont le texte ne nous dit rien.
- La ligne suivante mentionne un cercle utilisé dans un but qu'une lacune empêche de préciser (*ina kippati [...*), mais on peut y voir le tracé d'un cercle magique autour de Gilgamesh, destiné à sacraliser le lieu où il se tient pour passer la nuit, à le séparer du monde profane et à le protéger des influences néfastes.
- Au moment où le sommeil survient, Gilgamesh tient cette position particulière, le menton appuyé sur les genoux (*ina qinṣišu utammeda zuqatsu*), que l'on a rapproché du verbe *qmṣ* dans Keret. Mais cela peut aussi bien indiquer la soudaineté d'un sommeil magique qui le surprend avant qu'il n'ait eu le temps de s'allonger, qu'une position foetale destinée à provoquer les songes.

La lecture de ce passage nous conduit finalement à abandonner également l'interprétation de KTU 1.14:I comme rite d'incubation, précisément parce que, au contraire de Gilgamesh IV, on n'y trouve aucun élément rituel. Le texte de Gilgamesh montre que si le récit épique veut décrire une incubation, il le fait sans ambiguïté. Au contraire des textes bibliques, on ne peut soupçonner celui de Keret d'avoir été, sur ce point au moins, censuré. En l'absence de toute description de rituel, on considérera donc la position pelotonnée du dormeur comme naturelle et spontanée.

---

73 Cité par B. Landsberger, RA 62, 1968, 100: «Wenn du nächtigst, grabe einen Brunnen, dass stets reines Wasser in deinem Schlauche sei; (dann) kannst du dem Sonnengott kaltes Wasser spenden, deines Gottes Lugalbanda gedenken» (Yale VI:40-43).

74 AHW II, 620: «Rostmehl»; CAD mI, 330: «an inexpensive quality of scented flour used for burnt offering»; Bottéro, Gilgameš, 99, n. 2.

75 Oppenheim, Dreams, 216.

5. Fonction du songe dans la légende de Keret

Les objections faites par K.H. Bernhardt[76] aux interprétations historiques d'une part, mythico-cultuelles d'autre part du texte de Keret font maintenant l'objet d'un large consensus[77]. On s'accorde à y reconnaître un récit épique à valeur didactique, un écrit de propagande où est montrée l'élection de la dynastie royale par El, et à travers lequel sont mises en acte les valeurs essentielles de la royauté cananéenne[78]. Quelques traits de l'idéologie royale apparaissent clairement dans ce texte, dont le lien privilégié qui unit le roi humain au dieu El, roi du panthéon. Keret est le «fils de El» (*bn il*), son «page» (*ǵlm*), son «serviteur» (*'bd*), son «rejeton» (*špḥ*). Personnage quasi divin par cette filiation, on conçoit que sa vie soit, de quelque façon, immortelle (KTU 1.16:I:14-15); c'est d'elle, en tout cas, de son intégrité et de sa vigueur, que dépend la fécondité du sol, et donc la vie du peuple (KTU 1.16:III:1-17)[79]. Si le héros de cette épopée apparaît beaucoup plus passif que ceux de l'épopée grecque, par exemple, c'est parce qu'il n'est, finalement, que la figure archétypale d'une fonction. Le poème ne vise pas tant à raconter les épisodes plus ou moins dramatiques de la vie du héros, qu'à présenter, sous une forme romancée, quelques situations types de la fonction royale:

1° La nécessité vitale d'une descendance pour le maintien de la maison royale.
2° L'intégrité physique du roi, source magique de fécondité et gage de son aptitude à assumer sa fonction.
3° Le danger que constituent les prétendants et le problème de la succession.

---

[76] K.-H. Bernhardt, Anmerkungen zur Interpretation des KRT-Textes aus Ras Schamra-Ugarit, WZ(L).GS 5, 1955/56, 101-121.

[77] La bibliographie des études consacrées à l'épopée de Keret est importante, on la trouvera dans Del Olmo, MLC, 239-285. Un résumé français des diverses interprétations est donné par Caquot dans DBS IX, 1979, 1391-1397. Précisons que, si bien des interprétations sont maintenant abandonnées dans ce qu'elles ont d'exclusif ou d'unilatéral, elles ont souvent porté l'accent sur un aspect qui demeure réel. C'est une caractéristique de la légende ou de l'épopée de s'appuyer sur des faits, même s'ils sont historiquement insaisissables (cf Gibson, CML, 23). De plus, le récit est le reflet d'un type bien réel de société. On ne nie pas non plus la parenté de structure de la légende de Keret avec le mythe de Baal.

[78] Cf A.L. Merrill, The House of Keret: A Study of the Keret Legend, SEA 33, 1968, 5-17; S.B. Parker, The Historical Composition of KRT and the Cult of El, ZAW 89, 1977, 161-175; Caquot, DBS IX, 1979, 1396-1397; Del Olmo, MLC, 273-285; Herdner, TO I, 498.

[79] Kramer, Le Palais, 163-176.

Ces moments critiques de la fonction royale sont l'occasion où se révèle cette interférence du monde des dieux dans celui des hommes, bien caractéristique de l'épopée, et donnent à l'auteur matière à exposer une autre idée force du poème: le contraste entre la faiblesse du roi et la puissance divine. C'est ce qui nous vaut cette oscillation qui rythme toute l'oeuvre entre mort et bénédiction, disgrâce et restauration. Et finalement, semble-t-il, malgré sa faiblesse, malgré les doutes émis sur son immortalité divine, mais grâce à cette élection dont il est l'objet, la magnanimité de El conduit *ad maiorem regis gloriam.*

Les trois tablettes actuellement connues ne nous donnent vraisemblablement pas l'oeuvre dans son intégralité[80]. K. Spronk a mis en évidence sa structure épique constituée de trois chapitres, divisés chacun en six chants[81]. Nonobstant les objections de détail que nous ferons plus loin à cette analyse (cf note 85), elle confirme l'absence d'au moins une tablette. Le poème se présente comme un cycle d'épisodes, reliés entre eux par des procédés de composition, et dont le 3e est à peine commencé[82]. S.B. Parker va jusqu'à soutenir leur existence en histoires indépendantes avant la mise en oeuvre qui les souda plus ou moins habilement les uns aux autres[83]. Dans les deux épisodes que nous pouvons lire en entier, malgré les lacunes du texte, les thèmes respectifs se déploient dans ce balancement caractéristique en deux phases successives: épreuve – restauration. Dans la première phase sont soulignées la faiblesse et la vulnérabilité du roi, dans la seconde,

---

[80] Virolleaud, Syr 23, 137-172; Ginsberg, ANET^3 (1969), 142; Driver, CML, 2; Herdner, TO I, 492; Parker, ZAW 89, 169-170; Xella, Antenati, 149. En revanche, considèrent le texte achevé à la fin de la 3e tablette: Sauren-Kestemont, UF 3, 181-182; Gibson, CML, 20; Del Olmo, MLC, 243.

[81] K. Spronk, The Legend of Kirtu (KTU 1.14 -16). A Study of the Structure and its Consequences for Interpretation, The Structural Analysis of Biblical and Canaanite Poetry, W. Van Der Meer-J.C. De Moor (éd.), JSOTS 74, 1988, 62-82.

[82] KTU 1.16:VI:58 , le dernier mot de la tablette est la forme verbale *wt'n,* qui demeure seule et attend visiblement une suite. Cf aussi S.B. Parker, The Pre-Biblical Narrative Tradition: Essays on the Ugaritic Poems Keret and Aqhat, 1989, 203 ss.

[83] Parker, ZAW 89: les deux épisodes complets constituent, littérairement, des unités autonomes, signifiantes en elles-mêmes. Les soudures entre elles sont visibles: le voeu de Keret à Ashirat n'est pas nécessaire au déroulement du 1er épisode, mais prépare en revanche le second, qui commence par rappeler ce voeu négligé par Keret (KTU 1.15:III:25); il a donc pu être introduit après coup dans le récit de l'expédition. De même, le coup d'Etat tenté par Yasib au début du 3e épisode intervient après la guérison de Keret, explicitement décrite en KTU 1.16:VI:15-21; pourtant, dans le reproche qu'il fait à son père de ne pas assumer sa charge, il évoque sa maladie en deux vers qui pourraient aussi avoir été ajoutés pour faire le lien avec ce qui précède. Parker relève en outre des qualificatifs de Keret (*n' mn.ǵlm.il – 'bd il*) et de El (*ṯr ab(h/k) il – ab adm*) propres au 1er épisode, et qu'on ne rencontre pas dans la suite, ce qui, compte tenu de leur fréquence, indiquerait une composition de cet épisode à part du second, malgré les lacunes du texte.

El est présenté comme le seul recours et la puissance tutélaire de la royauté.

Dans chaque épisode, pour autant que l'on peut en juger à partir des deux que nous avons, le mode d'intervention de El est différent:

1er épisode: l'anéantissement de la maison de Keret (KTU 1.14:I:1–15:III:25): El intervient par le songe en disant à Keret ce qu'il doit faire.
2e épisode: la maladie de Keret (KTU 1.15:III:25–16:VI:38): El intervient en créant une divinité guérisseuse.
3e épisode: la succession de Keret (?) (KTU 1.16:VI:39–?): (?)

Considérons dans le détail la structure du 1er épisode: il s'ouvre sur un prologue (A) dont il nous manque une demi-douzaine de lignes au début et qui relate brièvement l'anéantissement de la maison de Keret: sa femme et ses sept fils ont péri, tous de manière différente. A ce prologue correspond le dénouement de la crise raconté dans l'épilogue (A′): on y assiste à un banquet offert par Keret auquel assistent les dieux, sans doute le mariage de Keret avec Hurray; El bénit Keret et lui annonce la naissance d'une nombreuse progéniture. Puis, les dieux s'en vont et l'on confirme la fécondité de cette union en dénombrant les enfants mis au monde par Hurray. Les correspondances thématiques entre ces deux sections (I–VI) sont évidentes: ce qui fut perdu est retrouvé, la maison anéantie est restaurée. On retrouve de part et d'autre les mêmes cadences chiffrées: 7 fils perdus (14:II:8-20) – 7 fils et 8 filles retrouvés (15:II:23-28 + III:1-6); l'intervention funeste de certaines divinités: Resheph, Yam (14:II:18-20) – la présence bienfaisante de l'assemblée des dieux qui participe au repas de noces (15:II:12-20). L'inversion de la situation est en outre marquée par le passage de termes tels que: *ʿrw* (détruire), *abd* (périr), *rš* (anéantir), *mwt* (mourir) en I, à des termes comme *brk* (bénir), *mrr* (fortifier), *yld* (enfanter) en VI. On n'a pas manqué de rapprocher cela du récit en prose du livre de Job (1,1-22 + 42,10-17) où la même infortune se voit pareillement réparée.

Suite à ce prologue, une section II décrit le deuil de Keret, son sommeil, l'apparition de El dans le songe et un premier dialogue. Dans ce dialogue onirique, El offre à Keret or, argent, charrerie et esclaves; Keret refuse et demande une épouse. Ce même dialogue est repris entre Keret et Pabil, le roi de Udum, et développé en une véritable négociation au sujet de Hurray, la fille de Pabil, que Keret exige comme épouse. Nous y voyons la section V correspondant à II. Une indication du texte, au début de cette partie, est significative: «Et alors, au lever du soleil le 7e jour, le roi Pabil «ne dort pas» (KTU 1.14:V:6-8: *mk.špšm.bšbʿ / wl.yšn.pbl / mlk*). Ce détail, certes pittoresque, rappelle en fait, mais en l'inversant, le sommeil de Keret qui précéda le premier dialogue.

En réponse à la demande de Keret, El décrit minutieusement, toujours dans le rêve, l'expédition guerrière qui le mènera à Udum, dont le roi Pabil devra lui remettre sa fille en échange de la paix. C'est notre section III, suivie de l'éveil de Keret, puis, symétriquement, de l'exécution des indications de El concernant l'expédition vers Udum (IV). La correspondance est ici presque mot à mot: l'instruction donnée par El dans le songe est maintenant réalisée strictement, on est seulement passé du mode impératif au mode indicatif. Il y a pourtant deux variantes, deux ajouts dans cette répétition: l'interruption de l'expédition par le voeu fait à Ashirat, et le dialogue de Pabil avec sa femme (dont on ne connaît pas le contenu). Ces variantes ne sont pas gratuites. La scène du voeu prépare le raccord avec le 2e épisode de la légende, tandis que le dialogue avec l'épouse ménage la transition entre le récit de l'expédition et la transaction qui va suivre.

On peut ainsi répartir cet épisode I de Keret en six sections d'inégale importance, se répondant deux par deux, selon une structure concentrique organisée autour d'un axe de symétrie représenté, de façon très significative, par l'éveil de Keret: A B C – C′ B′ A′. Les sections correspondantes entre elles ne sont pas toutes dans un rapport d'inversion / opposition, comme A – A′, (prologue-épilogue), mais on peut qualifier ce rapport de complémentaire pour B – B′, de symétrique pour C – C′.

Structure de l'episode I (*KTU* 1.4 : I : 1-VI : 42+15 : 1-III : 25)

A	I	Prologue: anéantissement de la maison de Keret (14 : I : 1-25).
B	II	Sommeil de Keret - rêve - dialogue avec El (14 : I : 26-II : 5).
C	III	Instruction de El pour l'expédition (14 : II : 6-III : 49).
		Eveil (14 : III : 50-51).
C'	IV	Réalisation de l'expédition (14 : III : 52-V : 5).
B'	V	Pabil ne dort pas-négociation avec Keret (14 : V : 6-VI : 42+ 15 : I : 1-8).
A'	VI	Epilogue: restauration de la maison de Keret (15 : II : 1-III : 25).

Une objection peut être formulée à ce schéma: pourquoi séparer la négociation entre Pabil et Keret (V) de l'expédition qui la précède (IV), alors que ces deux scènes sont décrites auparavant dans la même section III (l'instruction donnée dans le songe)? Il est vrai que cette séparation paraît rompre la symétrie typique de ce texte entre le rêve et sa réalisation. On peut cependant faire valoir:

1° La négociation Pabil – Keret est presque 4 fois plus développée en V (env. 137 vers) que dans le songe (env. 38 vers) et peut constituer à elle seule une section.

2° Le dialogue (perdu) entre Pabil et sa femme n'était pas prévu dans le récit du songe, son ajout est significatif du développement nouveau de cette partie.

3° Nous considérons comme significatives également la mention de l'insomnie de Pabil ainsi que son offre à Keret d'or, d'argent, de charrerie et d'esclaves, offre identique à celle faite par El, correspondant de la sorte au dialogue entre El et Keret.

La coupure entre les sections IV et V se fait en 14:V:6, à l'aube du septième jour de siège: *mk špšm bšb'*. La particule *mk* indique toujours un changement d'action[84]. Le même passage, dans le récit du songe, emploie la particule *hn* qui indique davantage l'aboutissement de l'action (14:III: 14).

Ce schéma[85] fait bien apparaître la construction symétrique de l'épisode, à la fois thématique (par le balancement disgrâce – restauration) et formelle (par l'anticipation des événements dans le songe). Cette symétrie s'organise autour d'un axe constitué par l'éveil de Keret, événement qui reçoit par là une signification capitale, en tant qu'articulation du texte quant à la forme, et en tant que passage entre deux niveaux de réalité, quant au fond, dont l'un anticipe l'autre. Car le rêve ne s'oppose pas à la veille comme l'illusion à la réalité, mais au contraire, on le perçoit ici comme le lieu de gestation de cette réalité. Ce qui a été dit dans le rêve est comme scellé: il est vrai, et entretient avec la réalité événementielle un rapport de potentialité. Lorsque Keret

---

84 En KTU 1.14:III:3-4, l'articulation entre la marche de l'armée et le début du siège est également marquée par *mk: mk.špšm / bšb'* : «et alors, au lever du soleil, le septième jour».

85 Notre division de cet épisode I en six sections ne recoupe que partiellement celle de Spronk (Structural Analysis, 62-82) qui répartit également cet épisode en six chants:

1: KTU 1.14:I:2–II:9.
2: KTU 1.14:II:9–III:51.
3: KTU 1.14:III:52–V:12.
4: KTU 1.14:V:12–1.15:I:20*.
5: KTU 1.15:I:20*–II:7.
6: KTU.15:II:8–III:19.

Sans vouloir confronter dans le détail nos deux propositions, Spronk nous semble faire erreur en ne considérant pas le prologue rapportant l'anéantissement de la maison de Keret (KTU 1.14:I:1-25), comparable – on l'a souvent dit – au prologue de Job, et qui contribue à l'unité organique de l'ensemble. De plus, son 5e chant est totalement inconsistant (il le reconnait lui-même, p.69) et divisé, semble-t-il, en deux thèmes: 1° Pabil accepte de donner sa fille; 2° plusieurs noms divins (colonne II) laissent supposer qu'on est déjà dans le récit du festin de Keret auquel les dieux sont invités.

demande à Pabil sa fille comme épouse, il la considère déjà comme sa propriété, car, dit-il, «c'est elle que, dans mon songe, El m'a donnée» (14:VI:31: *dbḥlmy il ytn*).

Cet axe de symétrie entre le rêve et la réalité occasionne quelques substitutions intéressantes. Reprenons notre schéma en le simplifiant:

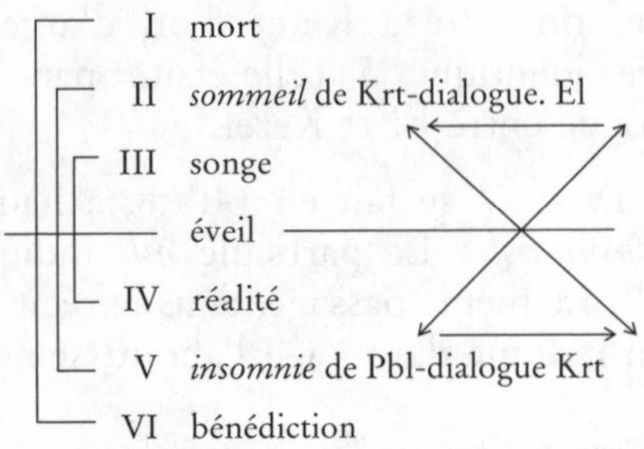

Fonctionnellement, Pabil apparaît comme le substitut humain de El: – il offre les mêmes présents que El à Keret qui les refuse pareillement; – il lui donne sa fille, que El a déjà donnée à Keret dans le rêve.

Cette symétrie entre le monde onirique et le monde diurne est également perceptible dans le texte (mise à part la reprise mot à mot des événements du rêve dans le monde réel) par le temps des verbes. Le premier récit se fait au mode impératif/jussif, ou à l'indicatif futur. Le second récit de l'expédition, sa réalisation, est écrit en formes *qṭl* et *yqṭl* mélangées, ce qui correspond au style narratif, mais avec un nombre de formes *qṭl* inhabituellement élevé pour un récit ordinaire, qui ont pour raison d'être ici d'accentuer sa réalité objective.

Tout cela est normal pour l'auditeur (ou les lecteurs que nous sommes) averti par avance qu'il s'agit d'un rêve. Pour le rêveur, en revanche, il en va autrement. L'expression de l'éveil (14:III:50-51: *krt yḫṭ wḥlm / ʿbd il whdrt*) suggère une véritable prise de conscience par le dormeur de l'expérience onirique vécue. Comme celle-ci ne réclame aucune interprétation, étant directement intelligible, l'éveil équivaut à l'acte même d'interprétation par le réajustement mental qu'il opère. Psychologiquement, Keret a vécu son rêve de l'expédition contre Udum au présent. C'est la prise de conscience au réveil qui interprète cette aventure et en restitue les termes au passé, en tant qu'elle fut déjà vécue dans le rêve (cf «C'est elle que, dans mon rêve, El m'a donnée», 14:VI:31: *dbḥlmy il ytn*), et au futur, en comprenant le songe comme un oracle.

Chapitre II
Le songe de Salomon à Gabaon: I Reg 3

Le songe de Salomon à Gabaon intervient comme un élément charnière entre le récit de la succession de David (II Sam 9-20 + I Reg 1-2) et l'histoire du règne de Salomon (I Reg 3-11). On ne peut, de ce fait, négliger ce rôle d'articulation qu'il assume dans la fresque historique deutéronomiste. Les événements dramatiques de la fin du règne de David et leur description sans complaisance dans la *Thronfolgeerzählung* contrastent singulièrement avec l'image de sérénité et de grandeur de la période qui suit. Le songe, sans être véritablement l'introduction à l'histoire du règne de Salomon[1], livre sans doute une des clés d'interprétation théologique qu'ont voulu lui donner les rédacteurs deutéronomistes. Mais à ce stade de la tradition, le discours théologique l'emporte sur le phénomène onirique et sa signification: il convient de retrouver l'un et l'autre en deçà de leur exploitation ultérieure.

1. Le texte et sa structure

La critique a depuis longtemps souligné combien ce texte est, à certains égards, surprenant. On fait remarquer que les sacrifices offerts par Salomon à Gabaon heurtent la théologie deutéronomiste du temple, et qu'un rédacteur éprouva le besoin de les excuser par la remarque préalable des v. 2 et 3. De plus, dans ce contexte cultuel suspect, nous trouvons le seul récit de songe de toute l'oeuvre

---

[1] On a souvent fait remarquer l'absence d'introduction à l'histoire du règne de Salomon. Pour M. Noth, 1 Könige, BKAT IX/1, 1968, 48, deux hypothèses sont envisageables: ou l'historien dtr a laissé de côté l'introduction à l'histoire salomonienne qui lui servait de source, ou bien celle-ci n'en comportait pas, et l'on peut alors supposer qu'elle faisait suite à l'histoire de la succession. Cette seconde solution semble cependant peu probable, au vu des travaux récents sur l'histoire de la succession.

deutéronomiste[2], et l'on souligne quelle a été, peu auparavant, la position critique d'un Jérémie envers les songes prophétiques[3].

Un certain consensus s'est établi à la suite des travaux de M. Noth[4] pour admettre, sous la rédaction deutéronomiste actuelle, une *Grundlage* prédeutéronomiste, voire même un document primitif gabaonite, mais les avis divergent passablement quand il s'agit de préciser les contours de ce document. Les solutions se répartissent en deux groupes, selon l'importance accordée par les auteurs à l'intervention du rédacteur deutéronomiste. Pour les uns (généralement les tenants de la *Königsnovelle*), le texte actuel a gardé encore une bonne partie du document ancien[5]; pour d'autres, il est réduit à quelques versets ou parties de versets, l'essentiel du texte étant de la main du deutéronomiste[6]. Une tendance plus radicale encore considère qu'il est illusoire de tenter d'isoler des traces précises de documents anciens ou «originaux», le rédacteur deutéronomiste ayant fait un véritable travail de composition[7].

La thèse soutenue en 1978 à St Louis University par H.A. Kenik[8] illustre cette position. Partant du point de vue théorisé par M. Noth

---

2 *ḥlwm* n'apparaît ailleurs dans l'histoire dtr qu'en I Sam 28,15 dans la scène de la nécromancienne d'En Dor. La culpabilité de Saül envers la loi deutéronomique dans cette démarche pourrait signifier une tacite réprobation du rédacteur à l'égard du songe comme mode de consultation divine. Une seconde vision onirique de Salomon est mentionnée en I Reg 9,2, sans que le terme *ḥlwm* soit utilisé: «Et Yahvé apparut une seconde fois à Salomon, de la même manière qu'il lui était apparu à Gabaon». On en conclut qu'il s'agit à nouveau d'un «songe de la nuit», mais le fait qu'on ne l'a pas explicitement précisé indiquerait là aussi une méfiance du rédacteur à son égard.

3 Cf Dtn.13,2.4.6 et Jr 23,25-28.32; 27,9; 29,8, textes étudiés dans la 2e partie, ch. 2.

4 M. Noth, Überlieferungsgeschichtliche Studien I, 1943, 108-109.

5 C.F. Burney, Notes on the Hebrew Text of the Book of Kings, 1903 (v. 4.5.6a .7-11.12b .13); S. Herrmann, Die Königsnovelle in Ägypten und Israel, WZ(L).GS 3, 1953/54, 51-62 (attribue l'ensemble du texte à l'époque salomonienne); J.A. Montgomery, A Critical and Exegetical Commentary on the Books of Kings, ICC, 1951, 107 (se rallie à Burney); J. Gray, I & II Kings, OTL, 1977, 125 (. . . «we follow Herrmann in regarding the passage as genuinely salomonic»); M. Görg, Gott-König Reden in Israel und Aegypten, BWANT 105, 1975 (cf note 27).

6 Noth, 1 Könige, 44 ss. (v. 4.5b.9.11.12.14b.15a); E. Würthwein, Die Bücher der Könige. 1 Könige 1-16, ATD 11,1, 1977, 30 s. (v. 4aαb.5b.6 (début). 9a.11 (début) 12bα.13a.15ac + 4,1); G. Hentschel, 1 Könige, 1984, 32, (v. 4.5b.9.11a.12a.13a.14b. 15ac).

7 J. Van Seters, In Search of History. Historiography in the Ancient World and the Origin of Biblical History ,1983, 307. M. Weinfeld, Deuteronomy and the Deuteronomic School, 1972, 246, «The content of the dream and its stylistic cast, however, are definitely of deuteronomic origin»).

8 H.A. Kenik, The Design for Kingship, A Study in the Deuteronomistic Narrative Technique in 1 Kings 3,4-15, SBL 69, 1983.

que l'histoire deutéronomiste est la mise en oeuvre de documents antérieurs, corrigé par la position de K.I. Engnell qui met l'accent sur l'oralité des traditions et soutient que la composition de D s'opère avec un matériau non encore fixé par l'écrit, elle présume chez l'historien deutéronomiste un procédé qualifié de *traditional composition.* Il ne s'agit pas de l'actualisation de thèmes ou de documents traditionnels, mais d'une technique de composition proche de celle de la poésie épique, où l'écrivain a recours à des formules, des thèmes et des motifs traditionnels pour composer une oeuvre entièrement nouvelle. Dès lors, H. Kenik cherche à montrer que le songe de Salomon est une composition du rédacteur deutéronomiste qui, usant de formes et de concepts traditionnels, rédige un récit tout à fait original, servant parfaitement son dessein théologique. Ainsi, par une dialectique subtile entre le yahvisme et l'idéologie royale traditionnelle, l'historien deutéronomiste définit, à travers ce récit, sa propre conception de la royauté. Menant jusqu'au bout la logique de sa démarche, H. Kenik nie tout fondement historique à ce passage: le rédacteur-auteur deutéronomiste a adopté les thèmes de l'idéologie royale et le songe comme véhicule du dialogue entre Dieu et le roi, car c'était le moyen typique de communication divine dans les inscriptions royales des Etats voisins[9].

La démonstration de H. Kenik est trop systématique pour être pleinement convaincante. La cohérence formelle de la narration ne peut effacer certaines inégalités thématiques qui font soupçonner une préhistoire du texte plus complexe qu'elle ne l'admet. Elle n'entre d'ailleurs pas dans le détail, ayant défini a priori que ce procédé de *traditional composition* suffit à rendre compte de la présence d'éléments apparemment anciens dans une oeuvre relativement récente. Même si le rapport à la *torah* constitue effectivement le souci essentiel de la version deutéronomiste, cette perspective théologique nouvelle n'efface pas toutes traces d'une problématique plus ancienne. Le thème de la légitimité du pouvoir, très présent encore en filigrane du texte actuel, ne pouvait plus être une préoccupation majeure du deutéronomiste. La relecture deutéronomiste d'un document antérieur est donc une hypothèse qui garde toute sa valeur[10], on tentera de l'éprouver.

En soi, la démarche du roi au sanctuaire de Gabaon peut difficilement être une invention de l'historien deutéronomiste, la tentative d'excuse formulée au v.2 dit assez combien la chose

9 Cette lecture du texte a été reprise par le commentaire récent de B.O. Long, 1 Kings, FOTL IX, 1984, 62-67. Cf cependant M. Rehm, Das erste Buch der Könige, 1980, 45, pour qui il n'y a aucune raison de douter de l'historicité du songe à Gabaon.

10 Ainsi Noth, 1 Könige, 46, et Würthwein, 1 Könige, 31.

l'embarrassait. Cette tradition ancienne devait jouir d'assez d'autorité pour s'imposer ainsi, et se montrer suffisamment prégnante pour permettre les relectures dont elle fut l'objet. Une analyse critique du texte ne peut ignorer non plus les difficultés offertes par les v. 4-5. Pour M. Noth, le début un peu abrupt du v. 5a, sans le *waw* de coordination, ainsi que le nom de Yahvé, indiquent une intervention du rédacteur deutéronomiste, qui aurait ainsi remplacé l'introduction perdue du texte de la *Grundlage* que l'on retrouverait au v. 5b: *wy'mr 'lhym* ...[11]. Pour E. Würthwein aussi, la rupture provoquée dans le fil narratif par le *bgb'wn* en début du v. 5 est le fait du deutéronomiste qui sépara ainsi les sacrifices de la révélation onirique, afin de faire oublier une vieille pratique d'incubation[12].

Telle qu'elle nous est parvenue, la péricope est très bien structurée dans son ensemble et la réelle beauté du style laisse peu de prise à un découpage du texte. Elle est encadrée dans une structure d'inclusion composée des v. 4.5a + 15: «Et le roi alla à Gabaon ... » (v. 4: *wylk hmlk gb'nh*), à quoi répond au v. 15b: «et il vint à Jérusalem ... » (*wybw' yrwšlm*). Puis, au v. 5a: «A Gabaon, Yahvé apparut à Salomon dans un songe de la nuit» (*bgb'wn nr'h yhwh 'l šlmh bḥlwm hlylh*), balancé au v.15a par: «Salomon s'éveilla, et voici, c'était un songe» (*wyqṣ šlmh whnh ḥlwm*). Nous avons ici la description d'un double mouvement de va-et-vient, l'un dans l'espace: Jérusalem – Gabaon – Jérusalem, et l'autre entre deux niveaux de perception de la réalité: veille – sommeil – éveil.

A l'intérieur de ce cadre, le récit est structuré par les deux répliques du dialogue entre Elohim et Salomon, lui-même rythmé par les couples d'opposition *š'l* – *ntn* (demande – donne), et «je» – «tu». Cette structure d'ailleurs est en quelque sorte présentée dans les paroles initiales d'Elohim: «Demande ce que je te donnerai!» Ainsi les v. 6-14 se trouvent répartis en deux groupes d'égale importance: la demande de Salomon (*wy'mr šlmh*), v. 6-9, et la réponse d'Elohim (*wy'mr 'lhym 'lyw*), v. 11-14, séparés par le v. 10 qui relie ces deux parties du dialogue par une sorte de petit commentaire haggadique[13].

---

[11] Noth, 1 Könige, 50: la précision «dans un songe de la nuit» ne peut pas davantage appartenir au document primitif, car elle contredirait la surprise exprimée par *whnh ḥlwm* au v.15a. Cette remarque nous paraît sans fondement si l'on tient compte des nombreux parallèles, notamment du texte de Keret, KTU 1.14:3:50, où une conclusion identique: *krt.yḥt.wḥlm* («Keret ouvre les yeux, et c'était un songe»), n'a pas empêché la précision initiale que c'est «dans son rêve» (1:35: *bḥlmh*) que El descend.

[12] Würthwein, 1 Könige, 33. On retrouve, d'une autre façon, le même argument chez Ehrlich (cf *infra*).

[13] Kenik (Design, 41-48) distingue, à part la structure d'inclusion (v. 4 et 15b), une partie hymnique (v. 6-8), et le dialogue proprement dit (v. 9-14). Mais c'est ignorer la

La *demande* de Salomon (v. 6-9) est articulée par le *ʿth* au début du v. 7 qui relie entre elles les deux parties de la requête, le préambule (v. 6-8) et la demande proprement dite[14]. Celle-ci est en effet introduite par une évocation des bienfaits passés de Dieu envers David, et le rappel que c'est lui qui fit accéder Salomon à la royauté. La demande elle-même est relativement brève (v. 9), et se trouve ainsi légitimée par ce qui précède. On a remarqué combien ce discours reprend le schéma d'un traité d'alliance entre un vassal et son suzerain. Les conditions du traité en constituent comme la protase; puisque celles-ci furent remplies fidèlement par David, Dieu doit à son tour exécuter le contenu de l'apodose: les bénédictions[15].

La *réponse* d'Elohim (v. 11-14) est non moins bien balancée, entre la causale introduite par «puisque» (v. 11: *yʿn 'šr*) et le double *hnh* du v. 12. On note la remarquable construction du v. 11 avec sa succession de cinq *š'lt,* opposant en une sorte de climax ce qui n'a pas été demandé à ce qui a été effectivement demandé et accordé. La structure du v. 12 est tout aussi recherchée: en 12a, la redondance des deux *hnh 'śyty, hnh ntty* (répondant par leur complément d'objet au premier et au dernier *š'lt* du verset précédent), est équilibrée par le chiasme du v. 12b: «De sorte qu'il n'y en eut pas de semblable à toi avant toi, et qu'après toi il ne s'en lèvera pas» (*k'šr l' hyh lpnyk w'ḥryk l' yqwm kmwk*). Aux v. 13-14, de construction un peu moins rigoureuse, on trouve l'octroi des dons non demandés, introduit par la reprise (cf v. 5) de l'opposition *š'l – ntn,* et assorti de la condition de marcher, à l'instar de David, dans les voies de Dieu (v. 14: *w'm tlk*). Elohim répond ainsi en 14a à la parole de Salomon au v. 6b, fermant le dialogue dans la même tonalité qu'il avait été ouvert.

2. *Les interprétations*

a) Un récit d'incubation

Pour L. Ehrlich, I Reg 3 constitue, à l'exclusion de tout autre, l'indication incontestable d'une pratique de l'incubation en Israël, malgré les corrections apportées au document primitif par le rédacteur

véritable structure du texte qui articule l'ensemble des v. 6-9 autour de la préposition *wʿth* du v. 7, et en fait ainsi un tout insécable.

14 Cf A. Laurentin, We'attah, kai nun. Formules caractéristiques des textes juridiques et liturgiques, Bib 45, 1964, 168-197; 413-432.

15 Cf F.C. Fensham, Legal Aspects of the Dream of Solomo (Fourth world Congress of Jewish Studies, 1965), 1967, 67-70.

deutéronomiste pour en camoufler la réalité[16]. Il se réfère à la thèse de L. Deubner[17] qui présente le dossier des textes grecs et latins sur le sujet, et confronte le texte au schéma hellénistique de l'incubation: préparation rituelle, sacrifices, sommeil dans un lieu sacré, apparition de la divinité dans un songe, sacrifices au sortir du sommeil.

Au texte massorétique des v. 4-5 L. Ehrlich préfère la version des Septante qui met, selon lui, directement en relation les sacrifices offerts (v. 4) et le songe. Il s'appuie en outre sur le texte parallèle de Fl. Josèphe (Ant. 8,22) qui semble établir un lien de cause à effet entre ces sacrifices qui plaisent à Dieu et sa manifestation dans le songe: «Il décida d'aller à Gibron pour y sacrifier à Dieu sur l'autel de bronze construit par Moïse, et il offrit en holocauste un millier de victimes. Ce faisant, il semble avoir beaucoup honoré Dieu; en effet, il lui apparut cette nuit-là dans un songe ... [18]». Josèphe rassemble ici les données de I Reg 3 et 2 Chr 1,6 ss. (cf la mention de l'autel de bronze), et il est certain que, sans insister davantage, son texte évoquait immédiatement, pour un lecteur des Ier-IIe s. p.C., une pratique de l'incubation. Mais il y a là seulement une habileté rhétorique de l'apologète, qui exprime peut-être bien sa propre façon de comprendre la scène, mais qui ne peut, pour nous, prétendre à une plus grande authenticité historique que le texte massorétique.

Le texte parallèle des Chroniques (2 Chr 1,3-13) semblerait plus explicite sur ce point puisqu'il parle d'une consultation oraculaire à Gabaon: « ... et c'est lui que Salomon et l'assemblée venaient consulter» (v. 5b). Mais l'objet de la consultation est l'autel de bronze, et tout ce développement des v. 3b-6 est un ajout du Chroniste, identifiable à ses points d'insertion: *ky šm hyh 'hl mwʿd,* repris au v. 6: *wyʿl šlmh šm ... lpny yhwh 'šr l'hl mwʿd wyʿl ...* Le temple de Gabaon y est décrit avec précision, comprenant la tente de la Rencontre et l'autel de bronze du sanctuaire du désert. Selon I Chr 16,37 ss., David avait laissé un abondant clergé à Gabaon après en avoir fait remonter l'Arche à Jérusalem. Toute cette construction du Chroniste vise, d'une part, à transformer le haut-lieu en un sanctuaire officiel, intermédiaire entre celui du désert et celui que bâtira Salomon, et d'autre part, à interpréter le pèlerinage à Gabaon comme une véritable translation du sacrifice, accompli une dernière fois sur l'autel du désert avant l'érection de celui du temple. Ces variantes du texte des Chroniques obéissent donc à un dessein théologique précis et

16 Ehrlich, Traum, 19-26.

17 L. Deubner, De incubatione, 1900.

18 Jos.Ant. 8,22 : ἔγνω δ' εἰς Γιβρῶνα παραγενόμενος ἐπὶ τοῦ χαλκοῦ θυσιαστηρίου τοῦ κατασκευασθέντος ὑπὸ Μωυσέος θῦσαι τῷ θεῷ καὶ χίλια τὸν ἀριθμὸν ὡλοκαύτωσεν ἱερεῖα. τοῦτο δὲ ποιήσας μεγάλως ἔδοξε τὸν θεὸν τετιμηκέναι.

ne sauraient, ici, nous transmettre une tradition historiquement plus authentique[19].

Il est vrai néanmoins, que le passage du v.4 au v.5 en I Reg 3 est un peu rugueux dans le texte massorétique, et la variante qu'offre le texte grec peut sembler plus authentique:

> III Reg 3,4–5:
> 4 καὶ ἀνέστη καὶ ἐπορεύθη εἰσ Γαβαων θῦσαι ἐκεῖ, ὅτι αὐτὴ ὑψηλοτάτη καὶ μεγάλη· χιλίαν ὁλοκαύτωσιν ἀνήνεγκεν Σαλωμων ἐπὶ τὸ θυσιατήριον ἐν Γαβαων. 5 καὶ ὤφθη κύριος τῷ Σαλωμων ἐν ὕπνῳ τὴν νύκτα, κτλ.

Ce n'est pas le seul endroit où le grec diffère sensiblement du texte massorétique dans ce passage en particulier[20], et dans l'ensemble des livres où les rédactions deutéronomistes sont les plus sensibles. L'étude des manuscrits bibliques de la grotte IV de Qumrân (Samuel et Jérémie), ainsi que l'identification de la recension proto-théodotienne dans les livres historiques, confirment la fidélité de la version grecque à un original hébreu[21]. Si l'on reconstitue ce texte hébreu des v. 4-5 à partir du grec, on trouve effectivement quelque chose de beaucoup plus satisfaisant, stylistiquement parlant, que le texte massorétique actuel:

4) *wyqm*	Et il se leva
wylk gbʿnh lzbḥ šm	et il alla à Gabaon pour y sacrifier,
ky hyʾ hbmh hgdwlh	car c'était le plus grand haut-lieu.
ʾlp ʿlwt yʿlh šlmh	C'est mille holocaustes que Salomon offrit
ʿl hmzbḥ bgbʿwn:	sur l'autel à Gabaon.
5) *wyrʾ yhwh ʾl šlmh*	Et Yahvé apparut à Salomon
bḥlwm hlylh	dans un songe de la nuit.
wyʾmr yhwh lšlmh	Et Yahvé dit à Salomon:
šʾl mh ʾtn lk:	«Demande ce que je te donnerai!»

Ce texte hébreu au v. 5a présente une remarquable analogie avec I Reg 9,2a, où est évoquée la seconde apparition de Yahvé à Salomon: *wyrʾ yhwh ʾl šlmh šnyt.* Cette identité d'expression laisse déceler, dès le texte prémassorétique, un effort d'harmonisation dont

---

19 Cf R. Mosis, Untersuchungen zur Theologie des chronistischen Geschichtswerkes, 1973, 125-130, et Th. Willi, Die Chronik als Auslegung, FRLANT 106, 1972, 141; 174.

20 Les deux ἀνέστη, aux v. 4a et 15b, traduisent des *wyqm* absents du TM et ne sont pas un ajout du grec. De même, dans la redondance des expressions décrivant les sacrifices au v. 15b, le grec lit: καὶ ἔστη κατὰ πρόσωπον τοῦ θυσιαστηρίου τοῦ κατὰ πρόσωπον κιβωτοῦ διαθήκης κυρίου, là où le TM a simplement *wyʿmd lpny [ ] ʾrwn* ... ayant sans doute perdu la mention de l'autel par haplographie de *lpny*.

21 Cf J. Trebolle-Barrera, Historia del texto de los libros historicos e historia de la redacción deuteronomística (Jueces 2,10-3,6), D. Muñoz Leon (éd.), Salvación en la palabra, Mémorial A. Diez Macho, 1986, 245-255.

la version grecque serait l'héritière. De plus, dans le v. 4, le grec supprime apparemment avec raison le démonstratif *hhw'*, qui semble inopportun dans le texte massorétique, puisque l'autel n'a pas encore été mentionné. On a en effet souvent fait remarquer le rapprochement inattendu, du fait de ce démonstratif, entre *hbmh hgdwlh* et *hmzbḥ hhw'*, seul exemple dans la Bible de l'identification pure et simple de l'autel et du haut-lieu. On en conclut que 4a est une glose ajoutée tardivement, alors que la signification de Gabaon était oubliée.

Dans la formulation actuelle de ce v. 4 donc, et en raison de la glose de 4a (*ky hy' hbmh hgdwlh*), ce pronom démonstratif *hhw'* tend à identifier l'autel et le haut-lieu, alors qu'il devait primitivement renvoyer à Gabaon. On comprend dès lors que l'original hébreu de la Septante ait cherché à éviter cette confusion en supprimant le démonstratif, surtout si, tenant compte de l'interprétation de 2 Chr 1,5-6, l'autel en question était désormais assimilé à l'autel de bronze du sanctuaire du désert. La tradition dont témoigne la version grecque ne semble par conséquent pas garantir une plus grande «authenticité historique», et le texte massorétique, en présentant une *lectio difficilior*, nous paraît devoir être retenu ici. Il se pourrait bien que l'on puisse saisir, à travers cette difficulté de l'hébreu, la trace d'une source ancienne de la rédaction deutéronomiste; on y reviendra plus loin.

Pour reprendre l'argumentation de L. Ehrlich, on ne peut soutenir, comme il le fait, qu'en plaçant la coupure entre les v. 4 et 5 après «à Gabaon», le texte grec ait établi un lien de cause à effet entre les sacrifices et l'apparition de Dieu dans le songe. Au contraire, nous semble-t-il, la phrase du v. 4b présente une rupture dans le fil narratif en commençant par *'lp 'lwt*, et en poursuivant par une forme *yqtl*. Il faut comprendre cette dernière comme un fréquentatif (ce qui laisse entendre que Salomon avait l'habitude de se rendre à Gabaon), et la mise en évidence du grand nombre de sacrifices contribue à faire de cette phrase une incise emphatique dans laquelle la répétition du nom de lieu s'intègre bien: «C'est mille holocaustes que Salomon a offert sur l'autel à Gabaon. Et Yahvé apparut à Salomon dans un songe de la nuit ... »

Malgré la faiblesse de l'argument de L. Ehrlich, la question de l'incubation pour ce texte reste ouverte. N'avons-nous pas là, apparemment, tous les éléments d'un rite d'incubation tel qu'on le définit à partir du modèle grec? Le sanctuaire, le sacrifice, la nuit, le sommeil, le songe enfin et la révélation divine ... Rares sont les textes aussi prolixes d'indications convergentes.

b) Une nouvelle royale

Dans le même temps, un article célèbre de S. Herrmann, «Die Königsnovelle in Aegypten und in Israel»[22], renouvela la critique littéraire de ce passage en le considérant comme une unité en soi. Il emprunte le concept de «nouvelle royale» et sa définition comme genre littéraire à l'égyptologie où il fut introduit une quinzaine d'années plus tôt par A. Hermann[23]. Ce dernier l'identifie à travers une vingtaine d'inscriptions royales réparties entre le Moyen-Empire – époque où ce genre s'épanouit – et la période hellénistique. Très diverses quant à leur contenu, elles apparaissent semblables néanmoins dans la façon de commémorer l'origine d'un fait particulier: une expédition militaire, une fondation cultuelle, le forage d'un puits, la restauration d'édifices religieux ou militaires, etc. Le trait commun de ces inscriptions réside précisément dans la manière de présenter cette décision ou cette action royale en l'intégrant à un court récit mettant en présence le pharaon et ses «grands». Avec une grande diversité et souplesse dans l'application de ce schéma, cette nouvelle royale est ainsi faite de la rencontre d'un récit de circonstances et de l'évocation d'un fait mémorable dont le roi est l'instigateur. Le pharaon en est toujours le centre, en tant que personnage symbolique, d'où le qualificatif de «royal» appliqué à ce genre.

S. Herrmann prétend identifier ce genre littéraire particulier dans l'Ancien Testament, en I Reg 3,4-15 et II Sam 7. Les contacts politiques entre l'Egypte et la jeune monarchie israélite, les influences littéraires et idéologiques par le truchement des scribes, tout cela semble offrir un contexte vraisemblable à un tel emprunt. Considérant I Reg 3,4-15 comme une unité primitivement indépendante de l'ensemble de l'histoire salomonienne[24], il entreprend de l'étudier en soi, sans tenir compte du contexte, ni d'une éventuelle histoire du texte.

Ce rapprochement avec la *Königsnovelle* a été suggéré à S. Herrmann par la similitude relevée entre le songe de Salomon à Gabaon et celui de Thoutmosis IV à l'ombre du Sphinx de Giza[25]. Tandis que

---

22 S. Herrmann, Die Königsnovelle in Ägypten und in Israel, WZ(L).GS 3, 1953/54, 51-62.

23 A. Hermann, Die ägyptische Königsnovelle, LÄS 10, 1938.

24 Herrmann, Königsnovelle, 54. L'auteur précise à la note 1 que la question des lieux (Jérusalem, Gabaon) est secondaire, car ces données ne furent introduites dans le récit qu'au moment où il fut lui-même intégré à l'histoire salomonienne. Auparavant, la nouvelle existait pour soi, sans détermination de temps, de lieu ni de personne ... on ne saurait être plus idéaliste!

25 Stèle de Thoutmosis IV (*ca* 1425-1408 a.C.), traductions dans ANET[3], 1969, 449, et C. Lalouette, Textes sacrés et textes profanes de l'ancienne Egypte I, 1984, 37-39.

le jeune prince, encore adolescent, se reposait à l'ombre du monument au cours d'une partie de chasse, «la torpeur du sommeil le saisit au moment où le soleil était au zénith». Le dieu lui parla alors dans un songe, lui assura qu'il règnerait sur l'Egypte et lui demanda de dégager le Sphinx des sables qui le recouvraient. Le fils royal s'éveilla et se hâta vers le palais sans souffler mot de l'événement, afin de préparer des offrandes. La suite du texte est illisible. Pour S. Herrmann, la structure générale des deux récits est identique et témoigne d'un emprunt par Israël non seulement du rituel du couronnement royal, mais aussi du genre littéraire exposant le caractère sacré du roi, son élection divine et sa mission.

Plusieurs commentateurs l'ont suivi[26], et M. Görg reprend cette thèse dans une étude sur le dialogue entre Dieu et le roi en Israël et en Egypte[27].Il y distingue trois formes littéraires différentes: la narration, le dialogue, le rapport. La meilleure façon de caractériser un ensemble si divers en ses éléments est bien, selon lui, le genre «nouvelle». L'analyse de la *Prinzennovelle* (d'après sa propre terminologie) de la stèle de Thoutmosis IV lui permet d'établir une comparaison de structure avec I Reg 3,4-15: 1° Présentation d'un lieu de pélerinage, 2° visite d'un hôte royal, 3° avant – ou au début de son règne, 4° rencontre avec la divinité dans le rêve, 5° dialogue avec elle, 6° acte cultuel avec ses ministres et officiers.

On s'interroge sur la pertinence de ce comparatisme qui néglige d'importantes divergences au niveau même de la forme, et ne tient pas compte de l'histoire rédactionnelle[28]. Dans les deux textes comparés, chacun des points diffèrent en fait, soit par son importance relative dans le contexte, soit par sa signification propre. C'est le concept même de «nouvelle royale» comme genre littéraire qui semble contestable, car il manifeste d'excessives variations de forme et de contenu dans les textes égyptiens. Il est en tout cas à souligner que le songe en lui-même n'en constitue pas la caractéristique dominante. Ce qui demeure réellement commun à ces textes, c'est d'être, chacun à sa manière, des écrits de propagande politique.

---

26 Noth, 1 Könige, 46; Gray, Kings, 121.

27 M. Görg, Gott-König Reden in Israel und Ägypten, BWANT 105, 1975. Görg délimite ainsi la Grundlage du texte (p. 31): v. 4.5b.6aα.7. 8 (sans *ʿmk ʾšr bḥrt*). 9 (sans le premier *lšpṭ ʾt ʿmk*) 11.12.13 (sans *kl ymyk*) 14b.15 (sans *wyb' yrwšlm* et en remplaçant *ʾrwn bryt ʾdny* par un autre complément de lieu, du genre *hmzbḥ*).

28 Cf Van Seters, History, 160-163, et aussi Ehrlich, Traum, 24.

c) Un *hieros logos* cultuel

Un troisième genre littéraire fut envisagé, d'abord par J.A. Montgomery, puis par A.S. Kapelrud[29], pour caractériser I Reg 3,4-15: celui des récits de construction de temples. Partant d'une comparaison établie par J. Obermann[30] entre la saga de la construction du temple à Ougarit et ses analogies dans l'Ancien Testament (Ex 25 ss.; I Reg 6 ss.; 2 Chr 2 ss.; Ez 40 ss.), il l'étend aux sources mésopotamiennes (Enuma Elish VI; cylindres A & B de Gudea). Ce faisant, il met en évidence que, dans le Proche-Orient ancien, l'édification des temples était le privilège des dieux et des rois vainqueurs, les seconds réalisant sur terre ce que les premiers bâtissaient dans le ciel. En Israël, la construction du temple par Salomon devrait être lue à la lumière de ces parallèles, et, comme l'annonce de cette construction en I Reg 5,15 paraît trop abrupte, il faut lui trouver ailleurs son introduction. L'analogie des cylindres de Gudea amène tout naturellement à voir dans le songe à Gabaon le début du récit de la construction: comme Gudea, Salomon reçut dans son sommeil la révélation du plan du temple qu'il devait édifier. C'est ainsi que l'on peut reconstituer le contenu primitif du songe, d'autant plus, remarque A.S. Kapelrud, que la construction se clôt généralement par une nouvelle révélation onirique, explicitement mise en relation avec la première, ce que l'on retrouve en I Reg 9,1-3 précisément.

M. Weinfeld[31] reprend cette opinion et l'associe à la thèse de la *Königsnovelle.* Après avoir une nouvelle fois passé en revue les parallèles où une vision d'origine divine (songe ou oracle) précède la construction d'un sanctuaire[32], il fait appel au modèle de la nouvelle royale égyptienne dont le thème lui paraît semblable (révélation par le dieu dans un rêve de ce qui doit être construit ou restauré)[33]. L'ensemble de ces textes mésopotamiens, égyptiens et bibliques,

---

29 Montgomery, Kings, 107; A.S. Kapelrud, Temple Building, a Task for Gods and Kings, Or 32, 1963, 56-62.

30 J. Obermann, Ugaritic Mythology, 1948.

31 M. Weinfeld, Deuteronomy and the Deuteronomic School, 1972, spéc. pp. 244-260.

32 Dans l'AT: la tente du désert (Ex 25,9; 26,30; I Chr 28,16), le temple voulu par David (II Sam 7,4 ss.), les lieux saints des Patriarches (Gen 12,7; 26,24-25; 28,12-19), des Juges (Jdc 6,25). Dans le Proche-Orient: le temple de Ningirsu par Gudea, l'Esagil par Esharaddon, le temple de Sin à Harran, l'Eḫulḫul par Nabonide.

33 Ce qui est très forcé par rapport à la diversité des récits pouvant entrer dans ce genre d'après A. Hermann; rappelons que sur vingt inscriptions royales mentionnées, deux seulement relatent un songe. Celui-ci n'est pas en lui-même, de loin s'en faut, caractéristique de la «nouvelle royale».

témoignerait d'un *hiéros logos* au motif identique dans tout le Proche-Orient.

La thèse est reprise et développée par J. Dus[34]: le temple de Gabaon aurait été consacré à Shemesh – les arguments avancés ont quelque valeur – et Salomon y serait venu quérir des instructions pour construire le temple de Jérusalem sur le modèle d'un temple solaire... Ici, la démonstration de J. Dus est beaucoup moins convaincante. C'est oublier, au demeurant, que ce sont des Tyriens, et non des Gabaonites, qui ont construit le temple de Jérusalem. En fait, rien, dans le texte biblique, ne permet d'établir une relation entre le songe à Gabaon et la construction du temple à Jérusalem. On ne voit d'ailleurs pas bien pourquoi une telle révélation n'aurait pas eu lieu, sinon à Jérusalem même, du moins dans l'un ou l'autre des anciens sanctuaires reconnus par la tradition, plutôt que dans ce sanctuaire à bien des égards suspect aux yeux de celle-ci.

3. *La thématique du songe*

Les interprétations que l'on vient d'énumérer se sont toutes heurtées à la difficulté qu'il y a à reconstituer ce qu'aurait pu être la forme littéraire prédeutéronomiste de ce texte. La difficulté est réelle, et il ne nous semble guère possible, au-delà des v. 4 et 5, de procéder à une critique des sources suffisamment précise, et qui définirait avec exactitude les couches rédactionnelles de l'ensemble des v. 6 à 14; l'historien deutéronomiste à trop profondément retravaillé son matériau de base. Ce n'est donc pas dans la forme du texte (vocabulaire, expressions, style) – presque entièrement deutéronomiste – que l'on cherchera des critères, mais dans sa thématique, qui peut garder mémoire d'états antérieurs de la tradition. En dehors des références aux thèmes proprement deutéronomistes: fidélité de Yahvé à la dynastie davidique, observance de la *torah* par le roi comme condition à cette fidélité, schéma général évoquant un traité d'alliance, nous relevons deux points qui témoignent de conceptions et de préoccupations prédeutéronomistes:

a) La légitimité du pouvoir

La demande d'Elohim au v. 5b: «Demande! Que puis-je te donner?» (*š'l mh 'tn lk*) contient, dans sa concision même, la structure

[34] J. Dus, Gibeon – eine Kultstätte des ŠMŠ und die Stadt des benjaminitischen Schicksals, VT 10, 1960, 353-374.

fondamentale du dialogue qui suit, articulé par la double opposition de la requête et du don, d'une part, du «je» royal et du «tu» divin, d'autre part. Cette relation particulière du roi et de son dieu, on l'a maintes fois relevé, évoque la liturgie d'intronisation, ou du moins, un élément de la liturgie royale. On retrouve, en effet, le couple *š'l – ntn* dans les psaumes du couronnement (Ps 2,8; 21,3.5; 20,5.6), et G. von Rad a fait remarquer que l'un des privilèges attachés à l'adoption divine qui faisait du jeune roi un fils de Yahvé, était «le droit d'adresser librement des requêtes au père divin»[35].

Cela ne signifie pas que I Reg 3 soit un élément de la liturgie du sacre, mais par allusion à celle-ci, le texte met en évidence la relation privilégiée de Salomon avec Yahvé, et authentifie ainsi la légitimité de son règne. Ce privilège de la libre requête semble avoir été une constante de l'idéologie royale du Proche-Orient ancien. Nous l'avons trouvé dans le récit du songe de Keret à Ougarit, et dans l'inscription de la statue de Hadad à Zenjirli, vers 750 a.C., Panamou I roi de Ya'udi se vante de ce que ses dieux lui aient accordé tout ce qu'il leur avait demandé:

KAI 214:
4) *wmz.'š'[l.m]n.'lhy.ytnw.ly*
Et quoi que je deman[dasse aux] dieux, ils me le donnaient.
12) *wmh.'š'l.mn.'lhy.mt.ytr.ly*
Et quoi que je demandasse aux dieux, cela, certes(?), m'advenait en abondance[36].

Le verbe *ytn* se rencontre encore aux lignes 2.8.11.13.14.23, avec des noms de dieux comme sujets. On remarque donc la même relation *š'l – ytn* entre le roi et ses dieux tutélaires. Cela est particulièrement significatif au début de l'inscription (lignes 2-4), où il est d'abord question du sceptre que Hadad, El, Rakib El, Shamash et Reshep «ont donné dans la main» de Panamou (*wntn bydy*). Qu'ils aient accordé ensuite tout ce que le roi leur demandait apparaît comme l'authentification de sa légitimité, la preuve que c'est bien des dieux qu'il tient son pouvoir[37]. L'intention est la même dans le cas de Salomon, d'autant plus que dans cette relation de la demande et du don, l'initiative vient d'Elohim. L'affirmation de Salomon au v. 7: «c'est toi qui as fait roi ton serviteur» (*'th hmlkt*), ajoute au droit à la

---

35 G. von Rad, Das jüdische Königsritual, ThLZ 72, 1947, 211-216 = Gesammelte Studien zum Alten Testament, I, 1958, 205-213, et aussi S. Mowinckel, Psalmenstudien III, 1961, 78-88.

36 Traduction de P. Dion, La langue de Ya'udi, 1974.

37 Cf K.F. Euler, Königtum und Götterwelt in den altaramäischen Inschriften Nordsyriens, ZAW 50, 1938, 272-313; C.L. Seow, The Syro Palestinian Context of Salomon's Dream, HTR 77, 1984, 141-152.

royauté par héritage rappelé au v. 6, celui que confère une élection divine, signifiant la relation de vassalité établie entre le roi et son dieu. Le verbe *mlk* au hiphil avec Yahvé comme sujet ne se trouve pas ailleurs (à part le texte parallèle de II Chr 1,8-11) qu'en I Sam 15,11.35, où il s'agit de Dieu regrettant d'avoir «fait roi» Saul. Si la théologie deutéronomiste de la royauté a bien intégré cette notion de vassalité, elle l'a emprunté à l'idéologie royale ambiante. Dans l'inscription araméenne de Zakir, roi de Hamat, on lit cette parole de Baal Shamaïn: « … c'est moi qui t'ai fait roi» (KAI 202:A:13, *hmlk[tk*), dans un oracle de salut adressé au roi par l'intermédiaire d'un voyant. C'est donc en vertu de ce statut royal conféré par Dieu lui-même que Salomon peut adresser sa demande à son suzerain divin.

Dans une optique différente, la royauté de Salomon tient sa légitimité de celle de David son père. C'est en vertu du pacte conclu entre Yahvé et David (I Sam 7,11-13), et de leur fidélité réciproque à ce pacte (fidélité qui vient d'être rappelée par Salomon dans le v.6a), que ce fils est donné par Dieu pour s'asseoir sur son trône. L'expression *bn yšb 'l ks'w* conclut une série de questions sur la succession de David qui s'étaient posées dans les mêmes termes[38]. Il n'est pas douteux que ce v. 6d est à rapprocher des passages de I Reg 1 où l'on reconnaît la main d'un rédacteur corrigeant l'histoire antisalomonienne de la succession[39]. Qu'il faille attribuer 3,6d au même rédacteur qui a corrigé les chap. 1 et 2, ou qu'il s'agisse d'une reprise de l'expression par un rédacteur différent, l'intention est identique: affirmer la légitimité de la royauté de Salomon comme successeur donné par Dieu et désigné par David lui-même. Nous avons ici une reprise de la problématique propre aux chap. 1-2: la justification théologique de la dynastie davidique.

La question de la légitimité du pouvoir est donc abordée de deux points de vue différents: 1° par allusion au rite d'intronisation et au privilège traditionnel de la libre requête du roi à son dieu; 2° en rappelant le dénouement de la crise de succession tel que l'a présenté le rédacteur final de I Reg 1-2. Ces deux points de vue trahissent des couches rédactionnelles différentes, deux étapes dans l'histoire de la tradition. La phraséologie deutéronomiste est évidente pour le second (v.6). En revanche, le thème de la libre requête, qui

---

[38] Cf I Reg 1,13.17.20.27, où l'expression sert d'argument à l'intrigue de Natan et Bethsabé.

[39] I Reg 1,30.35-37.46-48, où l'expression revient dans un contexte corrigeant l'impression négative de ce qui précède: … «während dort der fromme König David sich vor Jahwe beugt und ihm dafür dankt, dass er ihm den Thronnachfolger gegeben habe … » T. Veijola, Die ewige Dynastie, 1975, 18.

structure l'ensemble du récit au moyen du binôme *š'l – ntn*, appartient certainement au document prédeutéronomiste.

b) La sagesse du roi

Dans la rhétorique même du dialogue entre Dieu et Salomon demeurent perceptibles deux sortes de dons, opposés partiellement les uns aux autres dans le texte actuel: richesse, gloire et longue vie d'une part, intelligence et sagesse d'autre part. Serait-ce la trace de deux contenus différents du dialogue onirique, révélateurs de relectures successives, comme dans le cas de la légitimité? La réalité est certainement plus complexe.

Si l'on compare rapidement sur ce point le songe de Salomon et le songe de Keret, on s'aperçoit d'une semblable opposition entre les offres du dieu (qui devancent la demande de Keret) et les désirs exprimés du roi (KTU 1.14:I:41-43 + II:1-3): El lui offre la royauté divine, de l'or, des chars et des chevaux, alors que Keret ne désire qu'une épouse. Même offre et même demande sont repris plus loin dans la négociation entre Keret et Pabil (KTU 1.14:V:34 ss.). Il apparaît que l'on a ici un thème propre à ce genre de dialogue légendaire, où la divinité est prête à offrir autre chose et beaucoup plus que ce que l'homme ne demande, lequel révèle ainsi une qualité de coeur ou de sagesse dont il sera récompensé[40]. Nulle raison donc de douter que la sagesse soit un élément ancien du dialogue onirique, non moins que le don de la richesse et de la gloire. Le lien entre la richesse, la gloire et la sagesse est d'ailleurs un thème connu de l'idéologie royale, bien illustré par la prophétie d'Ezéchiel contre le roi de Tyr (Ez 28).

Deux arguments nous font attribuer la teneur sapientielle du songe à la *Grundlage* plutôt qu'à la rédaction deutéronomiste: 1° la prise au sérieux de la notice de I Reg 11,41 qui mentionne la sagesse parmi les sujets traités par les Actes de Salomon, et cette précision permet de supposer que cet élément était important. 2° Pour le deutéronomiste Salomon ne pouvait plus être, quoi qu'il en fût, le roi sage par excellence. En introduisant dans le songe la fidélité à la Torah comme condition à la plénitude de la sagesse, le rédacteur deutéronomiste anticipe déjà le jugement négatif qu'il exprimera plus loin (I Reg 11,9 ss.): malgré son immense sagesse, Salomon a failli.

Mais, si la sagesse est une composante essentielle, et certainement ancienne du récit de I Reg 3,4-15, ce n'est pas celle qui pose le moins de problème, car, de quelle forme de sagesse s'agit-il en amont de la

---

40 Ce motif du libre voeu, bien connu dans les contes populaires, est ici souligné par H. Gunkel (Das Märchen im Alten Testament, 1917, 81-82) qui l'identifie également dans l'épisode d'Elisée et la Shunamite (II Reg 4,11-17).

rédaction deutéronomiste? Les réponses apportées à cette question ont ceci en commun qu'elles opposent généralement une sagesse politique, pratique et séculière, réputée plus ancienne, à une sagesse morale et théologique introduite dans le texte du songe par la rédaction deutéronomiste[41]. R.B.Y. Scott, par exemple, dégage une évolution en trois étapes dans l'acception de cette sagesse royale en Israël, évolution dans laquelle s'inscrit le songe à Gabaon[42]:

1° I Reg 2,1-9 et 5,15-26 témoignent d'une *ḥokmah* comme capacité à gouverner. C'est cette sagesse politique, comme le précise 5,26, que Yahvé avait promise à Salomon, et qui constituait donc le thème de la version prédeutéronomiste du songe à Gabaon.

2° Une conception de la *ḥokmah* comme habileté à juger (*špṭ*), à distinguer (*byn*) le bien du mal, guide la relecture deutéronomiste, pour laquelle il faut bien comprendre *špṭ* dans un sens judiciaire, comme le prouve le récit légendaire du jugement de Salomon accolé à la suite du songe.

3° Une *ḥokmah* comme démarche intellectuelle et connaissance encyclopédique, qui serait propre aux ajouts tardifs et à leurs développements fantastiques sur la gloire du règne, tout en admettant qu'ils aient pu trouver leur justification dans le texte deutéronomiste de I Reg 3,12-13.

On a vu que, pour M. Weinfeld, la version prédeutéronomiste du songe était l'injonction ou l'autorisation divine de construire le temple de Jérusalem, assortie du don de la sagesse nécessaire à cela. Il s'agirait alors d'une *ḥokmah* au sens d'habileté technique, conforme à la conception que l'on se fait d'une sagesse ancienne faite de ruse, de sagacité innée (II Sam 13,3; I Reg 2,6.9), de persuasion du discours (II Sam 14,2), de compétence technique et artistique (Ex 7,11; 28,3; 31,6; 35,25-26; 36,1), de savoir encyclopédique (II Sam 14,20), d'habileté politique (Gen 41,33.39)[43]. La refonte deutéronomiste de

---

41 M. Noth, (Die Bewährung von Salomos «Göttlicher Weisheit», SVT 3, 1955, 225-237) oppose une sagesse judiciaire octroyée ici à Salomon, à une «Naturweisheit», selon l'expression de A. Alt, à laquelle fait allusion I Reg 5,9-14, et qui relève de cette science de classification du réel attestée en Mésopotamie et en Egypte à haute époque. L'un et l'autre type de sagesse appartiendraient déjà à la *Grundlage*, le caractère humaniste et laïc de cette sagesse étant, pour Noth, un critère certain d'ancienneté. Cf aussi A. Alt, Die Weisheit Salomos, TLZ 76, 1951, 139-141 = Kleine Schriften zur Geschichte des Volkes Israels II, 1953, 90-99.

42 R.B.Y. SCOTT, Solomon and the Beginning of Wisdom in Israel, SVT 3, 1955, 262-279.

43 Weinfeld, Deuteronomy, 254-260: I Reg 2,5-9; 3,16-17; 5,9-14; 10,1-10.23-24. Weinfeld considère que l'ensemble de ce matériel est prédeutéronomiste, contre l'opinion de Scott (SVT 3), en raison des parallèles égyptiens et mésopotamiens

I Reg 3 témoignerait de la transformation du concept de sagesse qui s'opéra sous le règne d'Ezéchias. La sagesse de Salomon est désormais conçue comme une capacité à discerner le bien du mal, indispensable à l'exercice de la justice (*špt*). Dans cette relecture de l'histoire salomonienne, la science universelle et le savoir-faire politico-commercial du monarque ne sont plus, pour le deutéronomiste, le résultat de sa sagesse, mais un don accordé par Dieu en récompense à son amour pour la vraie sagesse (cf Prov 3,13-16).

On objectera à ces reconstitutions: 1° que la préoccupation morale est présente dès les plus anciens écrits de sagesse[44] et, 2° que la dimension judiciaire n'a jamais été étrangère à l'exercice du pouvoir royal, aussi loin que remontent nos sources écrites, et que la justice, au même titre que la sagesse, contribue à la gloire du roi et à la solidité de son trône. Cela est attesté par une série de «sentences royales» rapportées dans les collections salomoniennes des Proverbes (Prov 16,12; 20,28; 25,5; 29,4.14), mais aussi par quelques inscriptions ouest-sémitiques, telle celle de Barrakib à Zenjirli (vers 733-727 a.C.), qui fait l'éloge de la justice et de la sagesse de Panamou II son père, source de ses richesses et cause de son accession au trône par la volonté de Téglatphalassar III[45]:

> KAI 215: 10-11:
> Mon père Panamou était estimé au milieu des rois [... Mon pè]re posséda de l'argent et, certes, il posséda de l'or, grâce à sa sagesse et à sa loyauté (*bḥkmth wbṣdqh*).

Le lien entre la sagesse et la richesse apparaît clairement ici, mais *ṣdqh* ajoute une dimension indéniablement morale à ce qui pourrait n'être sans cela que de l'habileté politique. Plus explicite encore, à la même époque, les inscriptions bilingues de Karatépé, immortalisant la gloire de Azitawada, où justice (*ṣdq*), sagesse (seul emploi attesté de *ḥkmt* en phénicien) et bonté du coeur furent sources de la prospérité du royaume:

> KAI 26 A: 11-13:
> J'ai fait la paix avec / chaque roi et, en outre, chaque roi m'a tenu pour un père, à

---

d'une part, et de la réaction contre cette «Naturweisheit» d'autre part, sensible aussi bien dans le Deutéronome que dans les écrits sapientiels tardifs.

44 C.H.W. Brekelmans, Salomon at Gibeon, Fests. J.P.M. van der Ploeg, AOAT 211, 1982, 53-59.

45 Cf Dion, Ya'udi. La traduction de Dönner-Röllig dans KAI rattache *bḥkmth wbṣdqh* à la proposition qui suit, ce qui donne un sens assez différent: «Auf Grund seiner Weisheit und auf Grund seiner Loyalität ergriff er den Gewandsaum seines Herrn.» Mais la conjonction *py* oblige bien à séparer *bḥkmth wbṣdqh* de ce qui suit.

cause de ma justice, / de ma sagesse et de la bonté de mon coeur (*bṣdqy wbḥkmty wbnʿm lby*)[46].

Cet aspect de l'idéologie royale selon lequel le roi, en tant que personnage divin, sera source de paix et de prospérité pour son peuple s'il gouverne avec sagesse, vérité et justice, est attesté dès l'époque sumérienne[47]. On le rencontre dans les récits épiques ougaritiques – Keret en particulier – et dans la Bible, à travers des textes comme Ps 72 et Jes 11,1-5[48]. Cela assuré, essayons de préciser davantage le contenu de cette sagesse royale demandée par Salomon.

I Reg 3,9a:
Tu donneras à ton serviteur un coeur qui ait de l'entendement, pour gouverner ton peuple, pour discerner le bien du mal. (*wntt lʿbdk lb šmʿ lšpṭ ʾt ʿmk lhbyn byn ṭwb lrʿ*).

On ne peut restreindre ici la signification de *špṭ* à la seule fonction judiciaire du roi, distincte de son pouvoir proprement politique, et réserver ce terme à la rédaction deutéronomiste. Des études récentes[49] ont à nouveau insisté sur le sens de «juger» et la valeur juridique de la racine *špṭ*, comme le montre clairement à Ougarit, par exemple, son usage parallèle avec *dîn* (juger), dans des textes où il est question du roi qui rend la justice[50]. L'extension de son champ sémantique à l'exercice du pouvoir en général ne fait cependant aucun doute, étant entendu que celui-ci implique la fonction de juge. Et surtout, le parallélisme *mlk // špṭ*, même s'il ne signifie pas une stricte synonymie de termes, exprime bien une complémentarité dans la fonction, et cela dès les textes d'Ougarit également[51]. Dans les textes bibliques, le sens

---

46 Traduction de F. Bron, Recherches sur les inscriptions phéniciennes de Karatepe, 1979, 23.

47 Cf S.N. Kramer, Kingship in Sumer and Akkad: The Ideal King, Le Palais et la Royauté (XIXe RAI, Paris 1971), 1974, 163-176.

48 Cf N.W. Porteous, Royal Wisdom, SVT 3, 1955, 247-261; J. Vermeylen, Le Proto-Isaïe et la Sagesse d'Israël, La Sagesse de l'Ancien Testament, M. Gilbert (éd.), BETL 51, 1990^{2}, 39-58.

49 W. Richter, Zu den «Richtern Israels», ZAW 77, 1965, 40-71; G. Liedke, špṭ,TWAT II, 1976, 999-1007; J.J. Stamm, Namen rechtlichen Inhalts, Beiträge zur alttestamentlischen Theologie, Fests. W. Zimmerli, 1977, 460-478; S.E. Loewenstamm, Comparative studies in Biblical and Ancient Oriental Literature, AOAT 204, 1980, 270-272; H. Cazelles, mṯpṭ à Ugarit, Or 53, 1984, 177-182; F.C. Fensham, The Ugaritic Root ṯpṭ, JNLS 12, 1984, 63-69; H. Niehr, Herrschen und Richten. Die Wurzel špṭ im alten Orient und im Alten Testament, 1986.

50 KTU 1.17:V:8; 1.19:I:25 (Aqht); 1.16:VI:34,37 (Krt).

51 KTU 1.3:V:32 et son parallèle 1.4:IV:43: *mlkn.aliyn.bʿl.ṯpṭn.in.dʿlhn.* Le texte difficile KTU 1.108 a vu son interprétation renouvelée par Dietrich et Loretz, (UF 12, 1980, 171-182) qui lisent, aux lignes 2-3: *wyqr il.yṯb.bʿṯtrt / il.ṯpṭ.bhdrʿy*: «Und er verweilt

de la racine *špṭ* déborde largement celui de «rendre la justice». En dehors même du livre des Juges, elle se rencontre souvent avec le sens de «gouverner»[52]. Caractéristiques à cet égard sont les récits de l'institution de la royauté, spécialement I Sam 8,20: « ... notre roi nous «jugera», il sortira à notre tête et combattra nos combats».

Le terme clef de ce passage est *lb šm*': Salomon demande «un coeur entendant», lui permettant de gouverner et de discerner le bien et le mal[53]. Les mêmes termes sont repris, dans une inversion significative, au v. 11b: « ... tu as demandé pour toi le discernement afin d'entendre le *mišpaṭ* (*wš'lt lk hbyn lšm' mšpṭ*). Le «jugement», la «décision», l'exercice même du pouvoir selon la justice, c'est cela qui est l'objet de cet «entendement du coeur». Dans le Ps 72,1-2, nous avons, exprimé sous une forme à peine différente, le même don divin de la sagesse royale, quand il est demandé à Dieu: «Donne tes jugements au roi, ta justice au fils royal» (*'lhym mšpṭyk lmlk tn wṣdqtk lbn mlk*). La sentence juste, la décision sage que l'on attend du roi lui a été préalablement donnée par Dieu.

Le caractère juridique de l'expression «bien et mal» a été montré par W. Clark[54]. Dire «bon» ou «mauvais», c'est donner réponse à une question en des termes de type «oui – non»: *ṭôb* est la réponse favorable, ce qui est conforme à la décision divine (*mišpaṭ*), *ra'* veut dire «non»; la réponse du prophète à une question précise pourra être de type «oui – non» (*ṭôb – ra'*), oracle positif ou négatif. Le «coeur attentif» que Salomon demande, c'est donc une intelligence capable de percevoir, «d'entendre» l'ordonnance divine (*mšpṭ*), de discerner ce qui est conforme ou contraire (*byn ṭwb lr'*) à la volonté divine, de

---

der Gott, der in *'ṯtrt* thront, der Gott, der richtet in *hdr'y.*» Ici, le parallèle *yṯb.b // tpṭ.b* permet d'induire le sens de «régner à» pour *tpṭ.b.* A. Marzal (The Provincial Governor at Mari: his Title and Appointment, JNES 30, 1971, 186-217) a montré que le *šâpiṭum* désigne le gouverneur de province (*halṣum*) à Mari au XVIIIe s., et que *šipṭum* «denotes a strong command coming from a high authority». Interprétation confirmée par l'étude de J.D. Safren, New Evidence for the Title of the Provincial Governor at Mari, HUCA 50, 1979, 1-16.

52 *špṭ // mlk*: Ps 2,10; 148,11; *špṭ // sr* : Ps 148,11; Ex 2,4. En Ps 82,8; 96,13; 98,9, *špṭ* a davantage le sens de «gouverner» que celui de «juger». Cf R. De Vaux, Histoire ancienne d'Israël, II: La période des Juges, 1973, 80-86.

53 La notion de «coeur attentif» (*lb šm'*) et l'usage de la racine *šm'* dans un contexte didactique sont bien attestés, particulièrement dans la littérature sapientielle égyptienne; cf H. Brunner, Das hörende Herz, TLZ 79, 1954, 698-700, et N. Shupak, Some Idioms Connected with the Concept of «Heart» in Egypt and in the Bible, Pharaonic Egypt, S. Israelit-Groll (éd.), 1985, 202-212.

54 W.M. Clark, A Legal Background to the Yahvist's Use of «Good and Evil» inGenesis 2-3, JBL 88, 1969, 266-278.

façon quasi oraculaire. Cette dimension oraculaire de *mšpṭ* est bien attesté à Ougarit[55].

Nous proposons par conséquent de comprendre cette demande de Salomon de pouvoir «discerner le bien et le mal» comme un véritable charisme destiné à le rendre réceptif aux décisions divines. Cette capacité véritablement extraordinaire du roi dans l'exercice de la justice est illustrée par le récit folklorique du jugement de Salomon (I Reg 3,16-28), destiné à montrer que «la sagesse de Dieu réside en lui pour rendre une sentence» (*l'śwt mšpṭ*), lorsque aucun indice ne permet humainement de trancher. Cette dimension quasi prophétique de la sagesse royale dans l'exercice du pouvoir et de la justice relève également du caractère sacré de la fonction royale dans l'ancienne idéologie. On en trouve encore la trace en Prov 16,10: «L'oracle (*qsm*) est sur les lèvres du roi, dans un jugement sa bouche est sans défaillance». Quant au lien pouvant exister entre ce charisme particulier et le songe, nous en donnons un exemple très tardif mais caractéristique. Dans une inscription de Hatra, la décision de lapider un voleur d'outres est prise par la divinité, et transmise au moyen d'un songe: «le songe a montré» (*ḥwy ḥlm'*, n° 281: 11)[56].

Pour conclure sur ce point, malgré la forte empreinte du deutéronomiste dans la phraséologie du songe, on ne peut lui réserver la dimension morale de la sagesse demandée par Salomon. Ce qui est proprement deutéronomiste, c'est l'exigence de fidélité à la Loi assortie aux dons divins (v. 6 et 14): la sagesse est désormais appréciée à l'aune de la Torah. Si le jugement du roi est à recevoir comme un oracle, c'est que lui-même transmet une loi donnée par Dieu; la source de sa sagesse est désormais cette Torah, et non plus son charisme prophétique. Ici aussi, la rédaction deutéronomiste ne recouvre pas totalement une conception beaucoup plus ancienne. Deutéronomiste sans doute également la légère correction de perspective attribuant la richesse et la gloire du règne non plus à l'exercice de la sagesse, comme c'était le cas dans la tradition antérieure, mais à un don gratuit de Dieu qui récompense ainsi un juste choix du roi.

---

55 P. Xella traduit *mṭpṭ* «responso oracolare», I testi rituali di Ugarit I, 1981, 174-177; 375, et: L'influence babylonienne à Ougarit d'après les textes alphabétiques rituels et divinatoires, Mesopotamien und seine Nachbarn (XXVe RAI, Berlin 1978), 1982, 321-331 (spéc. pp. 329-331).

56 B. Aggoula, Remarques sur les inscriptions hatréennes XI, Syr 64, 1987, 91-106.

4. Un écrit de propagande politique

L'histoire salomonienne se clôt par la formule caractéristique: «Le reste de l'histoire de Salomon, tout ce qu'il a fait et sa sagesse, n'est-ce pas écrit dans le livre des Actes de Salomon (*spr dbry šlmh*)?» (I Reg 11,41). Pour M. Noth, la *Grundlage* de l'histoire de Salomon mise à jour par la critique peut être identifiée avec ces *Actes*[57], et S. Mowinckel avait déjà souligné la nécessaire concomitance, dans l'organisation administrative de la jeune monarchie israélite, entre l'apparition d'archives royales écrites et le développement d'une littérature sapientielle[58], avec tout l'éventail des disciplines que recouvre ce terme. Pour lui, ces *Actes de Salomon* devait être plus proche des sagas royales scandinaves que des chroniques de l'historiographie orientale. Il semble bien que ces *Actes de Salomon* se soient distingués des «livres des Annales des rois de Juda» (I Reg 14,29: *spr dbry hymym lmlky yhwdh*), par l'absence de chronologie, mais aussi, à en croire l'expression, par la place qui y était faite à la sagesse du roi. Le fait qu'il ait été consacré à Salomon seul le met d'ailleurs à part des autres documents du type annales royales.

Si beaucoup s'accordent à reconnaître dans ce document une source écrite de l'historien deutéronomiste, les divergences sont grandes quant à l'appréciation de son contenu[59]. La position de G. Garbini est excessive, qui nie aux *Actes* toute réalité littéraire, même s'il a raison d'affirmer que des passages comme I Reg 3,4-15 et le chapitre 8, par exemple, ont été entièrement retravaillés par le rédacteur deutéronomiste[60]. L'adjonction tardive d'un certain nombre de développements relatifs à la splendeur du règne est indiscutable, comprenant également les descriptions détaillées du palais, du temple et de son mobilier, dont la raison d'être ne se comprend bien que si ces monuments ont disparu de la vue des lecteurs. Parmi les documents d'archives d'origines diverses rassemblés dans ces *Actes,* quelques-uns sont pourtant encore identifiables avec une relative certitude: la liste des officiers (4,1-8), les circonscriptions fiscales (4,7-

---

57 Noth, 1 Könige, 262.

58 S. Mowinckel, Israelite Historiography, ASTI 2, 1963, 4-26.

59 Voir le résumé des positions dans J. Liver, The Book of the Acts of Solomon, Bib 48, 1967, 75-101, et la position minimaliste de Van Seters, History, 292-302, qui n'attribue aux Actes que I Reg 4,1-6.7-19; 5,2; 9,15.17b.18.23.

60 G. Garbini, Li fonte citate nel «Libro dei Re», Henoch 3, 1981, 26-46. Après avoir retranché les développements tardifs sur la richesse et la sagesse de Salomon, sur le temple et son mobilier, les passages de composition deutéronomiste, 3,4-15; 8, il ne reste plus qu'un maigre matériel d'annales, comparable à celui assigné aux «Annales des rois de Juda», et relevant, selon lui, de la même source qu'eux. Ces hypothétiques «Annales des rois de Jérusalem» pourraient remonter au règne d'Ezéchias.

19; 5,2), l'organisation du chantier du temple (9,15.17-18.23), des pièces d'archives relatives aux relations avec Hiram de Tyr, dont le détail est plus difficile à préciser.

Le récit actuel du règne de Salomon (I Reg 3-11) garde sans doute la trace de ce document ancien dans sa structure, malgré les changements occasionnés par les relectures et ajouts postérieurs, et dont témoignent encore les divergences avec le texte transmis par la Septante: organisation de la matière par thèmes, absence de chronologie, report à la fin (ch. 11) des «ombres» du règne, où l'intervention du rédacteur deutéronomiste se fait plus sensible. La teneur générale de ces *Acta Salomonis* devait être celle d'un ouvrage de propagande, célébrant les grandeurs du règne et la sagesse du roi, dans l'optique de l'idéologie royale du Proche-Orient ancien. Si la place du songe y était la même que dans l'actuelle histoire deutéronomiste – ce qui est probable, moyennant une courte introduction – on peut penser qu'il était comme la clef de l'ouvrage. Chronologiquement et idéologiquement, il ouvrait l'histoire du règne et en constituait, pour les rédacteurs, l'acte de légitimation.

La fonction légitimatrice des récits de songes royaux est bien connue dans le Proche-Orient ancien. On a vu comment elle est mise en oeuvre dans la légende de Keret à Ougarit. Chez les Hittites, les inscriptions autobiographiques du roi Hattusili (1290-1250), un usurpateur, contiennent un nombre de songes bien supérieur à tout autre document analogue. De même, les seuls récits de songes dans les inscriptions royales néo-babyloniennes se trouvent sur celles du règne de Nabonide (quatre en tout), usurpateur lui aussi, et dont le pouvoir a toujours été contesté[61].

La tradition relative à un songe de Salomon à Gabaon a donc été intégrée aux *Actes* avant tout comme récit de légitimation du règne, mais celui-ci devint aussi une pièce essentielle du dossier sapientiel. Ce thème s'est ajouté à celui, certainement plus primitif, de la légitimité du pouvoir. Il ne s'agissait pas de supprimer cet élément, encore indispensable au caractère de propagande de l'ouvrage, mais le songe dut paraître propice à l'introduction du thème de la sagesse, en même temps que celle-ci apportait un poids supplémentaire à la défense de la légitimité.

Dès lors que l'on admet que les *Acta Salomonis* rassemblaient des documents d'origines diverses, la question se pose de la provenance du songe. Au contraire d'un récit comme celui du jugement (I Reg

---

[61] Cf Oppenheim, Dreams, 197; 202-203; C.J. Gadd, The Harran Inscriptions of Nabonidus, AS 8, 1958, 35-92.

3,16-27) dont le caractère folklorique ne fait pas de doute[62], le songe est, quant à lui très bien situé historiquement. Il est rattaché à un lieu et à des circonstances, il contient une claire allusion à la liturgie du sacre, il est empreint d'une idéologie précise. L'hypothèse faite par M. Noth d'une tradition gabaonite attachée au sanctuaire ne manque pas de vraisemblance. L'importance du haut-lieu de Gabaon semble bien réelle à la lecture du texte, et des recherches historiques récentes semblent le confirmer.

Jos 10,2 décrit Gabaon comme une grande ville, comparable aux cités royales, et souligne la valeur guerrière de ses habitants. L'identification de Gabaon avec l'actuel el Jib ne fait pas de doute depuis les fouilles de J.B. Pritchard[63] et la découverte sur place d'un grand nombre d'anses de jarres inscrites au nom de *gb'n*. Paradoxalement son identification dans les textes bibliques pose davantage de problèmes. Benjamin est un pays de collines où abondent les toponymes construits sur la racine *gb'*, et l'usage de ces noms fait apparaître une certaine confusion dans le texte massorétique: *geba', gibe'at ša'ul, gibe'at ha'elohîm, gibe'at benyamin, gibe'on,* ne désignent pas toujours les mêmes lieux. Plusieurs tentatives ont été faites pour débrouiller l'écheveau[64].

En ce qui concerne le haut-lieu, on sait que le terme *bamah* ne désigne pas obligatoirement une hauteur naturelle lorsqu'il est utilisé dans une acception strictement cultuelle. Un tel *bamah* peut comprendre un complexe de bâtiments et dispositifs cultuels assez élaborés, si l'on se réfère par exemple au haut-lieu de Samuel à Rama (I Sam 9,11-24)[65]. Il devait en être de même pour celui de Gabaon, où l'importance de la cité permet raisonnablement de le penser. On a proposé avec quelque vraisemblance de le localiser sur la colline de Nebi Samwil qui domine el Jib au sud, afin de rendre compte de la désignation *har yhwh*, la «montagne du Seigneur» qui se trouvait à Gabaon (I Sam 21,6.9, en tenant compte du grec)[66]. J. Blenkinsopp

---

62 Cf H. Gressmann, Das salomonische Urteil, Deutsche Rundschau 33, 1907, 212-218, qui cite vingt-deux versions de ce conte trouvées dans les littératures orientales.

63 J.B. Pritchard, Hebrew Inscriptions and Stamps from Gibeon, 1959; Gibeon where the Sun Stood Still, 1962.

64 B. Maisler, Mazar, Topographic Studies 3: The Hill of Gad, BIES 10, 1943,73-75; A. Van Der Born, Etudes sur quelques toponymes bibliques II: Haggib'ah et Gibe'on, OTS 10, 1954, 197-214; A. Demsky, Geba, Gibeah and Gibeon – an Historico-Geographic Riddle, BASOR 212, 1973, 26-31.

65 P. Vaughan, The meaning of «bâmâ» in the Old Testament, 1974; W. Boyd Barrick, The Funerary Character of the «High Places» in Ancient Palestine: A Reassessment, VT 25, 1975, 565-595; M.D.Fowler, The Israelite bamâ: A Question of Interpretation, ZAW 94, 1982, 203-213.

66 II Sam 21,9 : *bhr lpny yhwh* doit être précisé par le v. 6 selon les versions grecques.

pense pouvoir l'identifier également avec la Gibeah d'Elohim de I Sam 10,5-12, où Saül rencontre une bande de prophètes en délire «descendant du haut-lieu» (*hbl nby'ym yrdym mhbmh*)[67].

Gabaon tient une place très spéciale dans l'histoire de l'occupation des territoires cananéens par les tribus israélites, et le récit de Jos 9 veut expliquer a posteriori les liens unissant les Gabaonites à certaines d'entre elles, Ephraïm et Benjamin en particulier[68]. De la notice isolée de Jos 9,17, on a parfois conclu à l'existence d'une puissante fédération de cités autour de Gabaon, thèse reprise et développée par J. Blenkinsopp. Celui-ci souligne en outre les rapports, à la fois nombreux et diffus, entre cette cité et la monarchie de Saül: identifiée à Gibeah d'Elohim de I Sam 10,5, elle serait la ville d'origine de Saül, lequel en aurait fait sa capitale après en avoir chassé la garnison philistine selon I Sam 13,3[69].

L'existence de cette tétrapole gabaonite est en réalité douteuse[70], et l'idée que Gabaon ait été la capitale de Saül reste purement hypothétique. On voit mal d'ailleurs comment l'harmoniser avec la tradition d'un massacre des Gabaonites par ce même Saül (II Sam 21,1-2). Cependant, même si les faits historiques nous échappent pour la plupart, on peut admettre une relative importance de Gabaon à l'époque du Fer, sinon politique, du moins stratégique. Sa colline domine la plaine où passe la route remontant de l'ouest par Beth Horon et reliant le territoire philistin à l'axe nord-sud de la route des crêtes; le site est donc très accessible de la plaine côtière, et bien situé pour contrôler l'intérieur du territoire benjaminite.

L'importance religieuse de Gabaon au début de la monarchie se conçoit du fait de cette position géographique et de son autonomie politique. Elle est confirmée par la glose du v.4a selon laquelle il s'agissait du «sanctuaire principal» (*ky hy' hbmh hgdwlh*), et peut expliquer la démarche qu'y accomplit Salomon. A cette époque, le sanctuaire de Jérusalem n'avait pas encore évincé ses voisins et l'administration du royaume davidique avait, semble-t-il, habilement respecté le particularisme de la cité, fondé sur un antique pacte (cf Jos 9). On décèle même une réelle concurrence entre Gabaon et Jérusalem,

---

67 J. Blenkinsopp, Gibeon and Israel, SOTS Mon 2, 1972; Did Saul Make Gibeon his Capital? VT 24, 1974, 1-7.

68 B. Halpern, Gibeon: Israelite Diplomacy in the conquest Era, CBQ 37, 1975, 303-316; J. Halbe, Gibeon und Israel, VT 25, 1975, 613-641; J. Briend, Israël et les Gabaonites, La protohistoire d'Israël, E.-M. Laperrouzas (éd.), 1991, 121-182.

69 Où il comprend Gabaon derrière le *gb'* du TM. Hypothèse déjà formulée par I. Hylander, Der literarische Samuel-Saul Komplex, 1932, 262, et K.D. Schunk, Benjamin, 1963, 132 s. Cf Blenkinsopp, VT 24, 1-7.

70 Cf Briend, Israël et les Gabaonites, 156 ss.

reflet sans doute du conflit opposant le Benjaminite Saül et les Judéens de David. Ainsi, le songe de Salomon à Gabaon est-il doublé d'un songe à Jérusalem (I Reg 9,1-9). De même, II Sam 21,1-14 et II Sam 24 relatent deux actions cultuelles liées à la moisson, consécutives à des fléaux naturels qu'il faut conjurer (la peste et la famine), se déroulant respectivement à Gabaon et à Jérusalem, et se concluant de la même manière (21,14 = 24,25), sinon qu'à Gabaon il s'agit d'Elohim et qu'à Jérusalem on parle de Yahvé. La rivalité entre les deux cités dut rester un certain temps indécise, du moins jusqu'à la construction du temple de Jérusalem et la réforme administrative de Salomon.

L'existence d'une tradition gabaonite relative à un songe oraculaire que Salomon aurait reçu dans le haut-lieu de la cité semble donc historiquement vraisemblable, et la raison de sa présence en cet endroit au début de son règne se laisse déduire des circonstances de son avènement au pouvoir. Il ressort des travaux sur la *Thronfolgeerzählung*[71] que l'opposition à l'accession de Salomon sur le trône de David fut plus vive et plus organisée encore que I Reg 1-2 nous le laisse entrevoir, puisqu'elle fut assez forte pour susciter un ouvrage de propagande dénigrant le grand roi et la reine mère. Car, avec Salomon, c'est l'aristocratie jébusite, Natan, la maison de Sadoq, les mercenaires de David et la favorite qui évincent le parti des vieux *leaders* judéens, réuni autour d'Adonias. Forte opposition donc, qui contraint Salomon à s'assurer que du côté nord le parti benjaminite n'en profitera pas pour relever la tête, et c'est alors l'élimination de Shimeï de la maison de Saul (I Reg 1,36 ss.).

Il est évident, si l'on accepte l'hypothèse d'une tradition gabaonite derrière la péricope de I Reg 3,4-15, que c'est à elle que se rattache la thématique de la légitimité du pouvoir que nous avons isolée dans le corps du songe. C'est à ce moment du début de son règne que Salomon avait besoin d'authentifier un pouvoir susceptible d'être contesté[72]. Le choix de Gabaon pour une telle démarche s'imposait-il par l'importance politique de la cité, comme le soutient la thèse de J. Blenkinsopp? Gardons le point d'interrogation, en reconnaissant qu'il eût été effectivement habile de donner à ce pouvoir une confirmation

---

[71] L. Rost, Überlieferung von der Thronnachfolge Davids, BWANT 3/6, 1926 = Das Kleine Credo und andere Studien zum Alten Testament, 1965, 119-253; H. Schulte, Die Entstehung der Geschichtsschreibung im alten Israel, BZAW 128, 1972, 105-180; J.W. Flanagan, Court History or Succession Document? A Study of 2 S 9-20 and 1 R 1-2, JBL 91, 1972, 172-181; E. Würthwein, Die Erzählung von der Thronfolge Davids. Theologische oder politische Geschichtsschreibung? 1974; T. Veijola, Die ewige Dynastie, 1975; Id., Salomo – der Erstgeborene Bathsebas, SVT 30, 1979, 230-250; F. Langlamet, Pour ou contre Salomon? RB 83, 1976, 321-379; 481-528.

[72] Cf aussi dans ce sens J. Trebolle Barrera, Salomón y Jeroboán. Historia de la recensión y redacción de 1 Reyes 2-12,14, 1980, 268 ss.

religieuse dans la ville même qui pouvait incarner la résistance des tribus du nord, et de récupérer ainsi le vieux centre politico-religieux de la monarchie de Saül.

On peut imaginer cette tradition gabaonite écrite dans les archives du sanctuaire, inscrite sur l'un de ses murs ou même, pourquoi pas, sur une stèle (la «grande pierre» de II Sam 20,8, par exemple, put servir de support à des textes), de manière à être lue publiquement. Sa valeur de propagande la destinait, d'une manière ou d'une autre, à entrer rapidement dans le domaine public. La requête royale, ce rapport si caractéristique entre le roi et son dieu, exprimée dans le binôme *š'l – ntn,* constitue sans doute le fond primitif du compte rendu du songe, mais la forme et le contenu exact de ce document nous sont à jamais perdus.

La vieille concurrence entre Jérusalem et Gabaon est intégrée dans la structure d'inclusion de la péricope et devient dès lors signifiante d'une autre réalité. Par cette structure d'inclusion, le songe se trouve à l'articulation d'un mouvement de va et vient dans l'espace: Jérusalem – Gabaon – Jérusalem (*wylk gb'wnh – wybw' yrwšlm*). Le pèlerinage à Gabaon équivaut pour Salomon à une quête d'authentification et c'est la raison d'être de la péricope au début des *Actes.* Salomon est allé chercher à Gabaon de quoi régner à Jérusalem: la splendeur (réelle ou fictive) de son règne à Jérusalem ne s'explique que par l'événement fondateur de la nuit à Gabaon. Cette transformation de Salomon entre l'aller et le retour, cette intégration d'un passé trouble, complexe et dangereux, à un présent que l'on veut glorieux et serein, tout cela s'opère par la médiation du rêve. Au vieil antagonisme Gabaon – Jérusalem, se substitue une relation de complémentarité entre passé et présent, constitutive du rapport entre rêve et réalité. Dans les *Acta Salomonis,* en plus d'être la source de la sagesse royale, le lieu où l'intelligence s'ouvre aux sentences du souverain divin, le songe structure le temps et l'espace. Il est l'événement qui articule le passé et le présent dans une histoire qui se veut signifiante et qui trouve en lui sa signification.

5. Le songe à Gabaon, un rite d'incubation?

La réponse des exégètes à cette question est partagée, mais pour L. Ehrlich et un certain nombre d'entre eux, l'affirmative ne fait pas de doute[73]. Le commentaire de J. Gray résume bien l'opinion commune sur ce point: «In accordance with a custom well established

---

[73] Montgomery, Kings 106-107; Würthwein, 1 Könige, 33; Oppenheim, Dreams,188.

in the ancient Near East, where the king was the channel of divine blessings and revelation, Solomon may have gone to the shrine of Gibeon with the express purpose of obtaining a revelation through a dream. Such cases of ritual incubation of ancient kings are known in the two royal sagas from Ras Shamra, the *Krt* and *'Aqht* texts, and the Mesopotamian royal texts, and the dream was recognized as one of the regular means of revelation (1 Sam 28,6), particularly in the E tradition of the Pentateuch»[74].

Remarquons tout d'abord que l'incubation est considérée comme évidente, sans chercher à l'établir réellement dans le texte. On soutient l'hypothèse au nom d'un «usage bien établi dans le Proche-Orient», mais rien n'est moins sûr en réalité. L. Oppenheim reste prudent sur la diffusion de cette pratique en Mésopotamie[75], et les lettres de Mari n'en donnent qu'un vague indice[76]. L'Egypte ne l'a guère connue avant l'époque ptolémaïque – et encore les nombreux cas attestés alors concernent-ils l'incubation à fin thérapeutique[77]. Quant aux documents ougaritiques, nous avons montré que, là aussi, l'assurance des commentateurs repose sur peu de choses: elle n'est, à notre avis, pas attestée dans les textes de Keret et d'Aqhat.

L'incubation se pratique, selon la définition reçue, dans un sanctuaire, ou plus simplement dans un lieu sacré. Bien que l'archéologie ne nous dise rien sur ce point, la convergence d'un certain nombre de textes confirme l'existence d'un grand sanctuaire à Gabaon, et peut-être qu'une guilde de prophètes y exerçait son activité (cf I Sam 10,5 ss.). Salomon s'y est rendu pour offrir des sacrifices, mais le texte ne dit pas explicitement qu'il passa la nuit *dans* le sanctuaire. L'évocation la plus précise du fonctionnement d'un haut-lieu se trouve en I Sam 9,22-25. On y sacrifie sous la présidence du voyant, on se rassemble dans une salle pour le repas rituel et, le soir venu, on redescend en

---

74 Gray, Kings, 124.

75 Oppenheim, Dreams, 188; 221 ss. A part le cas célèbre des songes du cylindre A de Gudea (cf TUAT II/1, 22-27) et, dans la littérature épique, les nuits d'incubation de Gilgamesh avant d'attaquer Humbaba (tablette IV), les songes provoqués semblent relever d'une technique propre à certains personnages de rang sacerdotal, *mupaššir šunate*, qui interrogent ainsi les dieux afin d'élucider d'autres rêves énigmatiques.

76 Cf Durant, Archives, I/1, 461, qui voit dans le terme *lapâtum* (toucher), attesté dans la lettre de dame Zunâna (ARM X,100:7-9), une «référence au rituel introducteur à l'incubation». Ailleurs, cet attouchement, ou imposition des mains par un devin, désigne une personne comme «sujet oraculaire». Il nous semble un peu forcé d'affirmer que, grâce à cet unique indice, «la pratique de l'incubation semble prouvée» à Mari.

77 Cf S. Sauneron, Les songes et leur interprétation dans l'Egypte ancienne, Les songes et leur interprétation, SO 2, 1959, 40 ss.; P. Vernus, s.v. Traum, LÄ VI, 1986, 745-749; Ehrlich, Traum, 24 n.3.

ville, où Saül passe la nuit sur la terrasse de la maison de Samuel. Le scénario décrit en I Sam 9 est tout à fait vraisemblable pour la visite de Salomon à Gabaon, et il n'est pas nécessaire de postuler que le roi dort dans l'enceinte du haut-lieu.

L'argument principal pour l'incubation en I Reg 3 réside dans la présence d'une action rituelle avant et après le songe, les «mille holocaustes» offerts sur l'autel de Gabaon, puis, à Jérusalem, les cent holocaustes, les *š^e lamîm* et le banquet offert à ses serviteurs. Si, selon notre hypothèse, nous avons affaire en premier lieu à une tradition gabaonite, le v. 15b (décrivant le retour à Jérusalem, la *statio* devant l'arche et les sacrifices) ne faisait alors certainement pas partie de cette tradition. Il s'agit d'un procédé rédactionnel d'inclusion, qui veut équilibrer la démarche du roi à Gabaon par une démarche analogue à Jérusalem et où se reflète encore l'ancienne rivalité des deux villes. On ne voit pas pourquoi, d'ailleurs, Salomon aurait accompli à Jérusalem le rite constitutif d'une incubation qui eut lieu à Gabaon.

En revanche, le v. 4b présente quelques garanties de nous transmettre quelque chose de cette tradition gabaonite: son départ abrupt (*'lp 'lwt ...*), qui le fait apparaître comme une incise; le sens fréquentatif de la forme verbale *y'lh*; le démonstratif en fin de verset (*hmzbḥ hhw'*), injustifié dans le texte actuel (et que le grec a supprimé), mais qui se comprend très bien si le texte renvoie à un autel encore connu du lecteur, donc au moins antérieurement à la réforme d'Ezéchias: «C'est mille holocaustes que Salomon a offert sur *cet* autel.»

Au v. 5a, l'indication de lieu et le nom de Yahvé parlent pour une intervention rédactionnelle secondaire, mais, d'accord avec M. Noth, on retrouverait en 5b les termes même du texte primitif, en même temps que sa thématique de base: la libre requête comme privilège royal. Ce que l'on peut tenir pour probablement authentique de cette tradition gabaonite serait donc: 1° le grand nombre de sacrifices que Salomon a offert sur l'autel de ce haut-lieu, et 2° le fait que Dieu lui proposa «dans un songe de la nuit»: «Demande! Que puis-je te donner?» Tout cela est bien mince pour établir une pratique de l'incubation.

Mais il est finalement vain de souligner l'évidente faiblesse des indices permettant de reconnaître une incubation dans ce texte, car cette question est, en réalité, mal posée. D'une part parce qu'on se réfère constamment au schéma hellénistique pour identifier cette pratique, et, d'autre part, parce que cette identification implique une lecture historicisante du texte actuel. A l'évidence, il ne décrit pas un rituel d'incubation; mais on s'efforce de le décrypter derrière la trame des événements rapportés, comme si ceux-ci reproduisaient, même allusivement, des faits historiquement bien assurés. On invoque alors la censure, intervenant à certains moments de l'histoire de la tradition et de la rédaction pour camoufler une «vérité historique» jamais mise en doute. Tout à fait logiquement, les partisans d'une composition entièrement deutéronomiste de ce passage rejettent toute référence à l'incubation puisque, dans cette hypothèse, l'ensemble du récit est fictif[78].

Nous avons exposé cependant nos raisons de croire qu'il n'en est rien, en nous appuyant sur la thématique du texte, et que la rédaction deutéronomiste utilise un récit de songe rapporté dans les *Acta Salomonis.* Nous avons affaire, aux niveaux de la tradition gabaonite et de la rédaction des Actes, à des écrits de propagande qui, en dehors des thèmes propres à l'idéologie royale, ont recours à une situation qui a *en soi* valeur de légitimation: dans le rêve, le roi jouit de cette faveur exceptionnelle de parler face à face avec le dieu tutélaire de la dynastie. Cette valeur d'authentification du pouvoir accordée au rêve est d'autant plus remarquable que personne d'autre que le rêveur ne peut en être le témoin: sa parole seule, finalement, fait foi. Pour un esprit moderne prompt à déceler la supercherie, il n'y a là qu'un surprenant moyen d'autolégitimation. Si l'instrument de propagande fonctionne sans être gêné par une incongruité qui n'apparaît qu'à nos yeux, c'est vraisemblablement parce que les faits invoqués appartiennent de façon normale et habituelle à l'institution royale.

D'autre part, le ressort du dialogue engagé dans le songe est celui du privilège de la libre requête. On le retrouve, de manière tout aussi déterminante, dans la structure du songe de Keret à Ougarit. Ce thème important de l'idéologie royale ouest-sémitique est bien attesté, on l'a vu, dans des inscriptions ou dans les psaumes, mais toujours de façon allusive. Le poème ougaritique de Keret et I Reg 3 sont les seules descriptions littéraires développées de la manière dont était vécue cette relation privilégiée entre le roi et son dieu. Or, ces deux descriptions, indépendantes l'une de l'autre, situent *dans le rêve* cette rencontre où le roi demande et où le dieu accorde.

Doit-on en conclure que le rêve était, de manière générale et habituelle, *le* lieu où s'accomplissait cet échange? Cela demeure une hypothèse qui, si elle se trouvait confirmée, comporterait un corollaire important: dans la mesure où le privilège de la libre requête au dieu dynastique est une composante réelle de l'institution royale syro-palestinienne, si elle avait lieu ordinairement au cours d'un dialogue

---

[78] C'est l'opinion de Fritz, Salomo, MDOG 117, 1985, 46-67, p. 64; Van Seters, History, 308; Kenik, Design.

onirique, il faudrait alors conclure à l'usage habituel également d'une forme d'incubation, peut-être liée aux rites de couronnement.

Ce faisceau d'indices ne permet pas d'affirmer que, historiquement, Salomon a réellement eu recours à un rite d'incubation pour recevoir un songe à Gabaon, mais laisse entendre que ce récit de légitimation appuyait son argument sur une pratique connue, et peut-être institutionnalisée, de l'incubation dans un contexte royal. En d'autres termes, et en tenant compte de la nécessaire complicité entre le rédacteur et le lecteur, le fonctionnement et l'efficacité du songe comme récit de légitimation implique la croyance commune en la réelle possibilité d'une telle rencontre onirique, et aussi la connaissance partagée d'un rite propre à susciter cette rencontre.

Chapitre III
Le songe de Jacob à Bethel: Gen 28

On ne saurait entreprendre ce chapitre sur le songe de Jacob à Bethel dans une partie consacrée à la royauté sans justifier rapidement cette classification, ni anticiper quelque peu la conclusion. L'histoire de Jacob est attestée de façon certaine dès le VIIIe s. par Osée (ch. 12) qui en évoque les événements essentiels, et sa manière allusive de procéder laisse entendre que ceux-ci sont bien connus de ses auditeurs. Le fait qu'aucun épisode étranger à la tradition rapportée par le livre de la Genèse ne soit mentionné par le prophète, ainsi que la reprise de nombreux mots-clés par ce dernier (*ykl, srh, 'qb*), permet de penser que le texte du cycle de Jacob (Gen 25,19-34; 27-35*) était alors fixé dans ses grandes lignes.

Parler d'un cycle à propos de la tradition relative à Jacob, c'est mettre d'emblée l'accent sur une courbe de tension générale qui organise en un ensemble narratif cohérent des récits dont on peut supposer – pour certains au moins – qu'ils surgissent d'une longue préhistoire. Fort de l'ancienneté assurée de ce cycle, A. de Pury affirme que les critères de la *Formgeschichtliche Schule* délimitant des unités narratives indépendantes ne sont pas contraignants dans son cas, et que l'hypothèse d'un cycle narratif primitif, c'est-à-dire d'une «histoire dont la trame globale est aussi ancienne que les épisodes sur lesquels elle s'appuie»[1], est mieux à même de rendre compte de l'histoire et du sens des textes. Nous acceptons cette hypothèse, en la nuançant toutefois: en dépit de l'indéniable unité de composition que présente cette geste de Jacob, on ne peut exclure l'origine indépendante de tel ou tel de ses épisodes. La question se pose avec une particulière acuïté pour le songe à Bethel qui passe, depuis les travaux de l'histoire des formes, pour l'exemple type de la légende cultuelle ou du récit étiologique.

---

1 A. de Pury, Promesse divine et légende cultuelle dans le cycle de Jacob, 1975, spéc. pp. 473-517; Id., Le Pentateuque en question, 1989, 268 ss.

A une lecture synchronique telle qu'elle est pratiquée par la nouvelle analyse littéraire[2], on ajoutera donc la perspective diachronique d'une critique historique qui, seule, permet de définir le niveau sur lequel s'exerce cette analyse. La signification du songe ne sera pas le même, selon qu'on l'envisage au sein d'un récit isolé, ou comme épisode d'un ensemble plus complexe, et la confrontation de ces deux niveaux de signification doit s'avérer fructueuse.

Le cycle de Jacob organise ses épisodes autour du thème général de la fuite et du retour du héros: d'abord seul, faible et persécuté, il revient, grâce à sa ruse et à l'assistance divine dont il est l'objet, riche et puissant, à la tête d'un clan dont il apparaît comme le fondateur. Bien d'autres thèmes légendaires se trouvent entremêlés dans cette trame: le thème des jumeaux, de la fraude et de ses conséquences, etc. Partant d'une situation conflictuelle initiale, la courbe de tension conduit la narration jusqu'à son dénouement, vécu dans la rencontre des deux jumeaux réconciliés. Dans ce mouvement général de va-et-vient, deux lieux revêtent une importance particulière: Bethel et Penuel. Deux lieux saints, deux rencontres du héros avec le monde divin aux moments clés de son itinéraire: le départ et le retour.

D'un point de vue narratif, on verra la valeur qualifiante de ces deux expériences nocturnes qui contribuent à légitimer le héros dans sa fonction nouvelle d'ancêtre éponyme. D'un point de vue historique, nous adhérons, *cum grano salis,* aux résultats de E. Blum sur la composition de l'histoire patriarcale[3], et à ses arguments permettant de situer la constitution du cycle de Jacob dans le royaume du nord sous Jéroboam I. C'est ainsi que l'on peut considérer l'implication de la jeune monarchie nordiste dans le devenir de Jacob, promu au rang de héros fondateur: non seulement Bethel et Penuel, qui ont acquis alors une importance politique et religieuse nouvelle pour le royaume du Nord, reçoivent à travers ces récits une authentification nécessaire, mais aussi la maison royale en quête de légitimité trouve-t-elle sans doute ici son mythe fondateur. On est dès lors enclin à situer la composition de ce cycle dans la mouvance d'une historiographie royale nordiste.

---

[2] H. Eising, Formgeschichtliche Untersuchung zur Jakoberzählung der Genesis, 1940; M. Fishbane, Composition and Structure in the Jacob Cycle (Gen 25:19-32:22), JJS 26, 1975, 15-38; J.P. Fokkelman, Narrative Art in Genesis, 1975.

[3] E. Blum, Die Komposition der Vätergeschichte, WMANT 57, 1984.

1. Critique littéraire de Gen 28,10-22

L'ensemble de la critique, jusqu'aux alentours de 1975, s'accordait à reconnaître dans ce texte deux couches littéraires distinctes, et identifiables grâce à un certain nombre d'indices définis dès J. Wellhausen[4]:

1° L'usage des noms divins de Yahvé (v. 13.16.21) et de Elohim (v. 12.17.20.21.22).

2° La différence entre les v. 12 et 13, où l'on passe d'une vision des anges d'Elohim à une apparition de Yahvé: la première n'est pas nécessaire à la seconde, et serait même en contradiction avec elle.

3° Les v. 16 et 17, considérés comme des doublets parce qu'ils décrivent de deux façons différentes la réaction de Jacob à son réveil.

4° Le v. 19, qui apparaît comme la conclusion d'un récit, et interrompt le déroulement de la scène entre les v. 18 et 20.

5° La contradiction, souvent soulignée depuis H. Gunkel, entre la promesse de Yahvé (v. 13-15) et le voeu de Jacob (v. 20-22) qui semble l'ignorer[5].

Dans le cadre de l'hypothèse documentaire, ces remarques ont conduit à distinguer deux couches superposées, réparties entre J et E, avec quelques retouches rédactionnelles. On attribue généralement à l'Elohiste la vision (v. 11-12), la crainte de Jacob à son réveil (v. 17), l'érection de la stèle (v. 18) et le voeu (v. 20-22), réservant au Yahviste la théophanie (v. 13), la promesse (v. 14-15), l'éveil au matin (v. 16)[6]. La faiblesse de cette analyse réside en ce qu'elle ne laisse à J que des fragments qui ne peuvent à eux seuls constituer un récit suivi[7], et prive la version élohiste d'une véritable théophanie, ce qui rend le songe inclassable dans la typologie qui répartit ce genre de textes entre

---

4 J. Wellhausen, Die Composition des Hexateuchs und der historischen Bücher des Alten Testaments, 1899[3], 30-32.

5 H. Gunkel, Genesis, 1917[4], 317.

6 Pour le détail de la répartition des versets dans les différentes sources selon les auteurs, cf. de Pury, Promesse, 34-35, ainsi que sa propre analyse pp. 35-45. Ajoutons l'hypothèse plus récente de E. Otto (Jakob in Bethel, ZAW 88, 1976, 165-190) qui donne pour E: 28,11.12.17-20.21a.22; J: 28,13.14, sans *wbzrʿk*).15.16; ajouts littéraires: 28,14(fin). 21b.

7 Cela est bien vu par Otto qui, à l'issue de sa propre répartition des versets entre J et E, note: «Die Bethelüberlieferung der jahwistischen Quelle ist nur noch als Fragment enthalten. V.13a.16 weist darauf, dass V.13aα.14.15 Teil einer Erzählung war, über die aber keine formgeschichtliche Aussagen mehr gemacht werden können» (ZAW 88, 175, n.1).

songes allégoriques et songes à message[8]. De plus, la cohérence interne du récit se trouve brisée en répartissant entre des sources différentes des éléments logiquement liés entre eux: «passer la nuit» (*wyln*), «se coucher» (*wyškb*), «rêver» (*wyḥlm*), sont réservés à E, tandis qu'il faut aller chercher l'éveil (*wyyqṣ*) chez J, qui ne mentionne aucun sommeil; le v. 19 est attribué à J, alors que tout ce qui prépare et justifie le nom de Béthel donné à ce lieu (la vision en particulier), se trouverait dans la version E.

Les difficultés inhérentes à la théorie documentaire dans ce passage avaient déjà été relevées par P. Volz[9], qui refusait toute valeur à chacun des indices utilisés pour la distribution des sources. R. Rendtorff reprend et développe ces objections[10] pour justifier une analyse formelle qui passe outre la fragmentation du texte imposée par la distinction des documents. Concernant l'usage des noms divins en Gen 28,10-19, il remarque que seul Yahvé est utilisé comme tel (v. 13 et 16), tandis qu'Elohim n'apparaît que comme nom commun, et chaque fois dans des expressions construites: *byt 'lhym* (v. 17) et *ml'ky 'lhym* (v. 12). En plus du fait que l'appellatif *'lhym* peut fort bien côtoyer le nom divin Yahvé dans un même texte, il est ici commandé par le contexte: *'lhym* répond à l'intention du récit d'expliquer le nom de Béthel. Quant aux expressions dans lesquelles il est intégré, elles sont liées l'une à l'autre dans la structure même du récit: *byt 'lhym* répond à *ml'ky 'lhym*, de sorte que, ces syntagmes s'appelant l'un l'autre, l'usage de *'lhym* ne peut servir de critère à une distinction de sources.

Comme M. Oliva[11], R. Rendtorff refuse de voir une rupture entre les v. 12 et 13, considérant que la phrase nominale du v. 13a introduite par *hnh* est à rattacher à celles du v. 12. L'unité originelle constituée par ces trois phrases nominales ressort, selon ces deux auteurs, du parallèle strict observé, dans la structure du texte, entre le contenu du songe et la réaction de Jacob à son réveil. Reste la question toujours débattue de la traduction de *'lyw*, selon que l'on rapporte le suffixe à

---

8 De Pury (Promesse, 368-379) constate que, si la vision du v. 12 constituait l'unique élément du songe dans la version E, «ce songe serait non seulement hautement atypique, mais représenterait même (...) le seul cas de son espèce dans l'ensemble des littératures orientales.» Pour pallier cette anomalie, de Pury suppose une apparition de El également dans la version élohiste, accompagnée d'un message. Ajoutons aussi dans ce sens, M. Oliva, Visión y voto de Jacob en Betel, EstBi 33, 1974, 117-155, et Jacob en Betel: visión y voto, 1975 (spéc. pp. 136-137); E. Otto, Jakob in Bethel, ZAW 88, 1976, 165-190.

9 W. Rudolph-P. Volz, Der Elohist als Erzähler: ein Irrweg der Pentateuchkritik?, BZAW 63, 1933, 73-78.

10 R. Rendtorff, Jakob in Bethel. Beobachtungen zum Aufbau und zur Quellenfragen in Gen. 28,10-22, ZAW 94, 1982, 511-523.

11 Oliva, Jacob, 89-100.

Jacob ou à *slm*, «l'escalier». Pour J. Wellhausen et tous les tenants de la théorie documentaire après lui, l'opinion que *ʿlyw* ne peut s'entendre que de Jacob constitue l'indice clair d'une rupture entre les v. 12 et 13, car cette apparition soudaine de Yahvé au chevet du patriarche rendrait inutile la vision précédente.

Il est possible, en fin de compte, que l'ambiguïté de l'expression n'apparaisse telle que dans le contexte rédactionnel actuel et que le dernier rédacteur ait su habilement user de ce flou: que Yahvé se tienne «près de Jacob», «au-dessus de Jacob», «sur l'escalier» ou même «près de l'escalier», importe peu dans l'état actuel du récit. Mais il demeure que, en dehors de ce contexte, la phrase *whnh yhwh nṣb ʿlyw* peut à elle seule suffire à décrire une théophanie, et l'hypothèse qu'elle ait été à l'origine indépendante de la vision qui précède garde quelque vraisemblance que nous éprouverons plus loin.

En ce qui concerne l'ensemble des v. 13-15, en revanche, on ne peut guère leur reconnaître d'unité. Le v. 15a, tout d'abord, montre d'évidentes analogies de vocabulaire avec les v. 20-21a, qui font penser à une dépendance réciproque:

v. 15a:	*v. 20-21a:*
whnh ʾnky ʿmk	*ʾm yhyh ʾlhym ʿmdy*
wšmrtk bkl ʾšr tlk	*wšmrny bdrk hzh ʾšr ʾnk hwlk*
whšbtyk ʾl hʾdmh hzʾt	*wšbty bšlwm ʾl byt ʾby*

Le dernier membre montre une différence significative: tandis que le v. 21a parle du retour à la maison paternelle, ce qui est conforme au contexte narratif du cycle Jacob-Esaü-Laban, le v. 15a évoque le retour «sur cette terre». L'expression est d'autant plus inattendue que, dans l'ensemble des v. 11-19, c'est le mot «lieu» (*mqwm*) qui revient avec insistance; la promesse du v. 13 ne concerne que le «sol» (*hʾrṣ*) sur lequel Jacob est couché. En revanche, l'expression «faire revenir sur la terre» (*hšyb ʾl hʾdmh / hʾrṣ*), avec *yhwh* comme sujet, se retrouve en plusieurs passages de rédaction deutéronomiste[12], de même que l'expression «voici que je suis avec toi» (*hnh ʾnky ʿmk / ʾtk*)[13]. Enfin, la tournure *ʾt ʾšr dbrty lk* au v. 15b s'associe à de nombreux cas semblables dans les textes deutéronomistes où *dbr* avec Yahvé comme sujet a le sens de «promettre»[14]. On en conclura que le v. 15 est un ajout deutéronomiste ayant en vue le retour des exilés, et qu'il emprunte une partie de son expression aux v. 20-21 qui lui sont donc antérieurs.

---

[12] I Reg 8,34 // II Chr 6,25; Jer 16,15; 24,6; 30,3.

[13] Gen 28,15; 31,3; Dtn 31,23; Jos 1,9; 3,7; 7,12; Jdc 6,12.16; I Reg 11,38; Jer 1,8; 30,11; 42,11. Cf. H.D. Preuss, « ... ich will mit dir sein!» ZAW 80, 1968, 139-173.

[14] Dtn 1,11; 9,28; 11,25; 12,20; 29,12; Jos 21,45; 23,14.

Les v. 13b et 14a rappellent termes pour termes la promesse de la terre et de la descendance faite à Abraham en Gen 13,14-16. Le fait que, aussi bien la métaphore de la poussière que les quatre points cardinaux n'apparaissent en ce contexte que dans ces deux passages, incite à les considérer comme des éléments d'inclusion dans la composition intégrant les récits relatifs à Abraham-Lot et la tradition de Jacob[15]. La même conclusion vaut pour la promesse de bénédiction des nations au v. 14b, dont la formule, *nbrkw bk kl mšpḥt h'dmh*, est textuellement identique à celle adressée à Abraham en Gen 12,3b. Cette promesse se retrouve en Gen 22,18 et 26,4, mais dans une formulation totalement différente: *htbrkw bzr'k kl gwyy h'rṣ*. Ces deux passages sont deutéronomistes, et on peut supposer qu'ils sont postérieurs à Gen 12,3b et 28,14b car, dans ce dernier, une intervention rédactionnelle ajouta, à la fin du verset: *wbzr'k*, dans le but manifeste d'harmoniser sa formulation avec l'expression deutéronomiste citée. Si 28,14b avait été rédigé après 22,18 et 26,4, la mention de la descendance eût été mieux intégrée à la phrase.

L'unité rédactionnelle des v. 20-22 n'est pas non plus sans poser quelques problèmes, lesquels proviennent en partie d'ailleurs de l'attribution de ce passage à la source E par la critique classique. Dans cette optique, il est évident que la mention de Yahvé au v. 21b apparaît comme une difficulté que beaucoup ont résolue en y voyant une glose rédactionnelle[16], ou en changeant le nom divin[17]. Nous ne pensons pas qu'une telle correction s'impose. Au contraire, l'usage du nom de Yahvé pourrait être un indice du caractère secondaire de ces versets, qui ne font plus remonter la fondation de Bethel à un songe, mais à un voeu, et ont ainsi minimisé l'importance du premier pour expliquer le nom même du lieu, explication qui exige pourtant effectivement le nom divin El ou Elohim.

D'autres difficultés sont ressenties au v. 22b: l'introduction de la dîme et le fait que Jacob s'adresse subitement à Dieu à la deuxième personne laissent parfois supposer que ce demi-verset serait un ajout postérieur. Mais un tel changement de personne est déjà intervenu au début du v. 21, et on peut aussi bien y voir un effet de style. Quant à la dîme, même si la plupart des textes qui en traitent appartiennent au Deutéronome, l'allusion claire de son usage à Bethel en Am 4,4,

---

15 Blum, Komposition, 290 ss.; C. Westermann, Genesis, BKAT 1/2, 1981, 554.

16 Wellhausen, Composition, 31; Gunkel, Genesis, 291; Skinner, Commentary, 378; Oliva, Jacob, 136-137; H. Seebass, Der Erzvater Israel und die Einführung der Jahweverehrung in Kanaan, BZAW 98, 1966, 14.

17 W. Eichrodt, Die Quellen der Genesis von Neuem untersucht, BZAW 31, 1916, 77; O. Eissfeldt, Der Gott Bethel, 1930, Kleine Schriften I, 1962, 208, n. 2; de Pury, Promesse, 45.

ainsi que son attestation dans le Proche-Orient ancien dès le IIe millénaire[18], rendent son authenticité vraisemblable au sein de ce groupe de versets.

Enfin, c'est la forme syntaxique de ces v. 20-22 qui plaide pour leur unité rédactionnelle. L'ensemble constitue une longue période conditionnelle, avec une protase introduite au v. 20b par *'m*, suivi d'une forme *yqṭl* et de quatre *wqṭl*. Grammaticalement, rien n'oblige de voir le commencement de l'apodose au v. 21b avec *whyh yhwh ly l'lhym*, comme on le fait habituellement[19]. Formellement, ce v. 21b est comparable à Gen 17,8; Ex 29,45; Lev 26,12; Ez 34,24, où il s'agit chaque fois d'une promesse de Dieu; la formule se comprend donc mieux ici dans la protase où sont énumérés les dons de Dieu escomptés par Jacob[20]. D'autre part, tandis que les quatre formes *wqtl* de la protase sont placées en tête de leurs propositions, le v. 22 accuse une nette rupture de construction en faisant commencer ses deux propositions (22a et 22b) par le complément direct, et en donnant des verbes de forme *yqṭl*. Nous comprenons donc: « ... et si Yahvé s'est vraiment montré mon dieu, alors cette pierre que j'ai disposée comme une stèle sera une maison de Dieu, et de tout ce que tu me donneras je te paierai fidèlement la dîme.»

2. Analyse formelle

Les objections faites à l'analyse documentaire ne résolvent pas les problèmes de composition de ce texte, car, comme on vient de le voir, on ne peut ignorer les indices d'une histoire rédactionnelle apparemment complexe. Elles ont en revanche le mérite d'attirer l'attention sur la structure du texte et sur sa logique interne. Laissant de côté le v. 10, où l'on reconnaît un élément de soudure reliant l'épisode à l'ensemble de l'itinéraire de Jacob, on commencera l'analyse formelle au v. 11.

Le début de ce v. 11 livre d'emblée l'un des termes clés de tout le passage: «et il arriva d'aventure en un certain lieu». Le mot *maqôm* n'apparaît pas moins de six fois entre les v. 11 et 19, il est celui qui pèse le plus lourd dans la balance statistique de l'ensemble du

---

18 Cf. H. Jagersma, The Tithes in the Old Testament, OTS 21, 1981, 116-128.

19 Cf. en dernier lieu, Oliva, Jacob, 65 ss.; le recours à Jos 24,15 n'est pas probant pour étayer son opinion.

20 Avec Volz, Elohist, 75, n. 1; Eising, Untersuchung, 253-254; Fokkelman, Narrative, 75; R. de Vaux, La Genèse, BJ 1, 1951, 133, défend d'abord cette solution, puis change son opinion dans sa 2e édition (1962, 134).

10 *wyṣ' y'qb mb'r šb' wylk ḥrnh*

A

11 *wypg' bmqwm*

wyln šm ky b' hšmš

wyqḥ m'bny hmqwm

B

wyśn mr'štyw

wyškb bmqwm hhw'

12 *wyḥlm*

C

whnh slm mṣb 'rṣh wr'šw mgy' hšmymh

whnh ml'ky 'lhym 'lym wyrdym bw

13 *whnh yhwh nṣb 'lyw*

16 *wyyqṣ y'qb mšntw*

wy'mr

'kn yš yhwh bmqwm hzh w'nky l' yd'ty

wyyr' wy'mr mh nwr' hmqwm hzh

C'

17 *'yn zh ky 'm byt 'lhym*

wzh š'r hšmym

18 *wyškm y'qb bbqr*

wyqḥ 't h'bn 'šr śm mr'štyw

B'

wyśm 'th mṣbh

wyṣq šmn 'l r'šh

A'

19 *wyqr' 't šm hmqwm hhw' byt 'l*

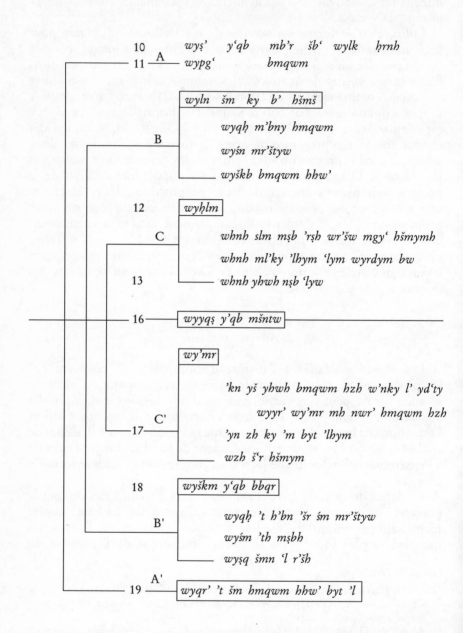

récit[21]. Cette mention initiale d'un *lieu* encore imprécis[22] trouve son répondant au v. 19a, où ce lieu reçoit, en même temps que son nom, sa détermination. Cette manière d'inclure le récit par l'indication d'un lieu d'abord anonyme, et recevant finalement son nom (le mot *mqwm* ne se rencontre plus au-delà du v. 19), est la délimitation claire du cadre extérieur d'une unité littéraire, en même temps que la désignation de sa fonction de récit étiologique.

Les mots suivants du v. 11 donnent une indication de *temps* associée à une action: «et il y passa la nuit, car le soleil s'était couché» (*wyln šm ky b' hšmš*). On trouve son répondant au v. 18a, symétrique quant au temps et à l'action qui s'y déroule: «et Jacob se leva le matin» (*wyškm y'qb bbqr*). Ces deux indications chronologiques fournissent un second cadre au récit, emboîté dans le précédent, en enserrant d'un peu plus près encore l'événement central que constitue le rêve. Celui-ci est annoncé au début du v. 12 par *wyḥlm*, à quoi correspond la prise de conscience du rêveur à son réveil, introduite au début du v. 16 par *wy'mr*. Ces deux actions se répondent symétriquement et forment un troisième et dernier cadre, à l'intérieur des deux premiers. Le texte paraît ainsi organisé en une parfaite structure concentrique (cf tableau).

Ce triple cadre est organisé autour d'un axe séparant l'ensemble en deux parties symétriques, et cette articulation du texte intervient précisément au passage entre le rêve et l'état de veille, balançant ainsi le récit entre un «avant» et un «après» de cet axe[23]. On le

---

21 Fokkelman (Narrative, 71) donne un tableau de correspondances statistiques des mots-clefs de Gen 28,11-19. Ce tableau confirme l'analyse de structure que nous présentons, car il montre une répartition symétrique de ces termes de part et d'autre d'un axe séparant les v. 11-13 des v. 16-19. Ces mots-clefs apparaissent généralement 2 fois, se répondant symétriquement de chaque côté de cet axe, à l'exception de *mqwm* (2 × 3) et de *r'š / mr'št* (2 × 2).

22 Gunkel (Genesis, 288) l'avait ainsi compris: «Die Pointe der Erzählung besteht also darin, dass Jacob zufällig das Heilige trifft.» Le lieu est encore indéterminé pour Jacob et pour le lecteur complaisant, mais il l'était déjà en lui-même d'une manière éminente. L'article devant *mqwm,* dans le TM, doit donc bien s'entendre comme une «détermination imparfaite», i.e. «une chose qui n'est pas déterminée dans la connaisance de l'écrivain ou de celui à qui l'on parle est parfois déterminée en elle-même», P. Joüon, Grammaire de l'hébreu biblique, 1947, 137 m-n.).

23 Rendtorff (ZAW 94, 511 ss.) fait une analyse de forme assez proche de la nôtre, reprise par Blum (Komposition, 7-35); mais il fait commencer le cadre intermédiaire au *wyqḥ* du v. 11a, repris par le même *wyqḥ* du v. 18a, sans tenir compte de l'indication de temps. Cela l'oblige à réintroduire *wyškm y'qb bbqr* dans ce cadre intermédiaire, par-dessus de *wyqḥ,* en l'opposant à *wyškb bmqwm hhw'* du v. 11b avec lequel il ferait chiasme. Mais il nous semble impossible de ne pas tenir compte des indications de lieu et de temps comme éléments structurants du texte. Otto (ZAW 88), fidèle à la distinction classique des sources, met néanmoins en évidence

constate aisément, le cadre extérieur (AA′) (v. 11a + 19a), enserre la totalité d'un récit qui apparaît comme une unité littéraire autonome et soigneusement organisée. Il ne contient rien d'autre qu'une indication spatiale, mais toute l'attention se trouve précisément portée sur *un lieu* qui, entièrement indéterminé au début, trouve son sens et son identité au fur et à mesure qu'avance la narration.

Le deuxième cadre (BB′) (v. 11* + 18) comprend les données chronologiques du récit et les actions propres à chacun de ces deux moments indiqués: *au coucher du soleil*, les dispositions prises pour passer la nuit; *au matin*, l'éveil et les gestes rituels requis par l'expérience vécue entre-temps. A l'opposition *ky b' hšmš* >< *bbqr*, correspond l'opposition *wyln* >< *wyškm*. On remarque en outre le parallélisme des expressions réparties dans les trois phrases coordonnées décrivant l'activité de Jacob à ces moments précis: aux trois actions profanes du soir (*wyqḥ – wyśm – wyškb*) répondent, en des termes parallèles, les trois gestes rituels du matin (*wyqḥ – wyśm – wyṣq*). Cette reprise partielle des mêmes termes pour décrire des activités si différentes quant au sens est significative d'une inversion intervenue dans la finalité et la signification de ces gestes: on est passé du monde profane au monde sacré.

Le troisième cadre (CC′) (v. 12-13a + 16-17) est celui de l'événement central du récit: le songe et sa prise de conscience (qui en est aussi l'interprétation). On remarque d'emblée que la symétrie des deux membres de ce cadre n'est pas aussi stricte que celle des deux précédents. A la rigueur des trois phrases nominales introduites par *hnh* pour exposer le contenu du songe, répond une suite de propositions, nominales également, rapportant les paroles de Jacob, mais dont l'enchaînement est comme brisé par l'intervention de *wyyr' wy'mr* au v. 17a. Cette rupture de rythme peut être un effet de style, évoquant très bien le contraste entre «un songe parfaitement paisible et muet, de grande solennité»[24], et l'agitation de l'éveil troublé du dormeur, en qui se pressent l'étonnement, l'effroi et la crainte révérencieuse. Mais on se demandera tout de même si, derrière cette entorse à une symétrie par ailleurs si équilibrée, ne transparaît pas quelque remaniement du texte.

Le songe lui-même est décrit dans la forme classique des visions oniriques, bien étudiées par W. Richter[25]: après la formule d'intro-

---

une structure concentrique en chiasme de la version élohiste constituée par les v. 11.12.17.18.19a (pp. 172-173).

[24] G. von Rad, Das erste Buch Mose: Genesis, ATD 2/4, 1949, trad. française, 1968, 289.

[25] Richter, BZ 7, 1963, 202-220.

duction (*wyḥlm*), chaque image de la vision est introduite par *hnh*, et exposée dans une phrase nominale. Nous avons ici une forme simple, composée de trois tableaux successifs, ne donnant lieu à aucun développement en une action quelconque. J.P. Fokkelman fait remarquer que, par ce procédé stylistique, le narrateur se met à la place du rêveur et décrit ce qu'il voit au présent[26]. Cette manière de supprimer la distance entre l'événement et sa narration tend à rendre l'auditeur participant à l'expérience décrite. Cette forme littéraire cependant est propre aux songes allégoriques, ce que n'est pas, à proprement parler, le songe de Jacob. On a souligné le caractère atypique de ce récit de songe qui commence à la manière d'un songe allégorique sans l'être véritablement, et se poursuit comme un songe à message (cf note 8).

Plusieurs auteurs ont attiré l'attention sur le *climax* que constitue la succession des trois tableaux de la vision onirique: l'escalier – les messagers – Yahvé lui-même[27]. Les propositions sont de plus en plus courtes, concentrées, tandis que l'importance du sujet est croissante, de l'escalier à Yahvé. Si celui-ci reste seul à la fin, ce n'est pas une rupture indiquant l'intervention d'une couche littéraire différente, mais cela vient de ce que le rôle des tableaux précédents était précisément de concentrer l'attention sur lui. Les paroles de Jacob à son éveil reprennent, en sens inverse, la même gradation, dans l'ordre décroissant d'importance, et avec des propositions dont la longueur, elle aussi décroissante, semble suivre le degré d'émotion provoqué par chaque image. Vient en premier lieu la vision qui laissa au rêveur l'impression la plus forte: Yahvé; puis la «maison de Dieu», et enfin la «porte des cieux». Ce parallélisme des propositions, symétriquement ordonnées au sein du cadre intérieur, semble bien montrer qu'il n'y a pas lieu de considérer les v. 16 et 17 comme des doublets. Cependant, malgré l'indéniable élégance de cette construction, l'argument ne nous paraît pas pleinement convaincant, en raison du léger déséquilibre introduit par le v. 17a, étranger au *climax* observé, d'une part, et du problème tout de même posé par le nom de Yahvé, dans un texte visant à expliquer le nom de Beth-El, d'autre part.

La structure du texte mise en évidence ici laisse de côté deux groupes de versets rapportant la promesse de Yahvé (v. 13-15), et le voeu de Jacob (v. 20-22). Elle révèle un récit autonome, clos sur lui-même en ces trois cadres concentriques, sans lien obligé avec le contexte littéraire proche ou lointain[28]. Les v. 10.13-15.20-22 en

---

26 Fokkelman, Narrative 51-55.

27 Oliva, EstBi 33, 124; Rendtorff, ZAW 94, 513; Blum, Komposition, 11.

28 Ce constat rejoint la position de la critique des formes cherchant à isoler des unités primitivement indépendantes, telles qu'elles sont définies depuis Gunkel, Genesis,

revanche, montrent d'évidents points de contact avec ce contexte auquel, chacun à sa manière, ils intègrent cet épisode de Bethel. Le voeu (v. 20-22) présuppose le thème de la fuite et du retour de Jacob, et constitue même, avec Gen 31,13 qui s'y réfère explicitement, un des éléments reliant entre eux les cycles de Jacob-Esaü et Jacob-Laban. W. Richter a souligné à la fois l'absence de lien organique entre le songe et le v. 20, et la distance inhabituelle entre le voeu et sa réalisation (Gen 35,1-5.7), qui font soupçonner le caractère rédactionnel de ces versets[29]; mais avec E. Blum, on préférera y voir des éléments de *composition*. Quant aux v. 13-14, ils jouent un rôle analogue de composition, on l'a vu, entre les cycles d'Abraham et de Jacob, tandis que le v. 15 est apparu comme un ajout deutéronomiste.

L'analyse formelle de ce texte montre clairement que, si l'on a affaire à un véritable récit étiologique, dans la mesure où son but est de relater les *aïtiaï* du sanctuaire de Bethel et l'origine de son nom[30], l'événement fondateur n'est pas le même aux différents niveaux de la tradition. On a vu que *mqwm* est un des mots-clés du texte, et c'est bien ce *lieu* qui est concerné en tout premier par le songe dans sa structure originelle. On relève le parallélisme des expressions entre B et B′, avec la récurrence de quelques termes: *wyqḥ / 'bn / wyśm / mr'štyw*; mais en B′ interviennent en outre des mots empruntés à la vision elle-même (C): *mṣb / nṣb / r'š*, qui ont pour effet de donner aux choses et aux gestes décrits au v. 18 (B′) une sorte de plus-value, une surdétermination symbolique directement issue du songe. Toute la dynamique du récit, balancé autour de son axe central, concourt, dans le premier élément du diptyque, à révéler la vraie nature de ce lieu, et dans le second, à signifier son caractère sacré par l'érection de la stèle.

---

265 ss., 291, mais ne préjuge en rien, selon nous, d'une hypothétique tradition orale antérieure; on a ici affaire à un texte très écrit.

[29] W.Richter, Das Gelübde als theologische Rahmung der Jakobsüberlieferung, BZ 11, 1967, 21-52. L'auteur conclut à une composition littéraire de la part de E qui ne transmettrait pas une tradition ancienne, mais utiliserait cette expression de la piété personnelle comme procédé de composition, en raison de la valeur théologique qu'il lui reconnaît. De Pury soutient une opinion analogue en ce qui concerne le rôle du voeu dans la composition du cycle (Promesse, *passim*), mais notre analyse de la structure du récit semble le contredire sur ce point; quant à la promesse divine entendue dans le songe, elle a effectivement pu remplir cette fonction de composition, si tel était le contenu primitif du message onirique.

[30] Et surtout au vu des critères formulés par C. Westermann, Arten der Erzählung in der Genesis, Forschung am Alten Testament, TB 24, 1964, 9-91, spéc. pp. 39-47, repris par F.W. Golka, The Aetiologies in the Old Testament, VT 26, 1976, 410-428; cf. également de Westermann, un aperçu de l'histoire de la recherche sur ce sujet dans: Zur Erforschung der Aetiologien im Alten Testament, VT 20, 1970, 90-98.

Le texte actuel de Gen 28 fournit deux interprétations divergentes sur la signification de cette stèle. La première réside dans la triple récurrence de la racine *nṣb*: dans la vision d'abord, où l'escalier «était dressé» (*mṣb*), et où Yahvé «se dresse» (*nṣb*) près de lui; dans l'érection de la pierre en «stèle» (*mṣbh*) enfin. Etant donné l'usage que ce texte fait des mots-clés, des correspondances qu'il tire d'un verset à l'autre grâce à eux, on est autorisé à considérer le rapprochement entre ces trois dérivés de *nṣb* comme significatif. En outre, dans la vision, le sommet (*r'š*) de l'escalier touchait les cieux, et c'est «au sommet» (*'l r'šh*) de la pierre que Jacob verse sa libation. En ce sens alors, la pierre dressée évoque bien l'escalier vu dans le rêve, véritable passage entre la terre et le ciel[31], et Yahvé lui-même se tenant au-dessus. La stèle est donc, à ce stade du récit, la représentation symbolique d'une théophanie, et c'est celle-ci qui fonde le sanctuaire de Bethel.

La seconde interprétation se trouve dans le texte du voeu (vv. 20-22). Si le v. 22a reprend les termes du v. 18, sa position d'apodose concluant les cinq propositions de la protase (v. 20-21) situe la stèle dans la perspective du voeu, et non plus de la vision: « ... et si Dieu est avec moi ... alors cette pierre que j'ai disposée en stèle sera une maison de Dieu». H. Donner a émis l'hypothèse, développée par A. de Pury[32], qu'il conviendrait d'interpréter ici *byt 'lhym* de la même manière que l'expression *byt 'lhy'* trouvée dans la stèle II de Sfiré (*KAI* 223: C: 3), désignant les stèles elles-mêmes. Ce rapprochement, malgré les dénégations de E. Blum, reste pertinent: il est incontestable que la stèle n'est plus, dans les v. 20-22, le mémorial d'une théophanie, et il est non moins certain que *byt 'lhym* ne désigne pas tant la stèle en elle-même que ce qu'elle est appelée à devenir en vertu de ce voeu: un temple de Dieu. Tandis qu'au v. 17, *byt 'lhym* est une réalité présente bien que invisible, révélée seulement par la vision onirique, dans le v. 22, elle est devenue l'objet d'un engagement du héros, et sa réalité se trouve ainsi projetée dans le futur.

Deux interprétations divergentes de la stèle donc et, par conséquent, de l'origine du lieu de culte Bethel: 1° la stèle rappelle la présence de Dieu *hic et nunc*, présence manifestée dans le songe: c'est la théophanie qui fonde la sacralité du lieu. 2° la stèle est l'acte témoin d'un voeu de Jacob qui s'engage à ériger en ce lieu un sanctuaire: c'est le voeu qui constitue l'événement fondateur. On décèle aisément une évolution de la tradition sur l'origine de Bethel derrière cette apparente

---

31 M. Metzger (Himmlische und irdische Wohnstatt Jahwes, UF 2, 1970, 139-158) considère Gen 28,12 comme caractéristique de la conception du sanctuaire dans le Proche-Orient ancien, selon laquelle il constitue un lieu où la frontière entre les mondes terrestre et céleste est abolie.

32 H. Donner, Zu Gen 28,22, ZAW 74, 1962, 68-70; de Pury, Promesse, 401.

contradiction, d'autant, on l'a vu, que les v. 20-22 ne sont pas compris dans la structure primitive du récit.

Ce schéma fonctionnel du texte de Gen 28,11-19* met bien en évidence une dimension du songe qui semble ici caractéristique: sa valeur transformante. La structure concentrique atteste, en effet, au niveau du cadre B-B', une transformation du lieu et des objets qui s'y trouvent quant à leur signification. Entre le soir et le matin, on est passé de la valeur profane à une dimension sacrée des mêmes objets et du même lieu, par une véritable inversion qui s'est opérée à la faveur du rêve et de la prise de conscience qui s'en suivit. Cette inversion, on l'a vu, est rendue manifeste par la reprise, au matin, des mêmes gestes que le soir, mais s'ils étaient auparavant simplement quotidiens, ils sont devenus liturgiques et sacrés. Le songe opère donc un transfert de signification: il n'annonce rien sur l'avenir, il ne révèle rien du monde divin (on reste «à la porte»), mais il qualifie un lieu, et à travers lui, un homme.

3. Les métamorphoses d'un songe

C'est la *vision* qui donne à ce songe toute sa grandeur et son mystère, ce qui, à travers l'art pictural et la littérature postérieure, s'est imposé à la mémoire collective. Cette vision comprend deux éléments: l'escalier (*sullam*) qui se dresse de la terre aux cieux; les messagers d'Elohim qui montent et descendent sur cet escalier.

Quoi qu'on ait pu dire à ce sujet, c'est l'escalier monumental d'une ziggurat babylonienne qui en reste l'illustration la plus satisfaisante[33], mais il ne faut sans doute pas se fixer à cette unique représentation. Comme on le sait, *sullam* est un hapax dans la Bible, dérivé de la racine *sll*, «combler, faire un remblai, construire une voie», qui donne aussi *sol^{a}lah*, «la rampe de siège» construite contre une muraille pour investir une ville. Sa traduction par «escalier» ou «rampe», est assurée par l'équivalent akkadien *simmiltu*, qui apparaît dans la version assyrienne du mythe de Nergal et Ereshkigal pour désigner l'escalier reliant le monde infernal à la demeure céleste des dieux[34]. Cette

[33] C. Houtman (What Did Jacob See in His Dream at Bethel? VT 27, 1977, 337-351) rejette l'interprétation de sullam par l'identification à la ziggurat; le terme désignerait ici simplement un accès en pente et en pierre, sans référence à une image plus précise. C'est également l'opinion de von Rad, Genesis, 229) et de Westermann (Genesis II, 553).

[34] Texte transcrit avec traduction anglaise par O.R. Gurney, The Sultantepe Tablets. VII, The Myth of Nergal and Ereshkigal, AnS 10, 1960, 105-131. Traduction française dans J. Bottéro, Lorsque les dieux faisaient l'homme. Mythologie mésopotamienne,

représentation mythique de la *simmiltu* est tout à fait propre à rendre compte du *sullam*, en ce sens qu'elle désigne un lieu de passage, ou un point de rencontre entre deux mondes, qui fut identifié dans la vision de Jacob[35].

Paradoxalement pourtant, aucun des textes vétérotestamentaires faisant état de la tradition de Jacob à Bethel ne mentionne cette *vision*, que nous distinguerons désormais de la *théophanie*. La théophanie, quant à elle, est bien attestée dans les références postérieures: Gen 31,13; 35,1.3.7. On remarque qu'il y est question de la stèle (31,13), du voeu (31,13; 35,3), d'une apparition de El (35,1: *l'l hnr'h*; 35,7: *nglw 'lyw 'lhym*), ou d'une réponse de El (35,3: *l'l h'nh*), mais jamais d'un escalier ni d'anges d'Elohim.

Trois de ces références interviennent à la conclusion du cycle de Jacob, dans cette première partie de Gen 35 que la critique classique partage – non sans peine – entre l'Elohiste et la couche sacerdotale. Nous suivons les conclusions de E. Blum[36] qui attribue cette fin du cycle en Gen 35,1-7 à un auteur deutéronomiste. La question des dieux étrangers est, en effet, le point central de ce passage: «Jacob dit à sa maison et à tous ceux qui étaient avec lui: Eloignez les dieux étrangers qui sont parmi vous ... » (35,2: *wy'mr y'qb 'l bytw w'l kl 'šr 'mw hsrw 't 'lhy hnkr 'šr btkkm*). Or, ce motif se retrouve, dans les mêmes termes, en Jdc 10,16; I Sam 7,3-4 et surtout Jos 24,23: l'éloignement des idoles est la condition pour servir Yahvé, décision qui intervient à Sichem, au moment où s'achève la prise de possession du pays[37]. En 35,3, l'expression «le dieu ... qui fut avec moi sur le chemin que j'ai parcouru» (*wyhy 'mdy bdrk 'šr hlkty*) se réfère à 28,15 (*whnh 'nky 'mk wšmrtyk bkl 'šr tlk*), dont on a vu qu'il est également de rédaction deutéronomiste.

Une autre référence à la tradition de Jacob à Bethel se trouve dans le poème de Hos 12, dans lequel le prophète met en parallèle l'attitude

---

1989, 441 ss.. On retrouve la simmiltu en I:46' IV:26' V:42' VI:18'. Une version abrégée de ce mythe a été trouvée à El Amarna, attestant qu'il était connu dans le monde ouest-sémitique, mais elle ne comporte pas la mention de la *simmiltu*. Cf. A.R. Millard, The Celestial Ladder and the Gate of Heaven, Gen. 28,12.17, ET 78, 1966/1967, 86-87.

35 Cf. Metzger, UF 2, 1970, 139-158.

36 Blum, Komposition, 35-45.

37 Gen 35,2: ... *hsrw 't 'lhy hnkr 'šr btkkm wh̟ṭhrw wh̟ḥlypw śmltykm*: ... écartez les dieux étrangers qui sont au milieu de vous, purifiez-vous et changez vos vêtements. Jos 24,23: *w'th hsyrw 't 'lhy hnkr 'šr bqrbkm whṭw 't lbbkm 'l yhwh 'lhy yśr'l*: Alors, écartez les dieux étrangers qui sont au milieu de vous, et inclinez votre coeur vers Yahwé, le Dieu d'Israël!
On retrouve dans ce discours de Josué la même référence à Yahvé qui accompagna le peuple au v. 17b: *wyšmrnw bkl hdrk 'šr hlknw bh* ...

présente d’Israël avec le comportement du patriarche. Ce texte d’Osée est le témoin le plus ancien de la tradition de Jacob, celui que l’on peut dater avec le plus de certitude (de la seconde moitié du VIIIe s., et sans doute antérieur à 722, si l’on peut s’appuyer sur la probable substitution de *‘m yśr’l* par *‘m yhwdh* au v. 3).

Hos 12,3-5.13:

3) *wryb lyhwh ‘m yśr’l*	Yahvé est en procès avec Israël[38],
wlpqd ‘l y‘qb kdrkyw	pour faire rendre compte à Jacob de sa conduite,
km‘llyw yšyb lw:	et le rétribuer selon ses actions.
4) *bbṭn ‘qb ’t ’ḥyw*	Dans le sein maternel il supplanta son frère,
wb’wnw śrh ’t ’lhym:	et dans sa vigueur il lutta avec Dieu.
5) *wyśr ’l ml’k wykl*	Il a tenu tête à un ange et l’a emporté[39].
bkh wytḥnn lw	Il pleura et il le supplia.
byt ’l ymṣ’nw	A Bethel il le rencontrerait,
wšm ydbr ‘mnw:	et là, il parle avec nous[40].
13) *wybrḥ y‘qb śdh ’rm*	Et Jacob s’enfuit dans la steppe d’Aram,
wy‘bd yśr’l b’šh	Israël se fit serviteur pour une femme,
wb’šh šmr:	pour une femme il garda (les troupeaux).

La question qui se pose est de savoir si Osée se réfère à une tradition orale où à un texte écrit, et dans ce dernier cas, dans quelle mesure il est semblable au nôtre[41]. Le relatif désordre dans lequel sont présentés les épisodes du cycle pourrait laisser entendre que celui-ci n’était pas encore fixé dans la forme que nous lui connaissons, mais il faut tenir compte du procédé utilisé par le prophète, consistant à stigmatiser les

38 On restitue ici *‘m yśr’l,* correction très généralement admise, et appuyée par le parallélisme avec le vers suivant.

39 Le *wayyaśar* du TM a été longtemps compris comme une forme de la racine *śrh*; Wolff (Hosea, 274 s.) propose d’y reconnaître une forme de *śrr* (régner, s’imposer), leçon assez généralement admise. Cependant, aussi bien la vocalisation, que la construction avec la préposition *’l* (cf au v. 4b *śrh ’t*) incitent à y voir une autre racine. Nous suivons ici D. Barthelemy, Critique textuelle de l’Ancien Testament, OBO 50/3, 1992, 602, qui propose un impf. de *śwr,* attesté au hiph. en Hos 8,4, «se comporter en prince», et que nous rendons par «tenir tête». La correction proposée par M. Gertner (VT 10, 1960, 272 ss.) et H.W. Wolff (Hosea, 268; 275), reprise par J. Jeremias (Der Prophet Hosea, ATD 24/1, 1983, 18 ss.), qui lisent *’el* (Dieu) au lieu de la préposition *’êl,* et suppriment *ml’k,* considéré comme une glose tardive, n’a aucun support textuel. Pour une lecture un peut différente de la nôtre, cf A. de Pury, Osée 12 et ses implications pour le débat actuel sur le Pentateuque, ACFEB, Le Pentateuque, 1992, 186 ss.

40 Le suffixe de *‘mnw* a été souvent corrigé en *‘mw,* en s’appuyant sur une partie des témoins grecs et la Peshitta, mais Vg et Tg soutiennent le TM. Cette leçon présente la *lectio difficilior*, et on peut comprendre la 1re pl. comme une allusion à l’existence d’un oracle à Bethel.

41 S.L. McKensie (The Jacob Tradition in Hosea XII,4-5, VT 36, 1986, 310-322) pense pouvoir identifier derrière ces vers d’Osée un poème liturgique du sanctuaire de Bethel, ce qui donnerait à la tradition écrite sur Jacob une antiquité vénérable.

fautes d'Israël dans le présent en les illustrant par ce qu'il présente comme les lâchetés et les fourberies de l'ancêtre: «tel père, tel fils».

Pour être bref, il apparaît clairement qu'Osée fait allusion à la naissance gémellaire (v. 4a), à l'usurpation du droit d'aînesse (v. 4a), à l'affrontement avec Dieu à Penuel (v. 4b.5aα), à la rencontre avec Esaü (v. 5aβ)[42], à la théophanie de Bethel (v. 5bα), à la fuite à Aram (v. 13a), au service chez Laban pour Rachel (v. 13b); et aussi, de façon moins explicite, à la promesse du retour (v. 7a) et à l'enrichissement frauduleux (v. 9a). Si les épisodes du cycle sont si bien caractérisés malgré la concision extrême de l'expression, c'est grâce au recours constant et précis aux termes mêmes du récit qui sont comme autant de mots-clés:

v. 4a: *ʿqb*, qui évoque Gen 25,26; 27,36, et synthétise la naissance, le nom de Jacob, et l'usurpation de la bénédiction;
v. 4b.5aα: *śrh* et *ykl*, qui évoquent Gen 32,29, la lutte et le changement de nom;
v. 5aβ: *bkh* et *ḥnn*, qui évoquent Gen 33,4.8.10, les angoisses et l'émotion de la rencontre;
v. 13a: *brḥ*, qui décrit partout le thème de la fuite: Gen 27,43; 31,20.21.22.27; 35,1.7;
v. 13b: *ʿbd*, qui évoque le travail chez Laban: Gen 29,15.18.20.25.27.30.

Or, et c'est ce qui importe pour notre propos, la théophanie de Bethel est évoquée (v. 5b) par les verbes *mṣʾ* et *dbr*, qui ne contiennent aucune référence à la vision, alors que tous les épisodes mentionnés sont très précisément caractérisés par le vocabulaire employé. On ne saurait trop demander à ces versets, allusifs par essence, ni se fonder sur un argument *a silentio*; remarquons cependant que l'observation est la même pour les textes deutéronomistes plus explicites. On va voir d'ailleurs que des indices clairs d'un ajout tardif de la vision dans l'épisode du songe sont décelables dans le texte même de Gen 28,10-19a.

On a vu plus haut les raisons qu'il y a de considérer les paroles actuelles de Yahvé dans le songe (v. 13a -15) comme des adjonctions successives et postérieures à l'élaboration du récit dans sa forme schématisée. Pourtant, en dépit de l'élégance et de l'équilibre de cette structure, des difficultés subsistent dans le cadre C-C′ principalement. En effet, si le texte ainsi schématisé représente la forme primitive du récit, on s'étonne alors, 1° de voir apparaître le nom de Yahvé (v. 13aα)

---

42 Contre H.D. Neef, Die Heilstraditionen Israels in der Verkündigung des Propheten Hosea, BZAW 169, 1987, 13-49, selon qui le jugement d'Osée sur le patriarche ne serait pas négatif, mais au contraire, opposerait sa figure idéale à la perversité d'Israël pour l'inciter à la conversion.

alors que le texte explique le nom de Beth-El; 2° qu'aucun discours ne suive cette théophanie; 3° d'un certain désordre dans les paroles de Jacob à son réveil (v. 16b.17). Ces difficultés sont bien connues, et on sait comment la théorie documentaire a tenté de les résoudre. Cependant, la structure très ferme du récit interdit toute solution par le recours à l'hypothèse de deux documents superposés, et contraint à chercher un autre type d'explication. Autrement dit, et contrairement à ce que cette structure pourrait laisser penser, le texte de Gen 28,11-19a* n'est pas le témoin monolithique d'une tradition ancienne, mais l'aboutissement d'un long processus. Revenons au cadre C-C':

1° Dans le texte de la vision, l'expression *ml'ky 'lhym* a de fortes chances de ne pas être ancienne: on ne la retrouve ailleurs qu'en II Chr 36,15-16 où elle désigne les prophètes, et en Gen 32,2-3, lors de la mystérieuse rencontre de Mahanaïm. Cet épisode est le seul du cycle de Jacob qui fasse allusion à la *vision* de Bethel, par le verbe *pgʿ* et le changement de nom de lieu, mais surtout par la mention des *ml'ky 'lhym* précisément. Ce texte est apparemment un ajout, sans nécessité dans le contexte narratif, malgré le mot crochet *maḥaneh* (v. 3) qui revient par la suite aux v. 8.9.11.22[43]. Cette désignation d'ailleurs bien étrange de *maḥaneh 'elohîm*, «camp de Dieu», ne se retrouve qu'en I Chr 12,23, comme superlatif à la grandeur du camp de David, et n'est pas sans évoquer déjà l'usage apocalyptique du terme, à Qumrân, dans le rouleau de la guerre, par exemple (1QM 3,4-5: *šlm 'l bmḥny qdšyw* et *passim*)[44].

2° Dans les paroles de Jacob (v. 16b.17), outre le nom de Yahvé là où, comme dans la vision (v. 13a), on attendrait plutôt Elohim ou El, l'expression répétée deux fois *bmqwm hzh* étonne, puisque l'on a ailleurs *hmqwm hhw'* (v. 11.19a). De fait, *hmqwm hzh* est attesté 58 fois dans l'Ancien Testament, selon une répartition éloquente: Gen (4 x); Dtn (4 x); Sam-Reg (11 x); Jer (29 x); Chr (8 x), soit 52 cas entre Jer, Dtn et écrits postérieurs. Chez Jérémie, l'expression désigne toujours[45] *le lieu* (Jérusalem ou la Terre, la distinction est parfois difficile) d'où l'on est déporté et où l'on reviendra. Dans l'histoire deutéronomiste, elle désigne Jérusalem, le Temple, la terre d'Israël ou

---

43 L'intégration de ces v. 2-3 au ch. 32 est artificielle: la rupture entre 3 et 4 isole ces versets, malgré *maḥaneh*. Le v. 8 donne du nom Mahanaïm une explication beaucoup mieux intégrée au récit. C'est la mention des *mal'akîm* et des *maḥanôt* de Jacob dans les versets suivants qui suscita, retrospectivement, l'insertion de cette notice.

44 La forme du nom Mahanaïm n'est d'ailleurs pas nécessairement un duel; elle peut provenir d'une mimation de *maḥaneh* → *maḥanem* → *maḥanaïm*, comme *Yerušalem* > *Yerušalaïm*, cf Joüon, Grammaire, 91 h.

45 Sauf au ch. 19 où *hmqwm hzh* désigne le Tophet, en 44,29, l'Egypte, et en 51,62, Babylone).

l'autel de Bethel[46]. Nous en concluons que cette première réaction de Jacob (16b.17a) est de rédaction deutéronomiste. Et puisque le v. 15 est aussi deutéronomiste, on posera comme hypothèse que 15.16b.17a constituent ensemble la trace d'une relecture deutéronomiste du songe de Jacob.

3° Dans l'interprétation de la vision (v.17b), il y a en fait une légère distorsion entre d'une part *byt 'lhym*, «la maison de Dieu», qui exprime la prise de conscience de la présence de Dieu en ce lieu et anticipe sa dénomination, et d'autre part *š'r hšmym*, «la porte des cieux» qui, seul, se réfère à la vision proprement dite et l'interprète. Nous en concluons que l'exclamation de Jacob à son éveil, *'yn zh ky 'm byt 'lhym* («cela n'est rien moins que la demeure de Dieu») répond à la *théophanie*, tandis que *wzh š'r hšmym* («c'est la porte des cieux») se rapporte à la *vision*.

Nous avons maintenant les éléments nécessaires pour tenter une reconstitution des métamorphoses successives du songe à Bethel. Précisons que, puisque la structure formelle démontrée plus haut ne peut contenir tous les développements du texte actuel, elle lui est nécessairement antérieure et appartient sans aucun doute à la première rédaction, ainsi que les mots-clés qui lui donnent son sens. Dans sa version primitive (état I), tenant compte des observations qui précèdent touchant à l'histoire de la tradition, nous faisons donc l'hypothèse que le songe ne comportait qu'une théophanie, sans vision, assortie de la réaction de Jacob qui mentionne la *byt 'lhym*, expression qui relève de la fonction étiologique primitive du récit.

Songe, état I:

On retrouve la même structure concentrique, seul le cadre intérieur CC′ a changé. Pour restituer la théophanie, nous avons repris la proposition de M. Oliva qui, après bien d'autres, et fidèle à la distinction classique des sources, ressent la nécessité d'attribuer aussi à E une apparition de Dieu[47]. Mais il est vain de chercher à recomposer les paroles prononcées par la divinité dans cette version du songe; étant donnée la forme générale, on en supposera le contenu très court. Dans cet état primitif du songe, on substitue également El à Yahvé, changement exigé par la fonction étiologique du récit. On remarque alors, que l'expression *nṣb 'lyw* du v. 13 ne pose plus de problème d'interprétation. Aucun indice ne nous permet de douter de

---

[46] *hmqwm hzh* = Jérusalem (II Reg 22,16.17.19.20 / II Chr 34,24.25.27.28), la Terre (I Sam 12,8; II Reg 18,25), le Temple (I Reg 8,35), ou la demeure céleste de Dieu (I Reg 8,30), l'autel de Bethel (I Reg 13,8.16).

[47] Oliva, Jacob, 17-22, qui restitue *'l tr'* d'après la LXX.

l'authenticité du texte dans le cadre BB′ qui, assurément, présente la symétrie la plus élégante et n'a certainement jamais été remanié.

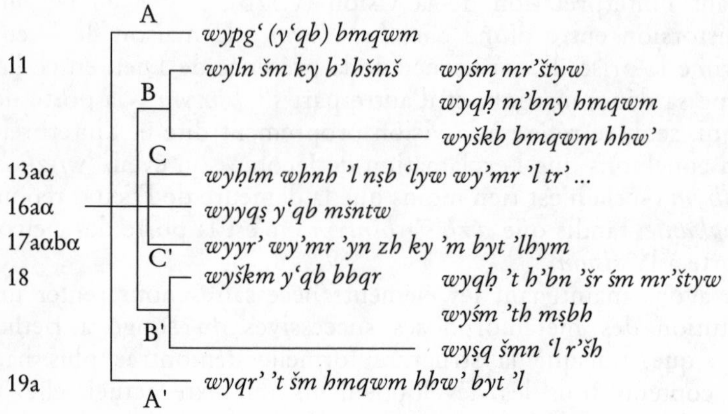

Songe, état II:

Le récit du songe se voit prolongé par le texte du voeu (v. 20-22) qui, comme on l'a vu, n'a pas de lien organique avec ce qui précède, mais s'y rattache assez adroitement par la reprise de quelques motsclés au v. 22a: la pierre (*h'bn*), la stèle (*mṣbh*), la maison-dieu (*byt ’lhym*). L'adjonction de ce voeu a eu pour effet de modifier l'étiologie du lieu saint: désormais, c'est une démarche pieuse de Jacob qui le fonde, et non plus la théophanie soudaine de El dans un songe. Si l'on reconnaît une fonction de composition à ce motif du voeu, on attribuera ces versets à la *Kompositionsschicht* définie par E. Blum, et situant sous Jéroboam I la constitution du cycle Jacob-Esaü. On peut alors tenir pour vraisemblable l'autonomie primitive du texte en son état I, dépourvu encore de tout lien avec les autres épisodes du cycle.

Songe, état III:

Au moment où les cycles Abraham-Lot et Jacob-Esaü sont fondus en un même ensemble, le discours primitif introduit par la théophanie est remplacé par celui de la promesse, autre élément de composition, prononcé par Yahvé cette fois. C'est donc l'adjonction des v. 13aβb.14, et le changement de nom divin de El par Yahvé au v. 13aα.

Songe, état IV:

A l'époque exilique, le discours de la théophanie est encore prolongé par une nouvelle promesse, promesse de retour sur «cette terre», inspirée par le texte du voeu, et de style nettement deutéronomiste: c'est le v. 15. Pour restituer l'équilibre général du texte, déjà rompu sans doute par l'importance de la première promesse, on ajoute alors symétriquement, après le réveil de Jacob, un complément à sa réaction, dont le style trahit la théologie deutéronomiste du Temple (par l'expression *hmqwm hzh*): ce sont les v. 16b et 17a:

16aβb: *wy'mr 'kn yš yhwh bmqwm hzh w'nky l' yd'ty*
17aβ: *mh nwrh hmqwm hzh*

Songe, état V:

Enfin, à une époque encore plus récente, pendant la période perse sans doute, on ajoute la *vision* de l'escalier et des anges, peut-être suscitée par la notice sur Mahanaïm en Gen 32,2-3 et l'apparition soudaine des *mal'akê 'elohîm*, et on l'équilibre par l'interprétation que Jacob en donne à son réveil: «C'est la porte des cieux» (*wzh š'r hšmym*); ce sont les v. 12 et 17b. Cette vision majestueuse n'a d'autre fin que de rendre encore plus solennelles les paroles qui vont suivre, et paraît obéir au besoin d'adapter au goût du jour un texte qui était perçu comme particulièrement important.

Ce complément visionnaire à ce qui était, primitivement, un véritable songe à message, sert désormais de mise en scène à la théophanie et aux discours oraculaires qui suivent. A ce titre, il semble constituer un des premiers exemples d'un procédé littéraire qui connaîtra une belle fortune dans la littérature pseudépigraphique postérieure. On en trouve un antécédent en introduction des prophéties d'Ezéchiel: «Les cieux *s'ouvrirent*, et j'eus des visions divines» (Ez 1,1b: *npthw hšmym w'r'h mr'wt 'lhym*). Ce procédé consiste à introduire une intervention divine, ou même une vision développée, par la description des cieux qui s'ouvrent au «regard» du visionnaire[48].

> TLev 2,5-7:
> Alors un sommeil tomba sur moi et je contemplai une montagne très élevée; c'était la montagne du Bouclier d'Abelmaoul. (6) Et voici que *les cieux s'ouvrirent* (καὶ ἰδοὺ ἠνεῴχθησαν οἱ οὐρανοί) et *un ange de Dieu* me dit: «Lévi, entre!» (7) et je passai du premier ciel au second ... [49].

Cette ouverture dans le ciel permet une communication à double sens, comme il apparaît ici: un ange ou une voix en sort, mais le visionnaire peut aussi la franchir, soit «réellement», soit simplement du regard. Les «cieux ouverts» ou la «porte des cieux» sont en ce

---

48 Cf G. Rinaldi, La porta aperta nel cielo, Ap 4,1, CBQ 25, 1963, 336-347; F. Lentzen-Deiss, Das Motiv der «Himmelsöffnung» in verschiedenen Gattungen der Umweltliteratur des Neuen Testaments, Bib 50, 1969, 301-327.

49 Texte publié par M. De Jonge, The Testaments of the Twelve Patriarchs, 1978.

sens strictement équivalents, comme le montre cet autre passage du Testament de Lévi:

TLev 5,1:
Alors l'ange *m'ouvrit les portes du ciel* (καὶ ἤνοιξέ μοι ὁ ἄγγελος τὰς πύλας τοῦ οὐρανοῦ), et je vis le temple saint et le Très Haut siégeant sur un trône de gloire ...

Dans cette symbolique apocalyptique, si les cieux sont munis de portes que l'on peut ouvrir et franchir, c'est qu'ils sont conçus comme le Temple de Dieu[50]. Le trône de Yahvé dans le sanctuaire céleste est bien attesté dans la tradition prophétique[51], mais ce qui semble nouveau, c'est précisément cette mention d'une *porte* comme expression de la relation établie entre le visionnaire et le monde divin, ou même comme lieu par lequel Dieu intervient dans l'histoire des hommes, lorsqu'il s'agit d'éviter le massacre des Juifs d'Egypte ordonné par Ptolémée IV, par exemple:

III Mac 6,18:
Alors le Dieu très glorieux, tout-puissant et véritable, révéla sa sainte face et *ouvrit les portes célestes* (ἠνέῳξεν τας οὐρανίους πυλας) desquelles *descendirent deux anges* vêtus de gloire et d'aspect terrifiant, visibles à tous sauf aux Juifs, et ils s'interposèrent.

C'est surtout dans la littérature apocalyptique que l'on retrouve cette manière d'introduire une vision. Comme chez Ez 1,1, le livre des visions prophétiques de l'Apocalypse de Jean commence par l'ouverture d'une porte dans le ciel:

Apoc 4,1:
Ensuite j'eus une vision; et voici: *une porte était ouverte* dans le ciel (καὶ ἰδοὺ θύρα ἠνεῳγμένη ἐν τῷ οὐρανῷ), et la voix que j'avais précédemment entendue comme une trompette me parla: «Monte ici, et je te montrerai ce qui doit arriver par la suite ... »

Ce motif du ciel qui s'ouvre pour laisser entendre une voix est intégré aux récits synoptiques du baptême de Jésus[52], et introduit la vision de Pierre à Césarée (Act 10,11 ss.). Pour revenir à la vision de Jacob, notons la façon très caractéristique dont elle est interprétée par l'auteur de l'évangile de Jean:

Joh 1,51:
«Vous verrez *le ciel ouvert* (τὸν οὐρανὸν ἀνεῳγότα) et *les anges de Dieu* monter et descendre au-dessus du Fils de l'Homme».

---

50 Cf Apoc 11,19: «Alors s'ouvrit le temple de Dieu dans les cieux (καὶ ἠνοίγη ὁ ναὸς τοῦ θεοῦ ἐν τῷ οὐρανῷ).

51 Cf Jes 6,1; I Reg 22,19; Ez 1,26.

52 Mat 3,16: καὶ ἰδοὺ ἠνεῴχθησαν αὐτῷ οἱ οὐρανοί; cf Marc 1,10; Luc 3,22. Dans la littérature juive précédente, cf TLev 18,6 et TJud 24,2.

Son utilisation ici[53] montre combien la vision de Gen 28,12, par son style, est familière aux auteurs néotestamentaires, et ce qui est intéressant à relever, c'est le remplacement de l'escalier par la vision directe et sans métaphore du ciel ouvert. Ces différents exemples tirés de la littérature apocalyptique attestent suffisemment l'usage de ce motif littéraire, dont la vision de Gen 28,12 constituerait, selon nous, un des premiers exemples après Ez 1,1b. L'apocalyptique naissante est, à notre avis, le meilleur contexte littéraire et religieux où puisse s'intégrer cet élément d'un songe dont on a relevé plus haut le non conformisme. Comme on vient de le voir, il ne s'agit en réalité même pas d'une vision, mais d'une formule d'introduction à une vision. C'est la raison pour laquelle il n'y a pas, à proprement parler, d'allégorie, procédé pourtant très prisé des visions apocalyptiques.

Cette adjonction tardive d'un élément visionnaire au songe de Jacob répond sans doute à un besoin de mettre au goût du jour une théophanie jugée trop banale dans sa forme. On a d'autres exemples de développements analogues dans la littérature juive; nous ne mentionnerons que le cas bien connu de la vision d'Isaac au moment de l'Aqéda dans le Targum de Gen 22[54]:

> Tg Gen 22,10:
> Les yeux d'Abraham étaient (fixés) sur ceux d'Isaac et les yeux d'Isaac étaient tournés vers les anges d'en haut: Abraham ne les voyait pas. A ce moment descendit des cieux une voix qui disait: «Venez voir les deux «uniques» dans mon univers ... »

Remarquons enfin que, dans la littérature apocalyptique, et dès Ezéchiel déjà (cf Ez 3,12), cette porte ouverte dans le ciel permet le voyage en esprit du visionnaire qui pénètre ainsi dans le ciel et «voit»[55]. Dans les songes que nous étudions, au contraire, c'est la divinité qui vient, descend ou se montre, sans aucun mouvement de la part du rêveur. Dans le cas de Gen 28, nous voyons alors juxtaposées deux conceptions en fait très différentes: la plus ancienne, qui décrit l'apparition soudaine du dieu dans le rêve, primitivement El, remplacé ensuite par Yahvé (*whnh yhwh nṣb ʿlyw*), à laquelle se superpose tardivement la vision de l'escalier et des anges, qui suggère une ascension de Jacob en esprit. Ce qui est particulièrement intéressant

---

[53] L'utilisation du texte de Gen 28,12 ne fait pas de doute ici: Gen 28,12 (LXX): καὶ οἱ ἄγγελοι τοῦ θεοῦ ἀνέβαινον καὶ κατέβαινον ἐπ' αὐτῆς Joh 1,51: καὶ τοὺς ἀγγέλους τοῦ θεοῦ ἀναβαίνοντας ἐπὶ τὸν υἱὸν τοῦ ἀνθρώπου.

[54] Cf R. Le Déaut, La nuit pascale, AnB 22, 1963, 133 ss., à qui nous empruntons la traduction du Targum Neophiti cité, et qui donne d'autres exemples de cette tradition de la vision d'Issac.

[55] TLev 2,5; Apoc 4,1; I Hen 14,15.

du point de vue de l'histoire rédactionnelle, c'est la persistance de la même structure à travers ces diverses métamorphoses du songe.

On a souligné combien cette structure du texte met en évidence la fonction transformante ou qualifiante du songe, dans le cadre restreint d'un récit étiologique. On a suggéré également que cette transformation ne concerne pas seulement le lieu, mais aussi le rêveur, à travers lequel et pour lequel cette transsignification du lieu s'opère; car si le profane est apparu soudain sacré, c'est que le regard de Jacob avait changé. En effet, si ce récit apparaît en lui-même comme un récit essentiellement étiologique, cette étiologie résulte ici de la rencontre d'un lieu et d'un personnage. Nous avons établi que, dans la forme primitive du texte, c'est le songe exclusivement qui explique l'origine du lieu saint. Or, le sujet récepteur de ce songe reçoit de cette expérience, lui aussi, un surcroît de signification: elle fonde à la fois le caractère sacré du lieu et l'autorité spirituelle de son inventeur. Autrement dit, et à un second niveau de lecture qui intègre l'épisode de Bethel à l'ensemble du cycle, c'est bien à une transformation du héros que le songe va participer. L'analyse synchronique que nous entreprenons maintenant s'articule sans heurt à l'étude diachronique précédente, puisque à travers celle-ci, la fonction transformante de l'expérience de Bethel, illustrée par la structure concentrique du récit, n'a jamais été mise à défaut.

4. De Bethel à Penuel: un chemin initiatique

a) Critique littéraire de Gen 32,23-33

Dans le grand mouvement d'aller et de retour qui organise l'histoire de Jacob, deux lieux occupent des positions charnières: Bethel et Penuel. Il semble que la composition du cycle souligne l'importance de ces deux épisodes nocturnes intervenant, l'un après le coucher du soleil (28,11: *ky b' hšmš*), l'autre avant son lever (32,32: *wyzrḥ lw hšmš*). Ces deux seules mentions du soleil dans le cycle de Jacob donnent des indications chronologiques symétriques, comme pour enclore l'histoire du séjour chez Laban entre un soir et un matin, manière de marquer le commencement et la fin de l'errance et de la servitude du héros. A chaque borne de ce mouvement de fuite et de retour, quelque chose se révèle à lui du monde divin à la faveur de l'obscurité.

Bien que J. Wellhausen ne doutât pas de l'intégrité rédactionnelle de la péricope de Penuel (Gen 32,23-33) qu'il attribuait au Yahviste[56], la critique postérieure s'attacha à démêler ce qui revient à J et ce qui est de E, partant de la constatation d'un certain nombre de difficultés dans le texte actuel[57]. Mais les solutions adoptées par les exégètes divergent passablement[58] sans donner de résultat satisfaisant, de sorte que, depuis G. von Rad et K. Elliger, de plus en plus nombreux sont ceux qui reviennent à la position de J. Wellhausen[59]. C'est donc à l'histoire des traditions et à l'analyse narrative qu'il revient de rendre compte des tensions du texte.

La plupart des exégètes s'accordent, à la suite de H. Gunkel[60], à reconnaître sous le texte actuel une tradition locale cananéenne. H. Gunkel l'avait, un peu rapidement, qualifiée de «Cultussage», en vertu du principe que toute théophanie en un lieu donné constitue une étiologie du culte rendu à la divinité de l'endroit. Il est vrai que les motifs étiologiques ne manquent pas dans ce texte, mais c'est leur abondance même qui retient d'y voir un véritable récit étiologique. On en distingue trois: l'explication du nom d'Israël (v. 29), celle du nom de Penuel (v. 31), l'origine de l'interdit alimentaire touchant le nerf sciatique (v. 33). A l'examen, aucun de ces motifs étiologiques ne s'avère être à l'origine du récit, car aucun ne lui est indispensable, et ils s'y rattachent tous comme de l'extérieur. Le cas le plus net est celui du v. 33, expliquant une prescription marginale qui n'apparaît qu'ici dans la tradition biblique. L'interdit porte sur la consommation

---

56 Wellhausen, Composition, 44: «der Elohist, der Gott im Traum erscheinen und aus dem Himmel rufen lässt und auch dann etwa noch den Engel oder die Engel als Mittler einschiebt, kann eine solche lebhaftige Theophanie nicht berichtet haben ... »

57 Exposé des difficultés relevées par les tenants de la théorie documentaire chez Seebass, Erzvater, 17-20. Mais l'argumentation de Seebass n'est pas convaincante.

58 Pour les distinctions des sources antérieures à 1951, cf K. Elliger, Der Jakobskampf am Jabbok. Gen 32,23 ff als hermeneutisches Problem, 1951, Kleine Schriften zum Alten Testament, 1966, 141-175 (p. 146 n. 10), auxquelles on peut ajouter celle, plus récente, de Seebass, Erzvater, 20: E: 23.26b.30a.31; J: 24-26a.27-29.30b.32.

59 Von Rad, Genesis, 259; Elliger, Kleine Schriften, 148; F. Van Trigt, La signification de la lutte de Jacob près du Yabboq, Genèse XXXII 23-33, OTS 12, 1958, 280-309; J.M.L. McKenzie, Jacob at Peniel, Gen 32,24-33, CBQ 25, 1963, 71-76; R. Martin-Achard, Un exégète devant Genèse 32,23-33. Analyse structurale et exegèse biblique, 1971, 41-62; de Pury, Promesse, 100 ss.; H.J. Hermisson, Jakobskampf am Yabbok, Gen 32,23-33, ZTK 71, 1974, 239-261.L'attribution de la péricope à l'unique source J avait toujours été défendue par, entre autres, W. Eichrodt, Die Quellen der Genesis, BZAW 31, 1916, 91-92; O. Eissfeldt, Hexateuch-Synopse, 1922; Volz, Der Elohist, 116 ss.

60 Gunkel, Genesis, 363-365.

de viande animale, et sa justification par la claudication de l'ancêtre est sans nul doute secondaire.

Le v. 31 pose un problème déjà remarqué depuis longtemps: si le nom de Penuel est expliqué par son étymologie *pnym* + *'l*, «car j'ai vu Dieu face à face», il n'est absolument pas question de voir la face de El dans cet épisode qui, au contraire, se déroule dans l'entière indistinction de l'obscurité. De plus, la variation orthographique entre Peniel (v. 31) et Penuel (v. 32) pourrait bien être l'indice du caractère secondaire de ce motif étiologique[61]. La forme habituelle, attestée en Jdc 8,8-9.17 et I Reg 12,25, est Penuel, où l'on reconnaît en *pnu* l'ancienne forme cananéenne d'un état construit au nominatif pluriel; *pniel* est la forme hébraïque équivalente. Comme cette dernière intervient au v. 31 pour donner l'étymologie de ce nom, visiblement d'origine cananéenne, il s'agit d'une explication a posteriori. Alors que, comme on va le voir, le thème central du récit est lié au Yabboq, la volonté d'expliquer ici le nom de Penuel, lieu de culte voisin du gué, trahit le souci de démythologiser cet ancien nom cananéen. Il est en effet possible de voir sous *pnu-'el*, la «face de El», l'épithète d'une déesse cananéenne attestée par l'épigraphie[62], et qui aurait eu son culte en cet endroit. Le récit de la lutte au Yabboq donnait l'opportunité d'expliquer différemment l'étymologie du nom de cette localité qui, sous Jéroboam Ier, acquit une réelle importance en Israël (cf I Reg 12,25).

Enfin, le changement du nom de Jacob en Israël paraît lui aussi secondaire dans le récit, pour plusieurs raisons: 1° la suite de l'histoire continue de parler de Jacob, sans en tenir compte; 2° les v. 28-29 créent une interruption entre la demande de Jacob (v. 27) et la bénédiction qui lui est accordée (v. 30); 3° la question sur le nom de Jacob semble être

---

61 Contrairement à Elliger, Kleine Schriften, 151, qui voit dans cette explication étymologique le hieros logos du sanctuaire de Penuel, une légende cultuelle préisraélite, et mentionne l'exemple souvent cité de la montagne nommée θεοῦ πρoσῶπον au nord de Beirouth, rapporté par Strab. 16,2,15-16.

62 *pn b'l* est une épithète de la déesse Tinnit fréquente dans les inscriptions puniques et néopuniques, cf KAI 78:2; 79:1.10-11; 85:1; 86:1; 87:1-2; 88:1; 94:1; 102:2; 105:1; 137:1; 164:1, ainsi que sur les monnaies d'Ascalon d'époque romaine, sous la forme ΦΑΝΗΒΑΛΟΣ (Cf G.F. Hill, Catalogue of Greek Coins in the British Museum, Palestine, 1914, LIX-LXI; 115-139), accompagnant une figure divine aux attributs guerriers, dont un exemplaire porte le signe de Tinnit. On a rapproché cette épithète de celle d'Astarté, appelée *šm b'l* dans l'inscription sidonienne d'Eshmunazar (KAI 14:18) et *'ṯtrt šm b'l* dans l'épopée de Keret (KTU 1.16:VI:56). Cf le commentaire de F.O. Hvidberg-Hansen, La déesse TNT. Une étude sur la religion canaanéo-punique, 1979, vol. 1, 15-20. On retrouve la forme *panili* en néoassyrien comme nom de personne sur des tablettes administratives du règne d'Artaxerxès I, 465-423). Ce nom est également attesté dans la Bible en I Chr 4,4, *pnw'l*, 8,25, *pny'l*) et Lc 2,36, φανουήλ).

un décalque de celle qu'il pose lui-même à son adversaire. H. Seebass fait en outre remarquer que la formation du v. 29a est une reprise de la déclaration solennelle de 35,10, adaptée au contexte[63]. On considère donc que ces deux versets sont un ajout postérieur au texte primitif.

Puisque le thème central du récit est la lutte entre Jacob et un être inconnu, il semble impossible de ne pas considérer le jeu des assonances entre *ya'aqob*, *yabboq*, *ye'abeq*, comme intrinsèquement lié au récit[64]. Sans vouloir la réduire à une étymologie populaire du nom du torrent, cette histoire semble d'abord attachée à un lieu, le gué du Yabboq, et surtout à un personnage, Yaqob. Ce n'est pas la première fois que le texte du cycle de Jacob joue sur les assonances de son nom: Jacob est celui qui tenait le talon (*'aqeb*) de son frère au jour commun de leur naissance, celui qui supplanta (27,36: *ya'q*^{e}*beni*) son frère deux fois: dans son droit d'aînesse (*b*^{e}*korah*) et dans sa bénédiction (*b*^{e}*rakah*). L'ensemble du récit fait preuve d'un goût certain pour ce genre de jeu. On ne peut donc parler d'une «Cultussage», car, bien que le motif central puisse être qualifié de mythologique, il n'est que secondairement mis en relation avec un lieu de culte. On pourrait circonscrire le récit ancien, *grosso modo* bien entendu, aux versets suivants: 23. 24b. 25. 26a. 27. 30. 32, en laissant de côté ce qui relève des motifs étiologiques[65]. A partir de là, on peut aussi bien imaginer une préhistoire orale de la tradition relative à une figure mythologique locale, ou tenir avec E. Blum que la péricope a été entièrement conçue et rédigée en fonction de l'histoire de Jacob[66], la réalité se situant sans doute quelque part entre les deux.

Il n'est pas douteux, puisqu'un sanctuaire se trouvait à proximité du gué du Yabboq, que des légendes aient circulé à propos de ce lieu, en raison du caractère dangereux de tout passage, et il est bien possible qu'une de ces légendes soit à l'arrière-fond de ce récit. Mais nous avons désormais affaire à un récit écrit et destiné, dès sa rédaction très vraisemblablement, à être un épisode-clef du cycle de Jacob. Il n'est pas

---

63 Seebass, Erzvater, 20.

64 Hermisson (ZTK 71, 239 ss.) soutient que ce jeu d'assonances n'est pas plus authentique que les motifs étiologiques. Comme, d'autre part, le dieu El qui agresse Jacob ne correspond pas à la figure habituellement attestée du El cananéen, on n'aurait pas ici une tradition locale, mais le récit d'une expérience religieuse effrayante, du type de celle de Ex 4,24-26, importé par Jacob. Rien ne dit, cependant, que la divinité du Yabboq corresponde au El ougaritique, ni que la vie de Jacob ait été réellement en danger.

65 Avec Westermann, Genesis, 630, on considère le v. 26b comme une adjonction en relation avec le v. 33, ce qu'indique le *bh'bqw 'mw*, «pendant qu'il luttait avec lui», qui trahit une mauvaise insertion du verset dans le contexte.

66 E. Blum, Die Komplexität der Überlieferung. Zur synchronen und diachronen Analyse von Gen 32,23-33. DBAT 15, 1980, 2-55; cf aussi Komposition, 141-143.

une légende cultuelle indépendante, tout au plus se permet-il de donner une explication du nom de Penuel – explication controuvée on l'a vu – afin d'attribuer à Jacob l'origine de ce lieu en le démythologisant, et de justifier ainsi le rôle nouveau assuré par la cité. La double nécessité politique de légitimer le lieu saint de Bethel et d'assumer idéologiquement Penuel comme nouvelle et éphémère «capitale» du royaume[67] ne se rencontra que sous le règne de Jéroboam I.

Un certain nombre de remarques faites sur la composition littéraire tendent à montrer la bonne intégration de ce passage à son contexte narratif. Il faut citer, en ce sens, les travaux de J.P. Fokkelman[68] et de S.A. Geller[69], qui poursuivent les observations maintes fois faites depuis H. Gunkel sur la récurrence de plusieurs mots-guides à travers l'ensemble des ch. 32-33. Reviennent ainsi de manière significative:

	mal'ak	32,2.3.4.7
	maḥaneh	32,3.8.9.11.22;33,8
et par assonance:	*minḥah*	32,14.21;33,8.10
	ḥanan	33,15
	ḥen	33,8.10
	šalaḥ	32,4.6.19
	panîm	32,4.19.21.22.31;33,10.14
	ʿabar	32,11.22.24;33,3.14

A ces mots-guides reliant la péricope au contexte proche, en particulier *panîm* et *ʿabar*, on peut ajouter le thème de la bénédiction, lié au contexte plus large de l'histoire Jacob-Esaü. La bénédiction dérobée au père en 27,27 ss. est comme confirmée ici par une bénédiction arrachée à Dieu(?) lui-même. L'expression du v. 32,31b est reprise en 33,10b, qui présente la lutte avec Dieu comme la prolepse de l'affrontement avec Esaü. Enfin, des indications de temps si importantes pour l'épisode (nuit – aube – lever du soleil), l'une est déjà donnée dans le contexte précédent (32,22).

La bonne intégration de l'épisode du Yabboq à l'ensemble qui va de 32,2 à 33,17 apparaît clairement si l'on considère le texte final. Dès la notice sur Mahanaïm (32,2-3), ce récit de la rencontre avec Esaü s'ouvre dans l'ambiguïté due au chevauchement des plans de

---

[67] Jéroboam I «fortifia Sichem dans la montagne d'Ephraïm et y séjourna. Puis il sortit de là et fortifia Penuel» (I Reg 12,25). Fl. Josèphe (Ant. 8, 225) précise qu'il y édifia un palais (cf Eus. Onom. 300, 9). Certains y voient une capitale éphémère du Royaume du Nord, mais il ne s'agit plus vraisemblablement que d'un palais forteresse destiné à affermir son autorité sur Galaad. La ville figure sur la liste des cités conquises par Sheshonq en 926, preuve au moins de son importance stratégique.

[68] Fokkelman, Narrative, 197-236.

[69] S.A. Geller, The Struggle at the Jabbok: The Use of Enigma in a Biblical Narrative, JANES 14, 1982, 37-60.

la réalité, ambiguïté entretenue par l'usage des mots-guides *mal'akîm* et *maḥanaïm*, signifiant des réalités tantôt divines, tantôt humaines. On considère généralement cette rencontre à Mahanaïm comme une tradition locale[70]: l'expression *pg' b*, «rencontrer à l'improviste», comme en 28,11, pourrait indiquer également un récit étiologique, à moins qu'il ne faille retenir ici le sens, tout aussi fréquent, de «agresser», et comprendre: «alors des anges de Dieu se jetèrent sur lui»[71]. Dans la suite du texte, c'est la reprise des termes *mal'akîm* et *maḥanaïm* qui fait des événements subséquents comme autant d'échos de cette première et mystérieuse rencontre. On observe dans la progression du récit, du v. 4 au v. 22, à travers l'accumulation et la répétition des mots-guides, une tension dramatique croissante, qui culmine dans la rencontre du Yabboq.

Cette rencontre est racontée de façon volontairement elliptique et énigmatique, et l'interférence pressentie dès l'épisode de Mahanaïm entre le monde divin et la réalité humaine se révèle à nouveau ici de manière accrue. Malgré certaines rugosités du texte, la dernière rédaction n'a pas cherché à réduire les ambiguïtés, la principale étant l'identité de l'adversaire de Jacob. Tandis qu'aux v. 25-26 il n'est question que d'un homme, (*'yš*, «quelqu'un», un brigand?), aux v. 27-30 on passe de l'incertitude à l'équivocité: «car tu as lutté contre Dieu (ou «contre un élohim») et contre les hommes, et tu l'as emporté» (*ky śryt 'm 'lhym w'm 'nšym wtwkl*). L'aube qui surprend ce personnage fait penser à ces *b^{e}nê 'elohîm* qui sont aussi des *kok^{e}bê boqer* (Job 38,7; Jdc 5,20), ou à quelque démon malfaisant que met en fuite la lumière du matin[72] (cf Ps 91,6; Jes 34,14). Enfin, au v. 31, la chose semble éclaircie: Jacob a vu Elohim face à face. La narration ménage ainsi une sorte de suspense favorisé par l'obscurité de la nuit. Mais sa solution ne résout pas l'ambiguïté initiale, car la divinité de l'adversaire introduit un insurmontable paradoxe: plus il est divin, moins la victoire de Jacob est vraisemblable; plus il est humain au contraire, et moins cette victoire est significative.

---

70 Ainsi Gunkel, Genesis, 354; von Rad, Genesis, 254; Westermann, Genesis, 614.

71 Blum (Komposition, 141) nie le caractère étiologique de ces versets à cause des liens de vocabulaire qu'ils ont avec le contexte: *pg' b* et *ml'ky 'lhym* rappellent Gen 28,11a.17b. En fait, l'usage de *pg' b* dans ces deux textes n'est pas tout à fait comparable, et nos conclusions sur l'histoire rédactionnelle du songe à Bethel nous font dire que, au contraire, c'est plus vraisemblablement 28,17b qui s'est inspiré des *ml'ky 'lhym* de la notice sur Mahanaïm que l'inverse.

72 Cf Gunkel, Das Märchen im Alten Testament, 1917, 69; J. Ziegler, Die Hilfe Gottes «am Morgen». Alttestamentliche Studien, Fests. F. Nötscher, BBB 1, 1950, 281-288.

b) Le schéma initiatique du passage du Yabboq

Les lectures synchroniques de R. Barthes, R. Couffignal ou X. Durand[73] appliquées à Gen 32, donnent un éclairage suggestif sur le fonctionnement de cet épisode et son rôle dans le contexte narratif. Ces études font toutes référence aux modèles narratifs de V. Propp et A.J. Greimas, et tentent d'en dégager quelques éléments dans l'épisode du Yabboq. Les solutions sont diverses et témoignent d'une certaine inadéquation de ces motifs à un texte aussi bref que celui-ci. Néanmoins, il nous paraît justifié d'insister avec X. Durand «sur le caractère *d'épreuve qualifiante* que peut recevoir ce récit»[74]. Jacob, en effet, n'est plus le même après qu'avant: tandis que, dominé par la peur, il faisait marcher ses gens et ses troupeaux en avant de lui, restant lui-même en arrière (32,17), après la lutte au Yabboq, il prend la tête de la caravane pour affronter son frère.

La narration elle-même change de ton dès le v. 32: «Au lever du soleil, il avait passé Penuel et il boitait de la hanche». L'ambiguïté entretenue durant tout le ch. 32 cesse brusquement, comme si, le paroxysme une fois atteint dans la lutte, l'émergence du divin dans la sphère humaine s'était résorbée avec le lever du soleil. La rencontre de Mahanaïm, puis l'affrontement au Yabboq, peuvent être vus comme une véritable épreuve initiatique pour le héros. Il en reçoit un nom nouveau, une force nouvelle (la bénédiction), et même une marque distinctive dans sa claudication[75]. Les parallèles établis avec les modèles narratifs de V. Propp mettent en évidence cette

---

[73] R. Barthes, La lutte avec l'ange: Analyse textuelle de Genèse 32,23-33, Analyse structurale et exégèse biblique, Neuchâtel, 1971, 41-62; R. Couffignal, «Jacob lutte au Yabboq». Approches nouvelles de GEN. XII 23-33, RevThom 1975, 582-597; X. Durand, Le combat de Jacob: pour un bon usage des modèles narratifs, L'Ancien Testament, approches et lectures, 1977, 99-115.

[74] Durand, *art.cit.*, 110.

[75] Nous employons le concept d'initiation avec les précautions qu'il convient dans ce contexte biblique. On y trouve, en effet, peu de place pour ce que l'ethnologie et l'histoire des religions peuvent observer ailleurs et classer sous ce terme. A. Caquot (L'initiation dans l'ancien Israël, Initiation. Studies in the History of Religions, Numen Suppl. 10, 1965, 119-133), remarquant l'indigence du corpus biblique sur ce sujet, invite à distinguer trois champs de recherche: 1° les thèmes initiatiques, éléments d'un schéma désintégré, sortis de tout contexte social ou rituel, tel le révélateur des secrets divins dans l'apocalyptique, ou certaines expériences prophétiques (Jes 6); 2° les initiations spécialisées: initiation essénienne ou intégrations à des guildes prophétiques; incisions sur le front ou sur la poitrine, tonsure, distinguent les prophètes comme des marques initiatiques; 3° les rites de puberté, dont la circoncision est le mieux attesté. Nous pensons pouvoir classer les événements de Bethel et Penuel parmi les thèmes initiatiques dont il est devenu difficile de saisir le contexte cultuel et social (point 1).

transformation du héros qui sort de l'épreuve muni des adjuvants nécessaires à l'affrontement qui l'attend.

Le thème de la lutte initiatique dans cet épisode a été bien mis en évidence par R. Kuntzmann[76] qui souligne justement que «pour lui (i.e. Jacob), ce passage n'est pas un déplacement géographique, mais une lutte» (p. 130). Etant donné le contexte narratif de l'ensemble du cycle, ce «combat que le héros mène contre un autre lui-même» (*ibid.*) établit un lien entre le thème du la gémellité et celui de l'épreuve initiatique. Il n'est en effet pas sans incidence sur la signification de l'événement que l'affrontement tant redouté de Jacob avec son frère mette en scène deux *jumeaux*. L'énigme entretenue sur l'identité de l'agresseur trouve un élément de réponse suggéré au moment même où les deux frères se rencontrent pour s'affronter, Jacob déclarant à ce double de lui-même: «J'ai vu ta face comme on voit la face de Dieu» (33,10). Comment dès lors ne pas voir dans la lutte nocturne sur le gué l'anticipation de ce face à face des deux jumeaux finalement réconciliés et pacifiés?

Dans le contexte de l'histoire de Jacob et Esaü, l'issue de l'épreuve confirme et renouvelle une bénédiction qui n'avait été jusque là qu'usurpée par le héros[77]. Cette confiscation indue de la bénédiction lui avait valu d'entrer dans une longue nuit d'errance et de servitude, nuit qui tombe à Bethel, précisément, où le crépuscule décrit en 28,11 (*ky b' hšmš*) semble appeler le retour du jour, explicitement décrit à Penuel (32,32: *wyzrḥ lw hšmš*). D'un soir à un matin, l'itinéraire de Jacob s'apparente, par cette inclusion riche de symboles, à un véritable processus de transformation intérieure. Comme le fait remarquer M. Fishbane[78], la manière dont Jacob, à la fin de ce processus, présente à Esaü les cadeaux qu'il lui offre ressemble à une véritable restitution de la bénédiction dérobée à l'origine: «Reçois de moi le *bienfait* qu'on t'a apporté» (33,11: *qḥ n' 't brkty 'šr hb't lk*). Le terme *b^{e}rakah* peut bien signifier «offrande, faveur», il demeure plus rare dans cette acception que *minḥah*, utilisé au verset précédent. Cette *b^{e}rakah* semble ici une claire allusion à la bénédiction détournée par Jacob avant sa fuite, et qu'il peut maintenant, sans perte pour lui-même, restituer à son frère au moment de son retour.

Pour revenir au songe à Bethel, et compte tenu de sa position symétrique à la rencontre nocturne de Penuel dans la composition

---

76 R. Kuntzmann, Le symbolisme des jumeaux au Proche-Orient ancien, Paris, 1983, 117-132.

77 Hos 12,5 paraît bien faire allusion au caractère expiatoire des épreuves de Jacob qui obtient, malgré tout, de rencontrer Dieu.

78 M. Fishbane, Composition and Structure in the Jacob Cycle, Gen 25:19-35:22, JJS 26, 1975, 15-38.

narrative du cycle[79], on peut semblablement l'interpréter comme une expérience transformante, ou au moins comme une part de la même expérience transformante. On a vu précédemment que dans le fonctionnement interne de la péricope du songe (Gen 28,10-22) s'opère une sacralisation de l'espace, du *maqôm* de Bethel. L'expérience onirique de Jacob, cependant, est le lieu d'une transformation certes de l'espace, mais surtout du rêveur qui en découvre la sacralité. Ainsi, la valeur transformante du songe à Bethel vaut-elle en soi, mais aussi comme élément d'un véritable chemin initiatique, «du soir au matin».

A ce second niveau d'analyse intégrant l'épisode du songe à l'ensemble du cycle, il est clair que l'expérience transformante vécue à Bethel concerne avant tout le devenir du héros. A travers cet exil et ce retour, celui-ci va acquérir sa véritable stature de patriarche, d'ancêtre éponyme. A Bethel il fonde un sanctuaire, en Paddan Aram il voit éclore la bénédiction dérobée et se constituer sa «maison», à Penuel il reçoit le nom du clan. Il est significatif que ces trois éléments: le culte, la famille, le nom nouveau, se retrouvent lors de la conclusion du cycle à Bethel (Gen 35,1-15); significatif également que l'acquisition de chacune de ces dimensions essentielles du patriarche s'accomplit à la faveur d'une rencontre nocturne avec le monde divin (Gen 28,10-22; 31,10-13; 32,23-33). Jacob est alors véritablement devenu Israël, et le songe concourt dans une large mesure à sa qualification d'ancêtre éponyme.

La valeur qualifiante du songe à Bethel ressort de sa fonction structurante très affirmée, dans le récit de Gen 28 d'abord, puis dans l'ensemble du cycle de Jacob. Non seulement les récits des aventures nocturnes de Bethel et Penuel organisent la courbe narrative générale, mais ils apparaissent nettement comme des lieux où le héros acquiert de façon déterminante une surdétermination symbolique. Si nous pensons pouvoir, au-delà de ce niveau strictement littéraire, atteindre la valeur anthropologique de ces expériences, et parler de leur dimension initiatique (avec les précautions évoquées plus haut, note 75), c'est que le texte livre quelques indices pour cela. L'épisode de la lutte au Yabboq contient tous les éléments d'un scénario initiatique: la veille solitaire, la nuit, le combat avec un autre lui-même, la marque initiatique (la claudication), le changement de nom. Le même schéma peut se lire à travers l'ensemble du mouvement d'aller et de retour qui part de Bethel et y revient[80].

---

[79] Déjà soulignée par von Rad, Genesis, 256; Cf Fishbane, JJS 26, 20, où cette symétrie des épisodes de Bethel et de Penuel apparaît bien dans la structure générale du cycle.

[80] Une lecture identique du cycle de Jacob a été proposé par J. Kühlewein à partir du point de vue de la psychologie des profondeurs de l'école jungienne

Il est plus difficile de parler de la fonction sociologique de ce songe puisque le milieu d'origine de ces récits est moins assuré que dans le cas du songe de Salomon. Nous ne pensons pas, contrairement à A. de Pury[81], que l'on peut considérer que le milieu pastoral dans lequel se situe la narration reflète nécessairement son milieu d'élaboration littéraire. Quelles qu'aient pu être les traditions dont il se nourrit, anciennes ou non, la mise en oeuvre de ce cycle témoigne bien plutôt des préoccupations politiques de la période royale. Si l'on situe la composition du cycle dans le royaume du Nord sous Jéroboam I, les rapports entre Bethel, Penuel et Jacob se comprennent aisément, de même que le rappel d'un accord de frontières avec Aram, et l'évocation, tout au long du récit, de l'hostilité foncière entre Israël et Edom.

On n'est alors pas surpris de constater l'importance du songe et la valeur qualifiante de l'expérience onirique, étant données l'attention portée sur le devenir du héros, et son accession à la fonction d'ancêtre éponyme du royaume. On soupçonne du même coup que la théophanie onirique de Bethel, et tout le processus de transformation qui s'accomplit jusqu'à Penuel, joua pour la jeune monarchie du Nord en mal de légitimité, un rôle analogue au songe de Gabaon pour la royauté de Salomon. Nous n'avons bien évidemment pas ici un récit expressif de l'idéologie royale, mais l'épopée fondatrice du royaume, dans laquelle se reconnaît la nation des *b^e nê yiśra'el*. C'est une légitimité bien plus large que celle de la seule personne du roi qui est ainsi assurée; si l'ensemble du royaume se reconnaît en Jacob-Israël, à bien plus forte raison le roi, et l'ascension de Jacob à la stature d'Israël devient paradigmatique de la destinée de Jéroboam.

---

fahrung und Reifungsgeschichte in der Jakob-Esau-Erzählung, Werden und Wirken des Alten Testaments, Fests. C. Westermann, 1980, 116-129). Dans cette perspective, la bénédiction (considérée par C. Westermann comme l'élément dynamique de l'ensemble du cycle) est assimilée au «processus d'individuation», avec tout ce qu'il implique de croissance, de fertilité, d'affirmation et de développement du moi. Après avoir trompé et fui la partie sauvage du moi (= le jumeau Esaü), la réalisation du soi passe obligatoirement par l'affrontement avec cet autre moi-même, signifié ici dans la rencontre au Yabboq et le face à face avec Esaü. C.G. Jung considère les rites initiatiques comme expressifs du processus psychologique d'individuation, et la rencontre – souvent dramatique – avec le divin comme symbole de cette confrontation avec le soi; en ce sens, l'application de cette grille herméneutique au cycle de Jacob paraît pertinente.

81 De Pury, Pentateuque, 268-269.

Deuxieme Partie
Le songe chez les prophetes

Chapitre I
L'onirisme prophétique

Une constatation paradoxale s'impose dès la première lecture des textes prophétiques: les rares mentions qu'on y trouve du mot *ḥlwm* apparaissent dans le contexte de la querelle contre les faux prophètes (Jer 23,25-32; 27,9; 29,8; Sach 10,2), ou dans une acception négative (Jes 29,7-8). Les accents polémiques d'un Jérémie, le silence d'un Isaïe ou d'un Ezéchiel – l'un et l'autre pourtant visionnaires à leur façon – ne peuvent pas ne pas être significatifs; la difficulté est, précisément, de déterminer en quoi ils le sont. Le songe faisait-il l'objet d'une réprobation quasi-générale de la part des prophètes classiques? N'a-t-on, au contraire, visé que ses manifestations extravagantes et l'oniromancie? Ou bien encore, s'agissait-il pour ces «grands prophètes», de se démarquer de leurs confrères rompus à toutes les techniques de la divination, et auxquels ils se sont si violemment opposés? Toutes ces opinions ont été successivement soutenues.

On ne peut cependant limiter le prophétisme aux quelques grandes figures des écrits bibliques, ni établir une séparation trop étanche entre devins et prophètes. Les manifestations et les techniques de la prophétie ont été diverses, en Israël comme chez ses voisins, par la pluralité des formes et l'évolution du phénomène. On s'interrogera donc sur l'existence de techniques prophétiques liées à l'onirisme, nonobstant l'apparent silence des textes à ce sujet.

L'histoire de la composition du songe de Jacob à Bethel a révélé la juxtaposition tardive d'un élément visionnaire de type prophétique et apocalyptique à l'ancienne théophanie onirique. De façon assez inattendue, l'étude du second songe de Jacob (Gen 31,10-13) conduit à des observations analogues, qui permettent de penser qu'une étroite parenté d'origine était perçue entre le songe et la vision dans le milieu prophétique – ou dans certains milieux prophétiques. Que des récits de songes aient pu être aussi aisément transformés en récits de visions ne constitue pas seulement un intéressant phénomène littéraire, mais ouvre une voie d'accès vers l'onirisme prophétique.

1. Quand Jacob devient visionnaire: Gen 31,10-13

a) Critique littéraire

Ce nouveau songe de Jacob intervient à l’autre extrémité du cycle, au moment où s’amorce le mouvement de retour du héros. Le récit mélange, lui aussi, vision et message, mais il a ceci de particulier par rapport au songe précédent qu’il est raconté à la première personne.

Gen 31,10-13:

10) *wyhy b‘t yḥm hṣ’n*	C’était au temps où les bêtes sont en rut.
w’ś’ ‘yny w’r’ bḥlwm	Je levai les yeux et je vis en songe:
whnh h‘tdym h‘lym ‘l hṣ’n	voici que les boucs qui couvraient les bêtes
‘qdym nqdym wbrdym:	étaient rayés, mouchetés ou bigarrés.
11) *wy’mr ’ly ml’k h’lhym*	L’ange de Dieu me dit en songe:
bḥlwm y‘qb w’mr hnny:	«Jacob!» et je répondis: «Me voici!»
12) *wy’mr ś’ n’ ‘ynyk wr’h*	Il me dit: «Lève les yeux et vois:
kl h‘tdym h‘lym ‘l hṣ’n	tous les boucs qui couvrent les bêtes
‘qdym nqdym wbrdym	sont rayés, mouchetés ou bigarrés.
ky r’yty ’t kl ’šr	Car j’ai vu tout ce que
lbn ‘śh lk:	Laban t’a fait.
13) *’nky h’l byt ’l*	Je suis le Dieu de Bethel
’šr mšḥt šm mṣbh	où tu as oint une stèle,
’šr ndrt ly šm ndr	et où tu m’as fait un voeu.
‘th qwm ṣ’ mn h’rṣ hz’t	Maintenant, lève-toi, sors de ce pays,
wšwb ’l ’rṣ mwldtk:	et retourne au pays de ta famille!»

On constate que la scène de Bethel est reprise en échos au v. 13, mais nous avons vu plus haut que ce rappel se réfère davantage au voeu de Jacob (v. 20-22) qu’à la vision elle-même. L’ensemble de la tradition de Bethel cependant est connu de l’auteur de Gen 31,13, qui mentionne aussi l’onction de la stèle, geste qui intervient en 28,18 et appartient donc au texte primitif. Cette insistance sur le voeu en 31,13a participe de la même intention que nous avons constatée en 28,20-22, qui occulte la théophanie au profit d’un motif plus théologique – et sans doute aussi plus politique – dans l’étiologie du sanctuaire de Bethel. En outre, ce v. 13 n’est pas qu’un rappel du passé, mais oriente le récit vers un retour à Bethel en vue de l’accomplissement du voeu, lequel se réalise en Gen 35,1-14[1]. W.Richter[2] a défendu la fonction

[1] La composition de ce passage est complexe. Ce qui semble sûr, c’est qu’au moins les v. 3 et 7 sont dans la même perspective que Gen 28,11-22 et 31,13: ils sont liés entre eux par le motif du voeu, dont l’accomplissement est présenté ici dans l’érection de l’autel. Le voeu est évoqué au v. 3b qui reprend les termes de 28,20b, tandis que la vision est rappelée au v. 7. Avec Blum (*Komposition*, 35-45) nous considérons 35,1-7 comme deutéronomiste.

[2] Richter, BZ 11, 44-50.

rédactionnelle de ces trois passages où le voeu sert à la fois de cadre théologique et de fil conducteur à la structure générale de l'histoire de Jacob, organisée autour du motif de la fuite et du retour. Le v. 13b présuppose d'ailleurs ce motif et appartient donc à la composition de cet ensemble intégrant les différents éléments qui constituent l'histoire de Jacob. Le *'th* relie les deux membres de ce v. 13 qui forment ainsi une unité syntactique.

Cette notice sur Bethel de 31,13 n'est pas isolée; la théorie documentaire l'attribuait à E, l'intégrant à l'ensemble des v. 31,2.4-16 qui forment ce que l'on a pu appeler la plaidoirie de Jacob[3]. Cette analyse souligne la différence entre la brièveté du récit de J, résumant les raisons de la fuite dans les v. 1 et 3, et passant directement à la fuite elle-même (v. 21), et ce long développement de E qui donne à Jacob l'occasion de se justifier dans le dialogue avec ses épouses. En fait, comme l'a bien remarqué H. Eising[4], cette scène est purement factice; les épouses ne sont pas les partenaires d'une action, ni même d'un dialogue; elles ne sont que l'occasion d'un monologue, et leur réplique (v. 14-16) ne répond pas aux paroles de Jacob, mais poursuit et renforce son argumentation. On peut suivre dans cet ensemble de versets (2.4-16) une thématique commune visant à disculper Jacob en opposant son honnêteté à la fourberie de Laban, et en insistant sur l'assistance divine dont il est l'objet; tout ce développement n'est pas indispensable à la compréhension du récit.

La critique récente, renonçant à suivre deux sources parallèles dans ce chapitre 31 – dont la distinction devient très problématique à partir du v. 26 – préfère s'en tenir à un seul récit, complété et élargi d'éléments de provenances diverses. C'est la position de C. Westermann[5] qui préfère voir dans les v. 4-16 un développement secondaire de tendance «théologisante». Même opinion chez E. Blum[6] qui attribue 31,1-2.4-16.24.29b.38-44 à la *Kompositionsschicht* de l'histoire de Jacob, retravaillant un récit antérieur «Jacob-Laban». Il relève un parallélisme entre 31,4-16 et 31,38-44, marqué par la reprise de termes et d'expressions, ainsi que par les réponses antithétiques de Laban (43-44) et de ses filles (14-16). Les v. 24 et 29b poursuivent le thème du plaidoyer de Jacob et reprennent le motif du songe:

---

3 Attribution de 31,2.4-16 à E; de 31,1.3 à J; cf Wellhausen, Composition, 37 s.; Skinner, Commentary, 394; Gunkel, Genesis, 311; von Rad, Genesis, 247. Les motifs de cette attribution sont, depuis Wellhausen, l'usage du nom divin Elohim, le rêve, le rappel du voeu et de la stèle à Bethel.

4 Eising, Untersuchung, 205 ss.

5 Westermann, Genesis II, 598.

6 Blum, Komposition, 117-132. Nous formulerons plus loin quelques réserves à l'intégration du songe à cette «Kompositionsschicht».

c'est Dieu lui-même qui, par ce moyen, lui donna le signe de retour, qui favorisa sa réussite et assura sa protection. L'insertion du v.24 est d'ailleurs nettement visible par la reprise de 23b en 25a. Cette explication est plus satisfaisante pour rendre compte à la fois de la continuité et des distorsions entre les ch. 30 et 31. Cependant, avec C. Westermann, on tiendra 31,1-2 pour la suite de 30,43, et non pas pour le début de la couche de composition du cycle.

L'intention qui préside à cet ensemble rédactionnel paraît être de vouloir corriger les données du ch. 30 par une reprise du récit, déguisée en continuation grâce au discours de Jacob. Ce discours revient, en effet, sur les faits exposés au chapitre précédent et les présente dans un sens favorable au patriarche. Ce n'est plus Jacob qui, par ruse ou magie, s'est emparé du troupeau de Laban, c'est Dieu qui l'en a dépouillé (v. 7-9) pour le donner à Jacob. Tandis que le récit primitif montrait dans la crainte de Jacob (31,1-2) le motif de sa fuite, la couche rédactionnelle l'attribue à un ordre de Dieu (31,13), à qui il revient de diriger tous les événements.

La position défendue par H. Eising[7], et plus récemment par J.P. Fokkelman[8], n'est pas convaincante, selon laquelle il n'y aurait pas de contradiction entre les ch. 30 et 31,4-16, mais seulement deux manières de présenter les mêmes événements: celle du narrateur et celle, plus tendancieuse, de Jacob s'adressant à ses femmes dans le but de les persuader au départ. Au ch. 30, par exemple, toutes les bêtes rayées, mouchetées et tachetées (cf v. 39: *'qdym nqdym wṭl'ym*) doivent revenir à Jacob, tandis qu'en 31,8, son salaire comprend soit les unes, soit les autres. De plus, dans le rêve (v. 10-12), la séquence des adjectifs qualifiant les couleurs du bétail est: *'qdym nqdym wbrdym*, avec un changement donc de *ṭl'ym* (tachetées) en *brdym* (bigarrées). Ces différences ne peuvent s'expliquer par un simple changement de perspective dans la présentation des faits; elles touchent à la matière même du texte, et non à l'argumentation.

Dans ce passage (31,4-16), le songe occupe une place centrale dans la mesure où c'est par lui que se manifeste l'intervention du Dieu. C'est ce qui permet d'attribuer au même ensemble les v.24 et 29b où, encore une fois, Dieu intervient par le biais du rêve. Mais le songe rapporté par les v. 10-13 présente de réelles difficultés rédactionnelles,

---

7 Eising (Untersuchung, 203-215) met surtout en relief dans ce passage la préparation au retour de Jacob, sans accorder beaucoup d'importance à la correction de perspective donnée aux événements qui précèdent.

8 Fokkelman, Narrative, 152-162: «The scope of Jacob's speech is the precise complement of the scope of the report in Gen 30. That is why the two texts are corresponding descriptions of the outside and the kernel of one and the same event»(p. 159).

auxquelles on n'a pu encore apporter de solution satisfaisante. La critique s'accorde généralement à considérer les v. 10 et 12 comme des ajouts[9], alléguant le fait que le v. 12 interrompt le récit entre 11 et 13, et que l'autoprésentation de Dieu se trouve ainsi reléguée à la fin du rêve. D'autre part, le moyen par lequel Jacob put accroître son cheptel lui serait ici révélé au moment même où il reçoit l'ordre de partir. C. Westermann tente une autre solution, en reconstituant les textes de deux rêves distincts[10]. Le premier est constitué des v. 10aα.11.12a.10aβb:

10aα) Il arriva, au temps où les bêtes entrent en chaleur
11) que l'ange de Dieu me dit en songe: «Jacob!»
et je répondis: «Me voici!»
12a) Il me dit: «Lève les yeux et vois:
tous les boucs qui saillissent le bétail
sont rayés, tachetés ou tavelés».
10aβ) Alors je levai les yeux et je vis en songe:
10b) voici que tous les boucs qui saillissent le bétail
sont rayés, tachetés ou tavelés.

L'autre songe est reconstitué par la séquence: 11.13a.12b.13b:

11) L'ange de Dieu me dit en songe: «Jacob!»
et je répondis: «Me voici!»
13a) Il me dit: «Je suis le Dieu de Bethel
où tu as oint une stèle
et où tu m'as fait un voeu.
12b) J'ai vu tout ce que Laban t'a fait.
13b) Maintenant, lève-toi, sors de ce pays,
et retourne au pays de ta famille!»

La solution est ingénieuse et les deux récits de songes ainsi isolés sont tout à fait cohérents. On voit mal cependant, après avoir renoncé à une distinction des sources sur la base de l'hypothèse documentaire, quelle est la pertinence d'une telle reconstitution qui nécessite, pour le premier songe, un bouleversement de l'ordre des versets du texte actuel difficile à expliquer lors d'un travail rédactionnel de fusion. Le second rêve de cette reconstitution – sans l'incise du v. 12b – retrouve en fait le texte supposé par la critique classique qui fait de 10 et 12 des ajouts. Les v. 11 et 13 forment, en effet, un ensemble cohérent qui

---

9 Wellhausen, Composition, 37-38; Gunkel, Genesis, 311-312: « ... leichter ist es wohl, zwischen 12 und 13 eine Lücke anzunehmen: ein Abschreiber, der sich für diese Hirtengeschichten nicht interessierte, hat hier gekürzt und die beiden Gottesreden zusammenfliessen lassen»! Volz, Elohist, 97; Eising, Untersuchung, 210-211; von Rad, Genesis, 248.

10 Westermann, Genesis II, 600-601.

s'intègre sans heurt à la suite du v. 9 et dont la conclusion (13b) est reprise dans la réponse des femmes (16b). L'insertion de 12b entre 13a et 13b, comme le suggère C. Westermann, se justifie par la présence du *'th* au début du v. 13b, qui ne conviendrait guère immédiatement après l'autoprésentation du messager.

b) Deux relectures «prophétiques» du cycle de Jacob.

Un autre argument plaide en faveur de la séquence des v. 11.13a. 12b.13b pour le texte primitif du songe: celui-ci se trouve ainsi avoir une structure exactement parallèle à la théophanie du buisson ardent en Ex 3,2-10:

Gen 31	Ex 3
11a) *wy'mr 'ly ml'k 'lhym bḥlm*	2a) *wyr' ml'k yhwh 'lyw blbt 'š*
11b) *y'kb w'mr hnny*	4b) *wy'mr mšh mšh wy'mr hnny*
13a) *'nky h'l byt'l*	6a) *wy'mr 'nky 'lhy 'byk*
12b) *ky r'yty 't kl*	7a) *r'h r'yty 't 'ny 'my*
'šr lbn 'śh lk	*'šr bmṣrym*
13b) *'th qwm ṣ' mn h'rṣ hz't*	10) *w'th lkh w'šlḥk 'l pr'h*
wšwb 'l 'rṣ mwldtk	*whwṣ' 't 'my yśr'l mmṣrym*

Les composantes de ces théophanies sont les mêmes: 1) manifestation de l'ange qui parle dans le songe ou apparaît dans la flamme; 2) il appelle l'homme par son nom, lequel répond «présent»; 3) il se présente comme le Dieu de la promesse (Dieu des Pères ou Dieu de Bethel); 4) il déclare avoir vu la détresse de son peuple ou du héros; 5) il lui donne l'ordre de (faire) sortir (son peuple) de la terre où il se trouve.

On a souvent relevé l'appartenance formelle de Ex 3,1-4,17 aux récits de vocation prophétique[11], et sa ressemblance avec celui de Jer 1. Cette similitude ne vaut cependant pas pour le texte de Gen 31, car il lui manque tout le dialogue comprenant l'objection de l'appelé et l'assurance du soutien de Dieu, ainsi que la mission d'une parole à proclamer. Il ne s'agit donc pas d'un schéma littéraire de récit de vocation appliqué à Jacob, mais plutôt d'un démarquage presque mot à mot du texte de Ex 3.

La critique littéraire de cet ensemble Ex 3-4 est actuellement très débattue, entre les tenants d'une distinction classique des sources J et E[12] et ceux qui – à la suite de J. Wellhausen d'ailleurs – défendent

---

[11] N. Habel, The Form and Significance of the Call Narratives, ZAW 77, 1965, 297-333 (spéc. pp. 301-305). G. Del Olmo Lete, La vocación del lider en el antiguo Israel, 1973.

[12] La répartition des couches établie par W.H. Schmidt (Exodus, BKAT II/2, 1977, 107-109) est la suivante: E: v. 1b.4b.6.9-15; J: v. 1ab. 2-4a.5.7-8.16-17. Il est suivi par

l'unité rédactionnelle du passage[13]. Un certain consensus se retrouve au niveau de l'achèvement du texte: si H. Schmid, M. Rose et E. Blum l'attribuent dans son ensemble à une couche deutéronomiste, les partisans d'une explication documentaire réservent à un rédacteur prédeutéronomiste (W.H. Schmidt) ou même deutéronomiste (B. Renaud) la fusion des couches J et E, ainsi que les ajouts faisant de cette péricope un véritable récit de vocation prophétique. Quoi qu'il en soit, notre observation repose sur le texte actuel, résultat de la fusion des documents yahwiste et élohiste si l'on tient à ce type d'analyse, de toute façon deutéronomiste dans sa forme dernière sinon même dans sa composition. Cela est une indication précieuse pour situer la composition du songe chez Laban, qui paraît lui être postérieur.

Nous pensons ainsi pouvoir déceler l'indice d'un parallélisme voulu entre Moïse et Jacob-Israël dans toute l'histoire avec Laban: comme le peuple en Egypte, Jacob fut assujetti à Laban et parvint, grâce à l'intervention de Dieu, à s'enfuir en franchissant le fleuve, tandis que l'Araméen se lançait à sa poursuite. Cette réinterprétation de l'épisode Jacob-Laban sur le schéma de l'Exode apparaît bien être le résultat de ces ajouts «théologisants» du ch. 31. Il ne s'agit pas d'une organisation de l'ensemble du cycle de Jacob selon le modèle de l'Exode, mais d'une coloration donnée à cet épisode particulier par l'adjonction de ces quelques versets en un point décisif du récit. Le songe joue ici le même rôle que la théophanie de Ex 3: il est la «visite» de Dieu qui donne le signal de départ au retour salutaire, et investit le héros de la force nécessaire pour cela.

Un détail doit retenir l'attention et permettre de confirmer la date de cette relecture: Jacob n'est pas descendu en Egypte, il est au contraire parti en Aram, au-delà de l'Euphrate (v. 21); l'ordre qui lui est donné (v. 13b) n'est pas seulement: «sors de ce pays» (*ṣ' mn h'rṣ hz't*), mais ajoute: «et *retourne* dans le pays de ta famille» (*wšwb 'l 'rṣ mwldtk*)! Il est difficile de ne pas y voir une allusion au second exode, celui du retour de Babylone. Tenant compte de tout cela, nous concluons que le songe de Gen 31,11.13a.12b.13b est une composition littéraire exilique qui, à un moment charnière de son déroulement, réinterprète l'histoire de Jacob dans la perspective de l'Exode, et qui n'a d'autre

---

B. Renaud, La figure prophétique de Moïse en Ex 3,1-4,17, RB 93, 1986, 510-534. Cf aussi P. Weimar, Die Berufung des Mose. Literaturwissenschaftliche Analyse von Exodus 2,23-5,5, OBO 32, 1980.

13 H.H. Schmid, Der sogenannte Jahwist, 1976, 29 ss.; M. Rose, Deuteronomist und Jahwist. Untersuchungen zu den Berührungspunkten beider Literaturwerke, ATANT 67, 1981, 71 ss. E. Blum, Studien zur Komposition des Pentateuch, BZAW 189, 1990, 22 ss.

fonction que de permettre une théophanie comparable à celle dont Moïse fut le témoin[14].

Si nous revenons aux v. 10 et 12a, considérés comme des insertions secondaires dans le texte, le fragment de songe qu'ils transmettent reste problématique. Nous avons vu que dans ces deux versets, la liste des trois adjectifs qualifiant les couleurs des bêtes du troupeau connaît une variante par rapport à la même liste en 30,39, remplaçant *ṭl'ym* («tachetées») par *brdym* («tavelées»). Or, ce dernier terme ne se rencontre qu'en Gen 31,10.12 et Sach 6,3.6, pour désigner la couleur des chevaux du dernier char de la vision. A y regarder de plus près, les rapprochements avec la forme des visions du Proto-Zacharie vont plus loin que ce simple indice de vocabulaire.

La formule caractéristique d'introduction des visions du Proto-Zacharie, *w'ś' ('t) 'yny w'r' / w'r'h whnh* (Sach 2,1.5; 5,1.9; 6,1), ne se rencontre dans aucune vision prophétique antérieure (deux fois chez Daniel: 8,3; 10,5)[15]. Elle est certes fréquente dans les récits patriarcaux, mais en Gen 31,10, l'usage de la première personne nous rapproche bien plutôt des visions du Proto-Zacharie: *ś' n' 'ynyk wr'h*, «lève les yeux et vois», se rencontre textuellement en Sach 5,5[16]. De plus, considérant le texte actuel du songe en Gen 31,10-13, on y retrouve un schéma analogue aux visions de Zacharie: indication chronologique (cf Sach 1,7a), intervention de l'ange (cf Sach 5,2a), reprise de la vision (cf Sach 5,2b), interprétation sous forme d'oracle (cf Sach 5,3). Nous en concluons que l'insertion des v. 10 et 12a dans le récit de songe examiné précédemment (v. 11.12b.13) a eu pour effet, sans aucun doute recherché, de reformuler celui-ci à la manière d'une vision prophétique.

Du fait de cette utilisation d'un genre littéraire prophétique, l'adjonction de *bḥlwm* dans la formule introductive en Gen 31,10 est très originale, car, sauf ici et en Gen 41,22 (le second songe du pharaon), jamais *r'h* n'est utilisé avec *ḥlm*, alors qu'il est le verbe ordinaire des rapports de visions. Mais dans ceux-ci, une telle mention du songe est tout à fait inhabituelle, et si elle fut introduite ici, comme

---

14 Faut-il en conclure que l'ensemble 31,4-16.17-18.21.24.29 est exilique? Le point serait à examiner, mais la chose nous parait sûre quant au songe. C'est ici que nous faisons quelques réserves à la présentation de la «Kompositionsschicht» de Blum: ou bien le songe n'en fait pas partie, ou bien sa datation est bien postérieure à Jéroboam I. La première solution nous paraît préférable, car la «Kompositionsschicht» peut en fait très bien se passer de ce récit de songe.

15 Pour la forme et le vocabulaire de ce style visionnaire, cf C. Jeremias, Die Nachtgesichte des Sacharja. Untersuchungen zu ihrer Stellung im Zusammenhang der Visionsberichte im Alten Testament und zu ihrem Bildmaterial, 1977 (spéc. pp.41 ss.).

16 Cf Ez 8,5: *ś' n' 'ynyk*.

une entorse à la loi du genre, c'est par souci de conformité au contexte littéraire.

Il reste difficile de reconstituer l'histoire du texte, mais on peut conclure que cette dernière adjonction des v. 10.12a est postérieure à la composition de la nuit aux sept visions du Proto-Zacharie et dépend directement d'elle. Ces deux versets veulent reformuler un songe dans le style et avec les formules propres aux visions. Le but était d'expliquer la ruse et l'enrichissement de Jacob par une intervention divine. En intercalant dans le texte préexistant du songe deux phrases semblables, introduites par les formules prophétiques caractéristiques de la vision, on a donné à l'ensemble l'allure générale d'un oracle précédé d'une vision (cf Sach 1,14-16; 2,10-13.14-16; 3,8-10; 4,6a-10a).

Ce songe de Jacob chez Laban est donc une composition littéraire tardive, exilique sans aucun doute pour une part (v.11.12b.13), et certainement postexilique, dépendant des visions du Proto-Zacharie, pour l'autre (v.10.12a). Il est un artifice permettant d'introduire une nouvelle intervention divine dans la vie du patriarche, et aussi d'assimiler ce dernier à une figure prophétique, après l'avoir identifié au Moïse du nouvel Exode. Il n'est question ni de nuit ni de sommeil, seul le mot *ḥ^{a}lôm* restitue cette vision de type prophétique dans le contexte patriarcal; restitution obligée, car le songe de Bethel est la référence de toutes ces théophanies postérieures, celui qui fit de Jacob l'homme aux songes par excellence, comme le sera Joseph dans le domaine des rêves allégoriques.

L'évolution de ce songe et les parallèles auxquels nous l'avons comparé (Ex 3; Sach 5,1-4) conduisent à observer qu'entre une théophanie du type de celle du buisson ardent, un songe à message et une vision prophétique, l'amalgame semble avoir été facile, du moins à une époque récente. Cela seul ne permet pas d'induire que les songes pouvaient avoir valeur d'oracles dans les milieux prophétiques antérieurs, mais le fait que le Proto-Zacharie situe la réception de ses visions pendant la nuit est un indice supplémentaire en ce sens, et permet de remonter un peu plus haut dans le temps.

2. *«En songes je lui parlerai»: Num 12,6-8*

Ce court poème intervient dans le récit bien connu de l'opposition de Myriam et Aaron contre Moïse (Num 12,1-16) et du châtiment encouru par la prophétesse. La critique relève plusieurs anomalies dans les premiers versets du chapitre: la forme féminin singulier du verbe *wtdbr* au v. 1, alors que le sujet en est Myriam *et* Aaron; le fait que Myriam est nommée avant Aaron dans ce même verset, et qu'elle seule subit un châtiment (v. 10 ss.); les deux griefs différents faits à Moïse: sa femme kushite d'une part, sa relation privilégiée avec Dieu d'autre part.

Malgré la prudence de quelques auteurs à se prononcer sur ce texte[17], la théorie documentaire interprète ces faits comme autant d'indices de deux récits distincts fusionnés par le rédacteur E: un récit yahviste relatant les murmures de Myriam à propos de la femme de Moïse et la lèpre dont elle fut atteinte (v.1.9.10aβ.12-15); un récit élohiste rapportant les critiques d'Aaron et Myriam au sujet de la prééminence de leur frère (v.2-8.10aα.11). La critique a longtemps attribué cette dernière tradition et la rédaction de l'ensemble à l'Elohiste[18], s'appuyant sur l'intérêt qu'on lui reconnaît traditionnellement pour les rêves et sur ses liens avec le prophétisme. K. Jaroš[19] décèle même dans ce passage la clef de la position de l'Elohiste à l'égard du songe: ayant emprunté cette forme de mantique à la culture cananéenne ambiante, E la réserverait essentiellement aux histoires des patriarches, ce qui lui permettrait de distinguer les traditions cananéennes et prémosaïques de la révélation mosaïque elle-même. Après avoir intégré le songe comme source de révélation, l'Elohiste en limiterait donc la portée, car Moïse reçoit une révélation supérieure; le coeur de la religion israélite échapperait ainsi à cette forme de mantique, si noble soit-elle, reléguée ici dans le domaine confus de l'énigme et de la prophétie.

H. Valentin a repris plus récemment la question[20] et distingue en Num 12 deux fils narratifs: un récit A («Mirjam-Faden»: v. 1a.2b(?).9*.10a.12-14a), mêlé à un récit B («Aaron-Mirjam-Faden»: v.2a.4-8a.9*.10a.11), sans que l'on puisse attribuer aucune de ces versions à l'une ou l'autre des sources classiques du Pentateuque. Sans vouloir entrer dans le détail de cette difficile question, il est

---

17 En particulier M. Noth, qui attribue tout ce passage à J, seuls les v. 2-9 seraient un ajout inséré dans le récit du reproche fait à Moïse sur sa femme kushite (Überlieferungsgeschichte, 139-140); dans son commentaire (Das vierte Buch Mose: Numeri, ATD 7, 1966, 82-86), il précise cependant que ce récit est le résultat de la fusion de deux traditions: l'une sur Myriam, ses reproches et sa punition, l'autre sur Aaron et les prérogatives de Moïse.

18 G.B. Gray, Numbers, ICC, 1912², 120-128; W. Rudolf, Der Elohist von Exodus bis Joshua, 1938, 70-74; J. de Vaulx, Les Nombres, 1972, 158-159.

19 Jaroš, Stellung, 49.

20 H. Valentin, Aaron. Eine Studie zu vor-priesterschriftlichen Aaron-Überlieferung, OBO 18, 1978, 306 ss.. G.W. Coats (Rebellion in the Wilderness, 1968, 261-164) distingue également deux traditions, sans les identifier aux documents J et E: 1° sur la femme kushite (v. 1.10.12-16); 2° sur la primauté de Moïse (v. 2.(3).4-9.11), et considère le poème des v. 6-8 «a late exalted account of the unique relationship between Moses and Yahweh».

évident que ces v. 6-8 ne s'intègrent pas au récit du reproche de la mésalliance de Moïse. Le v. 2 introduit le thème de la primauté de Moïse en fait d'inspiration, mais ne constitue pas le début d'un récit. Le commentaire du v. 3 sur l'humilité de Moïse n'en est pas la suite nécessaire et les v. 4-5 se comprennent bien en continuation du v. 1. Considérons le poème en lui-même:

6a) *wy'mr šm'w n' dbry*	Il dit: «Ecoutez donc mes paroles:
b) *'m yhyh nby' bkm*	S'il y a parmi vous un prophète,
bmr'h 'lyw 'twd'	c'est par une vision que je me fais connaître à lui,
bhlwm 'dbr bw:	c'est dans un songe que je lui parle.
7a) *l' kn 'bdy mšh*	Il n'en va pas de même pour mon serviteur Moïse,
b) *bkl byty n'mn hw':*	il est l'homme de confiance pour toute ma maison.
8a) *ph 'l ph 'dbr bw*	Je lui parle bouche à bouche,
wmr'h wl' bhydt	dans l'évidence et non en énigmes,
(wtmnt yhwh ybyṭ)	(il voit la forme de Yahvé).
b) *wmdw' l' yr'tm*	Comment donc n'avez-vous pas craint
ldbr b'bdy bmšh:	de parler contre mon serviteur Moïse?»

Nous observons une construction en structure concentrique comme l'avait déjà remarqué J.S. Kselman, mais selon un schéma différent du sien[21]. Cette structure concentrique comprend deux couples d'opposition en chiasme (AB–B'A'): 6bβγ. >< 8aαβ., encadrant le distique central que constitue le v. 7ab. De plus, les fins de versets correspondent à des pauses dans le poème: la fin du v. 6 marque l'articulation entre le 2e et le 3e distique, soulignée par le *l' kn* au début du v. 7. La fin de ce même v. 7 ménage une nouvelle pause à l'articulation avec le 4e distique. Le v. 7 est donc mis en évidence par la structure concentrique de la pièce dont il occupe le centre et par les pauses qui l'encadrent.

Cette structure laisse de côté le v. 8aγ qui semble bien être un ajout postérieur à la composition du poème, en raison de l'isolement de ce stique, dépourvu de parallèle, mais aussi du passage inattendu à la 3^e

---

21 J.S. Kselman, A Note on Numbers XII,6-8, VT 26, 1976, 500-505, propose la structure suivante:

A	*'m yhyh nby' bkm*
B	*bmr'h lw 'twd'*
C	*bhlm 'dbr bw*
D	*l' kn 'bdy mšh*
D'	*bkl byty n'mn hw'*
C'	*ph 'l ph 'dbr bw*
B'	*bmr'h wl' ḥydt*
A'	*tmnt yhwh ybyṭ*

On objectera à ce schéma que les quatre couples de correspondances fonctionnent chacun sur un type différent de rapport: AA' assonances; BB' opposition; CC' reprise de l'expression *'dbr bw;* DD' parallélisme poétique *kwn – 'mn*. Selon notre analyse, 6a et 8a font intégralement partie du poème.

personne et de la mention du nom de Yahvé dans un discours tenu par Dieu[22]. Nous aurions là une intervention rédactionnelle destinée à expliciter le difficile *wmr'h* du vers précédent. De même, pour des raisons de métrique, nous considérons le *yhwh* à la fin du v. 6b comme inauthentique et adoptons la correction unanimement admise de *nby'km* en *nby' bkm.*

Une fois supprimé le v. 8aγ, le poème apparaît constitué de dix vers de trois pieds, organisés de manière symétrique en deux groupes de cinq, terminés chacun par les mots *'bdy mšh.* Moïse se trouve ainsi mis en évidence par la place centrale du v. 7 de même que par cette expression répétée au milieu et à la fin du poème.

D'un point de vue de critique littéraire, l'attention portée à cette structure a plusieurs conséquences: puisque les v. 6a et 8b font partie de la forme originelle du poème, il faut en conclure que celui-ci fut composé en fonction de son contexte littéraire, sans lequel l'ensemble 6-8 est inintelligible. On ne peut donc souscrire à l'opinion qui veut voir dans ces vers, à la suite de W.F. Albright, un vieux matériau poétique dont on trouverait quelques analogies dans la littérature ougaritique[23]. En fait, ces v. 6-8 répondent à la question posée au v. 2, et on peut retirer l'ensemble constitué par 2.6-8 du reste du chapitre sans en altérer le sens. Au contraire, la distorsion due au double motif de grief contre Moïse disparaît alors, et il ne reste que le thème de l'opposition de Myriam et son châtiment. De plus, comme le remarque L. Perlitt[24], Num 12,2.6-8 semble apporter une correction à Num 11,24 ss. qui place les prophètes aux côtés de Moïse, et suppose donc la présence de 11,24 ss. dans son contexte rédactionnel. L'attribution de ces quelques vers à un document élohiste paraît ainsi exclue, et nous sommes portés à lui attribuer une date de rédaction relativement basse[25], sans doute deutéronomiste[26].

La forme *dbry* (v. 6a) n'est pas attestée antérieurement à Jérémie où on la rencontre fréquemment (cf aussi Dtn 4,10; 18,18 ss.). Parmi les quelques utilisations de *mar'ah*, «vision», la plupart se trouvent dans

---

22 Même opinion chez Noth, Numeri, 85, et L. Perlitt, Mose als Prophet, EvT 31, 1971, 588-608 (p. 594). On ne peut suivre la proposition de Valentin (Aaron, 324 ss.) qui voit au contraire un ajout dans le stique *wmr'h wl' bḥydt*; mais pour garder *bḥydt* dans la forme primitive du poème, il le déplace en 6b, après *bḥlm.*

23 W.F. Albright, Yahweh and the Gods of Canaan, 1968, 37-38, suivi par F.M. Cross, Canaanite Myth and Hebrew Epic, 1973, 203-204; Kselman, VT 26; P.J. Budd, Numbers, WBC 5, 1984, 135. Aucun argument n'est donné par Albright, sinon que «the archaism is clear from the stylistic resemblances (including some repetition) to passages in the Ugaritic Baal Epic. For instance, in both we find successive three-beat cola beginning with »in a dream . . . in a vision» (p. 38).

24 Perlitt, EvT 31, 593-596.

des textes postexiliques, en particulier chez Ezéchiel[27]. L'expression *'bdy mšh* (v. 7a.8b) est caractéristique des écrits deutéronomiques et deutéronomistes[28], et la stature de Moïse est comparable ici à celle évoquée en Dtn 34,10 et dans la tradition sacerdotale (cf Ex 24,15-18a, où il pénètre seul dans la nuée). La problématique n'est en tout cas pas celle des VIIIe-VIIe s., mais se ressent d'une certaine polémique, propre à une époque bien postérieure, exilique ou immédiatement postexilique, alors qu'il convenait d'affirmer le primat de la Torah sur les prophètes[29].

Moïse se trouve mis en valeur par la place centrale du v. 7 encadré par la structure concentrique des v. 6 et 8, ainsi que par la répétition de l'expression «mon serviteur Moïse» au milieu et à la fin du poème. Cette expression contribue à l'opposer aux prophètes, car elle l'établit dans la sphère divine, tandis que les prophètes sont clairement maintenus dans la sphère humaine: «s'il y a un prophète *parmi vous*». A cette différence de statut, correspond une différence dans les modes respectifs de connaissance de Dieu: tandis que Moïse jouit de l'immédiateté de la présence divine, les prophètes n'ont de Dieu qu'une connaissance médiate.

Cette excellence de la figure de Moïse est bien caractéristique des traditions deutéronomiste et sacerdotale, où l'on retrouve cette même idée que «Yahvé parle à Moïse face à face comme un homme parle à son prochain» (Ex 33,11: *wdbr yhwh 'l mšh pnym 'l pnym k'šr ydbr 'yš 'l r'hw*). En Dtn 34,10, si on lui donne le titre de prophète, on précise qu'il n'y en eut jamais «comme Moïse, lui que Yahvé connaissait face à face ... » (*kmšh 'šr yd'w yhwh pnym 'l pnym*). L'expression *pnym 'l pnym* est reprise en Num 12,7 sous la forme *ph 'l ph* et complétée par *wmr'h*, «visiblement», «dans l'évidence», selon le texte massorétique que rien ne nécessite de corriger[30].

Il s'agit ici d'un discours théologique et doctrinal sur la nécessaire médiation ou l'immédiateté de la révélation divine. A la connaissance

---

25 Noth (Überlieferungsgeschichte, 140) note: «Es ist also weit entfernt von ursprünglicher volkstümlicher Überlieferung und vermutlich jünger Herkunft ... » Même opinion chez Coats, Rebellion, 263.

26 Valentin (Aaron, 354-359) l'estime exilique; Blum (Studien, 194-197) l'intègre à la couche de composition dtr du Pentateuque (KD).

27 Gen 46,2; I Sam 3,15; Ez 1,1; 8,3; 40,2; Dan 10,7.8.16.

28 Dtn 3,24; 34,5; Jos 1,1.2.7.13.15; I Reg 8,53.56; II Reg 21,8.

29 Nous rejoignons ici tout à fait les conclusions de Valentin, Aaron, 349 ss.

30 On comprend *wmr'h* comme un part.hiph. de *r'h*, «en montrant», ce qui est bien le contraire de l'énigme. Les fragments de Qumrân 4QNum a et b donnent *bmr'h wl' ḥydt*, lecture suivie par Sam., LXX, Syr.

immédiate que Dieu donne de lui-même (*mr'h*) à Moïse[31] s'oppose une connaissance médiate, et par conséquent énigmatique (*bḥydt*), propre aux prophètes. C'est le sens du v. 8a. Selon le v. 6b, cette révélation de la parole divine aux prophètes est médiatisée, 1° par la vision (*bmr'h*) et, 2° par le songe (*bḥlwm*). En vertu du parallélisme poétique il y a une quasi synonymie entre *bmr'h 'lyw 'twd'* et *bḥlwm 'dbr bw*; l'un et l'autre sont qualifiés ensemble de *ḥydt*. Dans l'usage biblique, la *ḥîdah*, «l'énigme», n'est cependant jamais d'ordre visuel, comme une vision symbolique nécessitant une interprétation, mais désigne toujours une énigme parlée, au sens d'un discours ou d'une sentence à clef[32]. C'est le cas bien connu de l'énigme proposée par Samson à ses convives philistins (Jdc 14,10 ss.); c'est aussi le moyen choisi par la reine de Saba pour tester la sagesse réputée de Salomon (I Reg 10,1).

Dans ses autres attestations, *ḥîdah* est utilisée en parallèle à *mašal* (Ps 78,2; Prov 1,6; Hab 2,6) et Ez 17,2 ss. nous en livre un bon exemple tandis qu'il est dit au prophète: «Propose une énigme, présente une parabole» (*ḥwd ḥydh wmšl mšl*). Le récit qui suit illustre ce genre qui tient à la fois de l'oracle, du discours allégorique, de la parabole et de l'imprécation[33]. C'est bien dans ce sens qu'il faut entendre *ḥîdot* dans notre poème, et si cette acception théologique nous éloigne un peu de l'énigme sapientielle, elle nous oriente vers une conception proche déjà du style apocalyptique. L'allusion est donc ici à une forme de *mašal*, de discours parabolique propre à l'inspiration prophétique et dans lequel la parole divine demeure voilée sous des images, à la différence de la parole transmise «en clair» par la Torah.

Cette parole divine est reçue en *songe* ou en *vision* et si l'élément proprement visuel n'est pas absolument exclu, le songe et la vision désignent ici une perception essentiellement auditive. Dans la construction en chiasme des quatre vers encadrant le verset central, l'expression *'dbr bw* revient deux fois: qu'elle soit médiate ou non, c'est toujours une communication parlée[34]. Néanmoins, ce que nous connaissons du discours allégorique, tel que le pratique Ezéchiel et que semble désigner ici le terme *ḥîdah*, nous permet

---

31 L'initiative vient toujours de Dieu, comme dans le rêve où il «vient», «se montre», etc. Ici, il «parle» ou «se fait connaître», avec la forme hitp. de *yd'* en 6b, rarissime pour décrire une théophanie; cf Gen 45,1, seule autre attestation.

32 Cf H.-P. Müller, Der Begriff «Rätzel» im Alten Testament, VT 20, 1970, 465-489.

33 Ce sens est particulièrement clair en Hab 2,6 ss.

34 En 8a, le *mar'eh*, opposé aux *ḥidôt* des oracles prophétiques, n'implique pas davantage une vision dans ce contexte, mais doit s'entendre adverbialement: «en clair», «dans l'évidence». De ce fait, le vers suivant apparaît bien, une fois encore, comme une glose: expliquant *mar'eh* par *tmnt yhwh ybyṭ*, il accentue le caractère visuel de cette communication divine, essentiellement auditive pourtant dans le sens primitif du texte.

de dire qu'une dimension visuelle reste sous-entendue, non pas au stade de la perception, mais au stade de l'expression du discours, par l'imagerie très riche à laquelle il peut parfois recourir. Il ne s'agit donc pas de songes symboliques vus par les prophètes, encore moins d'oniromancie. Le terme *ḥlwm* paraît désigner ici un mode de perception oraculaire habituel au prophétisme exilique et postexilique, qui ne comprend pas nécessairement des images vues, mais qui s'exprime à travers un langage imagé, allégorique. Il semble que nous soyons ici aux portes de l'apocalyptique, et il serait possible de lire dans ce texte une critique à peine voilée à l'égard de ce genre nouveau qui, se réclamant d'une inspiration prophétique, ne s'exprime qu'à travers les énigmes des songes et des visions[35].

Cette distinction entre une perception «auditive» et son expression imagée, toutes deux signifiées par l'unique signifiant *ḥ^{a}lôm*, devra encore être vérifiée. Comme nous l'avons laissé entendre en introduction, l'hypothèse que *ḥ^{a}lôm* ait pu signifier divers types d'expériences oniriques mérite d'être testée à propos du prophétisme où le terme apparaît si ambivalent. Cela d'autant plus qu'il est situé ici dans une relation de parallélisme quasi synonymique avec la vision (*mar'ah*). On peut certes y voir l'expression de deux formes distinctes et complémentaires de l'inspiration prophétique, l'une «hypnique», l'autre propre à l'état de veille. La première serait-elle plutôt «auditive», la seconde plutôt «visuelle», au stade de la perception, avant de se rejoindre dans une commune imagerie énigmatique du discours? Il est possible que l'auteur de ce texte ait été familier de telles distinctions -nous les retrouverons ailleurs- mais il n'est pas sûr qu'elles soient toujours pertinentes, surtout aux époques plus anciennes.

3. Une parole dans la nuit: I Sam 3.

a) Structure du texte.

Parole «vue», parole «entendue», songe ou vision, l'ambiguïté de ces deux modes de révélation est bien illustrée par ce récit dit de la vocation de Samuel. Songe ou vision? Les deux opinions ont été soutenues, et le débat n'est pas encore clos comme le montre la thèse de R.K. Gnuse[36].

---

[35] Cf A. Lacocque, Daniel et son temps, 1983, 164 ss.

[36] R.K. Gnuse, The Dream Theophany of Samuel. Its Structure in Relation to Ancient Near Eastern Dreams and its Theological Significance, 1984.

Le récit est fort bien composé et constitue, nonobstant la question de l'oracle que nous examinons plus loin, une belle unité narrative. Un certain nombre de mots-clefs et d'articulations permettent d'en dégager la dynamique et la structure. L'introduction est constituée par les v. 1-3; le v. 1, dans une concision remarquable, présente à la fois les trois personnages mis en scène: «Le jeune *Samuel* servait *Yahvé* en présence d'*Eli* ... » ainsi que l'argument du récit: « ... la *parole de Yahvé* était rare en ce temps-là ... ». Puis, les v. 2-3 plantent le décor: c'est la nuit; Eli est couché dans sa chambre, Samuel est couché dans le temple. Eli est presque aveugle, mais la lampe d'Elohim brille encore dans le sanctuaire. Cette indication: «la lampe d'Elohim n'était pas encore éteinte» (3a), est certes une précision chronologique signifiant que la nuit est déjà bien avancée, car on allume la lampe au crépuscule (Ex 30,8), mais elle est également un élément symbolique opposé à la cécité du vieux prêtre.

On rencontre trois mots-clefs dans ce récit: *dbr, škb, qr'*:

dbr, «parler, parole», 15 occurrences: 3 seulement dans la première moitié du texte, au v. 1a pour dire que la parole de Yahvé était rare; en 7b pour préciser qu'elle ne s'était pas encore révélée à Samuel; en 9b, lorsque Eli explique au garçon l'origine de l'appel entendu. Puis, du v. 10 à 4,1a, on le rencontre 12 fois, dont 6 entre 17-18a: la parole de Yahvé jusqu'alors rare, perce avec peine l'obscurité de la nuit et surgit au matin. Cette répartition suit très exactement le développement narratif et témoigne d'une intention théologique précise.

škb, «se coucher», 8 occurrences, dont 7 dans les v. 2-9, et une dernière au v. 15, à l'articulation entre la nuit et le jour. Sa fréquence est exactement inverse à celle de *dbr*; elle scande toute la première moitié du texte, comme pour souligner l'omniprésence de la nuit et de la passivité qu'elle engendre, et dont *škb*, précisément, est l'expression.

qr', «appeler», 11 occurrences, réparties essentiellement dans la première moitié du texte (9 fois). Ce mot-clef en est l'élément dynamique: intervenant à chacun des cinq appels adressés à Samuel (4a.6a.8a.10a.16a), il structure le texte en 5 unités distinctes, articulées entre elles par des versets de transition.

Les trois premières unités se ressemblent, comprenant toutes les mêmes motifs: A) Yahvé appelle Samuel; B) Samuel court vers Eli; C) il s'adresse à Eli; D) celui-ci le renvoie se coucher. Cette identité de structure et d'expressions n'empêche cependant pas la narration de progresser. La transition I (v. 5b), entre la première unité (v. 4-5a) et la 2e (v. 6), est simplement: «et il alla se coucher» (5b: *wylk wyškb*). La transition II (v. 7) entre la 2e et la 3e unité (v. 8-9a) donne l'explication à la réaction de Samuel, qui «ne connaissait pas encore Yahvé, etc», et ménage le développement suivant. La 3e unité comprend encore les quatre motifs A-B-C-D, mais il faut aller chercher le motif D au v. 9a, tandis qu'en 8b est déjà amorcée la grande articulation du texte. On remarque que ces trois unités sont toutes terminées par le mot-clef *škb* (5b.6b.9aα).

Le point décisif du récit se trouve au v. 8b: «Et Eli comprit que c'était Yahvé qui appelait le jeune garçon» (*wybn 'ly ky yhwh qr' ln'r*), et se développe au v. 9a.b par une instruction donnée à Samuel. Ce passage compose la grande articulation du texte, lequel voit ainsi ses cinq unités séparées en deux groupes, constituant les deux parties principales du récit. Dans la seconde partie qui s'ouvre au v. 10, le dialogue sera désormais engagé entre Yahvé et l'enfant. Malgré sa cécité, Eli a encore eu assez de sagesse pour discerner (*byn*) la parole de Yahvé adressée au jeune *nazir*, on passera ainsi des ténèbres à la lumière[37]. Remarquons l'art avec lequel l'auteur accroche ensemble ces v. 8 et 9 en faisant se chevaucher le motif D de la 3e unité et le début de la grande articulation[38].

Cette seconde partie est composée des unités 4 (v. 10-14) et 5 (v. 16-18), introduites chacune par le mot-clef *qr'*, et séparées par le v. 15, qui marque le passage de la nuit au jour. Ces unités 4 et 5 ne comprennent plus les motifs A-B-C-D précédemment utilisés, mais elles sont construites de façon identique à partir d'une interpellation adressée à Samuel et du dialogue qui s'en suit. Le premier dialogue a lieu pendant la nuit entre Yahvé et Samuel, le second se déroule au matin entre Samuel et Eli. On retrouve la symétrie déjà signalée entre le dialogue nocturne ou onirique et son pendant diurne. Un mot-clef nouveau intervient ici et fait le lien entre ces deux dialogues et le verset de transition: 3 occurrences de *ngd* (hiph.) «annoncer, rapporter», aux v. 13a.15b.18a, signifiant ainsi que la fonction prophétique est rétablie.

---

[37] Cf D.W. Wicke, The Structure of 1 Sam 3: An other View, BZ 30, 1986, 256-258, qui présente I Sam 3,1-21 dans le schéma d'une structure concentrique à notre avis pas assez précise. Le v. 8b n'y apparaît pas occuper une position clé, et pourtant Wicke remarque justement: «It is Eli's sudden discernement which is the turning point in the chapter.»

[38] I Sam 3,8-9:

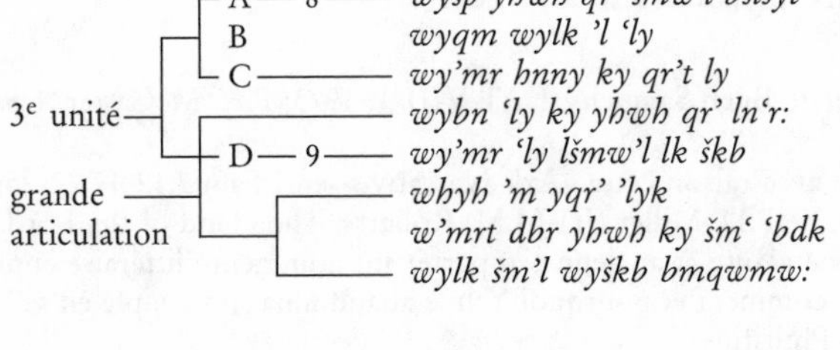
A — 8 — *wysp yhwh qr' šmw'l bšlšyt*
B *wyqm wylk 'l 'ly*
C — *wy'mr hnny ky qr't ly*
3e unité
wybn 'ly ky yhwh qr' ln'r:
D — 9 — *wy'mr 'ly lšmw'l lk škb*
grande articulation
whyh 'm yqr' 'lyk
w'mrt dbr yhwh ky šm' 'bdk
wylk šm'l wyškb bmqwmw:

Comme on le constate, l'ensemble de ce ch. 3 constitue une unité narrative très bien construite, et dont la cohérence interne ne souffre aucune altération. Si l'oracle des v. 11-14 peut apparaître comme le point d'orgue des ch. 1-3, c'est parce qu'il annonce, en référence à la prophétie antérieure d'un anonyme homme de Dieu (I Sam 2,27-36), des événements qui vont s'enchaîner jusqu'à l'avènement de Salomon. Mais cela n'est qu'un effet de perspective dû à l'organisation deutéronomiste de l'ensemble, car si l'on prend garde à la structure de I Sam 3, l'événement principal est davantage la révélation de la parole de Dieu que le contenu de cette parole.

Dans la logique narrative et théologique de l'histoire de Samuel, cette première expérience prophétique du *nazir* de Silo marque la charnière entre un temps d'obscurité et un nouvel ordre des choses; en transformant le jeune *nazir* en un véritable *nabi'*, elle ménage le changement qui interviendra avec le passage de l'institution des juges à la royauté. Le triple appel du garçon n'est donc pas un effet littéraire destiné à mettre en évidence l'importance de l'oracle, mais à travers une progression dramatique calculée, il souligne le laborieux surgissement de la *dabar* divine au sein de l'obscurité.

L'ensemble de I Sam 1-7 constitue les prolégomènes à l'histoire de la royauté: les événements qui mènent à la fin des Elides, à la destruction de Silo, à la capture de l'arche, montrent la nécessité d'un nouvel ordre des choses suscité par Yahvé. On considère que, pour les livres de Samuel, les interventions des rédacteurs deutéronomistes restent discrètes, et on admet l'existence d'unités littéraires importantes dues à une rédaction «prophétique» prédeutéronomiste. Les commentaires de H.J. Stoebe et, plus récemment, de P. McCarter[39], considèrent les éléments propres à l'enfance de Samuel (*i.e.* I Sam 1; 2,18-21.26; 3) comme une composition libre des rédacteurs prédeutéronomistes de l'Histoire de Samuel. Ces éléments intègrent les vestiges d'une tradition sur Silo (H.J. Stoebe) ou, plus vraisemblablement, d'une *Ark Narrative*[40].

Cependant, et même si elle ne peut être encore définitivement résolue par l'affirmative, la question d'une composition entièrement deutéronomiste de ce ch. 3 vaut d'être posée à nouveau[41]. Cette hypothèse présente plusieurs avantages:

---

39 H.J. Stoebe, Das erste Buch Samuelis, KAT VIII/1, 1973; P.K. McCarter, 1 Samuel, AB 8, 1980.

40 McCarter délimite avec raison cette «Ark Narrative» en I Sam 2,12-17.22-25; 4,1b-7,1, suivant l'étude de P.D. Miller (Jr)-J.J.M. Roberts, The Hand of the Lord, 1977. Composition indépendante et ancienne, appartenant à un genre littéraire connu par ailleurs, et relatant comment et pourquoi Yahvé abandonna son peuple en se laissant emmener chez les Philistins.

1° Elle résout le problème de l'oracle des v. 11-14: celui-ci est indispensable à la structure du récit, mais unanimement reconnu deutéronomiste dans sa rédaction actuelle depuis K. Budde[42]; pourquoi le rédacteur deutéronomiste aurait-il remplacé ici un oracle ancien par un doublet édulcoré de 2,27-36? Si l'ensemble de I Sam 3 s'avère de même origine, le contenu de l'oracle a en soi moins d'importance et se comprend par sa simple fonction crochet, qui est de rattacher ce récit à ce qui précède. Comme on l'a vu, la structure du récit ne met pas particulièrement en évidence l'oracle.

2° Elle explique le caractère très neuf du type prophétique auquel Samuel accède dans ce chapitre[43], en comparaison des figures archaïques du juge (I Sam 7), du voyant (I Sam 9) ou du chef de guilde prophétique (I Sam 19,18 ss.) transmises par d'autres traditions. Non seulement il apparaît essentiellement comme un médiateur de la *dabar*, mais, par le double appel de son nom[44] et par sa proximité avec l'arche comme lieu où se manifeste la parole de Dieu[45], il est discrètement placé dans le sillage de Moïse, ce qui ne se conçoit qu'à partir de la conception deutéronomiste de Moïse comme prophète.

3° Elle rend mieux compte enfin de l'indéniable théologie de la parole qui organise l'ensemble de la courbe narrative, ainsi que de la perspective théologique qui associe cet événement à toute l'histoire future de la monarchie davidique.

b) L'initiation d'un *nabî'*

L'analyse de la structure littéraire de I Sam 3 nous oppose d'emblée à la thèse de R.K. Gnuse[46] dans ce qu'elle nie: cette péricope est bel et bien un récit de vocation prophétique. R.K. Gnuse part de

---

41 Cf W. Dietrich (David, Saul und die Propheten, BWANT 122, 1987, 109-130) qui envisage cette possibilité, mais souligne le caractère sacerdotal du récit de l'enfance de Samuel, que dtrH n'aurait alors que fusionné avec l'Histoire de l'arche.

42 K. Budde, Die Bücher Samuel, 1902, 22; P. Dhorme, Les livres de Samuel, 1910, 51; P.R. Ackroyd, The First Book of Samuel, CBC, 1971, 38; McCarter, 1 Samuel, 16; Veijola, Dynastie, 35 ss. Certains admettent un oracle ancien plus ou moins retouché par le rédacteur dtr: Noth, VT 13, 393; J. Dus, Die Geburtslegende Samuels (1. Sam 1), RSOr 43, 1968, 163-194; Stoebe, Samuel, 86.

43 Seul endroit ou il est appelé *nabî'*.

44 Cf C.J. Labuschagne (qr' – rufen, THAT II,673) qui fait remarquer que *qr'* avec Yahvé comme sujet, et signifiant un acte par lequel il établit un contact, a exclusivement Moïse comme objet dans le Pentateuque, et Samuel dans l'histoire dtr.

45 Ex 25,22; Num 7,89.

46 Gnuse, Dream Theophany; thèse résumée dans: A Reconsideration of the Form-Critical Structure in 1 Samuel 3: An Ancient Near Eastern Dream Theophany, ZAW 94, 1982, 379-390.

la constatation facile qu'il est impossible de faire entrer le texte de I Sam 3 dans le schéma des récits de vocation prophétique établi par N. Habel[47]. S'appuyant ensuite sur la forme caractéristique des récits de songes à message mise en évidence par L. Oppenheim, il veut montrer que I Sam 3,2-15 correspond parfaitement, du moins au niveau de la rédaction prophétique, à «an auditory message dream theophany».

Les analyses formelles postérieures de G. Del Olmo Lete et de W. Vogels ont cependant complété l'étude trop restrictive de N. Habel et montré que, si l'on veut parler d'un genre «vocation de prophète», on doit compter avec une multiplicité de schémas narratifs[48]. Même si, formellement, I Sam 3 diffère passablement des récits de vocation de Moïse, Gédéon ou Isaïe – et il apparaît bien unique en son genre, – on ne peut nier qu'il s'agit d'un «appel», ne serait-ce que par l'omniprésence du mot-clef *qr'* (11 emplois)[49]. Comme on l'a vu, ce terme concoure à la dynamique du récit grâce à ce binôme cinq fois répété: appel + réponse. La progression se manifeste essentiellement dans la qualité de la réponse: d'abord aberrante (dans les trois premières unités), puis attentive (4e unité, v. 10-14), enfin éclairée (5e unité, v. 16-18). L'absence de l'envoi en mission peut certes se comprendre en considérant que Samuel est une figure de transition entre le voyant et le prophète de l'époque monarchique, mais, plus simplement encore, en dégageant ce que ce récit a de spécifique.

Ce qui le distingue en effet des autres récits du même genre, c'est qu'en plus de l'appel, il rapporte une *initiation*. L'initiation du jeune *nazir* par le vieux prêtre (v. 9) constitue, du point de vue de la structure, l'articulation centrale du récit et, quant au fond, une sorte de passation de pouvoir entre le sacerdoce de Silo décadent et usé, et un prophétisme encore peu assuré de sa mission. On n'a pas assez souligné l'importance capitale pour l'histoire du prophétisme de cette indication, certes succincte, mais sans doute révélatrice d'un important élément dans le fonctionnement de l'institution. La brièveté du récit nous prive de tout détail, mais laisse clairement entendre qu'à l'appel

---

47 N. Habel, The Form and Significance of the Call Narratives, ZAW 77, 1965, 297-323.

48 G. Del Olmo Lete, La vocación del líder en el antiguo Israel: Morfología de los relatos biblicos de vocación, 1973, 135-145, qui classe I Sam 3 parmi les «relatos atipicos de vocación profetica»; W. Vogels, Les récits de vocatión des prophètes, NRT 95, 1973, 3-24.

49 Gnuse fait porter son étude essentiellement sur les v. 2-15; or, l'introduction (v.1) et la conclusion (v.19a.20b) se font écho: à la parole rare (*yqr*) succède une parole qui se révèle (*ky nglh*). Ce contraste entre «avant» et «après» souligne l'évènement intermédiaire: l'appel.

divin pouvait s'ajouter un enseignement plus pratique concernant la manière d'entendre cette parole.

Si nous croyons pouvoir parler ici d'initiation, c'est uniquement en ce sens qu'il y a, visiblement, transmission d'un savoir de maître à disciple, sans induire, dans le cas présent, l'existence d'un cérémonial particulier. Ce savoir est initiatique, car il transforme le néophyte en un être nouveau: désormais il sera prophète. L'initiation commencée de nuit s'achève d'ailleurs au matin, quand Eli contraint Samuel à transmettre la parole entendue sans en rien cacher (v. 16). Le néophyte est ainsi guidé dans les deux phases du processus prophétique qui fait de lui un médiateur: entendre-proclamer.

Bien plus, c'est l'ensemble de la péricope qui suggère la signification initiatique de l'événement. Selon les observations pertinentes de J.G. Janzen[50], l'indication donnée au v. 15a: «Et Samuel resta couché jusqu'au matin, puis il ouvrit les portes du temple de Yahvé», fait écho à la situation décrite au ch. 1,1-20: le premier oracle de Samuel délivré devant les portes du temple et annonçant à Eli la fin de sa descendance, répond à l'oracle de ce même Eli, donné devant ces mêmes portes, et annonçant à Anne une descendance prochaine. Il y a, de plus, un parallélisme entre la stérilité de Anne et l'absence de la parole de Yahvé en Israël: Yahvé avait «*fermé* le sein» de Anne (1,5.6: *wyhwh sgr rḥmh*) et c'est Samuel qui l'*ouvrira*[51], prémice d'une nombreuse progéniture (2,21); de même, une ère nouvelle commence par l'ouverture de ces portes au matin et la venue au jour de la *dabar*. Samuel donc, comme il a ouvert le sein de sa mère, ouvre les portes du sanctuaire, et ce geste peut être lu dès lors comme significatif d'une seconde naissance.

Peut-on également parler d'*incubation* à propos de ce passage, comme le suggère prudemment L. Oppenheim? Après avoir rappelé la relative rareté des descriptions d'incubation dans les sources proche-orientales, il mentionne le songe du prêtre d'Ishtar et I Sam 3 comme des cas particuliers de révélations oniriques *non provoquées*, perçues dans un sanctuaire et qualifiées de ce fait d'incubation[52]. Mais l'incubation est une forme ritualisée de sommeil et à ce titre elle implique une intention; on ne saurait donc parler d'incubation involontaire.

---

[50] J.G. Janzen, Samuel Opened the Doors of the House of Yahweh, JSOT 26, 1983, 89-96; M. Fishbane, 1 Samuel 3: Historical Narrative and Narrative poetics, Literary Interpretation of Biblical Narratives II, 1982, 191-203.

[51] Le voeu d'Anne de donner l'enfant au service du sanctuaire évoque la législation de Ex 13,2 sur la consécration des premiers-nés.

[52] Oppenheim, Dreams, 187-188; texte du songe du prêtre d'Ishtar p. 249, nº 10, et dans ANET 606.

Il est évident que le jeune Samuel ne dormait pas dans le sanctuaire avec l'intention d'entendre la parole de Dieu[53]. Pourtant, dès lors qu'il fut averti par Eli de l'origine divine de la voix entendue, Samuel semble bien dormir dans l'attente d'un nouvel appel[54]. Encore une fois, il convient de suppléer à la brièveté du récit de I Sam 3 en comprenant que le v. 9 fait allusion à une véritable initiation de Samuel à une technique prophétique: le vieux prêtre lui enseigne comment «entendre» la *dabar*. En le renvoyant dormir, c'est bien dans l'espoir que la visite de Yahvé se renouvellera; ce dernier sommeil n'est dès lors plus tout à fait innocent, et les mots: «parle, ton serviteur écoute», signifient et résument, selon nous, une technique d'autoconditionnement à la réception d'un oracle dans le sommeil. En ce sens, il est possible de parler ici d'une forme d'incubation spécifique à la pratique prophétique, et que l'on se gardera d'identifier à l'incubation décrite dans les sanctuaires hellénistiques.

On pourrait considérer, compte tenu de notre analyse narrative, que «la nuit» a ici une signification davantage symbolique (associée à l'absence de parole et de vision) que technique. Quelques indications éparses laissent pourtant bien entendre que des prophètes entendaient la parole divine la nuit: ainsi de Samuel (I Sam 15,16) et de Natan (II Sam 7,3-4). On peut remarquer que, dans l'histoire deutéronomiste, cet oracle de Natan, entendu pendant la nuit, assure la même fonction que la seconde révélation onirique accordée par Dieu à Salomon (I Reg 9):

- La prophétie de Natan, qualifiée de *ḥizzayôn* (II Sam 7,17), fait suite à l'introduction de l'Arche à Jérusalem (II Sam 6) et précède la grande prière de David (II Sam 7,18-29).
- La seconde apparition de Dieu à Salomon, «comme il lui était apparu à Gabaon» (I Reg 9,2b: *k'šr nr'h 'lyw bgb'wn*), suit l'introduction de l'Arche dans le temple nouvellement construit (I Reg 8), et répond, cette fois-ci, à la prière de Salomon (I Reg 8,22-53).

Ces deux prophéties ont, quant au fond, la même dimension dynastique, mais transmises de façons différentes: tandis que David a recours à un prophète, Salomon est réputé posséder lui-même le

53 Ehrlich (Traum, 45 ss.) refuse pour cette raison de considérer I Sam 3 comme un cas d'incubation: «Es handelt sich zwar um eine Art Traumorakel durch die Gottheit. (...) Obwohl die Traumoffenbarung im Tempel stattfindet, handelt es sich um keine Inkubation!» (p. 48).

54 Del Olmo (La vocación, 141) remarque bien au passage: «Le instruye para que «vaya y duerma» (...), es decir, que espere la revelación en el sueño según la tecnica de la «incubatio». Se trata de una iniciación al diálogo teofánico.»

charisme visionnaire. Pour ce dernier, la révélation a bien lieu dans le rêve, pour Natan, il s'agit d'une «vision de la nuit». Il se peut cependant que cette différence ne soit pas simplement le fait d'un flou sémantique, mais bien l'indice d'une spécificité de l'onirisme prophétique qu'il nous faut maintenant examiner de plus près.

4. L'onirisme prophétique entre le songe et la vision

En plus du caractère non rituel de la scène et de la spontanéité de l'apparition de Yahvé, ceux qui refusent de voir une incubation en I Sam 3 posent une question de fond: s'agit-il au moins d'un songe? Le terme *ḥ^{a}lôm* n'apparaît jamais, alors que le mot «parole» est omniprésent, mis en parallèle même avec la «vision» (*ḥazôn*) au v. 1b, et que l'ensemble (venue de Yahvé + oracle) est qualifié de *mar'ah*, autre terme pour la vision, au v. 15b. De plus – et c'est la principale objection avancée par ceux qui nient l'existence du songe en I Sam 3 – le dormeur est réveillé par Dieu. Il se pourrait alors que nous ayons affaire, strictement, à une «vision».

Samuel, certes, est réveillé par l'appel entendu et, trois fois, il se rend vers Eli. Mais quand a réellement lieu la théophanie, dans la seconde partie du récit, il n'est plus question d'un mouvement du garçon, seulement d'une réponse signifiant une attitude attentive: *wy'mr hnny* (v. 16). R. Gnuse a parfaitement raison d'insister sur ce point bien connu des théophanies oniriques en d'autres traditions: le dieu, survenant dans le rêve, *éveille* le dormeur, ce qui ne signifie pas une sortie du sommeil à proprement parler, mais l'accès à un état spécifique de conscience *dans le sommeil*[55]. Le caractère crucial du v. 9 apparaît encore une fois: le garçon a tout d'abord cru que l'appel était «extérieur»; l'explication du vieux prêtre va lui faire identifier la véritable origine de la voix et l'initier, pouvons-nous penser, à cette forme particulière de conscience dans le sommeil.

D'autre part, la venue même de Yahvé (v. 10) est décrite dans les termes propres à la théophanie onirique des sources akkadiennes. Si le verbe *bw'* est commun dans l'Ancien Testament pour signifier une

[55] Etat de conscience signifié de façon très suggestive par l'égyptien *rswt*, «rêve», de la racine *r(j)s*, «veiller» (*Wb* II, 452, 1-4), «le rêve étant considéré comme un état de veille pendant le sommeil» (P. Vernus, LÄ VI, 745, s.v. Traum, 1986). Cf aussi H. Bonnet, s.v. Traum, Reallexikon der aegyptischen Religionsgeschichte, 1952, 835-838. En hébreu, l'exclamation du dormeur *hnny*, en réponse à l'appel reçu, pourrait signifier également cet «éveil» (cf Gen 31,11 et 46,2). Sach 4,1, dans un contexte visionnaire, mentionne cet éveil particulier provoqué par l'ange, et qu'il compare (mais sans l'identifier!) à l'éveil d'un homme hors de son sommeil (*k'yš 'šr y'wr mšntw*).

théophanie, y compris dans le rêve, la forme hitp. de *yṣb* (*wytyṣb*) est, dans ce contexte, un hapax biblique. Jamais, en dehors de ce passage, on ne trouve cette forme avec Dieu comme sujet. L'expression complète, «Yahvé vint et se tint présent» (*wyb' yhwh wytyṣb*) semble en revanche reproduire textuellement la forme akkadienne *irubâmma itazziz* qui décrit le surgissement soudain de la divinité dans le rêve: «il entra et se tint présent»[56]. Elle n'est pas non plus sans rappeler l'expression décrivant la théophanie dans le rêve de Gen 28: «voici que Yahvé se tenait près de lui» (v. 13: *whnh yhwh nṣb 'lyw*), avec la forme niph. de la racine voisine *nṣb*. Ainsi, même si le mot *ḥ^{a}lôm* n'apparaît pas, et malgré l'absence d'indication concernant l'éveil au matin – dont on a vu l'importance en d'autres récits de songes – on peut raisonnablement penser que la théophanie de I Sam 3 a bien eu lieu dans le rêve.

Cependant, l'absence du mot *ḥ^{a}lôm*, l'usage de termes désignant la vision (*ḥazôn* et *mar'ah*), ainsi que l'insistance portée sur la *dabar*, nous conduit à nous interroger une fois de plus sur le type d'expérience onirique évoquée ici, et sur ses rapports avec les visions prophétiques. Le corpus des prophètes «écrivains» compte vingt-deux récits de visions[57], auxquels il convient d'ajouter les deux visions de Michée ben Yimla (I Reg 22,17.19-23). Ces récits ont, globalement, une structure identique, distincte de la structure des songes allégoriques en ceci qu'elle comporte, en plus de la vision proprement dite, un dialogue entre le visionnaire et Dieu (ou un ange apparu dans la vision), ainsi qu'une parole prophétique. Tandis que le genre littéraire «songe» traite séparément et différemment les visions symboliques et les paroles prophétiques (ce qui amène à distinguer entre rêves visuels et rêves auditifs), le genre «vision prophétique» mêle en un même récit ce qui est vu et ce qui est entendu, l'allégorie, son interprétation et le message.

Ces récits de visions constituent donc un genre bien défini, malgré la grande diversité qu'on y observe[58]. La question se pose pour nous de

---

[56] Ainsi dans les rêves du *Ludlul bêl nêmeqi* (III:13: *[ ]it-ta-zi-iz*); cf W.G. Lambert, Babylonian Wisdom Literature, 1960, 48.

[57] Amos (7,1-3; 7,4-6; 7,7-9; 8,1-3; 9,1-4), Isaïe (6,1-11), Jérémie (1,11-12; 1,13-16; 24,1-10; 38,21-22), Ezéchiel (1,1-3,15; 8-10 + 11,22-25; 37,1-14; 40-48), Zacharie (1,7-17; 2,1-4; 2,5-17; 3,1-10; 4,1-6; 5,1-4; 5,5-11; 6,1-8).

[58] On trouve divers essais de classement typologique: F. Horst, Die Visionsschilderungen der alttestamentlichen Propheten, EvT 20, 1960, 193-205: Anwesenheitsvisionen – Wortsymbolvisionen – Geschehnisvisionen; J. Lindblom, Prophecy in Ancient Israel, 1963, 122-123: Pictoral visions – dramatic visions – symbolic perceptions – literary visions; B.O. Long, Report of Visions among the Prophets, JBL 95, 1976: Oracle visions – word dramatic vision – revelatory mysteries vision; C. Jeremias, Die Nachtgesichte des Sacharja, FRLANT 17, 1977: Symbolvisionen – Situationsvisionen.

leur relation avec le songe, du fait que celui-ci peut être parfois qualifié de «vision de la nuit» (*ḥzwn lylh*), que certaines de ces visions sont censées avoir été effectivement vues pendant la nuit (telles celles du Proto-Zacharie), et que, enfin, le poème précédemment étudié de Num 12, 6-8 mentionne côte à côte *mar'ah* et *ḥ^{a}lôm* comme moyens par lesquels Dieu s'adresse aux *nebi'îm*. On peut remarquer une analogie formelle entre les récits de songes et les visions, et considérer comme vraisemblable que la forme littéraire «songe + interprétation» ait été le prototype des récits de visions.

Dans cette collection de 24 visions prophétiques, la perception visuelle est exclusivement signifiée par la racine *r'h* «voir» et ses dérivés; jamais n'intervient *ḥzh*, pourtant si fréquent dans le contexte prophétique. D'autre part, *r'h* niph. est, principalement dans le Pentateuque, le verbe signifiant la théophanie de Yahvé (jamais avec Elohim)[59]. S'agissant de songes, l'usage des verbes «voir», *ḥzh* et *r'h*, est très rare, il semble même exceptionnel. En plus de I Reg 3,5 (où ce n'est pas le rêveur qui «voit», mais Dieu qui «se fait voir»), on ne rencontre *r'h* qu'en Gen 31,10-11 et 41,22. Dans ce dernier cas, le pharaon rapporte à Joseph ce qu'il a vu dans son second rêve et cet usage reste un hapax sur lequel nous reviendrons. En Gen 31,10-11, comme nous l'avons montré plus haut, nous avons affaire à un songe entièrement fabriqué sur le modèle des visions du Proto-Zacharie; rien d'étonnant donc à ce que nous y trouvions la racine *r'h*, caractéristique du vocabulaire de ces visions prophétiques.

Quant à *ḥzh*, on le rencontre associé au songe uniquement sous ses formes nominales dérivées *ḥazôn* ou *ḥèzyôn*. L'expression synonymique tendant à expliquer *ḥ^{a}lôm* par «vision de la nuit» (*ḥzwn lylh*) revient trois fois dans la Bible, dont deux pour assimiler le songe à ce qui est éphémère et sans consistance (Jes 29,7; Job 20,8), et une pour décrire l'expérience d'une rencontre avec Dieu (Job 33,15); en Job 7,14, *ḥèzyôn* est mis en parallèle à *ḥ^{a}lôm*. En dehors d'elles, jamais il n'est question de *ḥzh* quand le rêve est explicitement mentionné.

L'analyse sémantique de ces termes est délicate et doit compter avec une relative fluidité de leurs usages comme l'ont constaté plusieurs études sur ce sujet[60]. Il est cependant une observation statistique bien connue à propos de *ḥzh* «voir»: 86 des 115 passages où la

---

59 Gen 12,6-7; 17,1-2; 26,24; 35,9-10; 48,3-4; Ex 3,2; 6,3; 3,16-17; Jdc 13,21-22; I Reg 3,5; 9,2. L'autre terme décrivant la théophanie est *bw'*, mieux attesté que *nr'h* dans l'ensemble des texte bibliques, et indifféremment utilisé avec Yahvé ou Elohim. On le rencontre quatre fois à propos du rêve: Gen 20,3; 31,24; Num 22,9.20.

60 A. Jepsen, s.v. *ḥazah*, TWAT II, 1977, 822-835; H.F. Fuhs, Sehen und schauen. Die Wurzel hzh im alten Orient und im Alten Testament, 1978; D.L. Petersen, The Roles of Israel's Prophets, JSOTS 17, 1981.

racine est attestée dans le texte hébreu de la Bible sont en relation avec le prophétisme. A. Jepsen défend l'origine araméenne de ce terme, introduit dans le vocabulaire hébreu en même temps que s'opérait la fusion entre le prophétisme extatique cananéen et le prophétisme visionnaire araméen[61]. H.F. Fuhs défend au contraire l'origine cananéenne de *ḥzh*, s'attachant à démontrer qu'un certain nombre d'attestations sont bien antérieures à l'exil – et donc à la période de forte influence araméenne[62]. Il insiste sur l'ancienneté – à notre avis fort douteuse – des 3e et 4e oracles de la péricope de Balaam[63] pour illustrer des usages hébreux anciens. Outre ce que ce genre d'argument peut avoir de fragile, l'inscription de Deïr 'Alla semble plutôt donner raison à A. Jepsen, qui, du même passage des Nombres tirait la conclusion inverse: une des plus anciennes attestations de *ḥzh* dans la Bible se réfère à un prophète araméen, donc son origine est prophétique et araméenne.

Quoiqu'il en soit, l'examen des usages de la racine dans le contexte prophétique semble confirmer les conclusions de A. Jepsen: ce terme ne désigne pas, en hébreu, une vision proprement dite, mais la perception d'une parole prophétique à la faveur de la nuit. De fait, à l'époque tardive, l'utilisation de *ḥzh* dans le travail d'édition des collections prophétiques, notamment dans les titres, témoigne de l'aboutissement d'un processus faisant de *ḥazôn* un équivalent de *dabar* (Ob 1; Nah 1,1) et au terme duquel la parole (*dabar*) aussi bien que l'oracle (*maśśa'*) sont «vus» (*ḥzh*), c'est-à-dire objets de révélation (Am 1,1; Hab 1,1; Mi 1,1; Jes 1,1; 2,1; 13,1), sans élément visuel particulier.

A la fin de la période du prophétisme hébreu cependant, *ḥzh* semble avoir regagné dans son champ sémantique – sans doute sous l'influence de l'araméen – les phénomènes proprement visuels. On le retrouve dans le fameux oracle de Joël 3,1, où on lit, à la place de la construction paronomastique *ḥzynwt yḥzw* une tournure inattendue: *ḥzynwt yr'w*. Le songe et la vision sont mentionnés dans ce passage, sans doute en référence à Num 12,6-8, en tant que manifestations caractéristiques de la prophétie. Mais on peut se demander si les visions en question sont vues, ou bien seulement entendues; autrement dit, si par *ḥazyônôt*, il faut entendre de simples oracles ou de véritables visions allégoriques, du type de celles décrites en Amos, Jérémie, Ezéchiel ou Zacharie par le terme *mar'ôt*.

---

61 A. Jepsen, Nabi. Soziologische Studien zur alttestamentlichen Literatur und Religionsgeschichte, 1934, 43-56, et TWAT II, 822-835.

62 Fuhs, Sehen, 70 ss.

63 *Ibid.* 109-167.

Dans le texte hébreu de Daniel, «voir» se dit exclusivement *r'h* – détail remarquable dans un texte aussi proche de l'araméen – tandis que *ḥazôn* désigne, au ch. 8, la vision symbolique, contrairement à l'usage des prophètes classiques. Ainsi le visionnaire «regarde la vision» (8,15: *br'ty 't ḥzwn*) ou «regarde dans la vision» (8,2: *w'r'h bḥzwn*); et «la vision apparaît» (8,1: *ḥzwn nr'h 'ly*)[64]. On retrouve donc en Dan 8 la même combinaison *ḥzwn r'h*, «voir une vision», qu'en Joël 3,1, et c'est bien en ce sens qu'il faut comprendre ce dernier: les *ḥazyonôt* en question sont des visions *vues*, comme l'étaient les *mar'ôt* des prophètes, et comme le seront les visions des apocalypticiens. Joël semble être à la charnière entre l'acception prophétique ancienne de *ḥzh* et son nouvel usage dans l'apocalyptique.

A. Jepsen, tout en soutenant la double origine du prophétisme israélite, qui fusionna la technique cananéenne de l'extase et la tradition araméenne de la vision, affirme qu'il n'y a plus aucune distinction dans le prophétisme classique entre le *nabi'* et le *ḥozeh*: les deux termes sont devenus synonymes et ne désignent pas des groupes sociologiquement distincts. H.F. Fuhs, on l'a dit, tente au contraire de démontrer: 1° l'origine cananéenne de la racine *ḥzh*, et, 2° la permanence, tout au long de la période prophétique en Israël, d'une tradition visionnaire. Le *ḥozeh* n'est pas un prophète cultuel, ni un prophète de cour; il ne relève d'aucune institution et n'appartient à aucune entité sociologique, il serait un prophète doué d'un charisme particulier. A époque ancienne, tous les *ḥozîm* sont des *nebi'îm*, mais tous les *nebi'îm* ne sont pas des *ḥozîm*. Ce «plus» charismatique, particulier à certains prophètes, les rendrait capables d'une expérience directe du divin, d'une contemplation immédiate de Dieu (désignée par *ḥzh*), antérieure à toute autre vision (désignée par *r'h*). Cette

---

64 Un examen attentif des usages de *ḥzh* et *r'h* dans le texte hébreu de Daniel amène aux constatations suivantes: *ḥzwn* semble être le terme technique désignant une vision symbolique, laquelle «apparaît» (*nr'h* 8,1); on la «regarde» (*r'h* 8,1.2.3.4.6.7.15) comme un tableau, comme quelque chose d'objectif ne suscitant aucune émotion chez le visionnaire. A deux endroits (8,16-17.26), des exigences de style le mettent en parallèle avec *mr'h*, que l'on peut alors comprendre, de façon moins technique, «ce qui a été vu». En revanche, *mr'h* désigne, de façon tout aussi spécifique, l'apparition de l'être de lumière (10,1.7.8.16), de l'ange, qui donne au visionnaire l'intelligence du *ḥazôn* (8,17), ou lui révèle une parole concernant l'avenir (10-12). Dan 10,1 n'annonce d'ailleurs pas une vision, mais une parole (*dbr*), dont l'intelligence (*bynh*) sera donnée «par l'apparition» (*bmr'h*). Cette apparition (*mr'h*) établit avec le visionnaire un contact quasi physique (au contraire de la vision, *ḥzwn*): elle vient (8,17: *bw'*), se tient debout (8,15: *'md*), lui parle, le touche, le rassure, après avoir provoqué en lui un effroi caractéristique (8,17-18.27; 10,7-19). *Mr'h* et *ḥzwn* désignent donc deux phénomènes distincts quant à leurs contenus objectifs (apparition d'un être divin ou vision symbolique), et quant à l'effet subjectif produit sur le visionnaire.

tradition visionnaire serait perceptible chez Michée, Amos, Isaïe, et remonterait bien avant la période israélite, telle qu'on peut la saisir dans les 3e et 4e oracles de Balaam (Num 24) et dans les lettres de Mari[65].

La thèse de H.F. Fuhs est en réalité difficilement démontrable; elle est davantage un postulat herméneutique qu'un constat statistique. Conclure que *ḥzh* engendre un champ sémantique bien défini autour de l'expérience prophétique de la contemplation divine est certes séduisant, mais repose sur une base scripturaire finalement assez faible: Ex 24,9-11; Num 24; Am 1,1; Jes 1,1; Mi 1,1[66]. Sans vouloir nier l'existence d'un charisme visionnaire tel que l'entend H.F. Fuhs, on peut se demander si *ḥzh* en était réellement la seule expression. Dans la grande vision d'Isaïe, précisément, on ne rencontre que *r'h*, et *nr'h* est un des verbes clefs de la théophanie.

De ces recherches, nous retiendrons que *ḥzh* ne signifie pas, dans le prophétisme, une vision «vue», que ce soit une théophanie ou une vision allégorique, car alors on rencontre exclusivement la racine *r'h* et ses dérivés. Cependant, même s'il n'est jamais question d'images dans l'expérience prophétique décrite par *ḥzh*, le champ sémantique de cette racine s'organise pourtant bien autour d'une perception sensorielle. Sans aller jusqu'à parler d'une contemplation divine («Gott schauen») avec H.F. Fuhs, mais accordant la même importance que A. Jepsen[67] à I Sam 3,1, nous dirons que *ḥazôn* décrit la perception d'un contact, essentiellement auditif, associé dans certains cas à l'expérience d'une particulière proximité de la divinité: «Et Yahvé vint et se tint présent» (I Sam 3,10: *wyb' yhwh wytyṣb*). Celle-ci n'apparaît sous aucune forme visible, mais sa présence est perceptible dans une sorte d'immédiateté presque palpable, et elle se manifeste par une parole. Si une telle expérience est à l'origine du *ḥazôn* prophétique, on comprend alors qu'on ait pu écrire: «Parole que N. a vue» (*dbr 'šr N ḥzh*: Mi 1,1; Hab 1,1; Am 1,1; Jes 2,1; 13,1), où *ḥzh* veut rendre cette forme de révélation où Dieu est, d'une certaine manière, présent à sa parole.

D'autre part, il semble bien qu'il faille distinguer, d'après notre commentaire de Num 12,6-8, entre la perception de la parole divine et sa proclamation, l'une et l'autre désignées par la même racine *ḥzh*. Si la «vision» du prophète est davantage d'ordre auditif, son

---

65 Fuhs, Sehen, 307-313.

66 Fuhs (Sehen, 218-219) a bien de la peine à isoler quelques fragments d'un genre littéraire propre à cette tradition visionnaire ancienne, le «Seherspruch». Il identifie ainsi quelques reliques: Num 24,3b.4c.5ab; 24,15b.16c.17; Jes 6,1 ss.; Am 1,1; 9,1; Mi 1,1.3.4. Mais tous ces passages sont en réalité tardifs.

67 Jepsen, TWAT II, 825.829.

expression verbale devient, après l'exil, de plus en plus imagée, visionnaire, et donc énigmatique. Le songe de Jacob chez Laban atteste que le rapprochement semble ainsi avoir été facilité entre le rêve symbolique et la vision prophétique, laquelle exigera également, dès l'apocalyptique, le recours à une interprétation.

Chapitre II
Les songes du mensonge

Les principales allusions au songe dans le corpus prophétique se trouvent dans des textes relevant de la polémique contre les faux prophètes. C'est dire que l'information transmise dans un tel contexte ne peut guère être objective, et qu'il importe de bien cerner ce qui fait réellement l'objet de la critique. La question des faux prophètes a suscité une abondante littérature que nous n'entendons pas examiner ici; J.L. Crenshaw[1] a discuté les opinions antérieures dans son étude consacrée au sujet, et F.L. Hossfeld et I. Meyer[2] ont repris l'analyse des textes, tentant de dégager la réflexion théologique à laquelle ne pouvait manquer de donner lieu un tel phénomène. La plupart des travaux consacrés à ce sujet se sont posé la question des critères à partir desquels les «vrais» prophètes ont jugé «fausse» la prophétie de leurs adversaires. Parmi ces critères, les modes d'inspiration, les techniques par lesquelles ces prophètes prétendent connaître les desseins divins, ne semblent pas avoir tenu une place importante[3].

Pendant cette crise, la «vision» (*ḥazôn*) a été soumise à la même critique que le rêve chez Jérémie et Ezéchiel, et pour des raisons identiques. Les visions des faux prophètes sont trompeuses (*ḥzh šw'*: Ez 13,6.7.23; 21,34; 22,28), parce que Yahvé ne leur a pas parlé (Jer 14,14b): «ils disent la vision de leur coeur qui n'est pas de la bouche de Yahvé» (Jer 23,16b: *ḥzwn lbm ydbrw l' mpy yhwh*). La «vision» n'est pas décriée en elle-même, mais en raison de son origine estimée purement humaine chez ces prophètes, et non divine. Le terme garde d'ailleurs, chez Ezéchiel, le sens positif d'une prophétie d'événements futurs (Ez 12,22-24.27), et de même chez Habaquq (2,2-3). Des allusions à la «vision trompeuse» (*ḥzwn šw'*) apparaissent dès Isaïe et Michée dans les textes polémiques, bien avant la question du songe, qui n'entre en lice qu'avec Jérémie. Antérieurement à celui-ci, et mis à part ceux qui prophétisent au nom de dieux étrangers, la

---

1 J.L. Crenshaw, Prophetic Conflict, BZAW 124, 1971.

2 F.L. Hossfeld-I. Meyer, Prophet gegen Prophet. Eine analyse der alttestamentlichen Texte zum Thema: Wahre und Falsche Propheten, 1973.

3 G. Münderlein, Kriterien wahrer und falscher Prophetie 1979².

fausse prophétie est essentiellement caractérisée comme une parole de complaisance de la part des voyants envers ceux qui les sollicitent (Mi 3,5-7; Jes 30,10).

1. La position du Deutéronome

La législation concernant les prophètes, transmise et commentée par Dtn 18, ne mentionne pas le songe parmi les pratiques divinatoires interdites (v. 10-11). Le texte primitif, repris par le rédacteur deutéronomique, ne concernait que les présages (*qsm qsmym*), les sorts (*wḥbr ḥbr*) et la nécromancie (*drš 'l hmtym*); à quoi une rédaction deutéronomiste ajouta la pratique de l'incantation (*m'wnn*), de la divination (*mnḥš*), de l'évocation des esprits (*š'l 'wb*). Enfin, une glose rédactionnelle, semble-t-il, compléta encore la série par la magie (*mkšp*). Ainsi la liste paraît vouloir épuiser, au fil des relectures, les diverses formes de sorcellerie et de divination condamnées par la Loi.

L'absence du rêve est par conséquent significative dans un tel contexte: le code deutéronomique ne le considère pas comme une abomination. Si, à toutes ces pratiques, le code oppose le *nabî'*, dans la bouche duquel Yahvé mettra ses paroles (v. 18), son argumentation pour distinguer le vrai du faux prophète reste faible (v. 21-22): seule la réalisation de la prédiction atteste qu'elle fut réellement annoncée au nom de Yahvé[4]. Au demeurant, bien que le prophète soit assimilé à Moïse et apparaisse ainsi comme médiateur de l'alliance (v. 15.18), c'est uniquement sa fonction de prédire l'avenir qui est envisagée. Quant aux techniques utilisées, la voie par laquelle Dieu se révèle à lui, le code n'en dit rien. On se trouve ici au même stade de réflexion que dans l'histoire primitive de Michée ben Yimla (I Reg 22,5-28*) avant l'adjonction de la seconde vision (v. 19-23).

C'est à propos de l'idolâtrie que le songe est mentionné en Dtn 13,2-6, presque incidemment. Ce ch. 13 cite et commente trois lois anciennes, vraisemblablement tombées en désuétude, concernant l'apostasie[5]. Parmi les diverses personnes qui sont susceptibles d'entraîner le peuple vers des dieux étrangers, le code commence par les prophètes, car, pour des raisons évidentes, leur parole est particulièrement redoutable. Comme pour le ch. 18, nous suivons l'analyse de critique littéraire de R.P. Merendino[6]:

---

[4] Cf Crenshaw, Conflict, 49-52; Münderlein, Kriterien, 107-109.

[5] Cf J. L'Hour, Une législation criminelle dans le Deutéronome. Bib, 44, 1963, 1-28.

[6] R P. Merendino, Das deuteronomische Gesetz. Eine literarkritische, gattungs- und überlieferungsgeschichtliche Untersuchung zu Dtn 12-26, BBB 31, 1969, 61 ss.; G.

Dtn 13,2-6:
2) S'il surgit au milieu de toi un prophète (*nby'*) ou un visionnaire (*ḥlm ḥlwm*) < et s'il te propose un signe ou un prodige, (3) et que se réalise le signe ou le prodige qu'il t'avait annoncé > en disant: «Allons suivre d'autres dieux (des dieux que tu ne connais pas) et servons-les!» (4) Tu n'écouteras pas les paroles de ce prophète ou de ce visionnaire, (car c'est Yahvé votre Dieu qui vous éprouve pour savoir si vous êtes de ceux qui aiment Yahvé votre Dieu de tout votre coeur et de tout votre être. (5) (...).) (6) Quant à ce prophète ou ce visionnaire, il sera mis à mort, [car il a incité à l'apostasie envers Yahvé] (votre Dieu qui vous a fait sortir du pays d'Egypte) [et qui t'a racheté de la maison de servitude, pour t'égarer loin de la voie sur laquelle Yahvé ton Dieu t'a prescrit de marcher.] Tu ôteras le mal du milieu de toi.

On distingue donc, dans la stratigraphie de ce texte, l'énoncé législatif ancien: «S'il se lève un prophète ou un visionnaire et qu'il dit: «Allons suivre d'autres dieux et servons-les!» ce prophète ou ce visionnaire sera mis à mort: tu ôteras le mal du milieu de toi!» A ce fonds ancien se sont superposés les ajouts successifs du rédacteur deutéronomique [ ], dont les considérations tendent à souligner la gravité de la faute; d'un rédacteur deutéronomiste plus récent ( ), employant la deuxième personne du pluriel et insérant l'allusion à la sortie d'Egypte; et enfin d'un glossateur postdeutéromomiste <>.

Légiférant sur les incitateurs à l'apostasie, ce passage en vient à donner un critère important de discernement dans la question de la fausse prophétie: la fidélité au Yahvisme[7]. Tout prophète qui incite à l'apostasie est un faux prophète, même si – ajoute le glossateur postdeutéronomiste – ses paroles semblent authentifiées par de vrais miracles. Le rédacteur deutéronomiste, quant à lui, insère au v. 4b une explication théologique de la fausse prophétie qui s'approche de celle exposée dans la seconde vision de Michée ben Yimla (I Reg 22,19-23): par la voix du faux prophète, c'est Dieu qui met son peuple à l'épreuve, thème cher au courant deutéronomiste. Ce qui est remarquable dans l'évolution de cette loi à travers ces relectures successives, c'est le glissement continu qui, d'un texte législatif lapidaire à propos de l'apostasie, développe peu à peu une véritable argumentation théologique contre les faux prophètes.

Le rêve semble ici concerné au premier chef puisque à côté du prophète, il est question du «songeur de songe» (*ḥlm ḥlwm*). Telle quelle, l'expression est un hapax, et H. Cazelles (BJ, 1974, *ad loc.*) l'a rendue de manière péjorative par «faiseur de songe». Si, selon l'analyse de R.P. Merendino, ce parallèle à *nabî'* appartient effectivement au fonds lévitique ancien, il n'y a pas lieu de lui attribuer

---

Seitz (Redaktionsgeschichtliche Studien zum Deuteronomium, BWANT 13, 1971) parvient aux mêmes résultats.

7 Crenshaw, Conflict, 55; 88; Münderlein, Kriterien, 43-46.

cette connotation négative que ne possède pas davantage le terme *nabî'*. Mais l'expression demeure étrange: même si la construction paronomastique *ḥlwm ḥlm* est par ailleurs fréquente[8], elle n'introduit que des récits de songes symboliques.

De plus, on attendrait plutôt *ḥozeh* comme parallèle à *nabî'* (cf Jes 29,10; Mi 3,6-7; II Sam 24,11; II Reg 17,13), puisque rien jusqu'ici ne permet de voir dans le songe une caractéristique suffisamment prégnante du prophète israélite pour justifier une telle synonymie. Cette unique désignation du prophète comme «songeur» est d'autant plus troublante qu'elle apparaît dans un contexte où il est question de sa culpabilité, et le texte actuel tend ainsi à jeter le soupçon sur le songe prophétique. L'énoncé primitif, en effet, ne s'occupe que de la répression de l'apostasie et, dans sa concision, il n'exigeait pas de synonyme à *nabî'*, suffisamment clair en lui-même, et surtout pas un parallèle si peu courant.

Par conséquent, il nous semble raisonnable d'admettre que l'expression *ḥlm ḥlwm* est un ajout rédactionnel, ou une glose postérieure, dans le but d'associer à *nabî'* une connotation péjorative. Cela correspond à l'évolution de ce texte qui, partant du problème de l'idolâtrie, en vient à traiter de la fausse prophétie. Un prophète incitant à l'idolâtrie est nécessairement un faux prophète; mais pourquoi désigner celui-ci par cette expression si peu courante, sinon parce qu'elle est une allusion précise à un épisode particulier de la querelle prophétique? Il nous semble donc vraisemblable de voir dans cette glose un écho de la controverse opposant Jérémie et ses rédacteurs à un certain type de faux prophètes, lesquels «comptent faire oublier mon nom à mon peuple avec leurs songes qu'ils se racontent l'un à l'autre» (Jer 23,25-32), car c'est bien à des prophètes responsables de l'apostasie du peuple que Jérémie s'en est pris.

Précisons enfin que l'expression *ḥlm ḥlwm* ne peut s'entendre de l'oniromancien ni de l'interprète des songes, mais désigne proprement «celui qui a un songe». On se souvient alors de la proclamation mise par Jérémie dans la bouche de ces prophètes: «J'ai eu un songe! J'ai eu un songe!» (Jer 23,25), formule introductive d'un type d'oracle, utilisée par ceux que cette glose en vient à désigner de «faiseurs de songes». Celle-ci n'apporte rien à l'intelligibilité du texte de Dtn 13,2-6, mais elle en accentue le caractère polémique par une actualisation à une problématique précise. Ainsi, la seule mention du songe que l'on trouve dans le Deutéronome, n'appartient-elle ni au fonds législatif ancien, ni à la rédaction deutéronomique. Elle n'est qu'une allusion à un aspect de la controverse contre les faux prophètes

8 Gen 37,5.9; 40,5.8; 41,11.15; Jdc 7,13; Joel 3,1; Dan 2,1.3.

ajoutée postérieurement, et constitue même, *a contrario*, une preuve que l'activité onirique faisait partie des techniques oraculaires des prophètes.

2. *Jérémie*

De tout le corpus prophétique, le texte de Jer 23,25-32 est le plus explicite au sujet du songe, à défaut d'être le plus clair. Les avis sont en effet partagés s'agissant de savoir si Jérémie s'en prend au rêve en lui-même, auquel il nierait la capacité de transmettre un message divin[9], ou s'il vise seulement, à travers les faux prophètes, le mésusage que ceux-ci en font[10]. Tout aussi discutés sont les problèmes de critique textuelle et littéraire relatifs à ce livret «sur les prophètes».

Jer 23,25-29:

25) *šm'ty ʿt 'šr 'mrw hnb'ym*	J'entends ce que disent les prophètes
hnb'ym bšmy šqr	qui prophétisent en mon nom le mensonge,
l'mr ḥlmty ḥlmty:	disant: «J'ai eu un songe! J'ai eu un songe!»
26) *ʿd mty*	Jusques à quand?[11]
hyš blb hnb'ym nb'y hšqr	Y a-t-il quelque chose dans l'esprit des prophètes qui prophétisent le mensonge
wnby'y trmt lbm:	et les affabulations de leur coeur?
27) *hḥšbym lhškyḥ 't ʿmy šmy*	Ils pensent faire oublier mon nom à mon peuple
bḥlwmtm 'šr ysprw 'yš lrʿhw	par les songes qu'ils se racontent l'un à l'autre,
k'šr škḥw 'bwtm 't šmy bbʿl:	comme leurs pères ont oublié mon nom avec Baal.
28) *hnby' 'šr 'tw ḥlwm*	Que le prophète qui a un songe
yspr ḥlwm	raconte un songe,
w'šr dbry 'tw	mais que celui qui a ma parole
ydbr dbry 'mt	dise ma parole exactement!
mh ltbn 't hbr	Qu'y a-t-il de commun entre la paille et le grain?
n'm yhwh:	– oracle de Yahvé.
29) *hlw' kh dbry k'š*	Ma parole n'est-elle pas ainsi: comme un feu?
n'm yhwh	– oracle de Yahvé –
wkpṭyš ypṣṣ slʿ:	comme un marteau pulvérisant le roc?

[9] Position de Ehrlich, Traum, 156-157; I.P. Seierstad, Die Offenbarungserlebnisse der Propheten Amos, Jesaja und Jeremia, 1965[2], 222-223; W. Rudolph, Jeremia, HAT 12, 1968, 153-155; A. Weiser, Der Prophet Jeremia, ATD 20, 1952, 215.

[10] Position de Resch, Traum, 42-43; Hossfeld-Meyer, Prophet, 81-83; Perlitt, EvT 31, 594, n. 26; J. Schreiner, Jeremia I, 1981, 141; R.P. Carroll, Jeremiah, 1986, 470-474; W. McKane, Jeremiah I, ICC, 1986, 590.

[11] Ce v. 26 pose quelques difficultés par le manque apparent de sujet; on a proposé la correction: *ʿd mty yḥšb lb*, «jusques à quand s'illusionnera le coeur . . . » (Köhler, KBL 1958, 340; Meyer, Jeremiah, 132). Avec Barthélemy (Critique textuelle II, 646), on garde le TM.

L'ensemble paraît composite, constitué d'une collection d'oracles, dont certains en prose, groupés par le rédacteur D du livre, sans grande intervention de sa part semble-t-il. W. Thiel[12] tient les v. 25-31 pour authentiques, tandis que le v. 32, qui constitue une conclusion à ces oracles inspirée de Jer 14,14, serait de la main de D. De leur côté, F.L. Hossfeld et I. Meyer voient dans le v. 28 un développement postérieur[13], du fait que «prophète» y apparaît soudain au singulier et que la critique contre le rêve y est beaucoup plus radicale que dans les versets précédents. Il est vrai que l'ensemble 25-32 n'a pas grande unité: si les v. 25-28a se tiennent bien l'un à la suite de l'autre, de même que 30-31, on sent une rupture en 28b.29 par le passage à la forme poétique. Cela suffit-il à mettre en doute l'authenticité du v. 28? Le changement du pluriel au singulier pour «le(s) prophète(s)» n'a rien de surprenant dans un langage prophétique, mais la question du songe, si fondamentalement opposé à la parole par le proverbe cité au v. 28b mérite plus d'attention.

Dans le livret sur les prophètes, ce passage conclut l'argumentation commencée au v. 16. Il ne s'agit pas d'une diatribe adressée directement aux prophètes, mais d'une sorte de pamphlet destiné à les déconsidérer aux yeux du peuple qu'ils sont accusés de tromper (v. 16), comme permet de le supposer le caractère très rhétorique de l'ensemble. L'argument comporte deux volets:

1° ils parlent selon l'inspiration de leur coeur (Jer 23,16b),
2° ils ne sont pas envoyés par Dieu (Jer 23,21).

Sans énoncer un critère objectif de discernement, Jérémie distingue l'oracle qui vient du coeur du prophète de celui qui vient de la bouche de Yahvé. Le faux prophète n'est pas ici celui qui parle au nom de Baal, ni celui qu'égare l'esprit de Yahvé, mais celui qui, prétendant parler au nom de Yahvé, s'exprime en réalité selon son imagination: *šeqer* (mensonge) est équivalent à *tarmit libam* (affabulation de leur coeur) (Jer 14,14; 23,26). C'est dans cette problématique qu'intervient la question du songe: cette «affabulation de leur coeur» nourrit les rêves que les prophètes de mensonge se racontent mutuellement.

L'exclamation *ḥlmty ḥlmty* citée au v.25 semble bien être l'annonce solennelle d'un type d'oracle, comparable à l'expression introduisant

---

12 W. Thiel, Die deuteronomistische Redaktion von Jeremia 1-25, WMANT 41, 1973, 249-253.

13 Hossfeld-Meyer, Prophet, 83; Carroll (Jeremiah, 472 s.) a bien vu également que ces vers introduisent une fausse dichotomie entre *ḥlwm* et *dbr*,alors que tout l'argument du passage porte sur la légitimité de la parole prononcée par les prophètes. La critique sévère du songe n'a de valeur que dans ce contexte polémique, et n'exprime pas un jugement général.

certains oracles rapportés dans les lettres prophétiques de Mari: *ina šutiya*, «dans mon rêve»[14]. Si des prophètes s'y réfèrent, c'est qu'alors le songe pouvait suffire à authentifier un oracle et passait pour un moyen normal de communication avec le divin. Ce n'est donc, semble-t-il, pas tant le songe, canal de l'inspiration, que la source même de cette inspiration que Jérémie vise à déconsidérer en opposant une parole authentique qui vient «de la bouche de Yahvé» (*mpy yhwh*) à un discours qui n'est que «vision de leur coeur» (*ḥzwn lbm*).

Cette appréciation n'était pas encore intervenue dans la question de la fausse prophétie. Si le songe apparaît chez Jérémie pour la première et quasiment la dernière fois dans cette querelle, et avec tant d'insistance, c'est qu'assurément il y eut, à la charnière des VIIe et VIe s., un débat à ce sujet, mais il est difficile d'en évaluer la portée réelle au sein d'une polémique beaucoup plus vaste. Ce qui restera d'ailleurs de l'argumentation de Jérémie – car c'en est assurément le point central – c'est cette distinction entre l'inspiration venant du coeur de l'homme et celle venant de la bouche de Yahvé. Ezéchiel s'y référera à nouveau (ch. 13), sans mentionner le problème du rêve, ce qui indique bien qu'il n'était qu'un aspect de la question de fond posée par l'authenticité de l'inspiration. Jérémie aborde donc ce problème d'un point de vue très nouveau, en faisant appel à la dimension psychologique du processus de l'inspiration.

Le songe intervient encore en deux autres passages du livre, attribués au rédacteur D[15]: Jer 27,9 et 29,8. L'oracle de Jer 27,9 est censé s'adresser aux ambassadeurs des rois d'Edom, de Moab, d'Ammon, de Tyr et de Sidon, venus à Jérusalem pour négocier une coalition contre Babylone. Le même oracle est adressé au v. 14 à Sédécias et au peuple de Juda: «N'écoutez pas les paroles des prophètes qui vous prophétisent en disant: «Vous ne serez pas asservis au roi de Babylone!». Cette fois-ci, le rédacteur prend bien soin de ne mentionner que «les prophètes», sans aucune allusion aux autres spécialistes de la divination énumérés au v. 9, et qu'il réserve exclusivement aux peuples étrangers voisins d'Israël. Toutes les fonctions mentionnées dans ce v. 9, associées de près ou de loin à la mantique, se retrouvent dans la liste de Dtn 18,10-11, à l'exception des «songeurs»[16], précisément. Cette liste ne semble donc pas purement conventionnelle, mais reflète aussi un aspect de la réalité: entre les rédactions respectives de Dtn 18 et de Jer 27, une composante

---

14 Cf Durant, Archives, 465 ss., les textes n° 227. 228. 233. 237. 238; Carroll, Jeremiah, 471, qui relève l'assonance entre *ḥ^a^lôm* et *šalôm*; ces prophètes proclament: *šalôm šalôm* (6,14; 8,11; 23,17), «paix! paix!», ce qui semble bien n'être qu'un rêve.

15 W. Thiel, Die deuteronomistische Redaktion von Jeremia 26-45, WMANT 52, 1981, 5-8; 11-13.

nouvelle paraît bien être intervenue dans la polémique contre les devins et les faux prophètes: le songe. On soupçonne alors aisément que l'introduction des «songeurs» dans l'énumération des spécialistes de la mantique syro-cananéenne en Jer 27,9 vise à disqualifier le songe, en l'associant explicitement aux pratiques païennes de la prophétie. Ainsi, sans être directement engagé dans la polémique, ce passage témoigne de l'opposition radicale de l'éditeur D du livre de Jérémie à l'égard du songe comme médiateur de la parole de Yahvé.

La dernière allusion aux rêves se trouve dans la lettre de Jérémie aux exilés (Jer 29,8), mais elle ne les met pas en relation avec la fausse prophétie; ils ne sont plus, ici, l'apanage des devins ou des prophètes, mais semblent concerner tout un chacun. Plusieurs traducteurs ont été tenté de corriger la fin pour l'harmoniser à 27,9[17], mais le texte massorétique, avec la correction nécessaire et minimale de *mḥlmym* en *ḥlmym*[18], est confirmé par les versions et le sens n'offre aucune difficulté, même si le v. 9 reprend au sujet des prophètes qui «prophétisent faussement en mon nom». L'expression *w'l tšm'w 'l ḥlmtykm 'šr 'tm ḥlmym* n'est pas une critique envers les songes de faux prophètes, mais une mise en garde contre l'usage des rêves en général pour connaître la volonté divine, autrement dit l'oniromancie. Le contexte est aisé à restituer: parmi les déportés s'expriment nombre de prophètes qui trompent leur auditoire par de fausses espérances, et en plus, la tentation est forte dans ce milieu babylonien d'avoir recours à l'oniromancie. On sait l'importance de cette forme de mantique en Mésopotamie, elle ne pouvait manquer d'exercer son influence sur cette population exilée, en proie au découragement et au désarroi.

Pour revenir à la lecture de 23,25-28a, on retiendra que Jérémie ne critique pas directement les songes, mais cherche à discréditer une catégorie de prophètes qui parlent «selon leur coeur», i.e. sans mandat divin. L'attitude du rédacteur D semble, on l'a vu, moins nuancée, puisqu'il profite du récit de Jer 27 pour disqualifier les songes prophétiques (v. 9). La remarque de F.L. Hossfeld et I. Meyer nous semble donc fondée qui voient dans 23,28 un ajout de D, en raison du jugement porté sur le rêve qui outrepasse ce que l'on trouve ailleurs

---

16 Le TM donne *ḥlmtykm*, «vos songes», que l'on corrige avec les versions en *ḥlmykm*, «vos songeurs», car tous les autres termes de la liste désignent des agents. Cf LXX (34,9): ἐνυπνιαζομένων; Vg: *somniatores*.

17 On a voulu lire *w'l tšm'w 'l ḥlmtyhm 'šr hm ḥlmym* en suivant une correction proposée par BHS, *ad loc.*

18 Le part. hiph. *mḥlmym* n'a pas de sens; on corrige facilement en un part. qal: *ḥlmym*, le *m* initial étant vraisemblablement dû à une dittographieavec le *'tm* précédent. Le grec lit (LXX 36,8): χαὶ μὴ ἀχούετε είς τὰ ἐνύπια ὑμῶν, et Vg: *et ne adtendatis ad somnia vestra quae vos somniatis.*

chez Jérémie. Au v. 28a, l'opposition entre «un songe» et «ma parole» est certes dans la logique de la distinction faite par Jérémie entre «ce qui vient du coeur» et «ce qui vient de la bouche de Yahvé», mais elle opère une assimilation du songe à l'affabulation du coeur qui ne semble pas encore aussi radicale dans les dits du prophète.

Quant à l'oracle de 23,29, en raison de sa forme poétique, il a peut-être été prononcé en d'autres circonstances et associé à ce qui précède par le rédacteur D. C'est sa présence ici qui aurait appelé l'adjonction postérieure du v. 28b, lequel n'est rien d'autre qu'un proverbe, inséré dans le discours par la phrase en soi banale de 28a. Le contexte donne à ce proverbe un sens spécifique et, en retour, il infléchit la portée de tout ce passage vers une disqualification du songe au profit de la parole. Si, comme le laisse entendre la lettre de Jérémie dans le passage examiné ci-dessus, la communauté de l'exil s'est laissée séduire par la pratique de l'oniromancie, on peut penser qu'au cours de cette période, et en réaction contre ces usages, on a été tenté de forcer certaines paroles du prophète par ces ajouts que nous constatons. Le résultat fut d'associer le songe au nombre des pratiques réprouvées de la divination et d'en faire l'instrument privilégié de la fausse prophétie, sans doute parce qu'il illustre le plus clairement ce qu'est «l'affabulation du coeur», opposée à la parole authentique venant de Dieu.

3. La situation avant la crise: Mi 3,5-8

Mi 3,5-6:

5) *kh 'mr yhwh 'l hnby'ym*	Ainsi parle Yahvé contre les prophètes
hmt'ym 't 'my	qui égarent mon peuple.
hnškym bšnyhm wqr'w šlwm	Peuvent-ils mordre à belles dents, ils proclament la paix,
w'šr l' ytn 'l pyhm	mais à qui ne leur met rien dans la bouche,
wqdšw 'lyw mlḥmh	ils le vouent à la guerre!
6) *lkn lylh lkm mḥzwn*	C'est pourquoi la nuit pour vous sera sans vision,
wḥskh lkm mqsm	et les ténèbres[19] pour vous sans divination.
wb'h hšmš 'l hnby'ym	Le soleil se couchera sur les prophètes,
wqdr 'lyhm hywm:	et le jour sur eux s'assombrira.

On reconnaît dans ce passage un oracle de jugement avec ses deux éléments essentiels, l'accusation (v. 5) et la sentence (v. 6-7), articulés l'un à l'autre par le *lkn* au début du v. 6. Le v. 8 en conclusion introduit un élément de contraste et surprend à la première lecture par son

---

19 On lit, avec LXX, Vg et la plupart des commentateurs: «et les ténèbres», au lieu de la vocalisation *w*^{e}*ḥoškah* «s'enténèbrera» du TM.

ton personnel et autobiographique, unique dans un tel oracle. Mais le prophète s'adresse à des collègues dévoyés auxquels il oppose sa propre fidélité. Ce verset s'intègre donc bien à ce qui précède et l'unité de l'ensemble est généralement reconnue[20], à l'exception de la glose explicative du v. 8a *'t rwḥ yhwh*. On situe la proclamation de l'oracle à Jérusalem, entre la guerre syro-éphraïmite et la chute de la Samarie.

Les termes utilisés au v. 7 pour désigner les prophètes semblent avoir une connotation dépréciative: si *ḥzh* et ses dérivés appartiennent au vocabulaire technique de la prophétie et n'ont, en soi, aucune valeur péjorative[21], la racine *qsm* en revanche n'est jamais utilisée dans la Bible à propos d'une activité prophétique légitime. Le *qosem* est le devin – c'est également le terme qui qualifie Balaam en Jos 13,22 – et *qesem* désigne la pratique de la divination, et aussi, sous la forme plurielle (*q^{e}samîm*), les honoraires perçus par le devin. Ces honoraires étaient chose normale, on voit que Samuel (I Sam 9,7), Ahiyah (I Reg 14,3), Elisée (II Reg 8,8) et Balaam (Num 22,7) en reçoivent, mais le danger de cette pratique est évident, et c'est précisément son abus qui est stigmatisé ici.

L'accusation formulée au v. 5b, sous les termes opposés de «paix» (*šlwm*) et «guerre» (*mlḥmh*), porte sur la manière de rendre des oracles bons ou mauvais[22] en fonction de l'importance des honoraires: à celui qui peut leur mettre quelque chose sous la dent, ils donnent une réponse favorable, à celui qui n'a rien, ils annoncent le malheur. La diatribe est dans le prolongement des versets précédents dénonçant l'exploitation des pauvres par les riches (3,1-4), exploitation dont les prophètes, au lieu de la dénoncer, se font les complices. C'est le crime pour lequel ils sont punis: en raison de leur corruption, ils sont privés de vision (v. 6), «Dieu ne répond plus» (v. 7: *ky 'yn m'nh 'lhym*). La polémique ne vise donc pas la technique des prophètes, mais leur vénalité et, par conséquent, la fausseté de leurs oracles de complaisance qui égarent le peuple.

La capacité de ces prophètes à consulter Yahvé n'est donc pas mise en cause, pas plus que les visions qu'ils recevaient jusqu'alors, et le châtiment pour eux consistera précisément à en être privés. Comme le remarque justement B. Renaud[23], «s'ils étaient des faussaires, on ne voit pas en quoi le silence de Yahvé pourrait les punir». Cela nous

---

20 Cf H.W. Wolff, Dodekapropheton 4: Micha, BKAT XIV/4, 1982, 59-81; et Renaud, Formation, 129-139.

21 Les versions ont explicité le *hḥzym* du TM: «ceux qui voient des songes» (οἱ ὁρῶντες τὰ ἐνύπνια, LXX), «*qui vident visiones*» (Vg; Syr).

22 Conformément à la démarche binaire d'un certain type de consultation oraculaire où la réponse est simplement «oui – non» = *ṭwb – ra'*.

23 Renaud, Formation, 138.

autorise à retenir l'allusion du v. 6 aux révélations nocturnes reçues par ces prophètes. Au v. 6a, le texte massorétique a: *lkn lylh lkm mḥzwn wḥskh lkm mqsm*. Le *mn* avant *ḥzwn* et *qsm* peut avoir une valeur substitutive ou privative. Dans le premier cas, on traduit:

C'est pourquoi,
nuit pour vous, faute de vision,
ténèbres pour vous, faute de divination.

On comprend alors la nuit et les ténèbres au sens figuré: opposées à la clarté de la vision, elles signifient le mutisme de Dieu exprimé au v. 7b. Dans le sens privatif du *mn*, on traduira comme nous l'avons fait plus haut. Cela implique que les prophètes recevaient leurs révélations pendant la nuit, sous forme de «vision», *ḥazôn*. On verra plus loin que cette indication est corroborée par l'inscription à peu près contemporaine de Deïr 'Alla. Précisons pour en terminer avec ce texte, que ces deux interprétations du v. 6a ne sont pas exclusives l'une de l'autre, et l'hébreu peut avoir joué sur cette amphibologie: la nuit pendant laquelle les prophètes reçoivent leurs visions deviendra ténèbre obscure, au sens figuré, ils ne «verront» plus rien du tout.

4. La situation après la crise: Sach 10,2 et Joel 3,1

Le glissement, sensible à travers les relectures du livre de Jérémie, et aboutissant à identifier songe et mensonge, voit son processus achevé dans ce court oracle du Deutero-Zacharie:

Sach 10,1-2:

1) *š'lw myhwh mṭr b'ṭ mlqwš*	Demandez à Yahvé la pluie au temps des averses de printemps!
yhwh 'śh ḥzyzym wmṭr gšm	C'est Yahvé qui provoque les orages et les chutes de pluie;
ytn lhm l'yš 'śb bśdh:	ils vous donnera à chacun les produits des champs.
2) *ky htrpym dbrw 'wn*	Car les téraphim ont dit des paroles sinistres,
whqwsmym ḥzw šqr	et les devins ont eu des visions mensongères,
wḥlmwt hšw' ydbrw	les songes ont parlé en vain
hbl ynḥmwn	et consolé fallacieusement.
'l kn ns'w kmw ṣ'n	C'est pourquoi ils ont erré comme des brebis,
y'nw ky 'yn r'h:	affligés faute de pasteurs.

Au v.2a, le texte massorétique (*wḥlmwt hšw' ydbrw*) offre une difficulté de traduction toujours débattue: *ḥlmwt* est-il sujet ou objet de *ydbrw*? Habituellement, *ḥlm* n'est pas objet de *dbr*, mais de *spr* (ainsi en Gen 40,9; 41,8; Jer 7,13; 23,28a), et une fois de *hgyd* (Dan

2,3). La construction de *ḥlm* comme objet de *dbr* serait ici un hapax, ce qui est peu vraisemblable puisqu'il existe l'expression consacrée *spr ('t) ḥlwm*. Avec les versions (LXX, Tg, Vg) nous considérons donc *ḥlmwt* comme sujet du verbe et traduisons: «les songes ont parlé en vain»[24].

Ce v. 2 est une parole prophétique à deux membres, articulée par *'l kn* au début de 2b, qui n'introduit pas une parole de jugement ou un oracle de malheur comme chez les prophètes préexiliques, mais un regard rétrospectif. Les v. 1-2 sont apparemment sans lien entre eux, mais en fait, ils reprennent une vieille thématique associant la sécheresse et l'infidélité, la première comme conséquence ou punition de la seconde[25]. Compte tenu du style fréquemment anthologique du DtSach[26], il n'est pas étonnant d'avoir l'impression d'un contact mot à mot avec Dtn 11,14-15, ni de retrouver une réminiscence de Jer 14,14-15 à travers des expressions telles que *ḥzwn šqr, qsm*. La péricope pourtant demeure un peu à part au sein du livre, servant d'articulation entre les ch. 9 et 10. Son langage, comme celui du reste du chapitre, est symbolique: la pluie du printemps est une allégorie du salut.

Ici encore, comme en Jer 29,8, nous pensons que les songes qui «ont parlé» évoquent la pratique de l'oniromancie plutôt que les songes des faux prophètes. Ce n'est plus guère d'eux qu'il s'agit dans ce passage[27], mais de l'ensemble des techniques réprouvées de la divination, symbolisées par l'archaïsme *terafîm*, par les devins et par les songes. De ce fait, outre les réminiscences du Dtn et de Jer mentionnées plus haut, on décèle également dans cet oracle, de facture très littéraire, la volonté de démarquer le «trivium divinatoire» de I Sam 28,6 en le dénigrant: les songes sont maintenant réputés dire des vanités, les *'urîm* sont devenus les *terafîm*, les prophètes sont remplacés par les devins. Désormais le rêve semble appartenir au catalogue des pratiques condamnées, ce qui n'était pas encore le cas dans le Deutéronome ni dans l'Histoire deutéronomiste. Qu'on le situe à la période perse ou au début de l'époque hellénistique, le DtSach

---

[24] De plus, le passage des formes qṭl au v. 2aα aux formes yqṭl au v. 2aβ fait du *w-* avant *ḥlmwt* une articulation qui rend difficile la fonction de *hqsmym* comme sujet de *ydbrw*.

[25] Cf Dtn 11,11-17; Jer 14,1-15,4; Ez 34,26; Ag 1,5-11. Sous-jacent à ce thème, le vieux combat opposant Yahvé à Baal, l'un et l'autre dieux de l'orage et de la fertilité (cf I Reg 18; Joel 2,23; Ps 68,9-10). Cf M. Saebø, Sacharja 9-14. Untersuchungen von Text und Form, 1969, 209 ss.

[26] Cf M. Delcor, Les sources du Deutéro-Zacharie et ses procédés d'emprunt, RB 59, 1952, 385-411, et I. Willi-Plein, Prophetie am Ende. Untersuchungen zu Sacharja 9-14, BBB 42, 1974, 71-72; 110-111.

[27] Malgré l'interprétation tendancieuse, mais révélatrice, du Targum qui rend *htrpym* par *plhy' ṣlmy'*, «adorateurs d'idoles», et *ḥlmwt* par *wnby' sq̈r'*, «faux prophètes».

est, sur ce point, le témoin d'une évolution certaine dans une part du milieu prophétique; à partir de la controverse menée par Jérémie, et en réaction contre le développement de l'oniromancie au sein de la communauté de l'exil, on tenta de jeter le discrédit sur le songe en général.

Ainsi, de Michée au Deutéro-Zacharie, les quelques fragments étudiés relatifs aux faux prophètes font apparaître un changement d'attitude des milieux prophétiques envers le songe. Tout d'abord absent de la polémique – absent même de la législation touchant la divination – il apparaît soudain chez les adversaires de Jérémie qui s'y réfèrent comme à une garantie d'authenticité de leurs oracles. Il semble donc bien avoir fait partie de la panoplie des techniques divinatoires. Sans mettre directement en cause cette forme d'inspiration, c'est en contestant la vérité et l'authenticité des paroles de ces prophètes que Jérémie va susciter le soupçon à l'égard du songe. La résurgence de l'oniromancie à la faveur de l'exil à Babylone durcira la critique envers le songe en provoquant l'amalgame de ces pratiques pourtant bien distinctes, mais désormais confondues dans une commune réprobation. C'est ainsi que le songe devient, pour certains, synonyme de mensonge, et l'allusion de Sach 10,2 semble marquer l'aboutissement de ce processus.

Il est fort probable cependant que nous ayons affaire à un cliché littéraire et que la manière dont il est parlé du songe ne corresponde pas à une appréciation générale du phénomène. On en verra pour preuve l'oracle à peine postérieur de Joël 3,1, duquel il appert clairement que le discrédit du songe, suscité dans la polémique engagée par Jérémie, et conséquence de certains événements de l'exil, n'a pas laissé de traces durables.

Joel 3,1:

whyh 'ḥry kn	Après cela,
'špwk 't rwḥy 'l kl bśr	je répandrai mon esprit sur toute chair.
wnb'w bnykm wbnwtykm	Vos fils et vos filles prophétiseront,
zqnykm ḥlmwt yḥlmwn	vos vieillards auront des songes,
bḥwrykm ḥzynwt yr'w:	vos jeunes gens auront des visions.

Cet oracle de Joël prédit l'avènement d'un peuple de prophètes, grâce à la *ruaḥ* de Yahvé répandue «sur toute chair»; non pas un peuple d'extatiques, mais bien de visionnaires. Cette effusion de l'esprit a pour conséquences: *nb'w* (ils prophétiseront) – *ḥlmwt yḥlmwn* (ils feront des songes) – *ḥzynwt yr'w* (ils auront des visions); trois expressions que le parallélisme place en synonymes et éclaire réciproquement. Songe et vision sont ordinairement perçus comme des privilèges réservés aux seuls spécialistes de la prophétie, mais qui, «ce jour-là», seront également impartis à «toute chair», et tous verront la face de Yahvé.

On sent, dans ce passage de Joël, une influence de Num 12,6-8 qui canonisa en quelque sorte l'usage prophétique du songe et contribua sans doute à sa réhabilitation après la crise du début du VIe s. On a vu plus haut qu'il faut comprendre l'expression *ḥzynwt yr'w* dans le sens de véritables visions vues, à la manière des apocalypticiens, et pas seulement de paroles. Mais ici, songes et visions ne sont plus présentés comme des méthodes fallacieuses ou des voies «énigmatiques» de la connaissance de Yahvé; bien au contraire, de même qu'ils ne seront plus alors l'apanage de quelques-uns, ils ouvriront à une vision complète et directe de Yahvé.

Chapitre III
Les entretiens nocturnes du prophète

Bien que le mot même de songe n'y apparaisse pas, le récit biblique mettant en scène le devin ammonite Balaam, fils de Béor, décrit très précisément ce spécialiste de la mantique comme un homme capable de s'entretenir de nuit avec son dieu. Le caractère légendaire de ce récit a très vite été reconnu par la critique et est admis comme allant de soi. A cette constatation cependant s'ajoutent maintenant les informations livrées par la découverte et le déchiffrement de l'inscription sur plâtre de Deïr 'Alla (DAPT). L'épisode biblique peut bien être légendaire – dans une mesure qu'il convient désormais de réévaluer – il utilise une tradition prophétique transjordanienne historiquement attestée. L'intérêt pour notre propos est que, précisément, le devin de Deïr 'Alla est lui aussi réputé «voir les dieux pendant la nuit». Cette inscription apparaît donc comme un important document dans le dossier du prophétisme ouest-sémitique, et plus particulièrement pour la question qui nous occupe.

Quelle fut l'intention des auteurs de Num 22-24 dans cette récupération d'un prophète étranger, à propos duquel d'ailleurs la tradition biblique apparaît bien ambivalente? Qu'ont-ils fait de sa capacité de visionnaire nocturne? Peut-on reconnaître en celle-ci cet état onirique spécifique du prophétisme soupçonné précédemment? Telles sont les questions auxquelles nous tenterons de répondre à travers la confrontation de ces deux témoins littéraires des entretiens nocturnes d'un prophète.

1. Balaam le prophète: Num 22-24

La lecture de Num 22-24 ne peut ignorer un certain nombre de difficultés qui ont suscité une abondante littérature et connu presque autant de solutions différentes[1]. Ces difficultés sont bien évidemment

---

[1] Pour un exposé critique de l'état de la question jusqu'en 1973, cf W. Gross, Bileam. Literatur- und formkritische Untersuchung der Prosa in Num. 22-24, STANT 38, 1974, 15-95.

diversement appréciées selon que l'histoire rédactionnelle du texte est envisagée dans le cadre de la théorie documentaire ou non. Enumérons rapidement les points traditionnellement tenus pour problématiques:

1° Les différentes dénominations des envoyés de Balaq pour quérir Balaam, tantôt messagers (*ml'kym*), princes (*śrym*), anciens (*zqnym*), ou simplement hommes (*'nšym*).

2° L'épisode de l'ânesse (22,22-35) qui contredit le contexte littéraire sur plusieurs points et rompt le cours du récit entre les v. 21 et 36.

3° L'enchaînement réputé difficile des versets en 22,36-40.

4° L'autonomie des deux derniers oracles (24,3-9.15-24) qui ne contiennent aucune allusion à leur contexte rédactionnel.

5° Le texte en prose introduisant ces derniers oracles, qui apparaît comme une redondance de ce qui précède, avec de nombreuses reprises et imitations.

6° La fin du récit, que l'on attend dès 23,26, qui s'annonce en 24,14 et n'intervient qu'en 24,25.

A ces problèmes de composition du texte s'ajoutent des questions de vocabulaire[2], parmi lesquelles l'inévitable variation des noms divins dont W. Gross a dressé un tableau éclairant, tenant compte des corrections enregistrées dans les anciennes versions[3]. Il y a d'autres points de détail dans l'économie du récit dont le caractère problématique a été diversement apprécié selon les auteurs, comme, par exemple, les deux ambassades auprès de Balaam avec leur issue respective différente, ainsi que le v. 22,39 où l'on voudrait voir Balaq venir en personne chercher le devin, etc.

L'explication de tous ces points par le recours à la théorie documentaire remonte, pour l'essentiel, à J. Wellhausen[4] et A. von Gall[5]. Leurs observations et leur répartition entre les sources J et E ont été en partie confirmées par un magistral article de S. Mowinckel[6], corrigeant et nuançant les excès de la critique antérieure. Plus attentif que ses prédécesseurs à la dynamique de la narration, il remarque que la double ambassade appartient au même document et que, comme l'épisode de l'ânesse, elle assume une fonction précise dans l'économie du récit, celle de retarder la proclamation des oracles. Ce retard dramatique serait donc ménagé différemment dans les deux sources anciennes: par les deux ambassades

---

2 Telle, p.ex., la variante lexicale *'rr* et *qbb* pour «maudire».

3 Gross, Bileam, 428, tableau 2.

4 Wellhausen, Composition, 109-111; 345-352.

5 A. von Gall, Zusammensetzung und Herkunft der Bileamperikope in Num 22-24, 1900.

6 S. Mowinckel, Der Ursprung der Bileamsage, ZAW 48, 1930, 233-271.

dans le document E, par l'épisode de l'ânesse chez J. La version élohiste – comprenant dans l'ensemble 22,7-21.36.38.41; 23,1-26 – serait entièrement dépendante du document J, toujours selon S. Mowinckel, qui corrige singulièrement la théorie documentaire sur ce point[7]. Dans cette relecture, marquée par les conceptions propres à l'Elohiste, le devin païen un peu trouble et dérisoire de la tradition yahviste est devenu un prophète remarquable de piété. Depuis ces travaux, les doublets observés en 22,2-6, l'épisode de l'ânesse (22,22-34) – dont l'auteur ne peut pas être le même que celui du v. 20 –, ainsi que l'ancienneté et l'autonomie primitives supposées des 3e et 4e oracles, sont le point de départ de la distinction des sources pour la plupart des analyses relevant de l'hypothèse documentaire[8].

W. Gross et H. Rouillard[9] ont démontré, chacun à sa manière, la non pertinence des critères servant à distinguer deux fils narratifs dans la prose des ch. 22-24. En ce qui concerne l'alternance des noms divins, S. Mowinckel et O. Eissfeldt avaient déjà renoncé à ce critère, et W. Gross avoue, après une étude statistique des variantes attestées dans le texte samaritain et dans la Septante, que «die Verteilung der Gottesnamen in Num 22-24 ist bis heute ein Rätsel» (p.69). On peut tout de même constater que Num 22,22-35 (l'épisode de l'ânesse) se caractérise par l'emploi exclusif de *ml'k yhwh*, et que la prose en Num 22,2-21 attribue systématiquement Elohim au narrateur et Yahvé aux paroles de Balaam[10]. Impossible non plus de recourir à la variation

---

7 Selon Mowinckel, les oracles du ch. 23 ont été écrits en même temps que le récit en prose dont ils tiennent compte, et sont influencés par ceux du ch. 24, dont ils imitent certaines tournures. En fait, l'imitation semble plutôt jouer en sens inverse.

8 M. Noth (Überlieferungsgeschichte, 80-86) acquiesce aux résultats de Mowinckel dont il ne conteste que la dépendance de E par rapport à J. La convergence des deux documents proviendrait d'une Grundlage (G) qui se serait développée à partir d'un ensemble de traditions rattachées au sanctuaire de Baal Péor et transmises à Israël par la tribu de Gad (cf Israelitische Stämme zwischen Ammon und Moab, ZAW 60, 1944, 17-28). O. Eissfeldt (Die Komposition der Bileam-Erzählung, ZAW 57, 1939, 212-241 = Kleine Schriften II, 199-226) répartit ainsi les deux récits: J: Num **22**,2-8*.9-19.22-31.37.39a + **23**,28; **24**,1-19.25; E: Num **22**,2-8*.20-21.36.38.39b.40 + **22**,41-**23**,26. L. Schmidt (Die alttestamentliche Bileamüberlieferung, BZ 23, 1979, 236-261) distingue également deux récits: **A** (=J): Num **22**,3b.4 [ ]; **22**,22-34.37.39.40a; **23**,28; **24**,2-10a(+*wy'mr*).11(-*w'th*).12a.14(-*w'th*)-19.25; **B** (=E): Num **22**,2.3a [ ]; **22**,36*.38.41; **23**,1.2*.3.4a.5*.6a.7-10.11-17a.18-21.24-25.

9 Gross, Bileam. Ses résultats ont été admis sans réserve par K. Seybold dans sa recension in BZ 22, 1978, 144-145. H. Rouillard, La péricope de Balaam (Num 22-24). La prose et les «oracles», 1985.

10 Cf Gross, Bileam, 69-80 + tableau 2 p. 428, qui relève que Sam et LXX attestent davantage de variantes par rapport au TM dans ces chapitres que dans le reste du livre, indice d'une gêne déjà ressentie par ces versions.

entre *'rr* et *qbb*, «maudire», pour distinguer J de E[11]; ces termes apparaissent interchangeables dans le récit en prose.

Quant à la désignation des envoyés de Balaq, la variété des termes aurait pu être l'indice de documents mélangés s'il n'y en avait que deux ou quatre, mais on ne compte pas moins de huit expressions différentes[12]. Or, comme pour le nom divin et la variation entre *'rr* et *qbb*, on ne rencontre jamais deux fois de suite la même appellation. «Messagers» (*ml'kym*) n'intervient que deux fois, comme première et dernière mention des envoyés, en complément d'objet de *šlḥ*. W. Gross montre une systématisation de l'usage de ces termes qui témoigne d'un souci de style et exclut de les utiliser pour distinguer des documents[13].

Les autres arguments pour une distinction des sources perdent de leur acuité dès lors que l'on renonce à chercher la trame de deux récits. Ainsi, s'il demeure évident que l'épisode de l'ânesse rompt la narration entre 22,21 et 36, les versets qui suivent ne sont pas a priori contradictoires entre eux, de même que la double ambassade n'est pas nécessairement l'indice d'une combinaison de deux récits distincts.

On n'échappe pas à la constatation, déjà faite par S. Mowinckel, que sans les oracles, le récit en prose n'a aucun sens. Ils ont pu, à la rigueur, exister avant lui, de façon plus ou moins autonome, mais le récit-cadre n'a jamais existé sans eux. Il est vrai aussi, et maintenant admis, que les oracles du ch. 23 ne peuvent être traités de la même manière que ceux du ch. 24. La plupart des critiques reconnaît aujourd'hui l'unité littéraire que constituent les deux premiers oracles et leur cadre en prose. Nous suivrons les conclusions de H. Rouillard dans la délimitation de ce qu'elle nomme le niveau 1 du texte (22,2-21; 22,36-23,26), estimant toutefois, avec W. Gross, devoir fixer le début du récit primitif au v. 4b: «Balaq fils de Sipor était roi de Moab en ce temps là ... », et compter 24,11.25 au nombre des versets constituant la conclusion[14]. L'ensemble 22,2-4b ménage le raccord avec les récits de la conquête, mais ne présente pas une grande unité interne, en raison notamment du doublet du v. 3. De plus, la mention des anciens de Madian en 4a et en 7a, est due à l'influence exercée postérieurement

---

[11] Ainsi O. Procksch, Die Elohimquelle, 1906, 112; von Gall, Zusammensetzung, 6-7; Noth, Numeri, 156: J utiliserait *'rr* et E *qbb*. Argument rejeté par Mowinckel, ZAW 48, 233; Rudolf, BZAW 63, 107; Gross, Bileam, 81-83; Rouillard, Péricope, 71.

[12] *ml'kym* (22,5a; 24,12b), *'nšym* (22,9b.20b.35b), *śrym* (22,15a.40b), *śry mw'b* (22,8b.14a.21b; 23,6.17b), *śry blq* (22,13b.35b), *'bdy blq* (22,18b), *zqny mw'b* (22,7a), *zqny mdyn* (22,4a.7a).

[13] Gross, Bileam, 83-86.

[14] Gross, limitant son étude au texte en prose, donne comme unité littéraire primitive (Einheit I): Num **22**,4c-6.7a*c-21.36abc*.37-41; **23**,1.2abc*.3.4a.5a*b-7b.11-13b.14-18b.25 (Bileam, 147). Dans ce premier récit, il considère que la prose fut composée avec ou pour les oracles.

par la tradition sacerdotale. Les v. 3b-4a seraient donc un dernier ajout aux v. 2-3a, véritable raccord du récit au contexte.

Un article de A. Tosato[15] a bien établi à la fois l'unité interne et l'agencement poétique sans faille des deux premiers oracles. Il reprend en fait la division en strophes déjà proposée par R. Tournay[16], et qui met en évidence une symétrie concentrique, les strophes étant ordonnées selon un schéma A-B-A′ (1er poème), A-B-C-B′-A′ (2e poème). Les distiques d'introduction sont construits en chiasme, ce qui en fait des unités closes. Chaque strophe est caractérisée par une unité de thème, et l'ordonnance métrique est rigoureuse[17].

En plus de cette unité de structure et de cette forte cohérence interne, les deux poèmes sont comme traversés par le double fil thématique qui tient l'ensemble de la narration: exécration-bénédiction d'une part, allégeance du prophète à la parole divine d'autre part. Dans le premier oracle, l'introduction reprend les circonstances du récit (v. 7), et le v. 8 mélange en une seule question les deux thèmes: «Comment maudirai-je celui que Dieu n'a pas maudit?» Le prophète ne saurait aller à l'encontre des décisions de Dieu. Mais, du thème malédiction-bénédiction, seul le premier terme est évoqué et sert de fond à l'ensemble de l'oracle: Balaam ne peut maudire celui que Dieu n'a pas maudit. Le second terme, positif, est repris dans le 2e oracle (surtout au v. 20), qui apparaît ainsi comme le complément nécessaire du premier: puisque Dieu a béni, Balaam doit prononcer la bénédiction. Le reste des deux poèmes se rattache à une autre thématique, celle de l'élection et de la mise à part d'Israël (23,9.10a.21-24). Ce thème n'est cependant pas essentiel au récit, il n'est là que pour donner un prétexte au changement de la malédiction en bénédiction.

Comme l'a bien montré H. Rouillard, ces vers sont pleins de réminiscences littéraires qui trahissent une élaboration et une écriture soignées; l'oracle sert certes de modèle, mais ces poèmes n'ont aucune authenticité prophétique et sont des créations purement littéraires. Quant à l'unité de composition des deux premiers poèmes et de la prose pour l'ensemble 22,4b-21; 22,36-23,26; 24,11.25, la structure du récit ainsi que la récurrences des mêmes thèmes, aussi bien dans les parties en prose que dans les oracles, l'assurent sans doute possible.

---

15 A. Tosato, The Literary Structure of the First two Poems of Balaam, VT 29, 1979, 98-107.

16 Tournay, RB 71, 284.

17 Le principe d'une telle division est également admis par Mowinckel (ZAW 48, 362 s.) et Noth (Numeri, 160) avec quelques différences; W.F. Albright (The Oracles of Balaam, JBL 63, 1944, 207-233) a rejeté la possibilité d'une telle répartition en strophes.

L'ensemble apparaît bien construit, avec une introduction (22,4b-6), puis deux parties principales, elles-mêmes articulées en deux volets (22,7-21 et 22,36-23,24), une conclusion (23,25-26 + 24,11.25). Le diptyque de la partie principale est constitué d'une part des deux ambassades, suivies chacune d'une consultation divine, d'autre part des deux oracles, précédés chacun d'une scène sacrificielle. Ces deux parties sont reliées entre elles par les v. 36-40 qui ménagent le changement de scène et d'interlocuteurs. La double ambassade n'a donc pas pour but de produire une tension dramatique par un effet de retard, comme on l'a souvent dit, mais de balancer le récit en deux parties parallèles où se trouvent exploités, chaque fois différemment, les thèmes essentiels de la péricope.

On en décèle un dès l'introduction (v. 6): l'opposition malédiction-bénédiction, reprise plusieurs fois sous sa forme simple (22,12; 23,11.25) ou plus développée (23,7b-8.20). C'est le point de départ du récit, mais aussi, semble-t-il, l'élément central d'une des traditions israélites relatives à Balaam[18]: la malédiction du devin changée en bénédiction par Yahvé.

L'autre thème majeur apparaît progressivement au cours de la narration: c'est l'allégeance inconditionnelle du devin à la parole de Yahvé. On le voit poindre dès 22,8, avec sa reprise en 22,13. Il se trouve réaffirmé avec plus d'absolu en 22,18, repris au v.20, et revient en conclusion en 23,26. La parole prononcée par Balaam sera «celle que Yahvé mettra dans sa bouche» (*hdbr 'šr yśym 'lhym / yhwh bpy*: 22,38b; 23,5.12.16a), et l'expression est employée avec assez d'insistance pour que l'on comprenne bien que l'auteur a voulu faire de ce devin étranger un véritable *nabi'* de Yahvé.

Le leitmotiv: «dire / faire ce que Yahvé a dit», en ses diverses formulations, veut caractériser la fonction prophétique dans la théologie deutéronomiste, et revient plusieurs fois à propos d'autres *nabi'* types: Moïse (Ex 4,28.30; 6,29; 7,2; 19,7; 34,34; Dtn 1,3; 5,27 Jos 11,15), Samuel (I Sam 15,16), et en particulier dans des textes où elle exprime l'idéal prophétique, ainsi en Jérémie (1,7.17; 19,2; 23,28; 26,2.8; 42,4), Ezéchiel (11,25), et bien entendu Dtn 18,18.20. La fréquence impressionnante de ce motif dans Num 22-24 – six attestations, toutes différentes dans l'expression[19] – témoigne non seulement des qualités

---

[18] L'autre tradition se rattachant aux événements de Baal Péor. Mais cette dissociation n'est peut-être que le fruit du traitement israélite des souvenirs liés au devin transjordanien.

[19] Num 22,8: *whšbty 'tkm dbr k'šr ydbr yhwh 'ly;* Num 22,20: *w'k 't hdbr 'šr 'dbr 'lyk 'tw t'śh;* Num 22,35: *w'ps 't hdbr 'šr 'dbr 'lyk 'tw tdbr;* Num 23,3b: *wdbr mh yr'ny whgdty lk;* Num 23,26: *kl 'šr ydbr yhwh 'tw "śh;* Num 24,13: *'sř ydbr yhwh 'tw 'dbr*

littéraires de l'auteur, mais surtout de l'intention qui préside à sa composition: Balaam est présenté comme un prophète exemplaire dans sa fidélité à la parole de Yahvé. Il y a là, à l'évidence, un thème essentiel du récit. La bénédiction supplantant la malédiction en est un autre, mais il se trouve présentement subordonné au premier, même si, dans l'histoire de la tradition, il lui est très probablement antérieur.

Dans l'état actuel de cette tradition, nous n'avons plus affaire à un récit populaire, ni à une légende, mais à une oeuvre soigneusement construite et écrite, développant à travers une narration plaisante une situation paradigmatique. Si la malédiction fut tournée en bénédiction, c'est en raison de l'allégeance inconditionnelle du prophète à la parole de Dieu. C'est là que réside à la fois le ressort et la démonstration de cette nouvelle, et de nombreux indices nous poussent à y voir une oeuvre polémique engagée dans la querelle contre les faux prophètes.

En tout premier lieu, bien sûr, par le leitmotiv lui-même, dont la récurrence à travers tout le texte scande le récit à raison de plusieurs répétitions dans chacune des deux parties: 4 dans la première (22,8.35.38), 5 dans la seconde (23,3.5.12.16.26). Balaam est bien présenté comme un *nabi'* type, qui n'a d'autre souci que de dire ou faire ce que Yahvé lui aura dit. On l'a remarqué, la formulation change à chaque fois, mais ces variations stylistiques se font autour de deux expressions parallèles que l'on trouve associées en Dtn 18,18b:

A: «je mettrai mes paroles dans sa bouche» (*wntty dbry bpyw*),
B: «et il leur dira tout ce que je lui ordonnerai» (*wdbr 'lyhm 't kl 'šr 'ṣwnw*)..

C'est chaque fois l'une ou l'autre de ces formules qui apparaît dans le leitmotiv, jamais les deux ensemble. On trouve ainsi, correspondant à:

A: Num 22,38b; 23,5a.12.16.
B: Num 22,8.35; 23,3b.26.

La formule A revient plus souvent dans la seconde partie, car elle se trouve directement associée aux oracles qui sont ainsi, véritablement, «la parole que Yahvé a mise dans sa bouche».

La parenté avec Dtn 18,18 est indéniable, et elle situe ce texte dans la même attitude vis à vis du prophétisme que celle dont témoignent le Deutéronome et Jérémie. On ne peut arguer du fait que l'expression paraît encore lâche et libre de tout caractère formulaire pour conclure à une antériorité par rapport au Deutéronome, car ce serait refuser à l'auteur un talent littéraire qu'il possède indéniablement et qui lui permet de varier les expressions d'une même formule par ailleurs bien typée.

En outre, toute l'intrigue se noue et se développe autour de la tension croissante issue de l'opposition entre la volonté du roi et celle de Yahvé. L'alternative malédiction-bénédiction se traduit, dans la trame de l'histoire, en un conflit d'influence entre le roi et la divinité sur la personne du prophète. Celui-ci est sollicité par des volontés contradictoires cherchant à lui imposer deux démarches elles aussi contradictoires: maudire ou bénir. La fidélité du prophète est donc illustrée ici de manière exemplaire par un cas de figure des plus fréquents, celui que l'on retrouve en I Reg 22, par exemple, avec Michée ben Yimla: le prophète devant choisir entre plaire au roi ou être fidèle à Dieu. W. Gross nous semble avoir raison de souligner que c'est cette attitude d'obéissance prophétique, dans ce triangle conflictuel Yahvé – prophète – roi, qui est au centre de la narration, et non pas Balaam lui-même, qui ne fait que l'incarner[20]. Soumis à une pression identique, Michée ben Yimla fait la même réponse que Balaam: «ce que Yahvé me dira c'est cela que je dirai» (I Reg 22,14: *'t 'šr y'mr yhwh 'ly 'tw 'dbr*).

Autre indice polémique dans l'histoire de Balaam, l'allusion à la vénalité des prophètes. Balaam est d'abord un devin à gages: les émissaires de Balaq emportent avec eux de quoi le payer (22,7). Le premier refus du prophète est interprété par le roi comme un marchandage à la hausse: les *q^{e}samîm* apportés par les émissaires n'auraient pas été suffisants. Il n'hésite pas à augmenter le salaire, et les honneurs promis (22,17: *ky kbd 'kbdk*) ont une signification pécuniaire que Balaam a parfaitement saisie. En réponse à cette promesse d'or et d'argent, il oppose sa fidélité à la volonté de Yahvé (22,18). Le thème central de la péricope se trouve donc directement associé à ce problème de la cupidité des prophètes, et cet aspect est traité de manière très habile dans le récit. A l'incorruptibilité exemplaire du prophète s'oppose la façon d'agir très naturelle du roi: il ne s'offusque pas de ce que Balaam puisse exiger davantage, il est seulement vexé à l'idée que le devin douterait qu'il puisse accéder à ses exigences: «Ne suis-je pas en mesure de te traiter avec honneur?» (22,37). De plus, pour Balaq, il ne fait pas de doute que, du moment qu'il paie le devin, l'oracle que celui-ci prononcera sera conforme à son désir. Tous ces ressorts psychologiques du récit ne fonctionnent que s'ils évoquent une réalité bien connue du lecteur, et Mi 3,5-7 nous confirme que c'est effectivement le cas. La fidélité de Balaam à la parole divine implique d'abord sa liberté à l'égard des *q^{e}samîm*.

---

20 Cf Gross, Bileam, 290: (Einheit I) «ist eine Beispielerzählung über prophetischen YHWH-Gehorsam; (...) Diese Haltung im Kräftfeld YHWH-Prophet-König, nicht Bileam, der sie verkörpert, steht im Zentrum des Interesses».

Ces considérations permettent de situer le récit originel (22,4b-21.36-41; 23,1-26; 24,11.25) dans le temps. Avec S. Mowinckel[21], L. Rost[22], H. Rouillard[23], nous le voyons bien s'intégrer dans le contexte historico-culturel de la fin du VIIe s.. Il est nécessairement postérieur à l'inscription de Deïr ʿAlla (env. 780 a.C.) et antérieur à Mi 6,5, qui dépend directement de lui et semblerait précéder de peu l'exil[24]. Les traits archaïques de la langue des poèmes relèvent, comme l'a montré H. Rouillard, de l'artifice littéraire. Nous verrons plus bas comment il est possible de le situer par rapport au Deutéronome. L'ambiance de restauration politique et religieuse caractéristique du règne de Josias, sensible surtout dans le texte des oracles, la polémique contre les faux prophètes, dont ces chapitres constituent un moment essentiel et qui les rapproche d'un Jérémie, tout cela nous ramène bien dans la mouvance de la réforme deutéronomique. Balaam est caractérisé comme *nabi'*, au sens de Dtn 18,18; I Reg 22 et Jer 1.

2. *Le visionnaire de Deïr ʿAlla: DAPT I: 1-6*

Depuis sa publication en 1976[25], l'inscription sur plâtre découverte en 1967 par les fouilles hollandaises à Tell Deïr ʿAlla, a suscité un grand intérêt dans les études ouest-sémitiques[26]. Outre les problèmes proprement épigraphiques liés à la lecture et à la mise en place des nombreux fragments en vue de reconstituer un texte qui restera malgré tout à jamais lacunaire, le débat demeure entier sur plusieurs points d'interprétation. L'une des questions les plus discutées est celle de la langue même de l'inscription. Réputée araméenne dès l'*editio princeps*, cette attribution a compté et compte encore de nombreux partisans, soulignant au besoin son caractère archaïque (A. Caquot, A. Lemaire, J.A. Fitzmyer, K. Jackson). L'absence d'état emphatique et de la particule *zy*, l'usage du *waw* consécutif, la présence de formes niphal

---

21 Mowinckel, ZAW 48,266-271.

22 L. Rost, Fragen um Bileam, Beiträge zur alttestamentlichen Theologie, Fests. W. Zimmerli, 1977, 377-387; mais on ne peut accepter son opinion que les quatre oracles ainsi que la prose des ch. 23-24 sont de la même main.

23 Rouillard, Péricope, 228, se réfère à l'opinion de Mowinckel, et propose pour le récit primitif (pp. 208; 256; 468) les dates de 660-640, considérant qu'il est nécessairement antérieur à Dtn 18,18.

24 Cf Renaud, La formation, 289-326.

25 J. Hoftijzer-G. Van Der Kooij, Aramaic Text from Deir ʿAlla, 1976.

26 Cf W.E. Aufrecht, A Bibliography of the Deir ʿAlla Plaster Texts, Newsletter for Targumic and Cognate Studies, Sept. 1986; à compléter par: J. Hoftijzer -G. Van Der Kooij, éd., The Balaam Text from Deir ʿAlla Re-evaluated, 1991, en part. A. Lemaire, Les inscriptions sur plâtre de Deïr ʿAlla: Annexe, *ibid.*, 55-57.

de nombreux lexèmes typiquement cananéens (*r'h – nś' – pʿl – 'zr – 'š*) incitent d'autres à tenir ce texte pour l'expression d'un dialecte cananéen local[27], que l'on n'hésite pas alors à qualifier d'ammonite[28]. Cependant, le nombre de formes mixtes, cananéennes et araméennes, ainsi que la situation géographique du site, conduisent à renoncer à une classification trop exclusive. On parle désormais plus volontiers de «langue mixte» (à supposer qu'il existe des langues «pures»!), de proto-sémitique du nord-ouest, ou de proto-araméen, voire même simplement de «langue de DAPT»[29].

La date de l'inscription est mieux assurée, par la convergence des données épigraphiques et archéologiques concernant le niveau M/IX de Deïr ʿAlla, qui indique la première moitié du VIIIe s.[30]. Comme ce niveau d'occupation semble avoir été détruit par un tremblement de terre, on rapproche généralement cet événement du séisme mentionné dans le livre d'Amos (Am 1,1; 4,11; 8,8). Cette datation reste cependant approximative et ne concerne bien entendu que l'inscription, car la composition du texte lui-même peut remonter à la fin du IXe s. Il ne fait aucun doute, en effet, que DAPT est la copie d'un original, comme l'indiquent la faute de la ligne I:1, et surtout la disposition générale du texte qui paraît bien reproduire la colonne d'un rouleau de cuir[31].

Le texte, vraisemblablement disposé en une colonne[32], est soigneusement écrit à l'encre sur un enduit de plâtre. L'hypothèse qu'il se soit agi d'une stèle adossée à un mur est maintenant définitivement

---

27 B. Levine, The Balaam Inscription from Deir ʿAlla: Historical Aspects, Biblical Archeology Today, Proceedings of the International Congress on Biblical Archeology (Jerusalem 1984), 1985, 326-339; J.A. Hackett, The Dialect of the Plaster Text from Tell Deir ʿAlla, Or 53, 1984, 57-65.

28 J.C. Greenfield, JSS 25, 1980, 248-252; E. Puech, Le texte «ammonite» de Deïr ʿAlla: Les admonitions de Bala'am (première partie), in La vie de la Parole, de l'Ancien au Nouveau Testament, Etudes offertes à P.Grelot, 1987, 13-30.

29 F. Israël, Réflexions méthodologiques sur le classement linguistique de DAPT, The Balaam Text Re-evaluated, 305-317.

30 La datation au C 14 donne env. 800 a.C. (Hoftijzer-Van Der Kooij, ATDA, 16); cf l'état de la question présenté par Lemaire in The Balam Text Re-evaluated, 34 ss.; la datation paléographique dans la 1re moitié du VIIIe s. fut proposée par J. Naveh, The Date of the Deir Alla Inscription in Aramaic Script, IEJ 17, 1967, 256-258, confirmée par E. Puech, Approches paléographiques de l'inscription sur plâtre de Deïr ʿAlla, The Balaam Text Re-evaluated, 221-238.

31 Par l'usage d'une écriture cursive à l'encre noire, l'emploi d'encre rouge pour écrire des rubriques et délimiter les colonnes, la longueur des lignes (env. 31,5 cm.). Cette ressemblance a été soulignée par A.R. Millard, Epigraphic Notes, Aramaic and Hebrew, PEQ 110, 1978, 23-26, et A. Lemaire, The Balaam Text Re-evaluated, 43.

32 Lemaire défend la possibilité d'une disposition sur quatre colonnes, le groupement I occupant la 1re colonne de droite, le groupement II la 2e, les colonnes 3 et 4 n'ayant pas été occupées, The Balaam Text Re-evaluated, 41 ss.

abandonnée: le support de l’inscription était le mur ouest d’un local dont la destination n’apparaît pas clairement[33]. Sa désignation comme sanctuaire de la part de plusieurs auteurs n’est confirmée par la découverte d’aucun objet cultuel dans le locus qui, à part quelques tessons et une lampe, était vide de tout mobilier. Une banquette de maçonnerie courait le long des murs sud et est de la pièce, et le sol gardait la trace d’une accumulation de plusieurs fines couches de matière végétale, peut-être le reste d’une sorte de natte faite de feuilles de roseaux entrelacés[34]. A. Lemaire propose, avec quelque vraisemblance, de voir dans ce local un lieu d’enseignement, une école[35]. Dans cette hypothèse, qui est jusqu’ici la seule à rendre compte de la fonction remplie par l’inscription, celle-ci était sans doute destinée à une lecture publique, dans un but didactique difficile à préciser.

DAPT I:1-6:

1) [ ] spr b[l‘m.brb‘]r.’š.ḥzh.’lhn. *h’ wy’tw.’lwh. ‘lhn.blylh[.w]yḥz.mḥzh*
2) *kmś’.’l.wy’mrw l[bl‘]m.brb‘r.kh.*yp‘lg[ ]’.’hr’h.’š.lr[ ]‘t
3) *wyqm.bl‘m.mn.mḥr[.]hn[ ]lt.yzmn.r[ ]h.wlym[yn.yṣ]m.wbk*
4) *h.ybkh.wy‘l.‘mh.’lwh.wy’m[rw.]lbl‘m.brb‘r.lm.tṣm[.wlm].tbkh.wy’*
5) *mr.lhm.šbw.’ḥwkm.mh.šdyn.ḥ[šbw.]wlkw.r’w.p‘lt.’lhn.’l[h]n.’tyḥdw*
6) *wnṣbw.šdyn.mw‘d.w’mrw.lš[ ] . . .*

1) [ ] *inscription de Balaam fi[ls de Beo]r, l’homme qui voit les dieux.*
Quant à lui, les dieux vinrent vers lui de nuit, et il eut une vision,
2) comme un oracle de El; ils dirent à Ba[laa]m fils de Beor: [..................]
3) Et Balaam se leva le lendemain matin [....] il convoqua [....] et pendant deux jours il jeûna et pleura
4) abondamment, et son peuple entra chez lui et ils dirent à Balaam fils de Beor: «Pourquoi jeûnes-tu, pourquoi pleures-tu?»
5) Alors il leur dit: «Asseyez-vous, je vais vous exposer ce que les shedaïn ont décidé, apprêtez-vous à voir les oeuvres des dieux:
6) Les dieux se sont réunis, les shedaïn ont tenu conseil et ils dirent à Sh[

– Ligne 1: Plusieurs solutions ont été proposées pour combler le vide précédant *spr*: en restituant le démonstratif *zh* ou *znh*[36], ou bien *dbr]y*, en utilisant le fragment IIIb[37]; E. Puech a proposé de placer

---

[33] Cf G. Van Der Kooij, Book and Scipt at Deir ‘Alla, The Balaam Text Re-evaluated, 239-262 (spéc. 239-244).

[34] Cf M.M. Ibrahim-G. Van Der Kooij, The Archeology of Deir ‘Alla Phase IX, The Balaam Text Re-evaluated, 16-29.

[35] A. Lemaire, Les écoles et la formation de la Bible dans l’ancien Israël, OBO 39, 1981, 92, n.67; et The Balaam Text Re-evaluated, 53-55.

[36] H.P. Müller, ZAW 94, 1982, 214-244; B. Levine, JAOS 101, 1981, 195-205; H. et M. Weippert, ZDPV 98, 1982, 77-103.

[37] Puech, Vie de la Parole, 15.

ici le fragment IIIf, qui permettrait de lire *ysry spr*, «admonitions de l'inscription»[38], en s'appuyant sur le parallèle de Jer 17,13. Mais l'expression est curieuse, et la plupart des auteurs préfère garder un *vacat* avant *spr*, bien que l'usage de l'alinéa ne soit pas encore bien attesté pour l'épigraphie de cette époque. A la fin de la ligne en revanche, la lecture *[w]yḥz.mḥzh* est assurée grâce à la disposition de deux petits fragments (IVc et XVc) et par une seconde attestation de l'expression dans un autre fragment (Vc 2: *wyḥz.m*[ )[39].

– Ligne 2: L'*editio princeps* avait lu *kmt'.'l* et A. Caquot-A. Lemaire ont proposé *kml[y]'.'l*, «selon ces paroles», avec une terminaison à l'état emphatique. La lecture *kmś'.'l*, proposée par A. Rofé et E. Puech[40] est maintenant admise. En revanche, aucune des nombreuses tentatives de restitution et d'interprétation de la seconde moitié de cette ligne (écrite en rouge) n'est satisfaisante[41], et nous demeurons pour l'instant privés des quelques paroles divines citées ici au discours direct.

– Ligne 3: Au milieu de la ligne, nous pensons pouvoir lire, avec E. Puech[42], *yzmn* «et il convoqua», car la trace du *z* est visible à la jointure des fragments Ia et VIIId. Nous suivons également les suggestions de E. Puech pour la fin de la ligne, la restitution de *yṣm* semblant assurée par la récurrence des verbes *ṣwm* et *bkh* à la ligne suivante; la lecture proposée par M. Weippert[43]: *wl yk[l.'kl.wyṣ]m[.]wbk*, est trop longue pour l'espace disponible entre *wl yk[* et *]m*.

– Ligne 4: l'insertion des deux fragments VIIId et XIIc permet de combler presque intégralement les vides de cette ligne 4, et partiellement les lignes 3 et 5[44].

La première moitié de la ligne 1, écrite en rouge, constitue le titre général du texte, et, avec la plupart des commentateurs, nous considérons qu'elle forme une unité syntactique close. De ce fait, on

38 Puech, *ibid.*

39 Une autre lecture proposée antérieurement *[wy'mrw 'l]h* ou *[wymllw 'lw]h* constituerait un doublet inélégant de *wy'mrw lbl'm* qui suit à la l. 2.

40 A. Caquot-A. Lemaire, Les textes araméens de Deïr ʻAlla, Syr 54, 1977, 189-208; A. Rofe, The Book of Balaam (Num 22,2-24,25). A Study in Methods of Criticism and the History of Biblical Literature and Religion, 1979; E. Puech, Biblical Archeology Today, 360.

41 Cf l'énumération des propositions par H. et M. Weippert, ZDPV 98, 85, et M. Weippert, The Balaam Text Re-evaluated, 155, n.17.

42 Puech, Vie de la Parole, 19.

43 M. Weippert, The Balaam Text from Deir ʻAlla and the Study of the Old Testament, The Balaam Text Re-evaluated, 151-184.

44 Solution due à P.K. McCarter, BASOR 239, 1980, 49-60.

comprend le *h'* du milieu de la ligne comme un pronom 3ᵉ singulier placé en tête de la phrase suivante, en *casus pendens*, et on ne peut le rattacher à la fin de la phrase nominale précédente (*'š.ḥzh.'lhn.h'* = «il est un homme qui voit les dieux»), sous peine d'enlever à la rubrique toute signification propre. Celle-ci donne le titre de l'écrit, suivi du nom, de la filiation et de la fonction de l'auteur. On trouve ici un usage d'écriture commun aux oeuvres littéraires du 1ᵉʳ millénaire, bien attesté par les titres donnés aux collections prophétiques ou poétiques de l'Ancien Testament[45]. Les termes utilisés pour désigner ces collections sont *dᵉbarîm* (paroles), *ḥazôn* (vision), *maśśa* (oracle), *sefer* (livre), ce dernier n'apparaissant qu'une seule fois dans un contexte semblable à celui de DAPT, en Nah 1,1b: *spr ḥzwn nḥwm h'lqšy*, «livre de la vision de Nahum l'Elqoshite».

La fonction de Balaam fils de Béor est définie par les trois mots: *'š ḥzh 'lhn*, où l'on peut reconnaître, condensés en une seule formule, deux titres donnés aux prophètes dans les traditions anciennes d'Israël, le *ḥozeh* d'une part, et le *'iš ha'elohîm* d'autre part. «Homme qui voit les dieux», «visionnaire des choses divines», si l'on peut se référer ici à l'hébreu, le mot *'iš* à l'état construit exprime l'appartenance, soit à un groupe ethnique (*'iš miṣrî*, «Egyptien»), soit à un groupe socio-professionnel (*'iš yodea' ṣayid*, «chasseur», Gen 25,27). Un *'š ḥzh 'lhn* désigne donc non seulement un spécialiste de la vision divine, mais celui qui exerce une fonction officielle bien établie et appartient à la classe reconnue des devins. Celle-ci est clairement attestée dans le monde araméen par la stèle de Zakur, roi de Hamat (*KAI* 202:12), contemporaine de DAPT. Cette inscription araméenne mentionne côte à côte «les visionnaires et les devins» (*byd ḥzyn wbyd 'ddn*), comme des spécialistes de la consultation oraculaire, ceux par qui les dieux s'adressent aux hommes.

Cette capacité visionnaire de Balaam est soulignée par l'expression *wyḥz mḥzh* à la fin de la ligne 1, que l'on retrouve ailleurs dans un fragment encore isolé (fgt Vc). Cette «vision» semble cependant être une perception davantage auditive que visuelle, si l'on s'en tient rigoureusement au texte: « ... et il eut une vision, comme un oracle de El, et ils lui dirent ... ». C'est le groupe *kmś' 'l* qui précise le sens de l'expression *wyḥz mḥzh*, et cette «vision», «oracle de El», est tout simplement *dite*[46]. Les mots qui suivent sont inintelligibles, mais ils

---

[45] Dans l'usage ouest-sémitique de la période précédente, d'après ce que les documents ougaritiques permettent de juger, on se contentait, pour les oeuvres littéraires, de la préposition *l-* + nom du héros (*lkrt:* KTU 1.14: I: 1; *laqht:* KTU 1.19: I: 1).

[46] L'association de *mś'* et de *ḥzh* se retrouve en Hab 1,1 (*hmś' 'šr ḥzh hbqwq*) et Thr 2,14 (*wyḥzw lk mś'wt šw'*); l'état construit *mś'* + ND est bien attestée en Jérémie.

rapportaient des paroles divines, citées en rouge dans le texte, et dont la gravité provoque le jeûne et les pleurs du devin.

Ces paroles, comme le précise la suite du texte, expriment une sentence prononcée par l'assemblée des dieux: «Les dieux se sont réunis,/ les shedaïn ont tenu conseil ... » (lignes 5-6), un thème fréquent dans la littérature ouest-sémitique[47]. Ces six premières lignes de DAPT introduisent donc un oracle de jugement prononcé par l'assemblée des dieux et transmis par des messagers divins au prophète. Balaam n'assiste pas en visionnaire, comme Michée ben Yimla (I Reg 22,19 ss.) ou Isaïe (Jes 6), à la tenue de ce conseil divin, mais il est informé de ses décisions par des divinités qui viennent lui parler pendant la nuit: «les dieux vinrent vers lui de nuit, et il eut une vision ... » ou, plus exactement, «une révélation». On rejoint les observations faites plus haut (pp. 152-157) à propos de la valeur de *ḥzh* dans l'Ancien Testament: une perception auditive qui, lorsqu'elle a lieu dans le sommeil, se distingue de ce fait du *ḥ^{a}lôm*. Nous supposerons qu'il s'agit ici d'une expérience prophétique comparable à celle décrite en I Sam 3, une présence divine ressentie, accompagnée de paroles distinctement entendues.

On a souvent souligné le caractère très littéraire du texte de DAPT[48], visible à plusieurs indices: la présence d'un titre, la calligraphie soignée et sa disposition reproduisant un rouleau de cuir ou de papyrus, toute la narration, enfin, qui précède le texte de l'oracle proprement dit et qui est rédigée à la 3e personne. Ce récit, qui introduit les paroles de Balaam dès la ligne 5, rappelle le genre littéraire des histoires de prophètes; mais à ce sujet, M. Weippert renvoie de façon encore plus précise au genre de l'apophtegme prophétique[49], petite histoire destinée à présenter et à mettre en valeur une parole de prophète digne de mémoire, genre encore illustré par la péricope biblique de Am 7,10-17. De plus, dans ces six premières lignes de DAPT I, le récit introductif semble évoquer, dans sa structure même, un élément précis du fonctionnement de l'institution prophétique. On peut, en effet, y observer quatre phases successives:

A – «Et les dieux vinrent vers lui de nuit ... » (1b–2).
B – «Et Balaam se leva de bon matin ... » (3–4a).
C – «Son peuple entra chez lui et ils dirent ... » (4).
D – «Alors il leur dit: «Asseyez-vous ... » (5 ss.).

---

47 Cf F.M. Cross, Canaanite Myth and Hebrew Epic, 1973, 186-190; E.T. Mullen (Jer), The Divine Council in Canaanite and Early Hebrew Literature, 1980.

48 Millard, PEQ 110, 25; Lemaire, Biblical Archeology Today, 315.

49 Weippert, The Balaam Text Re-evaluated, 177.

Schématiquement, nous avons donc: une instruction divine adressée au prophète pendant la nuit (A), une attitude de deuil et de supplication prise par ce dernier devant témoins (B), une question du peuple sur le sens de cette attitude (C), un oracle (D). Or, on retrouve très précisément ce schéma chez Ezéchiel (Ez 24,15-21):

Ez 24,15-21:

15) La parole de Yahvé s'adressa à moi en ces termes:
16) «Fils d'homme, voici que je vais t'enlever brutalement la joie de tes yeux. Tu ne célébreras pas le deuil, tu ne pleureras pas ...
17) ...
18) Je parlai au peuple le matin, ma femme mourut le soir, et le lendemain matin, je fis selon ce qu'il m'avait ordonné.
19) Les gens me dirent: «Ne nous expliqueras-tu pas la signification pour nous de ce que tu fais?» 20) Alors je leur dis: «Il y a eu pour moi une parole de Yahvé: 21) Parle à la maison d'Israël: ainsi parle le Seigneur Dieu: je vais profaner mon sanctuaire ... »

Les actions symboliques sont fréquentes chez les prophètes, et particulièrement chez Ezéchiel. Ici, il lui est demandé de s'abstenir des pratiques du deuil après la mort de sa femme. A Deïr 'Alla, au contraire, Balaam convoque des personnes pour jeûner et pleurer en leur présence deux jours durant. Cette attitude n'est pas la simple réaction d'effroi devant la gravité de la vision reçue, mais elle assume, comme dans le cas d'Ezéchiel, une fonction essentielle dans la proclamation de l'oracle qui suit. En plus d'une fonction symbolique, l'attitude du prophète semble avoir également pour but de provoquer l'étonnement des témoins et de susciter leur question: «Que signifie pour nous ce que tu fais?» «Pourquoi jeûnes-tu? Pourquoi pleures-tu?» demande-t-on à Balaam. L'oracle intervient alors en réponse à cette question. Nous avons là, très certainement, un schéma littéraire type, servant de cadre à la transmission d'un oracle, et ce schéma suit la séquence que nous avons repérée au début de la Combinaison I de DAPT:

A) instruction divine,
B) action symbolique,
C) demande d'explication,
D) exposé de l'oracle.

Cette observation confirme le caractère littérairement élaboré du texte de Deïr 'Alla. Cependant, la mise en évidence de cette forme littéraire n'implique pas que nous ayons affaire à une pure fiction dans la scène décrite: malgré la relative rareté de ce schéma dans les textes prophétiques (on le retrouve intégralement en Ez 37,15 ss.), malgré aussi la distance chronologique séparant le texte de Deïr 'Alla et

Ezéchiel, il est vraisemblable que ce schéma soit également l'expression d'un comportement social précis, spécifique à la fonction prophétique. Sur ce point – et bien curieusement – Ezéchiel semble très proche du comportement de l'Ammonite Balaam. Ce dernier reçoit l'oracle pendant la nuit et, dès le matin, il convoque le peuple (ou les chefs du peuple)[50] pour accomplir devant eux son mime prophétique. Si nous prenons garde aux indications chronologiques du texte d'Ezéchiel cité, il semble bien qu'il en ait été de même pour lui: «La parole de Yahvé s'adressa à moi ... Et je parlai au peuple le matin» (Ez 24,15.18)[51].

Puisqu'un même schéma littéraire, reproduisant la même séquence d'événements, se retrouve à Deïr ʿAlla et en Ez 24 et 37 pour introduire un oracle, on peut légitimement supposer qu'Ezéchiel, lui aussi, entendait pendant la nuit ce qu'il annonçait au matin. Semblable façon de faire n'apparaît pas ailleurs chez les grands prophètes d'Israël; on l'attribuerait alors à l'une des caractéristiques d'Ezéchiel qui fut d'avoir renoué avec certaines pratiques du prophétisme archaïque. On le voit, par exemple, consultant Yahvé au nom et en présence des anciens du peuple, assis autour de lui dans sa maison (Ez 8,1 ss; 14,1 ss; 20,1 ss; 33,31 ss.), comme le faisait Elisée (II Reg 6,32)[52]. Ces «audiences du matin» ont donc pu, à l'occasion du moins, être le moment de la proclamation – à la fois gestuelle et verbale – d'une parole «vue» pendant la nuit.

3. Une tradition transjordanienne

En dehors du style et des traits proprement légendaires de la narration de Num 22-24, S. Mowinckel et M. Noth soulignent le décalage entre le contexte historique évoqué dans le récit, et ce que rapporte l'ensemble des traditions sur la traversée du désert et la conquête: jamais n'apparaît même l'ébauche d'un affrontement avec Moab, et le nom de Balaq comme roi de Moab ne se retrouve nulle part ailleurs. Il paraît évident que la tradition sur l'exode et la conquête avait déjà acquis une forme littéraire précise lorsque ce récit est venu s'y insérer. La suture rédactionnelle, on l'a constaté, est bien visible en 22,2-3a.

---

50 Ligne 3: *yzmn. r['šy.] qhl [. ']lwh*, «il convoqua les chefs de l'assemblée chez lui», selon une restitution proposée par Puech, Vie de la Parole, 19.

51 C'est le seul passage dans Ezechiel où «le peuple» (*ʿam*) désigne les interlocuteurs du prophète; le parallèle avec DAPT I:4 est d'autant plus frappant: «et son peuple entra chez lui» (*wyʿl.ʿmh.'lwh*).

52 Cf W. Zimmerli (Ezechiel, BKAT XIII/1, 1969, 108; 209) qui évoque la possibilité d'une forme de claustration rituelle (cf Jer 36,5 et Neh 6,10).

Cependant, la diversité des jugements portés sur Balaam dans la Bible, compte tenu de ce que nous apprend le texte de Deïr ʿAlla, témoigne d'utilisations divergentes d'une tradition transjordanienne maintenant bien attestée. Quoi de commun en effet entre le prophète exemplaire de fidélité à Yahvé que nous dépeint le récit primitif de Num 22-23*, et le Balaam responsable de l'apostasie des fils d'Israël à Péor selon la tradition sacerdotale (Num 31,8.16; Jos 13,22)? Entre le devin ridicule, moins visionnaire que son ânesse (Num 22,22-35), et le magicien redoutable mis en échec par Yahvé dans les récits deutéronomistes (Dtn 23,5-6; Jos 24,9-10)? Il faut donc tenter de s'expliquer comment cette tradition prophétique étrangère fut utilisée et réaménagée, dans le but d'élaborer une histoire édifiante prenant position sur la question des faux prophètes. Puisque le personnage de Balaam et ses oracles semblent bien connus en Israël, on comprendrait mal qu'on ait pu lui faire assumer ce rôle exemplaire de fidélité à la parole divine si sa réputation était alors aussi sombre que le laisse entendre la tradition sacerdotale.

En premier lieu, la découverte de Deïr ʿAlla donne maintenant une réponse à la question tant débattue de la patrie de Balaam[53]. Mises à part les notices éparses faisant de lui un Madianite (Num 31,8.16; Jos 13,22), toute l'ambiguïté vient de la difficile interprétation du texte de Num 22,5: «Il envoya des messagers à Balaam, fils de Beor, à Petor sur le fleuve, qui se trouve dans le pays des fils de son peuple … » (*wyšlḥ ml'kym 'l blʿm bn bʿwr ptwrh 'šr ʿl hnhr 'rṣ bny ʿmw*) [54].

Deux termes font difficulté: tout d'abord *ptwrh*, qui est le plus généralement compris comme l'accusatif de direction d'un nom de ville, Petor, ce que semble avoir déjà compris Dtn 23,5 qui précise: «de Petor, en Aram des Deux Fleuves», (*mptwr 'rm nhrym*), *i.e.* en Mésopotamie. E. Schrader l'a identifié à Pitru, cité située dans le Moyen-Euphrate, sur le Sadjur, à proximité de sa jonction avec l'Euphrate et du gué de la route reliant Harran à Alep, à une vingtaine de kilomètres en aval de Karkémish[55].

La seconde difficulté vient de *'rṣ bny ʿmw*. «La terre des fils de son peuple» est une expression étrange et unique dans l'Ancien Testament, et il est fort probable que le texte massorétique a hérité ici d'une lecture fautive, comme le laisse penser la variante *ʿmwn*, attestée dans le texte

---

53 M. Delcor, Le texte de Deïr ʿAlla et les oracles bibliques de Balaʿam, SVT 32, 1981, 52-73.

54 Exposé des diverses opinions dans Gross, Bileam, 96-115; discussion du problème dans Rouillard, Péricope, 43-53.

55 E. Schrader, Die Keilinschriften und das Alte Testament, 1972. L'histoire assyrienne de Pitru a été étudiée par J.R. Kupper, Les nomades en Mésopotamie au temps des rois de Mari, 1957, 117-127.

samaritain et plusieurs manuscrits hébreux, reprise dans la version syriaque et la Vulgate. *ʿmw* est certes la *lectio difficilior*, et certains auteurs, tels W. Albright et H. Cazelles[56], ont proposé d'identifier ces *bᵉnê ʿammô* aux habitants du pays d'Amau, attesté par divers textes égyptiens et l'inscription de la statue d'Idrimi. Mais on situe Amau entre Alalakh et Alep, à l'emplacement de l'actuel Yenishehir[57], soit à plus de cent kilomètres du site de Pitru. Cela suffit à rendre l'hypothèse bien fragile.

En fait, la découverte épigraphique de Deïr 'Alla exclut désormais tout essai de solution ailleurs qu'en Transjordanie, même s'il est vraisemblable qu'une relecture du texte ait voulu introduire l'ambiguïté[58]. Bien qu'il se soit écoulé un bon siècle et demi entre la copie de l'inscription et la rédaction de la péricope des Nombres, le souvenir des traditions relatives au devin était encore trop précis (parce que déjà écrites) pour que l'auteur ait pu délibérément le faire venir de Mésopotamie[59]. On reviendra donc à la variante bien attestée de *ʿmwn* au lieu de *ʿmw*, et on peut même recourir à la *scriptio deffectiva* plus ancienne, *ʿmn*, à partir de laquelle s'explique très aisément une confusion entre le *nun* et le *waw*. Cependant, la détermination insolite du *nomen regens* par l'article (*ʿl hnhr ʾrṣ bny ʿmn*) oblige à une correction: soit on supprime l'article pour restituer un état construit correct (*ʿl nhr ʾrṣ*), soit on supplée une préposition de lieu avant *ʾrṣ* (*bʾrṣ bny ʿmn*). Cette seconde solution est préférable et suppose une haplographie par confusion du *beth* et du *resh*[60].

---

56 Albright, JBL 63, 207-233; H. Cazelles, Les Nombres, 1952, 106.

57 Cf S. Smith, The Statue of Idri-mi, 1949.

58 Opinion défendue par Rouillard, Péricope, 48 ss., pour qui l'ambiguïté est due à l'auteur même du récit primitif: tout serait allusif et à double sens dans ce passage sur l'origine de Balaam: *ptwrh* serait bien le titre de Balaam, sans toutefois l'être grammaticalement, car il est effectivement un accusatif de direction. *hnhr* désigne certes un *wadi* local de Transjordanie, «mais une discrète allusion à l'Euphrate n'est pas exclue». Quant à *ʾrṣ bny ʿmw*, il entretient volontairement l'équivoque, il «ne doit pas être corrigé, et cependant Balaam était sans doute un Ammonite».

59 C'est S. Daiches (Balaam a Babylonian baru, Hilprecht anniversary Volume, 1909, 52-73) qui argumenta la thèse de l'origine mésopotamienne de Balaam, reprise plus récemment par R. Largement, Les oracles de Bile'am et la mantique suméro-akkadienne, Trav. Inst. Cath. de Paris 10, 1964, 37-50. Rost (Fragen um Bileam) conteste cette opinion, faisant valoir que le type de sacrifice décrit dans Num 23 est inconnu des rituels assyro-babyloniens qui ignorent totalement l'holocauste; il penche pour une influence égéenne, en raison de l'usage grec d'associer un sacrificateur au *mantis* en action.

60 On ne peut s'appuyer sur le texte de I Reg 5,1 qui présente la même anomalie grammaticale (*mn hnhr ʾrṣ plštym wʿd gbwl mṣrym*), comme le fait J. Lust (Balaam an Ammonite, ETL 54, 1978, 60-61), car le texte a déjà été ressenti comme fautif par le Chroniste qui corrige: *mn hnhr wʿd ʾrṣ plštym* (II Chr 9,26).

Quant à *ptwrh*, plutôt qu'un nom de lieu, on a ici le titre, la fonction de Balaam qui, sans cela, s'en trouverait dépourvu dans le texte, et l'on revient ainsi à l'interprétation du Targum Neofiti qui comprend: *ptwrh ḥlmyyh* «interprète des songes»[61]. Cette lecture du Targum est appuyée par la Vulgate (*ariolus*) et la Peshitta (*pašora'*); elle suppose que le texte hébreu primitif écrivait *happoter*, «l'interprète», ou, plus vraisemblablement, que le syntagme araméen *bl'm ptwrh* «Balaam l'interprète (*sc.* des songes)» est passé tel quel dans le texte hébreu[62]. Balaq, donc, «envoya des messagers à Balaam fils de Beor, l'interprète des songes (ou simplement: «le devin»), qui habite au bord du fleuve, au pays des fils d'Ammon».

Les affinités littéraires entre l'inscription de Deïr 'Alla et le texte biblique de Num 22-24 ne manquent pas, et plusieurs études les ont mises en évidence[63]. Nous n'examinerons que quelques cas, tirés des premières lignes de DAPT I:

– Ligne 1: La formule *wy'tw 'lwh 'lhn blylh:* «et les dieux vinrent vers lui la nuit», ne se rencontre pas moins de quatre fois dans le Pentateuque, précisément dans des textes de théophanies oniriques:

Num 22,(9).20:	*wyb' 'lhym 'l bl'm (lylh)*
Gen 20,3:	*wyb' 'lhym 'l 'bymlk bḥlwm hlylh*
Gen 31,24:	*wyb' 'lhym 'l lbn h'rmy bḥlwm hlylh*

La similitude de la formule de DAPT avec la phraséologie biblique est remarquable et le contexte est identique en chaque cas: il s'agit d'une communication divine directe pendant la nuit, sous la forme de paroles entendues. Les deux textes de la Genèse précisent que la rencontre a lieu *bḥlwm*, «dans le songe», un songe entendu par conséquent. L'omission de cette indication en Num 22,9.20 – alors que le contexte est en tous points semblable – souligne la proximité littéraire de la péricope biblique avec l'inscription de Deïr 'Alla et va dans le sens de notre interprétation générale de Num 22-23*: écrivant dans le contexte de la polémique contre les faux prophètes, l'auteur ne cherche pas à nier la consultation prophétique nocturne, mais il prend bien soin de ne pas l'identifier au songe. Sur ce point, la pratique

61 Cf Delcor, SVT 32, 52-73; *Id.*, Balaam Pâtôrâh, «interprète des songes» au pays d'Ammon d'après Num. 22,5, Sem 32, 1982, 89-91.

62 Le verbe *ptr* ne se trouve que dans l'histoire de Joseph avec ce sens de «interpréter les rêves», et la forme part. qal désigne trois fois l'oniromancien (Gen 40,8; 41,8.15). J. Starcky (RB 64, 1957, 210) traduit en ce sens deux attestations nabatéennes de la forme *ptwr'* qui semble désigner la fonction d'un personnage: le devin, l'interprète des songes.

63 Cf en particulier Delcor, SVT 32,52-73; Levine, Biblical Archeology Today, 326-339; Weippert, The Balaam Text Re-evaluated, 151-184.

du devin ammonite et l'expression de DAPT, à près de deux siècles d'écart, semblent très proches de l'orthodoxie yahviste en matière d'inspiration prophétique.

– Ligne 1: *wyḥz mḥzh*: «et il eut une vision». Dans les introductions aux deux derniers oracles de la péricope biblique, on lit cette expression sous la forme *mḥzh šdy yḥzh* (Num 24,4.16). Cette reprise est d'autant plus remarquable que l'expression est inconnue par ailleurs dans la Bible, sauf dans une tournure analogue dans Ez 13,7: *hlw' mḥzh šw' ḥzytm*[64]. Cela pose une difficile question au sujet de ces oracles 3 et 4 et de leur introduction car, qu'on les considère comme les pièces les plus anciennes de ces chapitres, ou au contraire, avec H. Rouillard, comme des morceaux composites postérieurs à l'exil, la parenté des formules d'introduction avec DAPT est indéniable[65]. Dans la première hypothèse, les introductions aux oracles reprendraient quelques formules effectivement empruntées à la phraséologie transjordanienne. Dans la seconde hypothèse, il faut admettre un auteur tardif capable de composer un poème dans lequel il introduisit quelques réminiscences de cette tradition transjordanienne qui lui était encore connue. A la regarder de près, c'est bien en effet l'impression d'un tel pastiche que donne cette introduction:

Num 24,3-4.15-16:

n'm bl‘m bnw b‘r	Oracle de Balaam fils de Beor,
wn'm hgbr štm h‘yn	oracle de l'homme au regard pénétrant,
n'm šm‘ 'mry 'l	oracle de celui qui écoute les paroles de El,
<wyd‘ d‘t ‘lyn>	< qui connaît la science d'Elyon >,
<'šr> mḥzh šdy yḥzh	<qui> voit la révélation de Shaddaï,
npl wglwy ‘nym	quand il tombe (en extase) et que ses yeux s'ouvrent.

Les analogies de ces vers avec l'introduction aux dernières paroles de David (II Sam 23,1-2), construite sur la même structure poétique et utilisant également l'expression *n'm hgbr* + NP, sont bien connues. Dans le vocabulaire prophétique, *n'm* est toujours accompagné du ND en conclusion d'un oracle, et la seule autre attestation de l'usage particulier que nous avons ici se trouve en Prov 30,1: «Paroles d'Agour, fils de Yaqeh, oracle, sentence de cet homme à Itiël» (*dbry 'gwr bn yqh hmś' n'm hgbr l'yty'l*). S. Mowinckel[66] avait déjà estimé fictif l'aspect prophétique de ces dernières paroles de David, tout émaillées d'expressions sapientielles. Cette opinion a été

---

[64] Le substantif *mḥzh* lui-même ne connaît que quatre attestations dans l'AT: Num 24,4.16; Gen 15,1; Ez 13,7.

[65] Le ND *šdy* dans le texte de Num 24,4.16 n'est pas sans évoquer non plus les *šdyn* de DAPT I:5.

[66] S. Mowinckel, «Die letzten Worte Davids», II Sam. 23,1-7, ZAW 45, 1927, 30-58.

récemment développée par Ph. Nel[67], qui attribue ces versets à une rédaction sapientielle tardive. D'autres expressions caractéristiques de la littérature de sagesse ne manquent pas non plus dans ces versets:

Šmʿ ʾmry ʾl: le substantif *ʾémèr* est employé principalement dans les écrits récents (Job, Ps, Prov); quant à *ʾmry ʾl*, on le retrouve en Ps 107, 11, parallèle à *ʿṣt ʿlywn*, «conseil du Très-Haut», qui correspondrait à *dʿt ʿlyn* que nous avons ici en hapax. Mais on rencontre quatre fois la construction *šmʿ ʾmry* + subst. ou sf. pers. en introduction à un discours sapientiel ou dans un contexte de piété à la Torah (Prov 4,10; Dtn 32,1; Ps 138,4; Jos 24,27). *wydʿ dʿt ʿlyn*: cette construction est encore un hapax, mais la paronomase *ywdʿ dʿt* est encore attestée en Prov 17,27 et Dan 1,4.

A ces formules au vocabulaire sapientiel s'ajoutent les expressions *ʾšr mḥzh šdy yḥzh*, dont l'origine est maintenant connue, ainsi que *npl wglwy ʿnym*, qui fait manifestement allusion à l'épisode de l'ânesse (22,3la) et lui est donc postérieur[68]. Relevons enfin, dans la structure du poème, le climax théologique constitué par les vers 2-4 énumérant les différentes voies par lesquelles l'homme peut saisir quelque chose de Dieu: voir-entendre-connaître, culminant dans la connaissance (*ydʿ dʿt ʿlyn*), et comme synthétisées dans la «vision» (*mḥzh šdy yḥzh*). Cette accumulation de formules redondantes, le caractère sapientiel et tardif de la plupart d'entre elles, le souci théologique de la composition, l'effet archaïsant des noms divins El, Elyon, Shaddaï, tout cela donne la très nette impression d'une rédaction relativement récente[69].

– Ligne 2: *kmśʾ.ʾl*: «comme un oracle de El». Indépendamment du problème paléographique évoqué plus haut, c'est la mention et le rôle du dieu El qui retient ici notre attention. Il apparaît encore au début de la Combinaison II (*wyʿbd ʾl byt ʿlmn*: «et El fit (fabriqua) une sépulture») et sa présence à Deïr ʿAlla n'étonne personne: la vallée de Sukkoth semble connaître depuis longtemps le culte de El, ce

---

67 Ph.J. Nel, The Structure and Ethos of the Wisdom Admonitions in Proverbs, BZAW 158, 1982.

68 Cf Rouillard, Péricope, 385.

69 L'antériorité des 3e et 4e oracles par rapport aux deux premiers, leur primitive autonomie et leur intégration à la source J, bien argumentées par l'article de Mowinckel, n'ont guère été remises en question jusqu'à la thèse de H. Rouillard (Péricope). Cette datation haute repose principalement sur le parallèle de Num 24,9 et Gen 49,9. Mais il y a en réalité plus qu'un parallèle: Num 24,9a reprend textuellement Gen 49,9b, et cela ressemble davantage à une imitation qu'à une communauté d'origine. L'image du lion et de sa proie, appliquée à Juda en Gen 49, revient en Dtn 33,20 à propos de Gad, et en Num 24 pour décrire tout Israël. Le traitement de la métaphore est plus original et plus libre en Num 23,24 qu'en 24,9 où l'imitation servile du modèle trahit la même volonté de faire ancien, mais avec moins de talent.

que confirmerait l'identification proposée de Deïr 'Alla avec Penuel[70]. Ce point éclaire d'un jour nouveau les nombreux usages du nom divin El dans les oracles de la péricope biblique (Num 23,8.19.22.23; 24,4.8.16). Présenté comme un équivalent de Yahvé en Num 23,8, il n'est manifestement pas traité comme un nom commun, mais comme un nom propre. En l'utilisant quatre fois dans les deux oracles de Num 23 (contre deux fois Yahvé), l'auteur du récit primitif a visiblement cherché à donner à son texte une couleur locale et un accent de vérité. Mais il est maintenant vraisemblable qu'il a également utilisé des bribes de textes ou des réminiscences d'oracles empruntées à cette tradition transjordanienne qui lui fournit la matière de sa narration. Les poèmes tiennent à la fois du santon et du pastiche, tout en servant parfaitement le dessein de l'auteur[71].

Cependant, même si l'auteur de Num 22-23* utilise des éléments essentiels de la tradition transjordanienne, il ne le fait pas sans les réorienter dans le sens qu'il entend donner à son récit. Il est probable qu'il a été aidé en cela par une version de cette tradition propre au milieu israélite, à la fois littéraire et populaire, proche encore d'une réalité historique que nous ignorons, mais amorçant déjà une interprétation de l'activité du célèbre devin qui permettait l'usage qui en a été fait[72]. En dehors de Num 22-24, la tradition biblique relative à Balaam se partage en trois courants:

1° Mi 6,5, allusif, mais suffisamment clair pour comprendre que l'auteur connaît et suit fidèlement le récit de Num 22-24.

2° Une tradition deutéronomiste (Dtn 23,5-6; Jos 24,9-10) qui s'en distingue par une particularité significative: Balaam a bien maudit Israël, et c'est Yahvé lui-même qui tourna cette malédiction en bénédiction. On y retrouve donc le thème de l'opposition malédiction / bénédiction qui structure le récit des Nombres, mais plus du tout celui de la fidélité du prophète à la parole de Yahvé.

3° Une tradition sacerdotale qui dénigre complètement le personnage en en faisant l'instigateur de l'apostasie d'Israël à Péor (Num 31,8.16; Jos 13,22).

---

70 A. Lemaire, Galaad et Makir, VT 31, 1981, 39-61 (spéc. 51-52).

71 Levine (Biblical Archeology Today, 326-339) n'hésite pas à affirmer «the derivation of the Bala'am oracles from an El repertoire»; l'hypothèse de tels *logia* prophétiques liés au culte de El n'est pas invraisemblable, mais il ne pourrait s'agir ici d'un emprunt mot à mot, compte tenu de la parfaite ordonnance métrique des oracles et de leur intégration au contexte.

72 Cf J.-M. Husser, Deux observations à propos des rapports entre le texte de Deïr 'Alla et la Bible, The Balaam Text Re-evaluated, 273-281.

On comprend aisément comment, à partir d'une tradition telle qu'elle est rapportée dans les deux notices deutéronomistes (point 2°), la figure du devin ammonite a pu évoluer en deux directions opposées. Nous faisons donc l'hypothèse que Dtn 23 et Jos 24 sont les témoins de l'état le plus ancien, à notre connaissance, de la tradition israélite sur Balaam, laquelle véhiculait le souvenir que ce devin païen avait effectivement lancé des imprécations contre Israël. Apparemment, celles-ci étaient demeurées sans effet, ce que, du côté israélite, on interpréta comme le fait d'une intervention de Yahvé qui changea cette malédiction en bénédiction. Dans le récit des Nombres, il serait même possible de voir une allusion à cet épisode dans le second oracle, et d'interpréter en ce sens Num 23,23:

ky l' nḥš by'qb	Il n'y a pas de présage qui vaille contre Jacob
wl' qsm byśr'l	ni de sort contre Israël:
k't y'mr ly'qb	car maintenant il est dit à Jacob
wlyśr'l mh p'l 'l:	et à Israël ce que fait El.

Où l'on comprend le *b-* dans un sens adversatif, «contre», et le *k't* pour *ky 'th* (la forme brève *'t* pour *'th* est bien attestée dans les ostraca de Lakish). On remarque en outre que ce verset contient l'une des nombreuses attestations du nom El dans les oracles bibliques de Balaam, ainsi que la mention des «oeuvres divines» (*p'l 'l*) révélées par l'oracle, comme dans DAPT I:5.

De même, l'épisode de l'ânesse, dont l'originalité demeure si surprenante par rapport au reste de la péricope, et l'insertion si maladroite dans le cours du récit, se comprend très bien comme une version populaire de cette tradition. Celle-ci pouvait facilement susciter un tel conte, dont la verve ridiculise ce devin étranger réputé si puissant, et rendu si faible devant Yahvé. Le fait que l'ange lui barre la route sous-entend bien qu'il était parti avec de mauvaises intentions, ce qui est contradictoire avec la version des faits restituée par Num 22-24, mais correspond à ce que Dtn 23,5-6 et Jos 24,9-10 laissent entendre.

4. Balaam entre le songe et la vision

De ces divers parallèles, on retiendra principalement que l'auteur du récit des Nombres a jugé bon de garder de ces traditions anciennes relatives à Balaam – et plus particulièrement de la tradition transjordanienne – le fait qu'il entrait en relation avec le monde divin la nuit, sans doute pendant son sommeil. Les lambeaux que nous avons de cette tradition prophétique transjordanienne nous assurent que la visite nocturne d'Elohim au prophète n'est pas un pur artifice littéraire chez l'auteur de Num 22,23*, mais qu'elle était réputée caractéristique de l'activité de Balaam. Son insertion dans la péricope des Nombres atteste aussi qu'elle ne pouvait nuire à l'image du prophète que l'auteur entendait développer, et qu'elle contribue au contraire à dépeindre: il était normal pour un prophète de rencontrer son dieu nuitamment et de le consulter par un moyen qu'il nous est difficile de préciser. Cette constatation est importante puisque nous nous trouvons alors en pleine polémique contre les faux prophètes.

Or, ce qui est remarquable, c'est le double registre dans lequel s'exerce cette activité prophétique: consultation divine pendant la nuit d'une part, invocations rituelles de la divinité et oracles visionnaires pendant le jour d'autre part. Deux modes de consultation donc, remplissant deux fonctions apparemment distinctes. Nous l'avons vu, la structure du texte s'articule en deux parties symétriques associant: 1° la double consultation onirique aux deux ambassades de Moab, 2° les deux oracles à leur scène sacrificielle respective. A travers ces deux actes distincts, correspondant précisément aux deux registres dont nous parlons (nocturne, diurne), est démontré comment le prophète 1° ne fait que ce que Yahvé lui dit de faire, 2° ne dit que les paroles que Yahvé met dans sa bouche.

S'il s'agit pour Balaam de *dire* fidèlement la parole de Yahvé (c'est le thème principal de la péricope on s'en souvient), dans la première partie, son souci est davantage d'*agir* selon la volonté de son dieu. Il lui faut, en effet, d'abord décider de l'attitude à prendre face à la démarche de Balaq. On le voit dans ses réponses aux deux ambassades successives: « ... je ne pourrai pas outrepasser l'ordre de Yahvé mon dieu par une action quelconque, grande ou petite» (22,18b). Indécis quant à la réponse à donner, il ne l'est plus du tout dans la marche à suivre pour éclairer son choix: c'est dans la rencontre nocturne avec la divinité qu'il recevra les instructions sur la conduite à tenir. «Passez ici la nuit, je vous rendrai réponse suivant ce que me dira Yahvé» (22,8). Le devin agit en véritable professionnel, en expert de la consultation divine, et il est manifestement sûr de son fait: Dieu lui parlera pendant la nuit. Mais on reste sur sa faim, car on voudrait en savoir davantage sur sa manière de procéder: quelle technique emploie-t-il pour susciter la venue de Dieu? Nous en sommes réduits à des suppositions.

Ce qui apparaît clairement en revanche, c'est la distinction faite entre ce dialogue onirique portant sur l'attitude personnelle du prophète et le procédé de consultation oraculaire qui suit, relevant de l'exercice public et officiel de sa fonction. Au contraire de ce que l'on constate dans DAPT, le contenu des oracles n'est pas révélé au devin pendant ces entretiens nocturnes, mais de jour, quand, à la suite d'une véritable mise en condition rituelle, «Dieu vient au-devant de Balaam» (23,4.16: *wyqr 'lhym 'l bl'm*). Remarquons aussi que, s'agissant de cette consultation oraculaire, le devin semble moins certain du succès de sa démarche: «Tiens-toi près de ton holocauste, tandis que je m'éloignerai. Peut-être Yahvé viendra-t-il à ma rencontre» (23,3: *'wly yqrh yhwh lqr'ty*), dit-il à Balaq.

Dans l'économie du récit, l'intervention divine dans l'intimité de la nuit n'a pourtant pas été moins déterminante que dans la consultation oraculaire, mais infiniment plus discrète: seul le prophète est concerné. Le caractère privé de la rencontre onirique avec la divinité ne ressort pas seulement du fait bien naturel que seul le rêveur en est effectivement témoin, mais il est aussi suggéré dans le texte. Lorsque les émissaires rapportent à Balaq le refus de Balaam, ils disent: «Balaam n'a pas voulu venir avec nous» (22,14). Ils n'ont cure de cette soi-disant interdiction de Yahvé; positifs, seul compte pour eux ce qu'ils constatent. L'expérience nocturne du devin ne signifie rien à leurs yeux et n'a d'autorité que sur lui-même.

Ces dialogues nocturnes avec Elohim sont bien évidemment fictifs, mais la nécessaire intelligibilité du texte pour le lecteur nous autorise à postuler qu'ils reflètent une expérience prophétique réelle, dont l'aspect technique nous échappe malheureusement. La familiarité de l'entretien sous-entend une grande habitude entre le devin et son dieu. De plus, on remarque l'alternance systématique des noms divins dans ces v. 7-21 où le narrateur se réserve Elohim et met toujours Yahvé dans la bouche de Balaam. L.M. von Pákozdy[73] avait déjà relevé ce fait et conclu à une volonté délibérée du rédacteur désireux de caractériser ainsi Balaam comme un véritable *'yš 'lhym*, c'est-à-dire un sorcier dont le commerce avec son *'élohîm*, son *daïmôn*, était réputé. Cet élohim serait un être divin inférieur auquel Balaam s'adresse et qu'il prend abusivement pour Yahvé, l'élohim d'Israël, jusqu'à ce que celui-ci s'impose vraiment à lui pour le contraindre à bénir. Toute la péricope décrirait ce conflit entre l'élohim du devin auquel on demande de maudire et Yahvé qui, le plus fort, impose sa bénédiction. L'explication est ingénieuse, mais on ne discerne aucune trace de conflit entre Yahvé et un élohim dans le texte.

Sans adhérer à tous les points de l'hypothèse de L.M. von Pákozdy, il semble bien que le narrateur reste à dessein imprécis sur l'identité de celui qui «vient» dans la nuit et que Balaam, quant à lui, identifie comme étant Yahvé. Le vocable *'élohîm* est certainement ici le nom commun, ou tout au moins, l'ambiguïté est-elle volontairement

---

[73] L.M. von Pákozdy, Theologische Redaktionsarbeit in der Bileam-Perikope (Num 22-24), Fests. O. Eissfeldt, BZAW 77, 1958, 161-176.

entretenue. On a l'impression que le récit cherche à rendre le caractère indistinct et mystérieux de l'être divin qui se manifeste ainsi, et que seule l'expérience professionnelle permet au prophète de reconnaître et de nommer.

Nous retiendrons donc le caractère individuel, confidentiel, du rêve par lequel le prophète s'entretient avec son dieu, et la dimension pratique du message qui y est reçu. En ce sens, il apparaît comme un véritable lieu d'enseignement, comme l'apprentissage et la répétition de ce qu'il faut faire: il est de l'ordre de l'agir et non du dire. Le récit biblique de Balaam confirme bien qu'il appartient aux pratiques et aux techniques de la prophétie, mais en même temps, il tend à le réserver à l'usage personnel du prophète. Dans cette perspective, on peut avancer que, pour ces auteurs, il n'y a pas de songe prophétique, car l'oracle proprement dit relève d'une autre forme d'inspiration. Le parallélisme des expressions peut faire illusion, mais à y regarder de près, l'expérience onirique telle qu'elle est décrite en Num 22 et Gen 20 a pris une distance significative par rapport à celle que nous rapporte la tradition transjordanienne: *wy'tw 'lwh 'lhn blylh* introduit, à Deïr ʿAlla, une inspiration oraculaire par laquelle les dieux viennent révéler leurs projets au devin; *wyb' 'lhym 'l blʿm lylh* introduit, en Num 22 comme en Gen 20, un dialogue onirique qui n'exige aucune proclamation et reste confidentiel entre Dieu et l'homme. Cette observation permet de mesurer la liberté prise par les auteurs bibliques à l'égard de cette tradition au sujet d'un point précis: le mode d'inspiration prophétique.

Tandis que le Balaam des Nombres prononcera ses oracles comme des paroles «mises dans sa bouche» par Dieu à l'occasion d'une rencontre avec lui en plein jour, le visionnaire de Deïr ʿAlla formule au matin ce qu'il a perçu pendant la nuit des décisions divines. On comprend, dans ce dernier cas, tout l'effort d'interprétation que le prophète doit nécessairement accomplir pour traduire en paroles ce qu'il a reçu dans sa révélation nocturne. Le champ est ainsi ouvert à l'intervention de l'homme – volontaire ou non – dans le message divin. Songe ou vision ? la question ne paraît pas pertinente dans ce contexte. L'oracle constitue le contenu de la vision nocturne (*w]yḥz mḥzh / kmś' 'l*), perçue à la faveur de la visite des dieux (*wy'tw 'lwh 'lhn*) qui s'adressent à Balaam (*wy'mrw lblʿm brbʿr kh*). A partir des six premières lignes de DAPT, on fera toutefois deux remarques:

1° Le devin a certes une vision (*wyḥz mḥzh*), mais celle-ci se réduit en fait à une audition; il ne perçoit pas des images, mais des paroles. Rien de surprenant à cela, c'est l'usage constant de la racine *ḥzh* dans le prophétisme biblique où elle décrit une forme de perception extrasensorielle plutôt qu'une vision proprement dite.

2° Les paroles des dieux sont écrites en rouge à la 2e ligne comme une citation au discours direct. Le texte en est malheureusement très abîmé et reste difficile à comprendre, mais il est probable que sa formulation était volontairement ambiguë. Après cette courte citation (de deux propositions apparemment), le récit reprend au début de la ligne 3 sur la réaction de Balaam à son réveil. Le long oracle qui suivra, dès la ligne 6, est présenté comme l'exposé qu'il fait de sa «vision» aux chefs du peuple réunis chez lui. Autrement dit, la disproportion entre la parole oraculaire rapportée dans la rubrique de la ligne 2, et sa formulation prophétique dès la ligne 6, illustre le rôle de médiateur et d'interprète assumé par le prophète dans la nécessaire explicitation en langage articulé d'un message perçu énigmatiquement pendant la nuit. Ce caractère laconique des paroles divines évoque d'autre part ce que l'on désigne, depuis S. Freud, comme le phénomène de condensation qui s'opère lors de l'élaboration inconsciente du rêve: comparé à l'ampleur et à la richesse du contenu onirique, le rêve apparaît toujours bref et pauvre dans son expression. Cette disproportion, si caractéristique du processus onirique, entre l'apparente indigence de l'énoncé du rêve et les innombrables connexions impliquées dans son contenu latent se retrouve parfaitement ici. *Mutatis mutandis*, on pourrait voir là un indice supplémentaire permettant d'assimiler l'événement décrit dans les premières lignes de DAPT à une expérience de type onirique.

Tenant compte de ce que nous avons vu à propos du songe dans la querelle contre les faux prophètes, il est très vraisemblable que le texte des Nombres ait tenté d'apporter une réponse à cette question précise. Les prophètes «voient» pendant la nuit, c'était le cas du visionnaire de Deïr 'Alla; certains même vont criant: «J'ai eu un songe! j'ai eu un songe!», c'était le cas des faux prophètes. La réponse de l'histoire de Balaam semble être la suivante: dans le songe, bien sûr, Dieu peut parler; mais l'entretien, le message reçu ne concerne que celui qui le reçoit. Qu'il en tienne compte, mais n'en fasse pas un oracle: «Que le prophète qui a un songe raconte ce songe, mais que celui qui a ma parole dise ma parole exactement» (Jer 23,28). La parole, en effet, est mise dans la bouche du prophète qui la proclame directement. Il y a une différence notable dans la manière de rendre l'oracle décrite à Deïr 'Alla: le devin transjordanien transmet un message, ses paroles médiatisent, interprètent une vision. Le prophète idéal dépeint dans Num 23-24 et la tradition deutéronomiste laisse directement parler Dieu par sa bouche, sa faculté d'interférence dans le message divin est censée nulle. Ainsi, à l'occasion d'un débat sur l'authenticité de la prophétie, et à partir d'une tradition païenne, cette péricope des Nombres donne un véritable traité de l'inspiration prophétique: plus forte est la parole par rapport au songe.

Les attestations éparses, mais précises, d'oracles entendus pendant la nuit (I Sam 3,10-14; 15,10-16 II Sam 7,3-4 I Reg 19,8-9), ainsi que la tradition ammonite du devin de Deïr 'Alla qui a des «visions» divines pendant la nuit, précisent l'information tirée de I Sam 3, et autorisent à penser que, même si le rêve n'est pas explicitement mentionné, le sommeil – et une certaine forme de conscience dans ce sommeil – était maîtrisé, par des techniques que nous ignorons, et constituait un état propice à l'inspiration prophétique. Le silence de nos sources s'explique dès lors: le *rêve* ne faisait pas partie des pratiques agréées de la prophétie en Israël, mais les nuits des prophètes étaient peuplées de *visions*.

Nous avons relevé plusieurs indications permettant de penser que certaines «visions entendues» étaient reçues pendant la nuit[74], mais l'extension que fait A. Jepsen de cette constatation est abusive[75]. D'après nos sources, toute parole divine «vue» pendant la nuit est certes désignée par *ḥazôn*, mais toute vision entendue n'est pas nécessairement nocturne. Il faut ici faire la part d'une relative fluidité des concepts et d'une extension du champ sémantique de *ḥzh*, en particulier chez Ezéchiel.

En revanche, ce que nous avons observé en I Sam 3, nous incite à supposer, de la part du prophète, la maîtrise d'une certaine forme de conscience dans le sommeil, maîtrise acquise à la suite d'une initiation dont nous lisons une évocation dans ce chapitre. L'oracle perçu nuitamment et dans cet état onirique particulier, le *ḥazôn*, nous paraît être l'explication du silence des prophètes sur le songe. De Deïr 'Alla à Ezéchiel, à travers les récits plus ou moins hagiographiques des Prophètes antérieurs et quelques allusions des prophètes classiques, la divinité parle pendant la nuit. Ce que nous appellerions «songe», faute d'un autre mot en français, on ne le désignait pas alors par *ḥ^{a}lôm*, mais par *ḥazôn*: la vision entendue, voire l'entretien onirique avec le dieu. Ce terme technique établissait, dans le milieu prophétique, une nette différence avec le rêve, visuel et plus ou moins énigmatique.

Lorsque le rêve apparaît dans la polémique entre prophètes, c'est apparemment parce que certains d'entre eux ont soit attribué une

---

[74] Gen 15,1; Mi 3,6-7; Jes 21,2-4; I Sam 3,1; II Sam 7,17; 24,11 et DAPT I:1.

[75] Jepsen, Nabi, 49: «Die Gottheit redet in der Nacht: das ist das Wesen des israelitischen Sehertums». Cf TWAT II, 826-827.

valeur oraculaire à des rêves personnels, soit pratiqué l'oniromancie. La réaction de Jérémie est vive, il rappelle la différence entre ce qui vient du coeur de l'homme et ce qui vient de Yahvé, aussi bien pour la vision (Jer 23,16) que pour le songe (Jer 23,25-28). Mais cela n'empêche pas le visionnaire d'Anatot d'avoir, lui aussi, ses «entretiens nocturnes» (Jer 31,26):

ʿl z't hqyṣty w'r'h	Sur ce, je m'éveillai et je compris:
wšnty ʿrbh ly:	mon sommeil m'avait été agréable.

On a vu comment l'histoire de Balaam prend position dans cette problématique en établissant une claire distinction entre l'entretien nocturne et l'oracle, dans le but de limiter la portée de l'inspiration onirique. Mais cette tentative rationalisante se distancie de sa source (la tradition sur le devin ammonite) et ne semble pas avoir connu de prolongement. Au contraire, nous voyons Ezéchiel renouer avec le vieux protocole des devins, où le prophète expose, dans une audience matinale à domicile, la parole «vue» pendant la nuit.

A la question que nous nous posions au début de cette partie nous répondons maintenant par l'affirmative: oui, les prophètes ont usé du songe comme voie oraculaire, mais une forme particulière d'onirisme, le *ḥazôn,* désignant à la fois l'audition d'une parole et l'expérience d'une grande proximité avec la divinité. Il semble avoir requis un état de conscience spécial dans le sommeil, état de conscience que suppose ce que nos textes transcrivent comme un dialogue avec le dieu. Cette capacité visionnaire était tout à la fois charismatique et maîtrisée, grâce à une technique que nous ignorons, mais qui était vraisemblablement acquise par apprentissage ou initiation.

Troisième Partie
Le songe et la sagesse

Le courant sapientiel passe pour avoir manifesté à l'égard du rêve un scepticisme distant, teinté parfois de l'ironie propre à des esprits éclairés. On allègue pour cela le silence des Proverbes, deux remarques du Qohélet, qui fait du rêve le produit d'une agitation mentale (Koh 5,2) et l'assimile à une pensée vide (Koh 5,6), un verset de Job (20,8), qui l'utilise comme métaphore de ce qui est fugitif et sans consistance. Des textes plus tardifs encore, par le dénigrement radical qu'ils exercent à son sujet (Eccl 40,5-7), semblent achever cette évolution qui aurait conduit progressivement à une disqualification du phénomène onirique en Israël, et on cite à ce propos Eccl 34,1-8.

En réalité, ces versets ne sont pas un rejet du songe comme moyen de communication avec le divin, mais un appel à la prudence dans l'usage qu'on en fait. Il est vrai que les songes y sont une nouvelle fois assimilés au mensonge (v. 1.7-8), comparés à du vent (v. 2) ou à un reflet trompeur (v. 3-4), amalgamés à la divination et aux augures, toutes «choses sans valeurs, comme ce qu'imagine le coeur d'une femme en travail» (v. 5). Mais à leur sujet, la restriction importante du v. 6a: «sauf si elles sont envoyées par le Très Haut en une visite», montre assez combien l'auteur, malgré la violence de ses termes, doit tenir compte de la place qui est faite au rêve dans le corpus biblique, pratiquement achevé à son époque. Sa méfiance s'explique d'ailleurs aisément dans le contexte d'imprégnation du monde juif par la culture hellénistique.

L'expression du v.6a retient notre attention: Ἐὰν μὴ παρὰ ὑψίστου ἀποσταλῇ ἐν ἐπισκοπῇ. Les termes sont propres à la langue des Septante pour désigner une «visite» de Dieu, mais celle-ci est généralement une intervention divine qui sauve (Gen 21,1; 50,24.25; Ex 3,16; 13,19) ou qui punit (Jes 10,3; Jer 6,15; 10,15-16). L'usage un peu inattendu de ce terme ici veut souligner le caractère indubitable de l'intervention de Dieu dans le cas d'un songe vrai. Il rappelle aussi que dans un tel songe, c'est Dieu lui-même qui prend l'initiative et vient visiter le dormeur, conformément à la conception ancienne. Cela n'est pas sans importance étant donné, sur ce point, l'influence de la culture hellénistique, sensible dans l'apocalyptique, où le voyage en esprit du visionnaire à travers les cieux ouverts devient un thème répandu. Le Siracide apparaît ainsi très conservateur par rapport au courant général de son époque en ce domaine, comme en bien d'autres, mais on ne peut voir en lui un opposant à toute forme d'inspiration onirique. Il affirme clairement la possible intervention de Dieu dans le rêve, tout en restant sur une prudente réserve. On ne suivra donc pas l'opinion de E. Ehrlich qui classe ce passage du Siracide dans un chapitre intitulé «Ablehnung des Traumes als Offenbarungsmittel»[1].

L'inscription araméenne de la stèle I de Sfiré (milieu du VIIIe s.) mentionne parmi les malédictions en cas de rupture du traité: «... que son royaume soit comme un royaume de sable, un royaume de rêve!» (KAI 22 A:25: *thwy mlkth kmlkt ḥl mlkt ḥlm*). On rapprochera de ce texte Jes 29,5-7 qui, comme Job 20,4-8 et Ps 73,20, compare l'extermination des ennemis à l'effacement soudain d'un mauvais rêve à l'éveil du dormeur. Ce n'est pas seulement l'assimilation des ennemis et des méchants au monde de la nuit et de ses terreurs qui suscite cette métaphore, mais la conscience déjà ancienne de l'évanescence du rêve, de son appartenance à une non-réalité. Qu'un royaume soit «comme un rêve» signifie: «qu'il soit anéanti». Une telle attitude critique sur le rêve est ancienne, et n'a jamais enlevé leur valeur aux songes estimés d'origine divine. Le livre de Job atteste, comme nous le verrons, la possible coexistence de cette vision «naturaliste» du phénomène onirique (Job 20,4-8), et d'une conception quasi prophétique de sa fonction oraculaire.

De plus, une étonnante proximité de vues entre Gen 20 et Job 33 concernant le rêve nous amènent à situer l'origine de la péricope d'Abraham et Abimelek dans la mouvance sapientielle, et à poser comme hypothèse que la tradition de sagesse eut envers le phénomène onirique une attitude beaucoup moins négative qu'on ne l'admet généralement. L'épisode du songe de Salomon à Gabaon donne un premier et important indice d'une prise au sérieux du rêve par les milieux de sagesse s'il s'avère que, dès les Actes de Salomon, la théophanie onirique servit à introduire le thème de la sagesse comme source et cause de la splendeur du règne.

---

1 Ehrlich, Traum, 155 ss. Cf aussi P.W. Skehan-A. Di Lella, The Wisdom of Ben Sira, AB 39, 1987, 408 s.

Chapitre I
Le rêve dans l'argumentation des sages

1. Le cauchemar d'Abimelek, roi de Guérar: Gen 20

a) La fonction littéraire du rêve

L'histoire de l'enlèvement de la femme du patriarche est célèbre du fait de ses trois versions plus ou moins semblables, et par l'usage qu'en fit la critique littéraire dans l'illustration de la théorie documentaire. Celle-ci rend compte de la présence de ces trois récits parallèles de Gen 12,10-20; 20,1-18 et 26,1-11, par des rédactions indépendantes à partir d'une tradition orale commune. On s'est longtemps accordé à attribuer Gen 12 et Gen 26,1-11 à la source yahviste, et Gen 20 à la source élohiste. L'identification du document E dans ce chapitre repose sur des arguments qui n'ont pas changé depuis J. Wellhausen: l'usage exclusif du ND Elohim, les formes littéraires du songe et du dialogue, la désignation d'Abraham comme *nabi'*, le thème de la crainte de Dieu[1].

Des analyses plus récentes portant sur les procédés narratifs ont conduit à des solutions tout autres. On remarque en particulier que, si Gen 20 suit la même courbe narrative que le récit de Gen 12, la narration elle-même, dans cette version, cède le pas à la discussion. Le caractère très théologique du récit en Gen 20 est une constatation ancienne, mais on souligne davantage combien l'histoire de l'enlèvement de Sarah n'est plus que le cadre et le prétexte à une discussion d'école par l'intermédiaire de ses protagonistes.

Autre particularité de cette péricope: elle contient la seule mention d'un songe dans tout le «cycle» d'Abraham. L'observation n'est pas sans intérêt si l'on considère: 1° le nombre des théophanies – ou au moins des messages divins adressés au patriarche dans ces récits; 2° l'importance et la fréquence des songes dans le cycle de Jacob. On

[1] Cf les commentaires, auxquels on peut ajouter R. Kilian, Die vorpriesterlichen Abrahamsüberlieferungen, literarkritisch und traditionsgeschichtlich untersucht, BBB 24, 1966, et S. Nomoto, Entstehung und Entwicklung der Erzählung von der Gefährdung der Ahnfrau, AJBI 2, 1976, 3-27.

pourrait dès lors être tenté d'expliquer ce second point par le fait que le cycle de Jacob est, pour l'essentiel, de composition beaucoup plus ancienne que la plupart des récits relatifs à Abraham, et d'en conclure que les récits de théophanies oniriques appartiennent au fonds archaïque des traditions patriarcales. On constate qu'il n'en est rien pour la plupart, mais qu'ils relèvent de traditions différentes, pour chacune desquelles le rêve remplit une fonction spécifique du double point de vue littéraire et théologique.

L'attribution traditionnelle de Gen 20 à la couche E ne résout pas toutes les questions posées par ce texte qui apparaît, du même coup, et paradoxalement, singulièrement composite. P. Weimar tente de dégager du texte actuel une version élohiste ancienne sous deux couches rédactionnelles postérieures. Il distingue ainsi un récit primitif élohiste, une relecture jéhoviste qui en reprend complètement l'organisation et, enfin, une dernière rédaction qui ajoute les v. 9b.13.16b[2]. D'autres tentatives de ce genre l'ont précédé, dont celle de R. Kilian, qui met en évidence un document préhélohiste, retravaillé par des relectures successives[3]. Ces analyses, qui amènent au fractionnement du texte actuel, partent d'éléments de vocabulaire ou de syntaxe qui s'accordent mieux avec les couches rédactionnelles récentes du Pentateuque, et mettent ainsi en cause l'attribution de la totalité du récit au document E[4].

Ces difficultés rencontrées par la critique documentaire sont en grande partie levées si l'on admet une rédaction plus tardive, et un contexte idéologique différent de ce qui est traditionnellement associé au rédacteur élohiste. C'est ce que fait J. van Seters[5], en montrant que Gen 20 suppose connu par le lecteur le récit de Gen 12,10-20. Tandis que ce dernier est parfaitement construit selon les lois de la

---

[2] P. Weimar, Untersuchungen zur Redaktionsgeschichte des Pentateuch, BZAW 146, 1977, 55-77. La répartition des couches rédactionnelles serait la suivante: 1° texte primitif (E): 20,3 (sans *hlylh*) 4b (seulement *wy'mr*) 5aαb.6aα (sans *gm*) 7aα.9aα.10b.11a.14a (sans *w'bdym wšpḥt*) 14b.15; 2° relecture jéhoviste: 20,1.2.3a (*hlylh*) 4ab.5aβ.6aβb.7aβb.8.9a.10a.12.14a.16a.17.18; 3° dernière rédaction: 9b.13.16b.

[3] Kilian (Abrahamsüberlieferungen, 196-201) distingue une «vor-elohistische Erzählung» (20,1b.2.3b.4b.5.6a (sans *bḥlm*) 7*.8*.9.11.14 (sans *'bdym wšpḥt*) 15.17b), des «E Zusätze» (20, 3a.4a.6a (*bḥlm*) b.7*.8*.10.12.13.16.17a), et des ajouts postérieurs (20, 1a.14a (*'bdym wšpḥt*).8).

[4] Weimar (Untersuchungen, 62) donne quelques expressions de Gen 20 appartenant aux couches récentes du Pentateuque: *kl hdbrym h'lh* comme complément d'objet de *dbr* (Gen 20,8; Ex 20,1; Num 16,31; Dtn 32,45), comme complément d'objet d'autres verbes (Gen 29,13; Ex 19,7; Dtn 4,30; 12,28; 30.1); *dbr b'zny* + suffixe (Gen 23,13.16; 50,4; Ex 11,2; Num 14,28; Dtn 5,1; Jg 9,2; I Sam 8,21; 25,24; II Sam 3,19; II Reg 18,26; Jes 36,11; Jer 28,37; Prov 23,9).

[5] J. Van Seters, Abraham in History and Tradition, 1975, ch. 8: The Problem of the Beautiful Wife, pp. 167-191.

narration épique, le texte de Gen 20 apparaît, à cet égard, aberrant. L'élément narratif y est très réduit en proportion de la longueur du texte, et cette concision confine à l'obscurité si l'on ne connaît pas Gen 12: aucun motif n'est donné de la présence d'Abraham à Guérar, le récit de la ruse et son exécution n'occupent qu'un demi-verset, et la raison de ce stratagème n'est livrée qu'au v. 11. Trois demi-versets (v. 1b.2ab) résument la première partie de l'histoire que Gen 12 expose en huit versets (v. 10-17). Cette économie de détails ne s'explique que si l'histoire est déjà connue par la version de Gen 12; on ne fait que la rappeler allusivement, en utilisant son cadre général pour y développer une réflexion nouvelle[6].

Les conclusions de J. van Seters ont été admises par C. Westermann dans son commentaire[7] et vérifiées plus récemment par E. Blum, G.W. Coats et K. Berge[8]. Nous les acceptons également, malgré les objections peu convaincantes de T.D. Alexander[9], mais en y apportant une légère restriction: le texte de Gen 20 n'a pas pour but premier de répondre aux questions littéraires, morales ou théologiques soulevées par l'histoire de Gen 12, mais d'exposer une réflexion suscitée par une problématique étrangère à cette histoire, en utilisant opportunément son cadre narratif.

Le récit de rêve en Gen 20 est introduit par une formule caractéristique (v. 3: *wyb' 'lhym 'l 'bymlk bḥlwm hlylh*), que l'on a déjà rencontrée en trois autres passages du Pentateuque (Gen 31,24; Num 22,9.20), et dont l'inscription de Deïr ʿAlla fournit la plus ancienne attestation. Ces quatre textes du Pentateuque ont entre eux, par leurs procédés de composition, un indéniable air de famille que la critique leur a depuis longtemps reconnu, puisque l'exégèse documentaire les attribue tous à la couche élohiste. En fait, comme on l'a vu, la péricope de Balaam est à situer dans le courant deutéronomique de réflexion sur le prophétisme, tandis que Gen 20, certainement postexilique, est l'expression de préoccupations théologiques que nous constaterons proches des milieux de sagesse.

Le récit lui-même est remarquablement construit, autour de deux dialogues symétriques qui constituent l'essentiel de son développe-

---

6 Cette dépendance de Gen 20 envers Gen 12 avait été soutenue déjà par R. Smend, Die Erzählung des Hexateuch auf ihr Quellen untersucht, 1912, 38 s. et P. Volz, Der Elohist, 34 ss.

7 Westermann, Genesis, 389.

8 Blum, Komposition, 405 ss.; G.W. Coats, A Threat to the Host, in Saga, Legend, Tale, Novella, Fable. Narrative Forms in the Old Testament Literature, JSOTS 35, 1985, 71-81; K. Berge, Die Zeit des Jahwisten, BZAW 186, 1990, 93 ss.

9 T.D. Alexander, Are the Wife/Sister Incident of Genesis Literary Compositional Variants?, VT 42, 1992, 145-153.

ment. La partie proprement narrative, on l'a dit, est extrêmement réduite, reléguée dans les versets cadres de l'introduction (v. 1-2) et de la conclusion (v. 14-18), avec quelques précisions parsemées au fil de la rhétorique des dialogues (v. 4a.6b.11). Par rapport à l'histoire racontée en Gen 12, et mis à part le changement de contexte géographique, l'élément nouveau introduit dans cette version est le songe du roi. Ce procédé littéraire ne fait pas que répondre à la question, demeurée non résolue en Gen 12, de savoir comment le roi a su que Sarah n'était pas la soeur d'Abraham, mais il assume une fonction structurante essentielle dans la composition du texte, et cela de deux façons distinctes:

1° C'est le songe qui permet et suscite cette structure symétrique du noyau central de la péricope: celui-ci s'ordonne à la manière d'un diptyque opposant deux dialogues, l'un dans le rêve, l'autre à l'état de veille. Ces deux dialogues sont de longueurs exactement identiques (v. 3-7 = 86 mots[10]; v. 9-13 = 86 mots), et s'articulent autour du v. 8 qui relate l'éveil d'Abimelek. Le premier met en présence, dans le huis clos du rêve, Elohim et Abimelek; formellement, il est constitué de quatre répliques, organisées en une structure concentrique autour de la charnière du v. 6a:

3) ┌─ Elohim vient dans le rêve et prononce une sentence,
4-5) │ ┌─ Abimalek réplique et proteste de son innocence,
6) │ └─ Elohim reconnaît cette innocence,
7) └─ Elohim réitère la sentence sous forme d'avertissement.

Le second dialogue oppose Abimelek et Abraham dans le monde concret de la veille; sa construction est plus simple, répartissant l'ensemble en deux membres, correspondant aux deux répliques du dialogue (v. 9-10 + 11-13). Entre les deux volets de ce diptyque, dans le rêve et dans la réalité, les situations sont analogues et symétriques, mais le passage du rêve à l'état de veille opère des inversions significatives: Abimelek passe de la situation d'accusé (dans le rêve), à celle d'accusateur; mais s'il apparaît faible devant Dieu qui le condamne, il demeure faible devant l'immigré à qui il demande compte de sa conduite, car le droit est avec ce dernier. Il ne parvient pas à reporter plus loin la culpabilité qu'il porte à son insu. Tour à tour accusé et accusateur, Abimelek est toujours l'ignorant face à son interlocuteur, Dieu ou Abraham, qui, eux, connaissent son véritable degré de culpabilité.

---

10 Sans tenir compte de l'incise du v. 4a.

2° Le rêve est l'artifice qui permet d'introduire un dialogue entre Dieu et un homme, lequel dialogue est au coeur d'une réflexion théologique qui apparaît comme l'argument principal de la péricope. Grâce à la situation ainsi créée se trouve débattue une complexe question morale: Abimelek est objectivement coupable d'avoir pris dans son harem une femme mariée, mais il est subjectivement innocent, du fait qu'il ignorait sa véritable situation. Le problème posé est donc celui de la faute par inadvertance: un homme objectivement coupable, mais subjectivement innocent, peut-il être puni par Dieu pour sa faute? Le texte répond par un biais: Dieu, dans ce cas, avertit d'abord le coupable. Sans la double intervention de Dieu, dans le rêve, et par la maladie qui l'empêche de consommer l'adultère, Abimelek serait mort, car il a bel et bien commis une faute. Par cette mise en garde onirique, le roi prend connaissance du statut réel de Sarah, et donc de la faute commise, et perd ainsi son innocence. S'il persistait, il mourrait, comme le rappelle le v. 7, et en étant alors pleinement coupable. Son innocence reconnue lui vaut seulement un sursis qu'il doit mettre à profit pour réparer sa faute, sans quoi la sentence serait exécutée. Ce dialogue onirique reproduit en fait une scène de tribunal.

Dans le second dialogue, on voit Abimelek tenter de rejeter une part de la culpabilité sur Abraham. Mais ce dialogue permet surtout de renouer avec la trame du récit traditionnel (celui de Gen 12), son issue ne modifie en rien la sentence portée dans le rêve. Contrairement à l'interprétation que l'on donne généralement de ce passage, il ne semble pas que l'intention du texte soit ici de débattre de la culpabilité d'Abraham. L'argument avancé au v. 12, que Sarah était sa demi-soeur, ne tend pas à minimiser la faute du patriarche, mais à corser davantage le problème posé du péché commis en toute innocence. Aux faits connus, le texte de Gen 20 ajoute une hypothèse supplémentaire, bien caractéristique d'une discussion d'école: et si Sarah était vraiment la demi-soeur d'Abraham? Abimelek se trouve alors dans l'impossibilité totale de repousser plus loin sa culpabilité: Abraham n'ayant pas menti, il porte seul la faute, et pourtant, il demeure innocent du fait de son ignorance.

Le texte ne se préoccupe pas non plus de disculper le patriarche, car sa ruse est l'arme du faible contre le fort, et elle est le ressort indispensable à une situation donnée comme un cas de figure. L'éventuelle culpabilité d'Abraham ne change rien au problème débattu, et l'accent mis sur son rôle d'intercesseur montre bien qu'elle n'est pas retenue. Il n'est donc pas possible ici de le comparer à la figure ambiguë de l'homme de Dieu en I Reg 13,11 ss., mandaté par Dieu malgré son indignité, comme l'a suggéré G. von Rad[11]; les situations et les rôles respectifs des deux *nabi'* sont trop dissemblables.

Dans la même perspective, les commentateurs nous semblent avoir indûment exagéré la piété du roi cananéen, qui s'opposerait au manque de foi du patriarche hébreu[12]. Certes, dans le dialogue onirique, Abimelek se montre respectueux de l'Elohim qui vient le visiter, mais pouvait-il en être autrement? Même le pharaon en Gen 12 obtempéra sans regimber aux semonces divines. Les v. 3-8 ne témoignent pas d'un sens moral particulier chez Abimelek; sa protestation d'innocence est à lire comme la plaidoirie d'un accusé menacé de mort, et non comme la profession de principes moraux auxquels il serait attaché. Son innocence ne vient pas de sa crainte de Dieu, mais de son ignorance, bien réelle.

Un autre fait est souvent mis en avant pour souligner la crainte de Dieu chez Abimelek[13]: son empressement, non seulement à restituer Sarah, mais à combler Abraham de présents, ce qui n'était pas requis par la sentence divine. Certes, mais ce que Elohim n'avait pas demandé, la loi ou l'usage pouvait l'exiger. On connaît dans les lois assyriennes découvertes à Assur (Tablette A, col. II: 105-109) un cas analogue où un homme, ayant eu affaire à une femme mariée sans qu'il le sût, doit prouver son ignorance par un serment et verser au mari de cette femme deux talents d'étain de dédommagement[14]. On peut faire l'hypothèse avec M. Weinfeld[15], que c'est de ce dédommagement-là qu'Abimelek s'acquitte. La coutume a pu, sous diverses formes, persister pendant très longtemps, et on en détecte une influence claire dans la version que

---

11 G. von Rad, Das erste Buch Mose: Genesis, ATD 2/4, 1949, 1972[9], 181.

12 Ainsi, p.ex., von Rad, Genesis, 180; A. Jepsen, Nabi, 115 ss.; Westermann, Genesis, I, 396.

13 Nous ne pensons pas, contre l'opinion de H.W. Wolff (Zur Thematik der elohistischen Fragmente im Pentateuch, EvT 29, 1969, 59-72), que la crainte de Dieu soit un élément important ni même original de cette version de l'histoire: les termes du v. 11 (*'yn yr't 'lhym bmqwm hzh*), ne font qu'énoncer de façon plus théologique un élément narratif essentiel, déjà présent dans l'histoire en Gen 12,12. Quant à la réaction décrite au v. 8: «ces gens eurent très peur» (*wyyr'w h'nšym m'd*), l'expression n'exprime pas une crainte de Dieu telle que l'entend le v. 11, mais, plus primitivement, une peur panique devant l'intervention divine et la sentence de mort qui a été prononcée.

14 G.R. Driver-J.C. Milles, The Assyrian Laws, 1935, 392, trad. française par G. Cardascia, Les lois Assyriennes, LAPO 2, 1969, 138-141.

15 M. Weinfeld (Sarah and Abimelek (Genesis 20), Against the Background on the Book of Genesis Apocryphon, Mélanges bibliques et orientaux en l'honneur de M. Delcor, AOAT 215, 1985, 431-436) reprend une hypothèse de U. Cassuto, exposée dans son Commentary on the Book of the Genesis (vol. II, 1964, 357-358), à propos de Gen 12; mais l'argument ne convenait pas à cet endroit, car en Gen 12, les offrandes accompagnent l'enlèvement, et non la restitution de l'épouse.

l'Apocryphe de la Genèse trouvé à Qumrân donne de l'enlèvement de Sarah par le pharaon[16]. Le roi ne fait sans aucun doute que payer un dû fixé par la coutume et attesté dans le droit mésopotamien, et que le récit rappelle pour bien montrer jusqu'où allait sa responsabilité.

b) L'intercession d'Abraham.

C'est en tant que *nabi'* qu'Abraham pourra intercéder pour Abimelek innocent (« ... car il est un prophète et il intercédera pour toi afin que tu vives», v. 7a: *ky nby' hw' wytpll b'dk wḥyh*), et cette désignation du patriarche comme prophète sert d'argument dans l'attribution du passage à E. Mais en fait, limitée à l'intercession, c'est une idée très restrictive de la fonction prophétique qui est sous-jacente ici, peu conforme au prophétisme supposé contemporain de l'oeuvre élohiste[17]. Nous sommes bien plutôt renvoyés à un aspect essentiel de la conception deutéronomiste du prophète en tant que médiateur[18]. Jer 14,11-12 et 15,1 situent Jérémie dans la continuité de cette médiation assumée par Moïse et Samuel selon la théologie deutéronomiste[19]. Ces deux passages de Jérémie établissent sans ambiguïté l'équivalence des expressions «intercéder» = «se tenir devant la face de Yahvé» (*htpll* = *'md lpny yhwh*) pour décrire cette fonction particulière du prophète. Or, si nous avons la forme *htpll* en Gen 20,7, nous retrouvons *'md lpny yhwh* en Gen 18,22b, chaque fois dans le sens d'une médiation exercée par Abraham en faveur du juste.

Si J. Wellhausen considérait déjà Gen 18,17-32 comme un ajout postérieur au Yahviste, imprégné des préoccupations contemporaines de Jérémie, Ezéchiel et du livre de Job[20], la critique postérieure s'est appliquée, avec plus ou moins de bonheur, à y voir une pièce maîtresse de la théologie du document J[21]. Les commentateurs récents reviennent

---

16 Cf. col. 20:30-31; N. Avigad-Y. Yadin, A Genesis Apocryphon. A Scroll of the Wilderness of Judea, 1956.

17 Situé fin du IXe – début du VIIIe s. par H. Klein, Ort und Zeit des Elohisten, EvT 37, 1977, 247-260, et Wolff, EvT 29, 1969, 59-72. Gunkel (Genesis, 222) remarque déjà, à propos de cette qualification d'Abraham comme *nabi'*: «Der Gebrauch des Wortes an dieser Stelle in so abgeblasstem Sinne ist nur in einer Zeit denkbar, wo das Charakteristische, Unheimliche der Prophetie schon sehr zurückgetreten war, und wo man jeden Gottesmann so zu nennen pflegte.»

18 Cf. E. Jacob, Prophètes et intercesseurs, De la Tôrah au Messie, Mélanges H. Cazelles, 1981, 205-217.

19 Num 11,1-3; 21,4-9; Dtn 9,15-21.25-29; I Sam 7,5; 8,6; 12,19-23.

20 Wellhausen, Composition, 25.

21 H.W. Wolff, Das Kerygma des Jahwisten, EvT 24, 1964, 73-98; von Rad, Genesis, 169; M. Noth, Überlieferungsgeschichte des Pentateuch, 1948, 258; Kilian, Abrahamsüberlieferungen, 108 ss.

à l'intuition de J. Wellhausen en situant ce texte dans la période exilique et même postexilique[22]. Le v. 19 pose un problème, et les tenants de l'attribution au Yahviste y voyaient déjà une intervention du deutéronomiste car, au vu du style, il ne peut assurément pas être de J[23]. En raison de la difficulté que présente le passage à la troisième personne, il ne nous paraît pas possible de considérer le v. 19b de la même main que les v. 17-18.19a. Ceux-ci, en revanche, sont indissociables l'un de l'autre. Or, le v. 17 rappelle sans conteste Am 3,7 où l'on s'accorde à voir une glose deutéronomiste[24], et l'expression du v. 18: «une nation grande et puissante» (*gwy gdwl w'ṣwm*) est également caractéristique du langage deutéronomique (cf Dtn 9,14; 26,5; au pluriel: 9,1; 11,23). Ces deux versets font partie intégrante du récit, et sans eux le dialogue ne s'explique plus; il est donc dans son ensemble d'une époque au moins contemporaine de l'exil.

La péricope de Gen 18,17-32 est traditionnellement désignée comme «l'intercession d'Abraham». C. Westermann et L. Schmidt[25] s'inscrivent en faux contre cette interprétation, faisant valoir que ce texte n'est en rien comparable aux intercessions des prophètes, telles qu'on en voit en Am 7,2.5.11 et Jer 14,13 par exemple, où le prophète confesse le péché du peuple et demande grâce devant un châtiment mérité. Ici, au contraire, le châtiment n'est justement pas mérité. C. Westermann ajoute même que, la tradition sur l'anéantissement de Sodome étant ancienne et bien connue, le rédacteur ne pouvait laisser entrevoir une rémission possible de la ville à la suite d'une telle intercession qui, dans ces conditions, était vouée d'avance à l'échec. Remarquons tout d'abord qu'il ne s'agit pas d'intercéder pour la ville, mais pour les justes qui s'y trouveraient; le second argument de C. Westermann n'est donc pas pertinent. De plus, même si elle n'est pas attestée dans la tradition prophétique classique, une telle intercession d'un juste en faveur d'autres justes n'a en soi rien d'invraisemblable.

---

[22] Schmidt (De Deo, 164) situe la composition entre 500 et 350; Rendtorff (Problem, 104 ss.) conteste son attribution à J et le rapproche de Ez 14,12 ss.; Westermann (Genesis, 344 ss.) et Blum (Komposition, 400 ss.) se joignent à cette opinion. Blum classe ce passage parmi les interventions dtr dans l'histoire des Patriarches.

[23] *lm'n 'šr yṣwh 't bnyw*, cf. Dtn 32,46; *wšmrw drk yhwh*, cf. Jdc 2,22 (dtr); *'śh ṣdqh wmšpṭ* est très fréquent dans les textes d'inspiration dtr ou exiliques: Jer 9,23; 22,15; 23,5; Ez 18,5.19.21.27; 33,14.16.19; 45,9; l'usage de *dbr* avec Yahvé comme sujet au sens de «promettre» est une tournure dtr bien connue: Dtn 1,11; 9,28; 11,25; 12,20; 29,12; Jos 21,45; 23,14.

[24] B. Renaud, Genèse et théologie d'Amos 3,3-8, Mélanges H.Cazelles, AOAT 212, 1981, 353-372.

[25] Westermann, Genesis, 354; L. Schmidt, «De Deo». Studien zur Literarkritik und Theologie des Buches Jona, des Gesprächs zwischen Abraham und Jahwe in Gen 18,22 ff und von Hi 1, BZAW 143, 1976, 144.

On y verra alors un indice que cette plaidoirie pour le juste menacé injustement est l'expression d'une préoccupation plus sapientielle que prophétique.

La phrase-clef de cette péricope est le v. 23: «Vas-tu vraiment supprimer le juste avec le coupable?» (*h'p tsph ṣdyq ʿm ršʿ*). La distinction du sort respectif des justes et des impies est essentielle dans la littérature sapientielle postexilique; c'est toute la problématique du livre de Job qui constate que les impies sont florissants (21,17), que le juste est méprisé (12,4), que l'un et l'autre sont également exterminés (9,22: *tm wršʿ hwʾ mklh*). En Gen 18,25, Abraham exprime une protestation contre cette éventualité et en même temps sa conviction que ce ne saurait être ainsi: «Loin de toi cette chose-là! de faire mourir le juste avec le pécheur, en sorte que le juste soit traité comme le pécheur. Loin de toi! Est-ce que le juge de toute la terre ne rendra pas justice?» Ce dialogue apparaît donc essentiellement comme un développement théologique dont l'argument est l'accomplissement de la justice divine quand justes et méchants sont menacés du même sort. La tradition ancienne sur l'anéantissement de Sodome ne sert qu'à illustrer cette réflexion dont la problématique ne peut être antérieure à l'exil. Sans aller aussi loin que L. Schmidt, pour qui la question de fond traitée ici est la légitimité même de la destruction d'une ville par Yahvé, il est certain que l'ensemble du dialogue s'interroge sur la manière dont la justice divine s'accorde avec un tel anéantissement où justes et impies sont mélangés.

Il n'est pas douteux non plus que l'expérience de la chute de Jérusalem sert d'arrière-fond à cette question que l'on voit surgir en différents textes contemporains de l'exil. Sodome y est plusieurs fois mentionnée comme une préfiguration de la corruption et du châtiment de Jérusalem (Jes 3,9; Jer 23,14; Ez 16,43-58), et Jérémie, intercesseur comme Abraham, cherche dans la ville un seul juste grâce auquel Jérusalem serait pardonnée (Jer 5,1). Derrière cette exagération rhétorique transparaît la seconde question débattue à travers ce dialogue de Gen 18: combien de justes aurait-il fallu pour sauver la ville du désastre? La fusion antérieure des traditions relatives à Lot et à Sodome avait d'emblée exclu la réponse envisagée par Jer 5,1: un seul juste n'aurait pas suffi pour racheter les fautes de la collectivité, et c'est sans doute une des raisons pour lesquelles le marchandage d'Abraham s'arrête au nombre de dix. Sous cette transposition littéraire, Gen 18,12 ss. apparaît bien comme un midrash postexilique sur la chute de Jérusalem[26].

---

[26] Cf J. Blenkinsopp, Abraham and the Righteous of Sodom, JJS 33, 1982, 119-132.

L'attention est ici portée non seulement sur le sort des justes, mais aussi sur leur rôle d'intercesseurs, ou plus précisément, de compensation devant un châtiment collectif mérité. La perspective théologique est sensiblement différente de celle – quelque peu antérieure – qui souligne le caractère strictement individuel de la responsabilité, dans des textes deutéronomistes et exiliques: Dtn 24,16; Jer 31,29-30; Ez 14,12-23; 18,1-20. Ces textes témoignent d'une évolution notable sur la question de la rétribution, mais excluent encore toute possibilité de rachat des pécheurs par quelques justes. L'idée que l'ensemble de la cité puisse bénéficier collectivement de la vertu du juste apparaît en revanche dans les développements postexiliques de la tradition sapientielle (cf Prov 11,10-11).

Devant le juge divin apparu dans son rêve, Abimelek fait preuve de la même réaction qu'Abraham, faite d'assurance et de protestation: «Monseigneur, feras-tu périr une nation, même si elle est juste?» (Gen 20,4: *'dny hgwy gm ṣdyq thrg*). De nombreux auteurs considèrent *hgwy* comme une dittographie et le suppriment pour ne garder que *hgm*, et cela malgré le témoignage de l'ensemble des versions anciennes[27]. Le texte n'est absolument pas incompréhensible, et il est normal, pour la mentalité proche-orientale ancienne, qu'une menace pesant sur le roi affecte l'ensemble de son peuple. Il s'agit ici de la totalité d'une nation innocente mise en péril à travers son roi injustement condamné. Sous un autre aspect, c'est le même problème de la justice divine qui est abordé: qu'en est-il du juste induit à pécher à son insu, et d'un peuple innocent entraîné dans la culpabilité de son roi? Il est clair également qu'une expression comme *gwy ṣdyq* ne se conçoit guère que dans un contexte sapientiel, affranchi des étroites limites du nationalisme.

La protestation d'innocence d'Abimelek fait usage d'expressions empruntées à la langue des psaumes ou de la sagesse: «C'est d'un coeur intègre et les mains innocentes que j'ai fait cela» (Gen 20,5b: *btm lbby wbnqywn kpy 'śyty z't*). On reconnaît les formules cultuelles du Ps 26: «car je marche en ma perfection» (v. 1 et 11: *ky 'ny btmy hlkty*), «je lave mes mains dans l'innocence» (v. 6: *'rḥṣ bnqywn kpy*, hémistiche que l'on retrouve textuellement en Ps 73,13b), ainsi qu'un grand nombre d'expressions deutéronomistes ou sapientielles[28]. Quant à l'adjectif *tm*, on le retrouve dans la bouche de Job clamant son innocence: *tm 'ny*

---

27 LXX, ἔθνος ἀγνοοῦν καὶ δίκαιον ἀπολεῖς; Tg, *h'm 'p zky*; Syr *'p 'm' zky'*; Vg, *gentem ignorantem et iustam.*

28 I Reg 9,4: «Pour toi, si tu marches devant moi ... dans l'intégrité du coeur et la droiture» (*w'th 'm tlk lpny ... btm lbb wbyšr*); *btm lbb hlk* se retrouve en Ps 101,2; *btm hlk* en Ps 10,9; 19,1; 20,7; 28,6; l'intégrité de la conduite (*tm drk*) se retrouve en Prov 10,29; 13,6; Job 4,6; et *tm* est parallèle à *ṣdq* en Ps 7,9; 25,21; enfin, en Ps

(Job 9,20.21)[29]; dans ce même livre, il est le parallèle de *ysr* (Job 1,8; 2,3, et aussi Ps 37,37), et s'oppose à *rš'* (Job 9,22).

Relevons enfin, dans ce rapprochement entre Gen 18 et Gen 20, la manière, identique dans chaque texte, d'utiliser une tradition ancienne et d'y insérer une réflexion sous la forme d'un dialogue mené directement avec Dieu. Or, il faut des circonstances propices à une telle rencontre, ce qu'offrait précisément l'apparition de Yahvé à Mamré (Gen 18,1-15). Cette tradition ancienne permet au rédacteur de ménager entre le patriarche et son hôte le dialogue en question, comme le récit de la destruction de Sodome en fournissait l'argumentation. Dans le cas de Gen 20, à défaut d'une telle tradition, le recours au songe était pour l'auteur le moyen le plus simple d'introduire un pareil dialogue; mais, si en Gen 18,17-32 l'ancienneté d'une tradition patriarcale suffit à conférer au dialogue la vraisemblance voulue, nous devons nous demander d'où le songe de Gen 20 pouvait tirer sa crédibilité.

2. *La fonction pédagogique du songe selon Elihu: Job 33*

a) Une théorie du cauchemar

Un texte important de la littérature sapientielle livre l'arrière-fond théorique sur lequel s'appuie l'utilisation du songe dans Gen 20. Il s'agit du thème central du premier discours d'Elihu en Job 33,13-30, plus particulièrement les v. 13-18:

Job 33,13-18:

13) *mdw' 'lyw rybwt*	Pourquoi lui fais-tu un procès,
ky kl dbryw l' y'nh:	à lui qui ne rend compte d'aucun de ses actes?
14) *ky b'ḥt ydbr 'l*	Pourtant El parle, d'une façon,
wbštym l' yšwrnh:	et puis d'une autre, sans qu'on y prenne garde:
15) *bḥlwm ḥzywn lylh*	dans le songe, vision de la nuit,
bnpl trdmh 'l 'nšym	lorsqu'une torpeur tombe sur les humains,
btnwmwt 'ly mškb:	tandis qu'ils s'assoupissent sur leur couche.
16) *'z yglh 'zn 'nšym*	Alors, il fait une révélation à l'oreille des hommes,
wbmsrm yḥtm:	et en les avertissant il les effraie,
17) *lhsyr 'dm m'śh*	afin de détourner l'homme de ses actes
wgwh mgbr yksh:	et d'étouffer l'orgueil du héros.
18) *yḥšk npšw mny šḥt*	Il préserve son âme de la fosse,
wḥytw m'br bšlḥ:	et sa vie de passer par le canal.

78,72, «il les fit paître d'un coeur parfait, et d'une main avisée les guidait» (*wyr'm ktm lbbw wbtbwnwt kpyw ynḥm*).

[29] Sur 13 occurrences du terme, 7 se trouvent dans Job, 2 dans Cant, 2 dans Ps, 1 dans Prov (29,10) et en Gen 25,27.

Le texte pose un certain nombre de problèmes de lecture bien connus des critiques. Il n'est pas nécessaire de supprimer le v. 15a, sous prétexte qu'il est une citation de Job 4,13b. Nous pensons, avec P. Dhorme, que celle-ci est volontaire et authentique[30], comme si l'auteur voulait suggérer qu'il se réfère à un type d'expérience déjà évoqué dans les dialogues qui précèdent. Il réitère ce procédé de reprise par une autre référence, plus discrète, mais néanmoins claire, à Job 7,13-14, bien que dans une intention apparemment différente:

Job 7,13-14:

13) *ky 'mrty tnḥmny 'ŕśy*	Si je dis: «Mon lit me soulagera,
yś' bśyḥy mškby:	ma couche allègera mes tourments»,
14) *wḥttny bḥlmwt*	alors tu m'effraies par des songes,
wmḥzynwt tb'tny:	et par des visions tu me terrifies.

On retrouve le songe, les visions, et l'effroi qu'ils provoquent, ne laissant aucune paix au malheureux. Les v. 15-16 de Job 33 sont visiblement, quant au vocabulaire, une réminiscence de 7,14:

33,15a	*bḥlwm ḥzywn lylh*	
33,16b		*wbmsrm yḥtm:*
7,14	*wḥttny bḥlmwt*	*wmḥzynwt tb'tny:*

Cette référence à 7,14 aide à résoudre le problème philologique débattu au v. 16b: *wbmsrm yḥtm*. Dans sa vocalisation actuelle, le TM est insatisfaisant, car *mosaram* (de *moser*, rac. *'sr*), «leur lien», ne fait pas de sens. Les versions anciennes ont senti la difficulté et ont diversement interprété ce passage; leurs différentes solutions se retrouvent chez les auteurs modernes. Certains, suivant la Septante et la Vetus Latina, à l'instar de P. Dhorme, corrigent *bmsrm* en *bmr'ym*, «et par des visions». Mais on lit plus généralement *mûsaram*, de *mûsar* (rac. *ysr*), «instruction, avertissement, châtiment», suivi d'un suffixe génitif objectif, et on comprend (avec Aquila, Targum, Vulgate, Peshitta): «et par l'avertissement (adressé) à eux». Quant à *yaḥtom*, le TM renvoie à la racine *ḥtm*, «cacheter, sceller». Le parallèle évoqué de 7,14 incite plutôt à lire *y^{e}ḥittem*, de la racine *ḥtt*, «être brisé, effrayé», au piel, suivi d'un suffixe. C'est la solution des versions anciennes, elle offre le sens le plus satisfaisant avec la correction minimale. On lira donc: «et par l'avertissement qu'il leur adresse, il les effraie» (*ûb^{e}musaram y^{e}ḥittem*).

L'unité rédactionnelle entre les discours d'Elihu et le reste des dialogues de Job a déjà fait l'objet de nombreuses discussions. Les études tendant à défendre cette unité ont eu le mérite de souligner la

30 P. Dhorme, Le livre de Job, 1926, 450.

cohérence de ces discours avec l'ensemble du livre et une originalité qu'on leur avait trop souvent refusée. N.C. Habel veut démontrer la parfaite intégration de ces chapitres dans le plan du livre: Elihu se présente lui-même à la fois comme arbitre dans une action judiciaire, et assesseur de Dieu dans un procès qui lui est intenté et qui ne peut avoir lieu; cette action en justice est appelée par la progression des chapitres précédents, et particulièrement du ch. 31[31]. Mais cette intégration des discours d'Elihu dans la métaphore judiciaire des dialogues ne suffit pas à assurer l'unité de composition, et on préférera voir en eux un ajout postérieur.

L'attention portée sur la métaphore judiciaire dans les dialogues de Job met en évidence son importance dans la construction du livre[32], tout en la distinguant de son usage chez les prophètes. Tandis que ces derniers, dans la perspective d'une théologie de l'alliance exprimée dans les catégories juridiques des traités internationaux, se réfèrent aux formes du *ius gentium*, la procédure évoquée dans Job est davantage conforme au *ius civile*. La cause ne se dispute pas entre les partenaires d'un traité, mais entre le plaignant et l'accusé d'une cause civile, même si les rôles sont, dans la complexité des rapports entre Job et Dieu, interchangeables. Ce point est important ici, car on a relevé un même schéma judiciaire dans le dialogue onirique entre Dieu et Abimelek, se référant lui aussi au droit civil, et on peut faire une observation identique à propos de l'intercession d'Abraham en Gen 18. Dans ces trois cas, le schéma du procès sert de cadre à une discussion théologique sous forme de plaidoirie.

De la même façon qu'en Gen 20, le rêve apparaît ici comme le lieu où Dieu transmet un avertissement à l'homme. Dans l'ensemble du discours (Job 33,14-30), sont évoquées deux voies par lesquelles Dieu s'adresse à l'homme pour le corriger et le détourner de sa faute: le rêve d'une part (v. 14-18), et la maladie d'autre part (v. 19-33). Au contraire de Job 7,14, où l'on a affaire aux cauchemars qui tourmentent inutilement le malheureux dans le sommeil où il croyait trouver le repos, dans le cas envisagé par Elihu, le rêve, même effrayant, est

31 N.C. Habel, The Role of Elihu in the Design of the Book of Job, In the Shelter of Elyon, Essays in Honour of G.W. Ahlström, JSOTS 31, 1984, 81-98. Selon Habel, l'auteur donne d'Elihu un portrait implicitement négatif, le présentant comme un passionné, sûr de sa science et de son verbe, fermé à l'enseignement traditionnel des sages. Ce jugement sévère s'adresserait à une génération prétendant à une connaissance intuitive et directe de la sagesse divine.

32 Cf. J.J.M. Roberts, Job's Summon to Yahweh: The Exploitation of a Legal Metaphor, Rest.Q 16, 1973, 159-165; N.B. Dick, The Legal Metaphor in Job 31, CBQ 41, 1979, 37-50.

considéré comme une intervention salutaire de Dieu, au même titre que la souffrance, mais distinct d'elle.

Ce caractère pédagogique de l'intervention de Dieu dans le songe ressort clairement du vocabulaire du v. 16. L'expression «découvrir l'oreille» (*glh 'zn*) est commune dans la Bible pour signifier simplement «annoncer, communiquer une nouvelle à quelqu'un»[33], mais aussi, avec Dieu pour sujet, pour indiquer une révélation spéciale[34]. Cette tournure correspond à l'akkadien *uzna puttû*[35], dans le même sens de «annoncer, informer», et elle a une très forte connotation sapientielle, car le mot *uznu* est aussi employé dans le sens de «entendement, intelligence, sagesse». La même expression revient encore deux fois dans le quatrième discours d'Elihu (Job 36,10.15), et chaque fois le but de cette «révélation à l'oreille» est d'amener le pécheur à changer sa conduite. En Job 36,10 on lit: «et il ouvre leur oreille à son avertissement» (*wygl 'znm lmwsr*), où l'on retrouve *mwsr* comme en 33,16.

L'idée qu'une éducation vigoureuse, au besoin assortie de coups, détournera le disciple de la perdition, est tout à fait commune dans les textes sapientiels et on ne s'étonne pas de la retrouver ici. En revanche, ce qui est original, c'est l'association *mwsr* – *ḥtt*, faisant de l'avertissement lui-même un instrument d'effroi. La raison en est, sans doute, que l'auteur des discours d'Elihu hérite d'une tradition sapientielle et littéraire fort ancienne et selon laquelle les rêves du malheureux sont pour lui une cause supplémentaire de souffrance. L'intention sous-jacente à la reprise de Job 7,13-14 dans les v. 15-16 semble d'avoir voulu donner une interprétation à ces versets tout à fait traditionnels: si Dieu terrifie le malheureux dans des cauchemars, ce n'est pas gratuitement, sans autre raison que d'augmenter son tourment, mais c'est afin de l'avertir en lui faisant une remontrance (*mwsr*). La réponse d'Elihu ne s'adresse donc pas seulement à Job, mais à travers lui, à toute la tradition du Juste souffrant, qui mentionne souvent les tourments de la nuit issus des cauchemars. Ce ne sont ni les esprits mauvais, ni la volonté perverse de Dieu, qui rendent les rêves terrifiants, mais, prétend Elihu, un souci pédagogique de sa part, qui avertit ainsi l'homme de sa conduite mauvaise. Si ces rêves sont effrayants, c'est afin de donner à l'avertissement qu'ils transmettent la même efficacité qu'une instruction «à la baguette».

Quant à la souffrance, l'autre moyen par lequel Dieu fait comprendre à l'homme de ne plus pécher, Gen 20 semble également

---

33 I Sam 20,2.12.13; 22,8.17; Rt 4,4.

34 I Sam 9,15; II Sam 7,27; Job 36,10.15.

35 En Jes 50,5 on rencontre l'expression *ptḥ 'zn*.

très proche de la théorie exposée par Elihu: au v. 18, on apprend que Dieu avait frappé Abimelek et toute sa maison d'impuissance et de stérilité, maladies graves s'il en est dans ce contexte, et qui seront guéries par l'intercession d'Abraham. Cependant, contrairement au récit traditionnel de Gen 12, le malheur ne le frappe plus pour punir le roi, mais pour le prévenir de ne point pécher, même s'il ne semble pas avoir compris son mal comme un avertissement divin.

b) Les médiateurs oniriques du Juste souffrant

L'auteur de Job 33 précise, par la bouche d'Elihu (v. 19-30), que la juste intelligence de la souffrance comme mise en garde divine est donnée à l'homme par un ange interprète (33,23: *mal'ak meliṣ*) qui doit faire connaître au rêveur la raison de ses maux et le rappeler à son devoir. Les réminiscences semblent nombreuses derrière ce mystérieux personnage. Dans le livre de Job tout d'abord: il n'est pas douteux que l'auteur des discours s'inspire des diverses figures de médiateurs auxquelles en appelle Job dans les dialogues précédents, qualifiés tantôt d'arbitre (9,32-33: *mokiaḥ*), de rédempteur (19,25: *go'el*), ou de témoin céleste (16,19: *baššamayîm 'edi*). Nous ne retiendrons pas ici l'hypothèse de J.F. Ross[36], selon laquelle le *Sitz im Leben* de ce passage serait à chercher dans la pratique des guérison cultuelles, dont certains psaumes de lamentation semblent être les témoins. Il est certain cependant que ce *mal'ak meliṣ* a ici un rôle plus thérapeutique, moins juridique, que les autres médiateurs invoqués ailleurs par Job.

En ce sens, le parallèle le plus significatif se trouve dans la 3e tablette du *Ludlul bêl nêmeqi*, où on lit comment, au cours de trois rêves consécutifs, le Juste souffrant babylonien voit venir à lui des personnages qui, chacun à sa façon, vont le conduire à la guérison de ses maux. Dans le premier rêve, un être mystérieux, revêtu de splendeur, semble prononcer une sentence dont les lacunes du texte nous privent du contenu; dans le second intervient un prêtre lustrateur qui opère la purification du patient; dans le troisième rêve, enfin, apparaît une jeune femme qui intercède pour lui, et sa prière est entendue de Marduk qui fait annoncer par un messager la fin de ses souffrances. Ce messager, l'incantateur Our-Nin-din-lougga, apparaît lui aussi dans ce même rêve semble-t-il[37].

---

36 J.F. Ross, Job 33,14-30: The Phenomenology of Lament, JBL 94, 1975, 38-46.

37 *Ludlul bêl nêmeqi* III:8-49. W.G. Lambert, Babylonian Wisdom Literature, 1960, 48 ss.; trad. française dans R. Labat, Les religions du Proche-Orient asiatique, 1970, 336 ss.

Ludlul bêl nêmeqi III: 8-49:

Le jour et la nuit pareillement je gémissais,
en rêve, aussi bien qu'au réveil, [j'étais] très malade.
(Alors) un homme jeune, d'extraordinaire stature,
de proportions magnifiques, immaculé dans ses vêtements,
....
couvert de surnaturelle splendeur, vêtu d'épouvantes,
m'apparut et se tint debout au-dessus de moi,
et quand je le [vis], mes chairs en furent paralysées.
Il me dit: «La Dame, vers toi m'a envoyé te dire:
....
Pour la deuxième fois, [je vis un rêve],
et, dans le rêve que je vis [cette nuit-là],
un prêtre lustrateur [apparut devant moi]
qui tenait [dans sa] main le tamaris purificateur:
«Tab-outoul-Enlil (me dit-il,) le purificateur de Nippur,
m'a envoyé ici pour que je te purifie.»
Il versa sur moi l'eau qu'il portait,
il lança l'incantation de vie et me frotta le corps.
Une troisième fois, je vis un rêve,
et, dans le rêve que je vis cette nuit-là,
une jeune fille de belle apparence,
reine des peuples, semblable à une divinité,
m'apparut et s'assit [à mon chevet]:
«Demande grâce pour moi [qui souffre tellement!]
-Ne crains rien, me dit-elle, j'in[tercéderai pour toi] . . . »
Elle dit: «Grâce pour lui qui souffre tellement,
qui que ce soit qui, pendant la nuit, a eu cette vision!»
Dans le rêve, (parut) Our-Nin-din-lougga, le Babyl[onien],
homme jeune, barbu, coiffé de sa tiare,
incantateur de son état, portant une tablette:
«C'est Marduk lui-même (dit-il,) qui m'envoie te dire:
«A Shoubshi-meshrê-Shakkan j'apporte la prospérité!»
(Marduk, ainsi,) m'a confié aux mains de mon curateur,
[En] état de veille, il m'a envoyé un message,
il a montré à mes gens le signe visible de sa faveur.
Du mal qui se prolongeait [il m'a promptement tiré],
ma maladie, subitement, s'est achevée,
[mes chaînes] se sont brisées.

A l'instar de Job, le Juste souffrant babylonien éprouve les terreurs des cauchemars tout au long de son mal: «Lorsque je dors, au cours de la nuit, mon rêve est terrifiant» (I: 54). Mais ces effrois nocturnes se muent ici en une suite de visites, d'abord terrifiantes, puis apaisantes, annonciatrices de la délivrance. Le processus de guérison ainsi entamé dans le rêve comporte quelques analogies avec la démarche du *méliṣ* qui apparaît triple: 1° «faire savoir à l'homme son devoir» (v. 23b: *lhgyd l'dm yšrw*); 2° avoir compassion pour lui (v.24: *wyḥnnw*); 3° intercéder pour lui en payant sa rançon (v. 24: *mṣ'ty kpr*). Cela ne recouvre certes pas terme pour terme les diverses interventions des personnages oniriques du *Ludlul bêl nêmeqi*, mais, compte tenu de la concision du texte en Job 33,23-24 et de la lacune qui nous prive des paroles de la première figure du texte babylonien, on retrouve tout de même la compassion et l'intercession comme points communs. Quant à la lustration rituelle accomplie sur le malade dans son rêve, il est vraisemblable qu'elle est remplacée dans Job par cette instruction donnée au rêveur par le *méliṣ*: une exigence de purification morale remplace l'ancienne conception plus strictement magique et rituelle.

Poursuivant l'analogie, on fera l'hypothèse que c'est également dans le rêve que se produit l'intervention de l'ange *méliṣ*, même si le texte de Job ne le précise pas, car cela paraît le seul «lieu» vraisemblable pour une telle rencontre, compte tenu du contexte. On retrouverait ainsi la fonction pédagogique du songe telle qu'elle apparaît dans les v. 15-18, à la différence que ce n'est plus Dieu qui parle, mais l'ange médiateur, substitut israélite des figures oniriques de la tradition babylonienne.

Le point essentiel de ce passage de Job pour notre propos réside dans cet exposé théorique de la fonction dévolue au rêve et à la souffrance dans la pédagogie divine, car on retrouve précisément ces deux modes d'intervention salutaire de Dieu en Gen 20. Abimelek est censé avoir eu un rêve effrayant, comparable aux cauchemars qui affligent l'homme souffrant. A un certain stade de développement de la réflexion sapientielle cependant, ce cauchemar n'est plus considéré comme un tourment gratuit ou un châtiment, mais comme une mise en garde salutaire de Dieu, et c'est bien ainsi que le vit Abimelek. Il est difficile de nier l'étroite parenté de conception entre Gen 20 et Job 33 sur ce point. Cette observation confirme les indices décelés par ailleurs d'une datation basse pour la composition de Gen 20, et on la situera dans la mouvance d'un courant sapientiel postexilique.

On a vu que le genre littéraire «récit de songe» intervient comme un procédé de composition et assume une fonction structurante importante dans le texte de Gen 20. Mais en dehors de ce rôle narratif, le rêve lui-même est porteur d'une réelle signification démonstrative que met en lumière la comparaison avec ce passage de Job. Il ne s'agissait pas simplement d'expliquer comment Abimelek avait découvert que Sarah était la femme d'Abraham, ni même de ménager une situation propice à la fiction d'un dialogue avec Dieu. Par le fond et la forme conjointement, Gen 20 témoigne qu'il était admis en certains milieux, comme le prétend l'auteur de Job 33, que Dieu peut avertir l'homme de la portée morale de ses actes par le truchement du rêve. La réponse à la question du péché par inadvertance pouvait donc se trouver là: dans un pareil cas, Dieu «vient», dans le rêve, pour instruire l'homme et le détourner de sa faute. Le rêve fait dès lors partie intégrante de la démonstration théologique de Gen 20 qui met en oeuvre une expérience onirique identifiable par le lecteur, et dont Job 33 donne la formulation théorique.

On associe habituellement le récit de Gen 20 aux songes à message, mais cela uniquement en raison de sa forme littéraire. La recherche de l'*expérience* onirique de référence devrait cependant conduire à réviser cette classification en tenant compte de critères autres que stylistiques. Le procédé consistant à introduire un récit de songe dans l'élaboration littéraire fait nécessairement appel à des expériences oniriques variées, correspondant à la diversité des situations évoquées dans les textes. Ainsi, le récit de Gen 20 ne se réfère assurément pas au même type d'expérience que le songe de Salomon à Gabaon (I Reg 3,4-15), malgré une forme littéraire semblable. Dans ce dernier cas, on évoque le songe à message caractérisé: une théophanie onirique, assortie d'un oracle, sans doute dans le cadre d'une incubation; le dialogue entre Dieu et Abimelek dans le rêve, en revanche, explicite bien plutôt l'expérience d'un cauchemar, d'un rêve effrayant perçu comme l'expression d'une sentence divine. On n'a donc pas affaire ici, malgré les apparences, à un songe à message.

3. *Des sages en quête d'inspiration: Job 4,12-16*

On a vu quelle place les discours d'Elihu accordent au songe comme instrument de la pédagogie divine. Mais on trouve aussi, en introduction à ces discours, l'idée que la vraie sagesse est non seulement d'origine divine, mais surtout donnée à l'homme par une véritable inspiration:

Job 32,8-9:

8) *'kn rwḥ hy' b'nwš*	Mais c'est un esprit dans l'homme,
wnšmt šdy tbynm:	un souffle de Shaddai qui le rend intelligent.
9) *l' rbym yḥkmw*	Ce ne sont pas les anciens qui sont sages,
wzqnym ybynw mšpṭ:	ni les vieillards qui comprennent ce qui est juste.

C'est pressé par un souffle intérieur (v. 18: *rwḥ bṭny*) qu'Elihu va parler; conscient d'être instruit directement par Dieu, il donne à ses paroles une valeur quasi prophétique. Il ne fait sur ce point que poursuivre la perspective ouverte par le premier discours d'Eliphaz, et la critique qu'il adressse aux trois interlocuteurs de Job s'en prend à leur prétention à une sagesse inspirée: «Ne dites donc pas: Nous avons trouvé la sagesse, c'est Dieu qui nous instruit, non un homme» (Job 32,13).

En effet, dans les diverses interventions des trois amis, il est plusieurs fois fait allusion aux sources de la sagesse que sont: l'étude et la recherche (5,27: Eliphaz), l'enseignement des anciens et les sentences tirées de la mémoire (8,8-10: Bildad; 15,9-10.17-19: Eliphaz), l'observation de la nature (12,7-13: Job), l'usage de la raison (20,3: Sophar). A quelques reprises cependant affleure également une conception selon laquelle la sagesse peut être donnée directement par Dieu:

Job 11, 5-6:

5) *w'wlm my ytn 'lwh dbr*	Mais qui donnera qu'Eloah parle,
wypth̩ śptyw ʿmk:	qu'il ouvre ses lèvres avec toi
6) *wygd lk tʿlmwt h̩kmh*	et qu'il te révèle les secrets de la sagesse ...

Job 15,8:

8) *hbswd 'lwh tšmʿ*	As-tu écouté au conseil d'Eloah,
wtgrʿ 'lyk h̩kmh:	accapares-tu la sagesse?

Ces textes ont été étudiés et commentés par J. Lévêque[38] dans un paragraphe consacré à la sagesse éducatrice et révélatrice. Cette conception d'une sagesse comme grâce individuelle et exceptionnelle n'est pas nouvelle, c'est celle que l'on a déjà rencontrée à propos du songe de Salomon. La différence, dans le cas présent, vient de ce que cette sagesse divine est donnée à un individu en dehors de l'exercice de la fonction royale, de façon tout à fait privée. Ce qui nous intéresse ici, ce sont ses affinités avec le langage prophétique et surtout l'importance d'un texte tel que Job 4,12-16 dans cette perspective: si Eloah peut «révéler» (*ygd*) directement les secrets de la sagesse, s'il est possible d'assister à son conseil (*swd*)[39], il semble convenu – dans certains milieux de sagesse au moins – que cela se fait «dans les visions de la nuit». On a vu que l'auteur des discours d'Elihu cite textuellement ce texte (4,13b) dans sa description de l'intervention de Dieu dans le rêve (33,15a), sans doute dans l'intention de rattacher sa composition à une expérience de ce type déjà connue du lecteur.

Job 4,12-16:

12) *w'ly dbr ygnb*	Une parole, furtivement, parvint jusqu'à moi
wtqh̩ 'zny šms̩ mnhw:	et mon oreille en saisit une bribe.
13) *bśʿpym mh̩zynwt lylh*	Dans les troubles issus des visions de la nuit,
bnpl trdmh ʿl 'nšym:	tandis qu'une torpeur tombe sur les humains,
14) *ph̩d qr'ny wrʿdh*	un tremblement me surprit, un frisson,

[38] J. Lévêque, Job et son Dieu, 1970, II, 635 ss.

[39] *Swd*, «entretien confidentiel, secret», fréquent dans les psaumes (Ps 25,14; 55,15; 64,3; 83,4) et les livres sapientiels (Prov 11,13; 15,22; 20,19; 25,9; Eccl 3,19; 8,17; 15,20), est appliqué analogiquement à Dieu chez les prophètes (Am 3,7). Ces derniers sont admis à assister à ses délibérations intimes (Jer 23,18).

wrb 'ṣmwty hphyd:	et il fit trembler la totalité de mes os.
15) *wrwḥ 'l pny yḥlp*	Un souffle passa sur mon visage,
tsmr ś'rt bśry:	il hérissa le poil de ma chair.
16) *y'md wl' 'kyr mr'hw*	Il se tenait dressé, mais je ne reconnus pas son aspect:
tmwnh lngd 'yny	une forme était devant mes yeux.
dmmh wqwl 'šm':	Un silence, puis j'entendis une voix.

L'effet ironique de ce texte, souligné par certains commentateurs, ressort plus ou moins, selon la traduction adoptée pour quelques termes importants, et cette traduction dépend elle-même, pour une part, de l'interprétation générale que l'on donne de l'ensemble. J. Lust, en particulier, voit dans ce passage la description d'une manifestation de Dieu au sein de la tempête[40], et en donne une traduction renouvelée qui mérite quelque attention:

12) A word was hurled on to me
and my ear received only a little of it
(and my ear received the fullness of it)
13) Amid thoughts from visions of the night
when deep sleep falls on men,
14) dread came upon me and trembling,
which made all my bones shake.
15) A storm swept over my face,
a tempest made my flesh shiver.
16) A figure stood before my eyes
– I could not discern its form –
and I heard a roaring voice ...

– Verset 12a, *ygnb*: la racine *gnb*, «voler, dérober, emporter», employée ici au pual, se retrouve en deux autres passages de Job au qal, chaque fois avec *swph*, «tourbillon», comme sujet (21,18; 27,20). J. Lust s'autorise de ces parallèles et de la forme intensive pual de *ygnb* pour comprendre que la parole est projetée avec force, comme par une tempête. En fait, comme le montre la seconde partie du verset[41], l'idée semble être bien rendue par l'adverbe «furtivement», dans son sens étymologique, ou aussi, «à la dérobée»: la parole reçue était inattendue, et Eliphaz ne se reconnaît pas normalement qualité pour la recevoir.

---

40 J. Lust, A Stormy Vision. Some Remarks on Job 4,12-16, Bijdr 36, 1975, 308-311.

41 Au v.12b, le sens «particule, fraction», pour *šmṣ* est généralement admis; il s'appuie sur le Targum qui le rend par *qṣt*, «une partie», et a été bien établi par P. Dhorme. On retrouve la racine dans l'arabe *šamiṣa*, «parler précipitamment». Le terme revient en Eccl 10,10 et 18,32, que Qimchi rend par *qṣt dbr*, «peu de chose», expression que l'on retrouve précisément sous la forme *šmṣ dbr* en Job 26,14. L'interprétation qu'en donne Lust (Bijdr 36, 309) à partir des LXX (qui traduisent *šmṣ* en Eccl 10,10 et 18,32 respectivement par μακρόν et πολλή): «and my soul received the fullness of it», n'est pas recevable.

Dans le parallélisme de ce v. 12, à l'idée d'une parole survenue à la dérobée correspond celle qu'on ne peut en saisir qu'une bribe. On pense à l'épisode de l'épopée de Gilgamesh où Ea, pour trahir le secret dessein du déluge, envoie ses paroles à la dérobée, comme un souffle dans une haie de roseaux (Gilg. XI).

– Verset 15, *ś'rt*: A. Merx fut, semble-t-il, le premier à prendre au sérieux la version du Targum qui traduit par *'l'wl'*,«tempête», et suggéra de corriger *śa'arat*, «poil», en *s^e'arah*, «tempête»[42]. Cette proposition est reprise par M. Dahood[43] qui modifie uniquement la vocalisation et conserve la terminaison *-at*, comme forme féminine absolue[44]: «A wind passed before my face, a storm made my body bristle». Cela donne un bon parallélisme entre les deux vers et supprime la gêne d'avoir *ruaḥ* comme sujet masculin avec *yḥlp* et féminin avec *tsmr*[45]; plusieurs auteurs récents l'ont acceptée, dont N.H. Tur Sinai, J. Lust, N.C. Habel, R. Gordis, W.L. Michel[46]. Dans cette perspective, le texte évoquerait une théophanie où Dieu se manifeste au sein de la tempête comparable à ce que l'on retrouve en Job 38,1 et 40,6.

Le sens habituel de *ś'rt bsry*: «le poil de ma chair / les poils de mon corps», comme sujet de *tsmr* (qal) (se hérissèrent), ou bien comme complément de *tsmr* (piel) (il (le souffle) hérissa les poils de mon corps), est la lecture retenue par le texte massorétique. Le texte n'offre aucune difficulté de compréhension, quelle que soit la solution adoptée pour rendre *ś'rt*: «tempête» ou «poil». Le choix relève donc ici davantage de l'interprétation générale de ce passage que d'indices textuels clairs. P. Dhorme rejette la proposition de A. Merx de suivre l'interprétation araméenne contre l'autorité des autres versions[47], et appuie son choix sur un parallèle littéraire tiré d'un texte magique assyrien édité par F. Thureau-Dangin[48]:

---

42 A. Merx, Das Gedicht von Hiob, 1871, 46.

43 M. Dahood, S'RT «Storm» in Job 4,15, Bib 8, 1967, 544-545.

44 La variante orthographique *ś'rh* pour *s'rh*, «tempête», ne fait pas de difficulté, elle est attestée dans la tradition manuscrite de Job 9,17: «Lui qui me broie dans la tempête» (*'šr bs/ś'rh yšwpny*), et de façon constante en Nah 1,3: « ... dans l'ouragan et la tempête est sa voie» (*bswph wbś'rh drkw*).

45 *Ruaḥ* est susceptible des deux genres, et on connaît d'autres cas où il apparaît masculin et féminin dans la même phrase: Job 1,19; I Reg 19,11.

46 N.C. Habel, The Book of Job, OTL, 1985, 115; N.H. Tur-Sinai, The Book of Job, 1957; R. Gordis, The Book of Job, 1978, 48; W.L. Michel, Job in the Light of Northwest Semitic, 1987, 91 s.

47 Dhorme, Job, 46.

48 F. Thureau-Dangin, Rituel et amulettes contre labartu, RA 18, 1921, 161-198.

O Shamash, le spectre (*eṭemmu*) qui m'effraye,
qui depuis de nombreux jours
derrière moi est attaché et ne se détache pas,
qui me suit tout le jour, m'effraye toute la nuit,
qui fait se dresser le poil de mon corps (*RI-DU zumri uszazu*),
se hérisser les cheveux de mon crâne ... (*šârat muḫḫiya uzanaqqapu*).

Cet exemple a été récemment complété de quelques autres extraits semblables tirés de textes médicaux par S.M. Paul[49]. La formule plus ramassée de Job 4,15b ne parle pas des cheveux du crâne, mais des poils du corps uniquement, faisant de *bśry* («ma chair») un parallèle à *'ṣmwty* («mes os»), et elle évoque l'image française de «la chair de poule»,

– Verset 16, *tmwnh*: On ne peut, avec J. Lust, faire de ce terme le sujet de *y'md* (masc.) qui reste volontairement non précisé; mais tout le monde comprend qu'il s'agit de Yahvé, puisque cette *t*^{e}*munah* désigne la «forme» sous laquelle il se laisse voir de quelques privilégiés (Num 12,8; Ps 17,15), vision dont, précisément, le commun du peuple a été privé à l'Horeb (Dtn 4,12-15). Dans le second stique (v. 16b), J. Lust met un point d'orgue à son interprétation en proposant de traduire *d*^{e}*mamah* non pas par «silence», mais à partir d'une racine *dmm* II, «se lamenter, gémir». Puisque *d*^{e}*mamah* est relié par un *waw* à *qôl*, les deux termes ne seraient pas opposés (silence – voix), mais liés entre eux pour former le groupe objet de *'šm'* en *hendiadys*, et il traduit donc: «and I heard a roaring voice ... »[50].

Cette interprétation nous paraît trop forcer le texte, et introduire une contradiction entre ce contexte de tempête ainsi restitué et les indications du v. 13, qui situent cette théophanie «dans la confusion des pensées issues des visions de la nuit» (*bś'pym mḥzynwt lyln*). Elle efface également les nombreux renvois implicites de ce texte à différentes formes de théophanies célèbres de la tradition biblique, souvent relevées par les commentateurs. Difficile, en effet, de ne pas voir dans le v. 13 une réminiscence de la torpeur et de la crainte saisissant Abraham en Gen 15,12: «Et voici qu'au coucher du soleil, une torpeur tomba sur Abram (*wyhy hšmš lbw' wtrdmh nplh 'l 'brm*); et voici qu'une terreur, une épaisse obscurité tomba sur lui (*whnh 'ymh ḥškh gdlh nplt 'lyw*)». Il semble bien que l'auteur de Job s'inspire

---

[49] S.M. Paul, Job 4,15 – A Hair Raising Encounter, ZAW 95, 1983, 119-121.

[50] Lust, Bijdr 36, 308-311, et: A Gentle Breeze or a Roaring Thunderous Sound? VT 25, 1975, 110-115; il étend son interprétation de *dmmh*(< *dmm* II) à tous les emplois du terme: Job 4,16; I Reg 19,12; Ps 107,29, ce qui est moins satisfaisant que la traduction par «silence», sauf pour 1QJes 33,3; 47,5.

ici d'un modèle patriarcal de communication nocturne d'une parole divine, quelle que soit d'ailleurs la date de rédaction de Gen 15[51].

Le distique du v. 15 complète celui du v. 14 dans la description non pas d'une tempête, mais d'un effroi intérieur, et utilise un autre cliché littéraire, bien connu de la littérature magique akkadienne, lorsqu'il est question d'un *eṭemmu* (un esprit): *ša šārat muḫḫija uzanaqqapu*, «qui fait se dresser le cheveu de mon crâne»[52].

Le v.16b: «un silence, puis j'entendis une voix», est un rappel évident de la théophanie de l'Horeb dont Elie fut le témoin (I Reg 19,9-18): Yahvé, précédé d'un vent fort et puissant, d'un tremblement de terre, d'un feu, se révèle finalement dans «une voix de fin silence» (*qwl dmmh dqh*). Eliphaz joue, comme le texte de I Reg 19, sur le contraste entre ce silence soudain et l'agitation qui le précède, pour introduire et mettre en évidence une parole divine. Malgré l'opinion citée de J. Lust, nous pensons que le tumulte qui précède le silence chez Eliphaz est purement psychologique et n'est pas la description d'une tempête, au contraire de la théophanie à l'Horeb, qu'aucune allusion ne permet d'évoquer dans le vocabulaire du v. 15.

Enfin, la vision décrite au v. 16a: «Il se tenait dressé – mais je ne reconnus pas son aspect (*mar'eh*): une image (*t^{e}mûnah*) était devant mes yeux», paraît être une allusion au petit poème de Num 12,6-8 où les deux termes de *mar'eh* et *t^{e}mûnah* se retrouvent en parallèle au v. 8 pour désigner l'immédiateté du contact de Moïse avec Dieu. Cependant, l'analyse de la structure nous a fait conclure que le stique du v.8a («et il voit l'image de Yahvé», *wtmnt yhwh ybyt*) n'appartient pas au texte primitif, mais serait une glose postérieure. Dans ce texte, *mar'eh* signifie «l'évidence», en opposition à *ḥidôt* («énigmes»), et son rapport avec l'image (*t^{e}mûnah*) est secondaire. En Job 4,16 en revanche, *mar'eh* désigne bien «ce qui est vu» du personnage apparaissant dans le sommeil et se situe dans le même champ sémantique que *t^{e}mûnah*.

L'intention de Eliphaz est claire: il cherche à décrire son expérience en des termes plus ou moins spécifiques, rappelant des situations analogues connues de la tradition, et se place ainsi rien moins que dans le sillage d'Abraham, Moïse et Elie. L'intention de l'auteur est sans aucun doute ironique envers ce sage présomptueux, mais cela ne signifie pas que l'expérience qu'il prête à Eliphaz, si fabriquée qu'elle

---

51 J. Ha (Genesis 15. A Theological Compedium of Pentateuchal History, BZAW 181, 1989) situe la composition de ce chapitre à la fin de la période exilique et l'attribue à un seul auteur.

52 Dhorme, Job, 46; Paul, ZAW 95, 119-121.

soit, n'ait d'autre but que de le ridiculiser[53]. L'ensemble n'est pas un simple amalgame de clichés littéraires, «l'astucieuse juxtaposition d'associations invraisemblables» (N.C. Habel); il a une cohérence interne, malgré son aspect indéniablement factice, et poursuit un double but: 1° évoquer un type d'expérience onirique connu par ailleurs, 2° présenter, dans ce contexte des dialogues, l'une des sources de la connaissance auxquelles ces sages, incarnés par les amis de Job, avaient coutume de se référer.

H. Wildberger a montré, au niveau lexicographique, une incontestable proximité du difficile «oracle sur le désert maritime» (Jes 21,1-10) avec – entre autres – le livre de Job, et en particulier ce discours d'Eliphaz[54]. L'intérêt de cet oracle d'Isaïe est de nous offrir, dans un contexte authentiquement prophétique, la description d'une vision nocturne dont les effets sur le voyant rappellent les symptômes évoqués en Job 4,12-16.

Jes 21,1-4:

1) *mś' mdbr ym*	Oracle sur le désert maritime:
kswpwt bngb lḥlp	Pareil aux tourbillons qui balayent le Néguev,
mmdbr b' m'rṣ nwr'h:	il vient du désert, du pays redoutable.
2) *ḥzwt qšh hgd ly*	Une vision accablante m'a été révélée.
hbwgd bwgd hšwdd šwdd	Le traître trahit, le dévastateur dévaste.
'ly 'ylm ṣwry mdy	«Monte, Elam! Assiège, Mède!
kl 'nḥth hšbty:	Je mets un terme à toutes les plaintes».
3) *'l kn ml'w mtny ḥlḥlh*	C'est pourquoi, mes reins sont remplis d'angoisse,
ṣyrym 'ḥzwny kṣyry ywldh	des convulsions m'ont saisi, comme celles de la parturiente;
n'wyty mšm' nbhlty mr'wt:	je suis trop tourmenté pour entendre, trop épouvanté pour voir.
4) *t'h lbby plṣwt b'ttny*	Ma raison s'égare, je tremble de frayeur.
't nšp ḥšqy śm ly lḥrdh:	Le crépuscule, objet de mon désir, on l'a changé pour moi en épouvante.

Laissons de côté les nombreux problèmes textuels, littéraires ou historiques posés par l'ensemble de ce texte. Entre une datation haute (VIIIe s.) et une datation basse (VIe s.)[55], la critique récente penche

---

[53] Habel, Job, 121-122: «The poet's bizarre collage of disparate allusions borders on a parody of traditional modes of revelation. Probable allusions to various revelatory traditions are deliberately brought into a clever, juxtaposition of unlikely associations ... Thus the poet seems to be passing a verdict on the validity of private revelations and personal experiences as the basis for substantiating traditional teaching.»

[54] H.Wildberger, Jesaja 13-17, BKAT X/2, 1978, 771.

[55] Les différentes solutions ont été présentées dans la synthèse récente de A.A. Macintosh (Isaiah XXI. A Palimpsest, 1980, 63 ss.), qui propose une solution intermédiaire: beaucoup d'éléments de Jes 21,1-10 auraient leur origine au VIIIe s., mais l'oracle

pour la seconde, en raison de nombreuses affinités de vocabulaire et de phraséologie avec Ezéchiel, Jérémie, Deutero-Isaïe, Job, précisément, mais aussi à cause de sa dépendance littéraire à l'égard de Hab 2,1 ss. et de sa reprise en Jes 13[56]. Sur la base d'observations lexicographiques, B. Gosse a montré que le «moi» prophétique de ce chapitre 21 doit être identifié au «moi» prophétique de Jes 40-42, dont la rédaction se situe dans les toutes premières années du retour d'exil. Cette identification permet de rendre compte aussi des relations existant entre Jes 21 et Jes 40-55.

Indépendamment de cette question de datation, la logique interne du texte n'est pas facile à suivre. Nous pensons pouvoir dire qu'il s'agit d'une vision nocturne, puisqu'il est fait allusion au crépuscule, «objet de mon désir» (v. 4: *'t nšp ḥšqy*), qui se transforme en un temps d'épouvante. Rien certes ne permet de décider, dans le texte, si *nešef* signifie le crépuscule du soir ou du matin, mais une situation comparable est évoquée en Job 7,13-14 montrant bien que l'on a affaire à un cliché littéraire: la fraîcheur (sens premier de *nešef*) et le repos du soir sont changés en tourments redoutables à cause des visions et cauchemars amenés par la nuit. On se demande qui est responsable de cette transformation, qui est le sujet du verbe *śm*: Dieu? la vision elle-même (*ḥzwt*)? le trouble psychosomatique éprouvé (*plṣwt*)? Avec H. Wildberger, on conservera l'ambiguïté sans doute voulue de l'expression.

Cette vision est qualifiée de «dure, pénible» (v. 2a: *qašah*), ce qui est apparemment contradictoire avec le fait que la chute de Babylone ainsi annoncée constitue une bonne nouvelle pour le prophète. Le trouble psychologique et spirituel du prophète n'est évidemment pas à interpréter comme l'expression de sa compassion envers l'objet de la vision (ici: Babylone), comme en Jes 15,5; 16,9.11; Jer 4,19; Ez 21,11. C'est donc la vision nocturne en elle-même, l'expérience plus que le contenu de cette vision, qui provoque ici l'effroi du prophète.

On ne peut douter que l'auteur de Job, à travers la redondance ironique de l'expression, prête à Eliphaz une expérience visionnaire analogue à celle décrite en Jes 21. Si ce dernier texte date bien de la fin du VIe s., sa légère antériorité par rapport aux dialogues de Job[57] parlerait tout à fait en ce sens: Eliphaz cherche visiblement un modèle prophétique à la révélation dont il se prétend le sujet, et, sans

---

aurait été complèté et réécrit comme une prophétie de la chute de Babylone en 539 a.C.

[56] Points développés par B. Gosse, Le «moi» prophétique de l'oracle contre Babylone d'Isaïe XXI,I-10, RB 93, 1986, 70-84.

[57] J. Lévêque, La datation du livre de Job, SVT 32, 1981, 206-219.

se référer explicitement à Jes 21, il utilise le même registre d'expérience visionnaire. Placé en introduction à son discours, ces v. 12-16 tendent finalement à faire de la parole d'un sage quelque chose d'analogue à un oracle prophétique.

Les références nombreuses et explicites à une expérience prophétique relevées dans ce texte de Job 4 expliquent, selon nous, le fait qu'il n'y est pas question de «songes» (*ḥlmwt*), mais uniquement de «visions de la nuit» (*ḥzynwt lylh*). On a vu, à propos du songe chez les prophètes, que si ces derniers semblent bien avoir usé d'une inspiration nocturne, s'ils ont pu même contrôler un certain type de sommeil, cette expérience n'est jamais rendue par la racine *ḥlm*, mais toujours par *ḥzh* et ses dérivés. A la question de savoir si Job 4,12-16 décrit un songe on répondra donc, comme pour quelques textes prophétiques, qu'il s'agit assurément d'un état onirique, assez distinct cependant du rêve ordinaire ou même du songe symbolique, pour que l'on ait simplement désigné cet état du terme – pour nous assez vague – de «vision de la nuit».

Pour Eliphaz donc, une vision nocturne de type prophétique peut légitimer l'autorité de telle sentence, au même titre que la tradition des anciens. Elihu va beaucoup plus loin en prétendant à une inspiration permanente de la *ruaḥ* divine en ce qui le concerne. D'autre part, il assigne au rêve une fonction précise dans la pédagogie divine, rectifiant sensiblement la conception traditionnelle qui considérait les rêves terrifiants ou les cauchemars comme des attaques maléfiques de dieux ou de démons. On décèle enfin, chez ces sages, une tendance à s'attribuer une part de l'inspiration prophétique, soit en invoquant une assistance spéciale de la *ruaḥ* divine, soit en se référant à des expériences oniriques.

Il apparaît ainsi qu'un certain courant de sagesse, représenté par les intervenants du livre de Job, tenait non seulement pour une origine divine de la sagesse, mais considérait aussi le songe ou la vision onirique comme une source normale et légitime de cette sagesse. L'ironie dont a pu témoigner l'auteur du livre à leur égard n'enlève rien à la valeur de l'information, car il est dans la logique de ces dialogues que les amis de Job incarnent et illustrent, par leurs propos, les conceptions des sages de leur temps. Le conformisme de leur attitude et, parfois, la naïveté de leurs prétentions, ont certainement quelque chose de caricatural, mais cela ne saurait altérer le portrait doctrinal que constituent ces personnages, sous peine d'émousser la portée du livre.

Chapitre II
Le sage interprète des songes

1. Les éléments sapientiels de l'histoire de Joseph: Gen 40-41

L'étude de l'histoire de Joseph a été profondément renouvelée par l'article célèbre de G. von Rad, dans lequel il définissait ces chapitres «durch und durch novellistisch», et tout empreints des conceptions de la vieille sagesse royale, telle qu'on la trouve exprimée dans les plus anciennes collections de sentences[1]. On aurait là un témoin littéraire de l'*Aufklärung* salomonienne, caractéristique de l'esprit nouveau cultivé dans une cour royale ouverte aux influences étrangères, et illustrant un certain nombre des valeurs essentielles de l'antique *ḥokmah*: la crainte de Dieu (Gen 39,9; 42,18), le don de la parole juste et du bon conseil (ch. 41), la patience dans l'humiliation (ch. 40), la maîtrise de soi, de ses sentiments et de sa langue (ch. 42-45), le refus de céder à la «femme étrangère» (ch. 39), l'accent mis, enfin, sur la conduite des événements par la providence divine (45,5; 50,19-20).

Après avoir joui pendant plus de quinze ans d'une autorité quasi incontestée, cette interprétation a subi de nombreuses critiques. D'abord de la part de J.L. Crenshaw[2] qui conteste quelques-uns des traits sapientiels attribués par G. von Rad à Joseph: l'accent mis sur la providence divine, qui appartient au fonds commun des livres de l'Ancien Testament; le caractère peu représentatif de cette figure qui n'a pas reçu cette formation de sagesse dont elle serait le modèle. S'y ajoute un certain nombre de thèmes constitutifs de cette histoire qui ne sont pas sapientiels: le fait qu'elle est mue par un échec dans les relations familiales, entre les frères, entre le père et ses fils; le choix de Joseph comme conseiller royal sur la base de ses «aptitudes spirituelles» plutôt que de ses qualités politiques; son manque manifeste de tact envers ses frères au début et sa difficulté à maîtriser ses sentiments lors de leurs retrouvailles; l'importance, enfin, des rêves et de leur interprétation, qui ne correspond pas à l'image que l'on se fait d'une certaine sagesse.

---

1 G. von Rad, Josephsgeschichte und ältere Chokma, SVT 1, 1953, 120-127.

2 J.L. Crenshaw, Method in determining Wisdom Influence upon «Historical» Literature, JBL 88, 1969, 129-142.

Indépendamment, D.B. Redford[3] formule les mêmes critiques, y ajoutant un scepticisme – qui a fait école – sur nos connaissances réelles de la vie culturelle et sociale au temps de Salomon. Très justement, il fait remarquer en outre que l'allusion à la crainte de Dieu en 42,18 doit plutôt se comprendre comme une pointe ironique de Joseph envers ses frères. Quant à l'épisode de la femme de Potiphar, on peut montrer qu'il relève d'un thème littéraire universellement répandu plutôt que des mises en garde sapientielles contre la femme étrangère[4].

Le caractère radical de ces critiques n'a pourtant pas enlevé toute valeur à l'hypothèse de G. von Rad. La confrontation des arguments sur ce point amène, paradoxalement, à repenser l'unité littéraire de ces chapitres et apporte une donnée supplémentaire dans la critique littéraire proprement dite: s'il y a des éléments sapientiels dans l'histoire de Joseph, ils ne se trouvent pas présents également en toutes ses parties, et la sagesse dont ils sont l'expression n'est pas exactement celle des recueils de sentences. Une voie a été ouverte dans ce sens par G.W. Coats[5], pour qui Gen 37; 39-45 constituent bien un récit du genre nouvelle, mais qui n'a rien de spécifiquement sapientiel: son horizon est plus vaste, il embrasse aussi des points de théologie omniprésents à l'Ancien Testament.

L'intérêt de cet article de G.W. Coats réside avant tout dans son hypothèse d'un noyau littéraire primitif, intégré à son oeuvre par l'auteur de la nouvelle, et d'un tout autre genre que celle-ci. Il l'identifie dans les chapitres 39; 40; 41, qui comprennent un thème et un arc de tension propres: à travers trois scènes d'intensité progressive, soigneusement reliées entre elles par des annonces et des reprises, est raconté comment un jeune esclave doué de toutes les qualités de discrétion et de sagesse, d'abord injustement puni, parvient au faîte du pouvoir. G.W. Coats qualifie ce récit de légende politique; tout le matériau serait d'origine égyptienne, mais il trouva sa forme à la cour de Jérusalem et son but est de toute évidence didactique: il dépeint le conseiller royal idéal selon les normes de sagesse, lesquelles incluent également, selon G.W. Coats, la capacité d'interpréter les rêves. On fera cependant deux objections à ses conclusions, tout en retenant le principe de l'analyse:

---

3 D.B. Redford, A Study of the Biblical Story of Joseph, SVT 20, 1970, 101-105.

4 L'auteur emprunte un thème transmis à travers de nombreux récits légendaires ou mythologiques: Anoup et Bata (trad. in C. Lalouette, Textes sacrés et textes profanes de l'ancienne Egypte, II, 1987, 161-172), Bellerophon (Il. 6,155 ss.), Hippolyte (Eur. Hipp.; Sen. Phaed.; Ov. Her. IV), Pelée (Pind. Nem. 5,46-66).

5 G.W. Coats, The Joseph Story and Ancient Wisdom: a Reappraisal, CBQ 35, 1973, 285-297; repris dans From Canaan to Egypt, CBQ Mon 4, 1976, 19-32.

1° L'interprétation des songes n'apparaît nulle part dans les anciens écrits de sagesse comme l'une des qualités du sage. En revanche, et G.W. Coats le fait lui-même remarquer, on retrouve avec Daniel cette figure du conseiller royal sage et expert dans l'art d'interpréter les rêves. Il y a par conséquent quelques raisons de douter de l'ancienneté de ce thème dans le récit de l'ascension de Joseph.

2° L'unité littéraire originelle de l'ensemble 39-41 est douteux, en dépit de la progression soutenue du récit et de la bonne articulation des trois scènes, ce qui est sans doute le fruit d'un habile travail rédactionnel. Comme l'ont montré B.D. Redford et H.C. Schmitt plus récemment[6], il est beaucoup plus probable que le ch. 39 soit une composition plus tardive que 40 et 41, en raison de son style didactique propre et de sa référence appuyée au yahvisme, que l'on ne rencontre nulle part ailleurs dans l'histoire de Joseph. On retrouve, illustrés par ce conte populaire, les thèmes d'Israël (= Joseph) comme source de bénédiction pour les nations, et de la fidélité à la Torah face aux séductions de la femme étrangère (i.e. la culture hellénistique, comme dans le livret I des Proverbes). L'importance reconnue tardivement à ce thème de la femme étrangère dans l'histoire de Joseph apparaît très clairement dans la version qu'en donne le Testament de Joseph où, sur vingt chapitres, l'épisode de la femme séductrice est développé dans les ch. 2 à 9, et repris sous une autre forme dans les ch. 11 à 17!

La première critique sérieuse formulée contre la distinction des sources dans l'histoire de Joseph est due, ici encore, à W. Rudolph, qui releva l'inconséquence logique qu'il y a à souligner, avec H. Gunkel, l'unité littéraire savamment équilibrée de ces chapitres, tout en maintenant qu'elle est le résultat de la combinaison de deux récits distincts[7]. Cette remarque acquit une résonance nouvelle après la publication précitée de G. von Rad, qui continua lui-même à tenir à la distinction des documents, alors que son interprétation sapientielle donnait encore plus de consistance à l'unité littéraire de cette «nouvelle». R.N. Whybray a mis en évidence les apories de cette position[8] et, dans son accord sans réserve à l'interprétation sapientielle, considère obligatoire une remise en cause radicale de l'hypothèse documentaire.

---

6 Redford, Joseph, 146-147.181, et en particulier H.C. Schmitt, Die nichtpriesterliche Josephsgeschichte, BZAW 154, 1980, 81-89.

7 W. Rudolph, Die Josephsgeschichte, in Volz-Rudolph, Der Elohist, 143 ss. Pour Rudolph, la plupart des doublets sont imputables au style de l'auteur qui aime la redondance des épisodes; d'autres sont le fait de gloses ou adjonctions postérieures, mais ne constituent en aucun cas un fil narratif.

8 R.H. Whybray, The Joseph Story and Pentateuchal Criticism, VT 18, 1968, 522-528.

Cette remise en cause caractérise d'ailleurs, à des degrés divers, les études des vingt dernières années sur l'histoire de Joseph[9]. Les plus extrêmes, à la suite de W. Rudolph, tiennent pour une absolue unité de composition, tel H. Donner, qui explique les irréductibles difficultés du texte par des gloses ou des retouches interprétatives[10]. La même argumentation est utilisée par F. Crüsemann[11], pour qui l'histoire de Joseph est antérieure à J qui n'a fait que l'intégrer à son oeuvre, et aurait été écrite à l'époque davidico-salomonienne dont elle reflète l'humanisme sapientiel et les préoccupations politiques.

D.B. Redford, à partir des données égyptologiques de l'histoire de Joseph et de l'examen d'une cinquantaine de termes dont l'usage serait caractéristique de l'hébreu tardif, conclut à une composition de la version primitive entre 640 et 425 a.C.[12]. Cette première version est «rubénite», et connaîtra plus tard l'adjonction de passages tendant à remplacer Ruben par Juda. Cette «Judah-expansion» assume tous les doublets du ch. 37 et situe de début de l'histoire vers Sichem. Les observations sur les thèmes et les procédés stylistiques de l'auteur sont très pertinentes[13] et si l'analyse du vocabulaire «tardif» est un peu sommaire, la liste établie mérite cas par cas un examen attentif.

Dans son commentaire, C. Westermann[14] renonce également à toute distinction des sources et propose l'hypothèse que les ch. 37-50 combinent en fait deux histoires distinctes: la fin de l'histoire de Jacob, relatant la descente du patriarche en Egypte, et l'histoire de Joseph proprement dite. Les doublets des ch. 37; 46-47 s'expliquent

---

9 L'application de l'hypothèse documentaire à ces chapitres 37; 39-50 a trouvé un regain de vitalité par la récente étude de L. Schmidt, Literarische Studien zur Josephsgeschichte, BZAW 167, 1986, 121-297. Aucune surprise dans le résultat de la répartition des sources, sinon de voir la part de P singulièrement accrue. Schmidt tient compte néanmoins des analyses littéraires récentes et sauve l'unité générale du récit en voyant dans J la «literarische Vorlage» de E, en quoi il renoue avec la conception de Noth (Überlieferungsgeschichte, 20-40). Le Yahviste n'est cependant pas l'auteur de l'histoire, laquelle est une composition littéraire indépendante, mais il l'intégra à son oeuvre sans la modifier.

10 H. Donner, Die literarische Gestalt der alttestamentlichen Josephsgeschichte, SBHlbg 1976/2, 1976.

11 F. Crüsemann, Der Widerstand gegen das Königtum, WMANT 49, 1978, 143-155.

12 Redford, Joseph, SVT 20.

13 En particulier sur le dédoublement emphatique des épisodes, les retards ménagés par le procédé des récapitulations. L'énumération et la discussion des thèmes légendaires et littéraires présents dans l'histoire de Joseph (pp. 87 ss.) conduisent Redford à la conclusion que les traits «sapientiels» soulignés par von Rad dans le personnage de Joseph relèvent bien plutôt d'un fonds commun de thèmes et de caractères littéraires: «this is surely to be ascribed to a common, human ideal, widely disseminated throughout all strata of all ancient Near Eastern Societies» (p. 105).

14 Westermann, Genesis (3), 4-19.

par cette superposition de deux récits, car c'est à ces deux extrémités seulement que l'histoire de Joseph se combine avec celle de Jacob. L'histoire de Joseph proprement dite (37*; 39-45; 46*; 47*) entremêle deux types de récits: l'arc général de tension est celui d'une histoire familiale qui court de la crise à sa résolution, et qui enserre un récit politique (ch. 39-41). On retrouve l'hypothèse de G.W. Coats d'une «story within a story». La combinaison des thèmes respectifs de ces deux narrations, d'abord exposés séparément, puis fusionnés dans les ch. 42-45, reflèterait la confrontation de deux contextes sociologiques radicalement différents: la vie patriarcale et la monarchie, et seraient un indice clair d'une composition à l'époque salomonienne, marquée encore par les tensions de ce passage de la vie patriarcale à l'état monarchique. Mais cette conclusion suppose acquise l'unité de composition des ch. 37; 39-47, ce qui ne va pas de soi, au moins pour les ch. 39-41.

H.-C. Schmitt propose une analyse fondée sur l'hypothèse des compléments, et dont les résultats nuancés paraissent rendre compte des difficultés du texte tout en sauvegardant son unité[15]. Il distingue un récit primitif (une «Juda-Israël-Schicht»), recouvrant à peu près ce que la critique traditionnelle attribuait à J, sauf le ch. 39. Contrairement à ce que la position de Juda laisse penser, cet écrit serait originaire du nord au temps de Salomon, car c'est bien d'abord de Joseph qu'il s'agit, et son cadre géographique est la Palestine centrale. Par son intérêt pour les relations humaines, par l'accent porté sur l'activité diplomatique de Joseph, par l'absence de préoccupations cultuelles ou théologiques, cette histoire serait influencée par un milieu de sagesse.

Ce premier récit fut profondément transformé par les adjonctions apportées par la relecture d'une «Ruben-Schicht», comprenant également en gros ce que l'on attribue à l'Elohiste. H.C. Schmitt situe cette relecture après l'exil, se fondant en partie sur les arguments de B.D. Redford. Elle est, encore plus que le récit primitif, influencée par la sagesse, mais une sagesse beaucoup plus théologique ici, particulièrement nette dans les ch. 40-41. Entre cette «Ruben-Schicht» et les interventions de P, intervient encore une relecture «yahviste» tardive, à qui l'on doit en particulier l'adjonction du ch. 39, dont le caractère sapientiel est également très marqué, et c'est ici seulement qu'apparaît une préoccupation morale et didactique[16]. On rejoint la position de B.D. Redford à propos de cet épisode de la femme de

---

15 H.-C. Schmitt, Die nichtpriesterliche Josephsgeschichte, BZAW 154, 1980.

16 Schmitt fonde cette datation basse sur la manière dont est traitée, au ch. 39, la question de la théodicée; sur la présence du thème de l'homme source de bénédiction pour les autres hommes, primitivement appliqué au roi (Ps 21,7), puis transféré à tout le peuple d'Israël au milieu des nations après l'exil (cf Gen 12,2; Ps 37,26; Jes

Potiphar, bien que H.-C. Schmitt tienne à y reconnaître la «femme étrangère» de la tradition sapientielle[17].

Après les critiques dont elle a été l'objet, l'interprétation sapientielle de G. von Rad se trouve ainsi quelque peu réhabilitée, mais aussi recadrée. Un consensus semble se dégager des dernières études sur l'histoire de Joseph pour reconnaître que des éléments sapientiels y sont en effet décelables, mais inégalement répartis. La critique quasi unanime attribue les ch. 40-41 à une version élohiste, y reconnaissant une profonde unité de composition, de style et de point de vue. L'hypothèse de G.W. Coats en fait (avec le ch. 39) le noyau ancien de l'histoire de Joseph, une légende politique à caractère sapientiel, antérieure et primitivement indépendante de l'ensemble de l'histoire[18]. C. Westermann accepte et soutient cette idée, faisant valoir les nombreux thèmes légendaires repérés dans ces chapitres, et la marque de la sagesse en eux ne fait pas de doute pour lui: «Übereinstimmend wird in 40-41 das Mitwirken des Weisheitsmotivs anerkannt»[19]. Pour H.-C. Schmitt également, qui inclut ces chapitres dans la couche Ruben, «dass auch die Ruben-Schicht noch weisheitlich denkt, durfte kaum zu bestreiten sein»[20]. Mais ce qui semble vrai pour les ch. 39; 40-41, ne s'applique pas si facilement à l'ensemble de ce que H.-C. Schmitt comprend dans la «Ruben-Schicht»[21]. Quoi qu'il en soit, le caractère sapientiel de ces ch. 40-41 mérite un examen attentif.

19,24; Sach 8,13); sur les liens entre ces ajouts «yahvistes» et la littérature dtr (op.cit. 169-173).

17 Cette opinion n'est pas en soi incompatible avec le fait indéniable que l'épisode correspond à un thème littéraire répandu et non spécifiquement sapientiel. L'utilisation de ce thème a bien ici une portée didactique qui, à elle seule, justifie la qualification de sapientiel.

18 C'est également l'opinion de W.L. Humphrey, Joseph and his Family: A Literary Study, 1988. Gen 40-41; 47,13-26; 50,26 auraient constitué un récit indépendant centré sur le thème de la réussite d'un esclave étranger à la cour d'Egypte. Le récit est tissé de thèmes sapientiels, mais malgré l'abondance des données culturelles égyptiennes, on pourrait déceler une influence mésopotamienne. Humphrey situe la composition de ce récit à la cour de Jérusalem.

19 Westermann, Genesis (3), 14.

20 Schmitt, Josephsgeschichte, 164.

21 Schmitt (Josephsgeschichte, 98-97.184-185) insiste, p.ex., sur la crainte de Dieu, notion sapientielle essentiellement, et qui serait fondamentale dans cette «Ruben-Schicht» élohiste. En fait, la notion n'apparait qu'en 42,18, dans une remarque de Joseph à ses frères que l'on peut très bien considérer comme ironique. D'autre part, déceler la trace d'une théologie du Reste dans le v. 45,7 peut éventuellement donner une indication chronologique, mais n'implique pas une connotation sapientielle (cf pp. 167-188). Cependant, on ne voit pas pourquoi ce v. 45,7 est attribué à la couche E, alors que la vente de Joseph à laquelle il fait allusion (37,25-27.28b) est réservée

2. Joseph, ba'al ḥalomôt ou poter ?

La critique documentaire attribue à la version élohiste tous les songes de l'histoire, c'est-à-dire aussi bien ceux de Joseph que ceux des Egyptiens et du Pharaon. Même H.-C. Schmitt, dans le cadre d'une *Ergänzungshypothese*, réserve l'ensemble du corpus des songes à la relecture «élohiste» de la version Juda. Tout en retenant ses conclusions comme hypothèse générale, nous ferons sur ce point une correction importante.

Les tenants de l'unité littéraire de l'histoire de Joseph ont raison de mettre l'accent sur la fonction essentielle des songes de Joseph au ch. 37, et B.D. Redford l'a bien compris, qui les garde comme partie intégrante de l'*original story*[22]. Dans ces deux songes, c'est la courbe générale du récit qui est d'emblée exposée. Ils sont à la fois cause de l'animosité des frères envers Joseph, et annonce du dénouement: tout l'art du narrateur consiste précisément à raconter comment, en dépit des apparences et à travers des péripéties variées, la prédiction faite dans ces songes se trouvera réalisée.

En ce sens, les six récurrences de la forme verbale *hštḥwh* exprimant le rituel oriental de la «proskynèse» dans le culte ou devant le roi, sont très significatives: on la trouve dans le premier rêve: «vos gerbes l'entourèrent et se prosternèrent devant elle» (37,7b: *whnh tsbynh 'lmtykm wtštḥwyn l'lmty*), dans le second (37,9), et aussi dans la réplique du père: «devons-nous venir, moi, ta mère et tes frères, nous prosterner à terre, devant toi?» (37,10: *hbw' nbw' 'ny w'mk w'ḥyk lhštḥwt lk 'rṣh*). On la retrouve ensuite lors de chacune des deux entrevues de Joseph avec ses frères (42,6; 43,26b.28b). L'indication est claire, et la précision donnée en 42,9 la souligne encore: «Et Joseph se souvint des songes qu'il avait eu». Aux deux songes annonçant chacun une prosternation répondent les deux voyages des frères (ch. 42 et 43) et leurs deux prosternations devant Joseph.

La symétrie est encore plus manifeste si l'on fait attention que le récit du second songe contient deux fois la forme *hštḥwh*, dont l'une avec la locution adverbiale *'rṣh*, «jusqu'à terre» (37,10), et que ce redoublement se retrouve lors de la seconde entrevue, avec la même locution: «et ils se prosternèrent devant lui jusqu'à terre» (43,26b: *wyštḥww lw 'rṣh*). Il y a là une structure d'inclusion claire dont la critique littéraire classique n'a pas su tenir compte, et qui exclut de

---

à la couche primitive! A notre avis, 45,7 appartient aussi au récit primitif «Juda», et il ne faut pas voir dans le *še'ērît* une allusion à la théologie du Reste.

22 Redford, Joseph, 68-71.182.

disperser ces passages entre des documents différents[23]. On ne peut séparer, dans la narration, l'annonce oraculaire des événements dans les songes et leur réalisation. L'inclusion opérée par ces mots-clefs comprend les *deux* voyages des frères, et l'on retrouve la prédilection souvent soulignée du récit pour ce procédé de réduplication des épisodes.

Cette inclusion marquée par *hštḥwh* n'indique pas les deux bornes de la narration, mais soutient la courbe de tension entre la crise initiale, provoquée entre autre par les songes, et sa solution dans la réalisation de ce qu'ils annonçaient. En ce sens, l'opinion de C. Westermann qui veut distinguer – d'un point de vue littéraire autant qu'idéologique – une histoire familiale (ch. 37) et une histoire politique (ch. 39-41), finalement fusionnées dans la résolution de la crise (ch. 42-47), ne tient pas compte du fait que la problématique politique est présente dès le début, dès les songes de Joseph et l'annonce de la prosternation de ses frères[24].

Les arguments qui, dans l'hypothèse documentaire, font attribuer les songes de Joseph à la source E ne sont pas contraignants. Le double motif à la haine des frères ne suffit pas à distinguer deux récits: cela correspond d'une part à cette caractéristique stylistique du récit de redoubler les épisodes. D'autre part, ils apparaissent *complémentaires* l'un de l'autre, dans la mesure où le second motif (les songes) annonce en même temps le renversement futur de la situation conflictuelle qu'ils contribuent à engendrer. Mais l'examen critique du ch. 37 part généralement de la réelle difficulté occasionnée par les deux interventions *concurrentes* de Ruben et de Juda, ainsi que par les rôles *contradictoires* joués par les Ismaélites et les Madianites.

Dans cet ensemble 37,21-30.36, il y a bien deux versions différentes des faits qu'il convient de démêler, mais rien n'oblige, comme le fait H.-C. Schmitt par exemple, à lier le v. 20 à l'intervention de Ruben; au contraire, celle-ci ne commence, strictement, qu'au v. 21. Si l'on comprend l'intervention de Ruben dans les v. 20-22, alors, bien sûr, force est de constater que «so werden die Träume in v. 20-22* eindeutig in einem Zusammenhang erwähnt, in dem Ruben auftritt, so dass

[23] Cf L. Schmidt (Literarische Studien), qui attribue 43,1-34* à J d'une part (pp. 158 ss.), et 42,1-13* à E d'autre part (pp. 247 ss.). L'inconséquence de cette distinction est d'autant plus frappante que, lorsqu'il s'agit de E, on fait remarquer le lien entre la prosternation des frères et les songes (Schmidt, p. 250: «Bei ihrer Begegnung mit Joseph fallen die Brüder demütig vor ihm nieder (v. 6b). Damit gehen die Träume Josephs, die in Gen 37 geschildert wurden, in Erfüllung».), tandis que dans les versets que l'on veut attribuer à J, la double occurrence de *wyštḥww* (43,26.28, avec l'adverbe *'rṣh* qui rappelle clairement 37,10) n'est soudain plus significative du tout.

[24] L'importance de cette problématique politique est bien montrée par Crüsemann, Widerstand, 146-147.

sie der Ruben-Schicht zugewiesen werden können»[25]. En revanche, la conclusion ne s'impose plus du tout dès lors que l'on ne retient pour cette intervention de Ruben que les v. 21-22[26]. Nous suggérons donc de restituer au récit primitif de l'histoire de Joseph tout ce qui concerne les songes au ch. 37[27] et, par conséquent, de les séparer de l'ensemble des ajouts et compléments attribuables à la relecture de la couche Ruben. Comme on l'a vu, ces songes sont indissociables de la courbe narrative générale, laquelle appartient nécessairement au récit primitif, et sans eux l'aboutissement dans la rencontre de Joseph avec ses frères est inintelligible.

En fait, il y a un autre argument qui pousse la plupart des critiques à rattacher les songes du ch. 37, comme ceux des ch. 40-41, au document E: la propension que l'on attribue à l'écrivain élohiste à s'intéresser aux songes. Un a priori méthodologique prend ici le pas sur la critique littéraire stricte. Les songes de Joseph au ch. 37 sont-ils réellement si semblables aux songes des Egyptiens des ch. 40-41?

Les six songes relatés dans l'histoire de Joseph appartiennent au genre des songes allégoriques, et cette concentration est tout à fait remarquable. Si l'on excepte provisoirement le livre de Daniel, le seul autre exemple de ce type de songes dans l'Ancien Testament se trouve en Jdc 7,11-15. La comparaison des songes de Gen 37; 40; 41 et Jdc 7 révèle une grande similitude de formes, littéraires et syntactiques, mais aussi quelques variantes significatives. La forme littéraire de ces récits comprend normalement, symétriquement à la relation du songe, l'exposé de son interprétation. Or, dans ce corpus de sept récits de songes, il y a sur ce point des différences significatives: tandis que l'interprétation est minutieusement relatée et obéit à un schéma spécifique dans les quatre récits de Gen 40-41, elle s'écarte complètement de ce schéma en Jdc 7, et est totalement absente des récits de Gen 37.

---

25 Schmitt, Josephsgeschichte, 25.

26 La correction souvent effectuée, dans le v. 21, de Ruben en Juda n'a aucun fondement textuel. Si l'enchaînement des v. 21-22 semble stylistiquement un peu rude, la reprise au v. 22 de la même expression (*hsyl 'tw mydm*) qu'au v. 21 (*wyšlḥw mydm*) exclut de les répartir en deux sources différentes. Au demeurant, le style exprime très bien l'émotion du locuteur: se sentant d'abord coresponsable de la mort de Joseph, Ruben s'exprime à la 1re pers. (v. 21); puis, l'élaboration d'une ruse se faisant dans son esprit pour sauver Joseph, il s'adresse à ses frères à la 2e pers., s'étant désolidarisé de leur violence. La reprise *wy'mr 'lhm r'wbn* en début du v. 22 ménage une légère pause dans le texte et indique la rupture introduite dans l'action des frères par l'exclamation de Ruben: *l' nknw npš*

27 C'était la position de Noth (Überlieferungsgeschichte, 31), qui attribue à J (en tant que «literarische Grundlage»): 37,3a.4.5a.6-21.25-27.28aβb.

On n'a pas assez souligné cette différence importante entre les songes de Joseph lui-même au ch. 37, et les songes des Egyptiens. Ces derniers recherchent à tout prix un interprète qui puisse expliquer leurs songes, qu'il s'agisse des deux officiers prisonniers ou du pharaon. Les songes de Joseph en revanche sont immédiatement intelligibles, non seulement à lui-même, mais aussi à ses frères et à son père. Si l'on veut définir que le songe allégorique, en tant que forme littéraire, comprend nécessairement, en plus du contenu du rêve, l'exposé de son interprétation, alors les deux songes de Joseph constituent un genre à part. Mais on peut aussi, sans aller jusqu'à cette conclusion, s'interroger sur la signification d'une telle absence dans le cadre du schéma littéraire «songe allégorique».

C'est l'hypothèse de W. Richter qui peut nous permettre de rendre compte de cette anomalie[28]. Rappelons qu'après avoir explicité la forme syntactique caractéristique du genre *Traumbericht*, il propose d'en chercher le *Sitz im Leben* dans une pratique officielle de l'oniromancie. Le manque d'interprétation accompagnant les songes de Gen 37 pourrait alors être l'indice qu'une telle institution était absente, sinon du monde culturel, du moins des préoccupations de l'auteur. Ce n'est évidemment pas le cas de celui des récits de Gen 40-41 dans lesquels l'usage massif et tout à fait unique de la racine *ptr* ne peut pas ne pas être significatif (sept attestations au ch. 40; sept au ch. 41). Il est inutile, comme le fait W. Richter, de chercher à combler cette absence de forme interprétative dans le récit des songes de Joseph par le postulat d'une interprétation de facto, car tout autant que l'interprétation, c'est l'absence de l'interprète qui est significative ici.

Dans le récit de Jdc 7,11b.13-15, on retrouve certes l'interprétation du songe et la fonction de l'interprète, mais dans une expression littéraire totalement affranchie de la forme observée en Gen 40-41. Il n'y a pas que la forme qui diffère d'ailleurs, mais tout le contexte narratif et culturel. En Gen 40-41, l'interprétation des songes apparaît non seulement comme une institution importante à la cour royale égyptienne, mais elle est une composante essentielle dans la visée du récit: les *ḥarṭumîm* professionnels égyptiens seront supplantés dans leur savoir-faire par le *poter* inspiré hébreu. Dans le camp madianite visité par Gédéon en revanche, on ne parle pas d'interprètes officiels des songes, mais seulement d'un soldat qui raconte son rêve à son compagnon et que celui-ci comprend immédiatement, sans faire appel à un savoir particulier. Il n'est pas question ici d'institution, la racine *ptr* (interpréter), est absente et remplacée par le terme *šeber* (fracture,

[28] Richter, BZ 7, 202-220. Cf *supra* pp. 6-8.

cassure, écroulement) dont le sens dérivé de «solution» apparaît ici comme un hapax[29].

Quant à la forme littéraire du récit du songe proprement dit, elle est remarquablement semblable en Jdc 7 et Gen 37 au niveau des formules d'introduction:

Gen 37,9b: *wy'mr hnh ḥlmty ḥlwm ʿwd whnh ...*
Jdc 7,13b: *wy'mr hnh ḥlwm ḥlmty whnh ...*

La formule d'introduction est en revanche sensiblement différente pour les songes de Gen 40-41 où l'on rencontre une construction plus simple:

Gen 40,9b: *wy'mr lw bḥlmy whnh ...*
Gen 40,16b: *wy'mr 'l ywsp 'p 'ny bḥlmy whnh ...*
Gen 41,17a: *wydbr prʿh 'l ywsp bḥlmy hnny ...*

Les songes de Joseph (Gen 37) apparaissent donc beaucoup plus proches du récit de Jdc 7[30] que de ceux de Gen 40-41, tant par la forme littéraire que par l'absence de référence à une pratique régulière et officielle de l'interprétation des songes. Tandis que les rêves de Joseph au ch. 37 assument d'abord une fonction structurelle dans l'ensemble de la narration – avec le mot-clef *hštḥwh* –, ceux des Egyptiens assument une fonction narrative dans le récit de l'ascension de Joseph et servent à l'exposé d'une conception théologique particulière sur la sagesse. Le Joseph du ch. 37, dans sa relation au phénomène onirique, n'apparaît pas du tout le même que celui des ch. 40-41: là il est un jeune rêveur un peu naïf et sans beaucoup de jugement[31], ici il est un interprète des desseins divins scellés dans les images des rêves, plein de sagesse, d'assurance et d'humilité.

3. Joseph l'interprète inspiré

Si l'on se reporte aux critiques formulées contre la thèse de G. von Rad, on remarque que les ch. 40-41 sont épargnés par toutes les critiques et dépourvus de tous les traits non sapientiels relevés dans

---

29 Jdc 7,15: *wyhy kšmʿ gdʿwn 't mspr hḥlwm w't šbrw.*

30 Cf W. Richter, Traditionsgeschichtliche Untersuchungen zum Richterbuch, BBB 18, 1966². Ce passage de Jdc 7,11b.13-21 fait partie de la première rédaction du «livre des Sauveurs» (Retterbuch), ainsi que d'autres parties de l'histoire de Gédéon (8,5-9.14-2la); composition dans le royaume du Nord sous Jéhu ou Jéroboam II.

31 Les critiques de Crenshaw et Redford à la thèse de von Rad sont tout à fait pertinentes sur ce point: Joseph n'est absolument pas, dans le ch. 37, une figure exemplaire de sagesse.

l'histoire de Joseph, sauf sur un point: l'interprétation des songes. Cette objection ne tient qu'en référence à une sagesse dite de cour, où la discrétion, l'appréciation juste des situations, le sens psychologique, la subtilité diplomatique sont réputés prépondérants. A supposer qu'une telle épure rationnelle du conseiller idéal ait jamais existé dans la réalité, il est évident qu'on ne peut soutenir le caractère sapientiel du récit de l'ascension de Joseph sans admettre un autre type de sagesse, une sagesse théologique comme le dit H.-C. Schmitt, ou une sagesse «prophétique», au sens de ce que nous avons déjà pu constater dans Job.

Au niveau du vocabulaire, la seule expression typiquement sapientielle dans l'histoire de Joseph se rencontre bien ici, en 41,33.39, lorsqu'il s'agit de choisir «un homme intelligent et sage» (*'yš nbwn wḥkm*). On retrouve cette même paire de participes, mais inversée: *ḥkm wnbwn* en Dtn 1,13; 4,6; I Reg 3,12; ailleurs, ils sont mis en parallèle (*ḥkm // nbwn*): Jes 5,21; 29,14; Hos 14,10; Prov 16,21; 18,15. Dans tous les cas, le contexte est clairement sapientiel, et pour certains, la référence à une sagesse politique est évidente (Dtn 1,13; I Reg 3,12; Jes 5,21; 29,14). La complémentarité des racines *ḥkm* et *byn*[32] crée un signifiant caractéristique de la sagesse de cour, qui désigne l'homme associant en lui des qualités pratiques et morales (*ḥkm*) au discernement et à la faculté d'analyse (*byn*). Par l'usage de ces termes, l'auteur veut clairement situer Joseph au niveau de cette sagesse des conseillers royaux. Ce qui l'en distinguera, c'est l'excellence de ces qualités en lui, en raison de leur origine divine.

Or, le vocable le plus caractéristique de la fonction de Joseph en ces chapitres est la racine *ptr*, terme technique que l'on trouve seulement ici dans la Bible, dans sa forme verbale en 40,8.16.22; 41,8.12.13.15; dans sa forme nominale (*ptrn*) en 40,5.8.12.18; 41,11. La racine est en outre bien attestée en hébreu rabbinique, en araméen et en judéoaraméen. Le sens premier est «délier, résoudre», puis «interpréter», et en particulier «interpréter les songes». C'est dans ce sens qu'on la rencontre en épigraphie araméenne et nabatéenne, où *ptwr'* suivant un nom de personne se comprend généralement de sa fonction: «devin, interprète des songes»[33]. La racine apparaît

---

32 *byn* n'est pas un terme propre au vocabulaire sapientiel; mais c'est bien le cas du part. niph. *nbwn*qu'on ne trouve que dans des contextes sapientiels.

33 Trois inscriptions nabatéennes mentionnent ce titre: l'une provient du temnos du grand temple de Pétra (J. Starcky-J. Strugnell, RB 73, 1966, 236-244) et mentionne un certain *'bdw ptwr'* qui a érigé une statue au roi Haritat IV; une autre de Hégra (CIS II: 201) cite un *mlkywn ptwr'*; une troisième du Djôf, écrite par *mlk ptwr'*, qui a restauré et agrandi le temple de Dushara (J. Starcky, RB 64, 1957, 198; 210). B. Aggoula le retrouve dans une inscription de Hatra (n° 290:2), titre d'un

également sous la forme *pšr*, attestée en akkadien, en araméen, en hébreu et en arabe. On la trouverait dans les documents araméens d'Egypte (Cowley 63,14) dès le Ve s., mais le texte est fragmentaire et le sens peu clair. En hébreu elle n'apparaît que tardivement dans sa forme nominale *pésher* en Koh 8,1, et *pišrah* en Eccl 38,14, dans le fragment hébreu livré par le ms B de la Geniza du Caire. Puis on la rencontre abondamment dans les textes de Qumrân (plus de 100 occurrences), mais à part deux formes verbales, toujours sous la forme nominale *pésher* pour introduire l'interprétation d'un texte biblique[34]. En araméen biblique *pšr* est beaucoup utilisé dans Dan 2; 4; 5; 7, toujours dans le sens «interpréter, interprétation».

Ces deux formes *ptr* et *pšr* renvoient à une racine sémitique primitive *ptr** qu'on retrouve dans l'akkadien *pašāru*: «dégager (un sol), dissiper (une dispute), délivrer, libérer, dénouer, expliquer», attestée dès l'époque babylonienne ancienne. Ce verbe est utilisé également comme terme technique de l'interprétation des songes et son champ sémantique a été bien analysé par L. Oppenheim[35]. Il peut désigner l'action de raconter son rêve, ou d'interpréter le rêve d'un autre: *pašāru* peut donc avoir comme sujet aussi bien le rêveur que l'interprète. Dans ce second cas, sa signification est double: *šutta pašāru*, c'est traduire en langage clair le présage contenu dans l'imagerie du rêve, mais c'est aussi dénouer le pouvoir maléfique exercé par le rêve lui-même sur le rêveur. L'interprétation du rêve possède ainsi quelque chose de magique et apparaît davantage comme une catharsis que comme un simple jeu de traduction. Le *pašir šunate* (ou *mupaššir šunate*), «l'oniromancien», agit en véritable exorciste, celui qui, en résolvant l'énigme du rêve, dissout (délie) en même temps l'emprise magique de celui-ci. Le substantif *pišru*, traduit ordinairement par «solution, interprétation» (*AHW* 868), garde un lien avec la magie, comme en témoigne le *iṣ pišri*, le «bâton magique»[36]. De plus, dans un groupe de lettres néo-assyriennes mentionnées par L. Oppenheim, *pišru* désigne non pas l'interprétation d'un signe omineux, mais le

personnage dont le nom a disparu et qui fit construire le portique de l'enceinte orientale du temnos; Aggoula traduit *ptwr'*, à l'exemple de Starcky, par «devin, interprète des songes» (Syr 52, 1975, 191.205-206).

34 I. Rabinowitz, «Pêsher/Pittârôn», Its Biblical Meaning and its Significance in the Qumrân Literature, RQu 8, 1972/73, 219-232; M.P. Horgan, Pesharim: Qumran Interpretations of Biblical Books, CBQ Mon 8, 1979.

35 Oppenheim, Dreams, 217-221.

36 Horgan (Pesharim, 235) suggère que c'est en raison de cette nuance magique attachée à la racine *pšr* que l'auteur de Gen 40-41 préféra user de *ptr* qu'il aurait emprunté à l'araméen.

présage tout entier (protase et apodose), tiré d'une liste de présages, et appliqué à une situation concrète[37].

Etant donné l'usage ancien de sa forme akkadienne *pašāru* dans le vocabulaire technique de l'oniromancie, on ne peut attribuer à *ptr/pšr* et leurs dérivés nominaux en hébreu et en araméen une date récente, même si ils n'apparaissent effectivement que dans des textes récents. (Koh 8,1; Eccl 38,14; Dan 1-6; Qumrân). On ne s'appuiera donc pas sur *ptr* pour dater Gen 40-41. En revanche, aussi bien *ptr* en Gen 40-41 que *pšr* en Dan 2; 4; 5 apparaissent comme des termes techniques induisant une pratique établie de l'interprétation des songes, et l'on remarque en Dan 5 l'extension du *péšer* à un oracle écrit, symptôme d'une évolution qui s'accomplit dans les *p^e šarîm* de Qumrân.

L'un des arguments de B.D. Redford pour une datation postexilique de l'histoire de Joseph consiste en une liste de mots et d'expressions rencontrés en Gen 37; 39-50 et dont l'usage n'est par ailleurs attesté que dans des textes postexiliques ou en hébreu tardif[38]. Ce genre d'argument est délicat à manier, car le vocabulaire peut être sélectionné par le sujet même traité dans le texte, mais B.D. Redford justifie la démarche en précisant que c'est l'accumulation des cas seule qui, par effet statistique, peut jouer un rôle d'indice. En ce sens, il est alors significatif que, sur 52 cas présentés, la moitié exactement se trouvent dans les ch. 39-41. Plus significatifs encore sont ceux de ces termes (comme *ptr / pšr*) que l'on ne rencontre que dans le récit de l'ascension de Joseph (Gen 40-41) et dans ceux de Dan A, compte tenu aussi que seul Dan 1,1-2,4 est en hébreu:

1° *z'p* (Gen 40,6; Dan 1,10)[39]:
La racine signifie «gronder, être en colère»; on la trouve en onze endroits dans l'Ancien Testament, mais ce sens ne convient pas à la forme participiale (*zo'apîm*) dans les deux passages cités. *KBL* (III, 975) propose un dérivé de la racine *s'p**, attestée par l'akkadien *esêpu* avec le sens de «doubler, retordre»; l'idée exprimée serait celle de visages tourmentés. L. Kopf[40] suggère avec plus de vraisemblance de recourir à l'arabe *da'af*, signifiant couramment «être faible, abattu», et dans la langue postclassique usuelle «être maigre». Les deux sens conviennent très bien ici, en remarquant toutefois qu'en Gen 40,6 le

[37] Oppenheim, Dreams, 220.

[38] Redford, Joseph, 55 ss.

[39] Gen 40,6: « ... il les regarda et voici qu'ils étaient languissants (*wyr' 'tm whnm z'pym*)». Dan 1,10: « ... et s'il voit votre visage languissant (*'šr lmh yr'h 't pnykm z'pym*)».

[40] L. Kopf, Arabische Etymologien und Parallelen zum Bibelwörterbuch, VT 9, 1959, 247-287; spéc. p. 254.

mot désigne l'aspect de gens troublés par un songe qui n'a pas encore été exorcisé par un interprète, tandis qu'en Dan 1,10, il s'agirait de l'aspect de gens mal nourris. Le fait que le traducteur de Dan 1 ait choisi ce terme hébreu si rare dans cette acception semble indiquer qu'il avait l'histoire de Gen 40-41 en tête, comme le confirment les exemples suivants.

2° *pʿm* (Gen 41,8; Dan 2,1.3):
Terme rare signifiant au qal «heurter, pousser» et que l'on ne trouve ailleurs qu'en Jdc 13,25 et Ps 77,5. Son usage habituel est au niph. (Gen 41,8; Dan 2,3; Ps 77,5) ou au hitp. (Dan 2,1), et exprime le trouble et l'émotion profonde. Dans les trois passages cités, le sujet est *rwḥ*, l'esprit du roi sous l'emprise magique que le songe non interprété exerce sur lui. Notons que, s'agissant des deux officiers égyptiens en Gen 40, ce trouble est signifié par sa manifestation physique: *zʿpym*, «ils étaient abattus». Il est impossible de nier la similitude des expressions et des contextes entre Joseph et Daniel, et cela dissuade de considérer le verbe en Dan 2,1.3 comme l'indication d'un trouble consécutif à l'oubli par le roi de son propre songe. Son exigence d'entendre de la bouche des devins le récit de son rêve avant qu'ils n'en donnent l'interprétation ne vient pas d'un oubli, mais constitue une mise à l'épreuve de ces devins et la recherche d'un critère objectif pour distinguer vraie et fausse interprétation. De l'histoire de Joseph à Dan A, il y a une véritable surenchère dans la démonstration des pouvoirs de l'interprète des songes.

3° *ḥrṭmym*:
Les «magiciens», que l'on retrouve – à part Gen 41,8.24 et Dan 1,20; 2,2; 4,4; 5,11 – en Ex 7,11.22; 8,3.14.15; 9,11 (tous passages P), et qui est expliqué par J. Vergote[41] comme une transcription du titre égyptien *kḫeri-ḥeb ḥeri-tep*, «prêtre lecteur en chef». Spécialiste des livres liturgiques et des anciens grimoires, ce «lecteur» devint synonyme de «magicien». En Gen 41,8 la liste des spécialistes consultés est résumée par *kl ḥrṭmy mṣrym w't kl ḥkmyh*; en Gen 41,24 *ḥrṭmym* désigne seul l'ensemble des spécialistes des songes. Le terme apparaît en tête de toutes les listes de sages énumérés dans Daniel[42], ce qui est certainement une imitation de l'histoire de Joseph, car, bien que

---

41 J. Vergote, Joseph en Egypte, 1959, 66-73.

42 Dan 4,4 et 5,11 énumèrent quatre classes de sages: *ḥrṭmy' 'špy' kśdy' wgzry'*; où l'on identifie *'špyn* à l'akk. *ašipu*, «prêtre conjurateur-exorciste»; *kśdyn* à *kaldu*, «chaldéen», i.e. devin, astrologue; *gzryn*, de la racine *gzr*, «trancher, décréter»: Delcor (*Daniel*, 110) cite Furlani qui a montré que le sens exact est ici «conjureur». Le mot *gzr* apparait également en 4QorNab où il désigne l'exorciste juif appelant Nabonide à la repentance.

ḫarṭibi (interprète des songes) connaisse quelques attestations dans les sources akkadiennes[43], on attendrait plutôt un substantif dérivé de *pšr* pour des récits composés dans la diaspora babylonienne.

4° *ngd* (hip.):
Cet emploi de *hgyd* au sens de «interpréter» est attesté en Gen 41,24 et Dan 2,2 exclusivement, alors que la racine *ngd* se rencontre ailleurs (335 occurrences dans l'ensemble de l'Ancien Testament), surtout dans un contexte prophétique ou cultuel[44]. Cet usage de *ngd* (hiph.) sous une forme participiale pour désigner un interprète des songes en Gen 41,24 est d'autant plus inattendu que les ch. 40-41 utilisent ailleurs exclusivement *ptr* et ses dérivés, soit sept attestations de la racine dans chaque chapitre[45], chiffre dont la dimension symbolique ne devait échapper à aucun scribe averti. Dan 2,2 dépend visiblement de Gen 41,24: le contexte est le même dans les deux cas, on y rencontre les *ḥarṭumîm* convoqués pour interpréter le songe du roi. Si l'usage de *ngd* (hip.) peut s'expliquer en Gen 41,24 par la volonté de ne pas rajouter un *ptr* supplémentaire et aussi par une attraction du *hgyd* au verset suivant, rien ne justifie son utilisation en Dan 2,2 sinon une imitation de l'histoire de Joseph.

L'intention qui semble dicter l'utilisation ici de *hgyd* avec cette acception si particulière est d'établir un lien discret entre le songe, son interprétation, et la parole prophétique. Plusieurs autres indices en Gen 41 vont dans ce sens:

Gen 41,16:
Et Joseph répondit ainsi au Pharaon:«Ce n'est pas moi, c'est Dieu qui donnera une réponse favorable à Pharaon».

Il ne s'agit pas d'une simple formule de politesse, mais de l'affirmation que c'est Dieu seul qui parle à travers le songe *et* son interprétation. Le songe prend ici une dimension prophétique en tant que moyen par lequel Dieu communique un véritable oracle de salut (16b: *'lhym y'nh 't šlwm pr'h*) et «informe (*hgyd*) Pharaon de ce qu'il fera» (41,25). L'idée est suffisamment importante pour être répétée une seconde fois:

Gen 41,28:
«Voilà la parole que j'avais à dire à Pharaon. Dieu a révélé à Pharaon (*hr'h 't pr'h*) ce qu'il va faire».

---

[43] Cf von Soden, AHW I, 328 et CAD, 116.
[44] F. Garcia-Lopez, s.v. *ngd*, TWAT V, 1986, 188-201.
[45] Soit Gen 40,5.8^2.12.16.18.22 et 41,8.12^2.13.15^2.

Cette conception selon laquelle Dieu avertit les hommes de ce qu'il va faire est courante dans le prophétisme du VIe s. Le prophète est le «guetteur» qui annonce les intentions divines (Ez 33; Jes 21), il est celui qui peut dire ce qu'il a entendu au conseil divin (Jer 23,22), mais il est surtout le confident des desseins de Dieu selon l'image deutéronomiste du prophète (Am 3,7: *ky 'm glh swdw 'l ʿbdyw hnby'ym*). Ce qui est nouveau, c'est l'application de cette conception au songe, hors de tout contexte prophétique. On a vu plus haut que la possibilité d'une participation du sage au conseil de Dieu se trouve évoquée dès le livre de Job (avec le même terme *swd* en Job 15,8), et que cette participation pourrait s'opérer à la faveur de certains états oniriques.

Ce qui est signifié à travers tous ces versets (Gen 41,16.24.25.28), c'est non seulement l'origine divine du songe et de son message, mais surtout le caractère inspiré de l'interprétation. Joseph n'est pas un oniromancien ordinaire, il reçoit de Dieu le *ptrn* et, tel un prophète, il peut dire (*hgd*) la parole jusqu'alors implicitement contenue dans le songe. Si Joseph est un sage, c'est parce qu'il est doué d'une inspiration quasi prophétique. Les v. 38-39 sont à cet égard la clef de tout ce qui précède:

> Gen 41,38:
> Pharaon dit à ses serviteurs: «Trouverons-nous un homme en qui soit comme en celui-ci l'esprit de Dieu (*hnmṣ' kzh 'yš 'šr rwh 'lhym bw*)?» Et Pharaon dit à Joseph: «Puisque Dieu t'a fait connaître tout cela, il n'y a personne qui soit intelligent et sage comme toi (*'yn nbwn wḥkm kmwk*)».

C'est par son esprit que Dieu a fait connaître tout cela à Joseph; c'est donc ce même esprit qui le rend *nbwn wḥkm*, et c'est l'interprétation des songes qui a fait la preuve de la présence en lui de l'esprit de Dieu. La sagesse incarnée par Joseph est bien d'un type particulier, elle rejoint ce que l'on a observé chez Job, par l'importance reconnue au songe comme médiateur des messages divins, et par le rôle réservé à l'esprit de Dieu dans l'acquisition de la sagesse. En plus, se dessine cette conception si caractéristique du judaïsme de la période intertestamentaire, déjà présente dans la finale rédactionnelle nettement sapientielle de Hos 14,10, et selon laquelle le sage est celui qui sait interpréter une parole qui, sans lui, dans les livres prophétiques comme dans les songes, resterait scellée et muette.

L'ensemble de ces observations conduit à supposer, pour ce récit de l'ascension de Joseph (Gen 40-41), une date de composition relativement tardive, au moins postexilique; nous rejoignons sur ce point les positions de B.D. Redford et de H.-C. Schmitt[46]. Avant de

[46] Il n'est pas inconcevable que ces ch. 40-41 (ainsi que 39 indépendamment) aient été introduits après coup dans l'histoire de Joseph et aient ainsi remplacé une autre

préciser davantage cette question en examinant les rapports entre ces ch. 40-41 et le livre de Daniel, rappelons les indices qui autorisent une telle opinion:

- la différence entre les songes du ch. 37 et ceux des ch. 40-41 quant à leur rôle fonctionnel dans l'ensemble de l'histoire, quant à leur forme et quant à la place tenue par l'interprétation;
- la différence entre le Joseph du ch. 37 et celui du récit de l'ascension (ch. 40-41): le caractère sapientiel de la nouvelle se concentre dans ces deux chapitres (mis à part le ch. 39);
- un certain nombre de termes-clefs n'apparaissent qu'ici et dans la littérature tardive, dont: *ptr / ptrn* et *ngd* (hiph.) au sens d'interpréter;
- la conception d'une sagesse inspirée, assimilant le sage à une sorte de devin par sa capacité à interpréter les songes.

Enfin, un dernier indice stylistique parle pour une datation tardive de ces ch. 40-41: dans l'introduction du second songe du pharaon, celui-ci dit à Joseph: « ... et je vis dans mon songe, et voici ... » (41,22: *w'r' bḥlwmy whnh*). Cette formule est tout à fait étrange dans un récit de songe par l'usage qu'elle fait de *r'h*, «voir». Ce verbe n'apparaît jamais avec *ḥlm*, sauf dans un cas très significatif: Gen 31,10-11, où l'on retrouve la formule mot pour mot *w'r' bḥlwm whnh*. Or, on a vu que ces versets sont composés sur le modèle des visions du Proto-Zacharie, et l'on sait que *r'h* est le verbe caractéristique des visions prophétiques. L'entorse faite ici (Gen 41,22) aux formules habituelles des récits de songes doit donc être attribuée à l'influence de procédés littéraires et d'une stylistique qui sont ceux de l'apocalyptique naissante, comme en Gen 31,10-11.

4. *Daniel, conseiller royal ou prophète de cour?*

a) Le portrait du sage courtisan

Le rapprochement souvent proposé entre Daniel et Joseph – dans cette phase précise de son histoire (Gen 40-41) – s'impose à l'esprit. On reconnaît en eux deux figures du «sage courtisan» dont il convient de préciser les traits, puis les rapports. Un certain nombre de travaux récents ont attiré l'attention sur le genre littéraire qui les met en

---

version de l'ascension de Joseph. D'après la critique documentaire, puisque les rêves sont réservés à E, on se voit également contraint de suppléer une version yahviste de l'ascension de Joseph différente de celle que nous connaissons.

scène, les *histoires de cour*, et tenté d'en définir les caractéristiques formelles ainsi que l'origine socioculturelle. On doit à S. Niditch et R. Doran[47] la description formelle la plus rigoureuse, effectuée à partir des classifications typologiques des folkloristes finnois A. Aarne et S. Thompson[48], sur trois spécimens représentatifs du genre: Dan 2, Gen 41 et Aḥiqar 5-7[49]. Après avoir isolé tous les motifs possibles survenant dans un conte folklorique, A. Aarne et S. Thompson assignent à chaque combinaison de ces motifs un numéro d'ordre. C'est sous le numéro 922 que S. Niditch et R. Doran identifient la structure type de ces *contes du courtisan* («tales of the courtier»); ce type est appelé «Actions et paroles habiles» («Clever Acts and Words») et se caractérise par le canevas suivant:

1° Un personnage d'humble origine (prisonnier, esclave, étranger, etc.) est appelé devant un grand personnage (chef ou roi) pour répondre à une question ou résoudre un problème difficile, une punition est souvent promise en cas de mauvaise réponse.
2° Le grand personnage expose le problème.
3° Le personnage humble donne la solution.
4° Il est récompensé pour cela (reçoit la moitié du royaume, la fille du roi, les vêtements ou les insignes d'une charge importante).

Tenant compte des adaptations propres à chaque récit, on reconnaît ce schéma sans difficulté dans ces histoires où se trouvent face à face: Daniel, l'exilé, et Nabuchodonosor (Dan 2); Joseph, le prisonnier, et Pharaon (Gen 41); Aḥiqar, le conseiller symboliquement mort, et Sennacherib. Si éclairant que soit le recours à ce schéma formel pour identifier ce genre dans les textes du Proche-Orient ancien, il ne comprend pas un certain nombre de motifs pourtant essentiels à ces histoires de cour: la concurrence entre le sage courtisan et un rival, la disgrâce et la réhabilitation du sage courtisan, la joute entre les magiciens à laquelle donne lieu le problème à résoudre, etc.[50]

---

47 S. Niditch-R. Doran, The Success Story of the Wise Courtier: A Formal Approach, JBL 96, 1977, 179-193.

48 A. Aarne-S. Thompson, The Types of the Folktale, Folklore Fellows Communications 184, 1964.

49 Selon la version syriaque éditée par F.C. Conybeare-J.R. Harris-A.S. Lewis, The Story of Ahikar, 1913; version araméenne publiée par A. Cowley, Aramaic Papyri of the Fifth Century B.C., 1923.

50 La question est ainsi à nouveau posée du choix préalable des éléments d'un récit à partir desquels on définira le genre en question. En l'occurrence, le nombre des motifs littéraires permettant de caractériser une histoire de cour doit être bien supérieur à celui offert par le type 922 de Aarne-Thompson, qui ne donne qu'une seule combinaison de motifs.

La caractéristique essentielle de ces histoires est qu'elles se passent dans une cour royale et, en ce qui concerne la tradition biblique, dans une cour étrangère, égyptienne, babylonienne ou perse. Le milieu le plus directement concerné par ce genre est celui de la diaspora à qui ces histoires peuvent apporter, outre le divertissement, certaines références d'attitude et de comportement: comment un juif bien né peut-il se comporter et réussir dans un milieu païen et dans ce contexte de cour royale[51]. Les héros de ces histoires trouvent leur archétype historique dans la figure de Néhémie: courtisan royal d'origine juive, sa fidélité au yahvisme ne l'empêche pas de jouir de toute la confiance du roi de Perse Artaxerxès I, et de se voir confier des missions pour le plus grand bien de son peuple. Derrière lui se profilent en particulier Joseph et Esther dont les affinités littéraires ont été depuis longtemps remarquées[52].

Le livre de Daniel offre dans sa première partie (ch. 1-6 = Daniel A) une série de récits mettant en scène ce sage courtisan, mais l'accent est porté sur différents traits, selon les thèmes abordés et leur présentation respective: Dan 2 insiste sur la sagesse du courtisan, au détriment des circonstances de l'intrigue et même du contenu du message révélé. Dan 1; 3; 6 soulignent les dangers auxquels sont exposés ces courtisans par leur fidélité à la Loi; ils peuvent être même condamnés à mort, mais un miracle les sauve et ils se trouvent rétablis dans une position qui peut être meilleure que la précédente. En Dan 4 et 5, c'est le message transmis par le sage courtisan qui est mis en évidence par l'intrigue, dont le thème est semblable à celui de Dan 2, Gen 41 et Aḥiqar 5-7.

Quelles que soient les nuances d'opinion, il est admis que les récits haggadiques de Daniel A, relativement indépendants les uns des autres,[53] ont eu une existence autonome avant d'être intégrés à une composition du IIe s. de genre apocalyptique (Dan 7-12). Il ne semble pas douteux que cette collection des récits de Daniel A ait ses racines dans des milieux cultivés de la diaspora babylonienne, et plus précisément dans un cercle de gens instruits et engagés d'une manière ou d'une autre dans les affaires publiques. Dan 1,4 qualifie le groupe de jeunes gens auquel appartient Daniel de *maśkilîm*, terme repris en Dan 11,33.35 et 12,3 pour désigner les «sages» ou les «doctes»

---

51 W.L. Humphrey, A Life-Style for Diaspora: a Study of the Tales of Esther and Daniel, JBL 92, 1973, 211-223; M.W. Lawrence, The Jew in the Court of the Foreign King: Ancient Jewish Court Legends, HDR 26, Minneapolis, 1990.

52 L.A. Rosenthal, Die Josephsgeschichte mit den Büchern Ester und Daniel verglichen, ZAW 15, 1895, 278-285; ZAW 17, 1897, 125-128; S. Talmon, «Wisdom» in the Book of Esther, VT 13, 1963, 419-455.

53 Cf J.T. Milik, «Prière de Nabonide» et autres écrits d'un cycle de Daniel, RB 63, 1956, 407-415.

qui résisteront à l'apostasie, instruiront le peuple et, succombant au martyre, «resplendiront comme des étoiles pour l'éternité» (12,3)[54].

L'image du sage courtisan qui se dégage de ces récits de Dan A ne manque pas de subtilité. Le ch. 1 commence par décrire assez précisément la formation donnée à ces futurs conseillers royaux, ainsi que les qualités physiques et intellectuelles requises afin de «pouvoir se tenir dans le palais du roi» (1,4: *w'šr kḥ bhm l'md bhykl hmlk*). Il doit n'y avoir en eux aucun défaut (*'šr 'yn bhm kl m'wm*) et on les veut de belle apparence (*wṭwby mr'h*); quant à leurs qualités intellectuelles, ils doivent être «instruits en toute sagesse» (*mśkylym bkl ḥkmh*), «savants en science» (*wyd' d't*), «subtils en savoir» (*mbyny md'*), où l'on retrouve trois racines caractéristiques du vocabulaire sapientiel: *ḥkm, yd', byn*.

La formation durera trois ans, au cours desquels on leur enseignera l'écriture et la langue des Chaldéens (v. 4b: *llmdm spr wlšwn kśdym*). Le texte est peut-être ici volontairement ambigu, car le terme «Chaldéen» se comprend de deux façons: il a d'abord un sens politique, comme en Dan 5,30, et décrit la population babylonienne ainsi que la dynastie néo-babylonienne, d'après le nom des tribus araméennes installées en basse Mésopotamie dès le IXe s. et qui s'emparèrent du pouvoir après la mort d'Assurbanipal; dans l'Ancien Testament, «chaldéen» est généralement synonyme de «babylonien» (cf Jes 13,19; 47,1.5; 48,14.20). Il s'agirait alors d'apprendre la langue et l'écriture cunéiformes. Le même terme cependant désigne, dès l'époque hellénistique, les astrologues et devins babyloniens itinérants dans le monde méditerranéen, sens habituel en Dan (2,2.4.10; 4,4; 5,7.11), et que le lecteur ne pouvait manquer de comprendre aussi ici. De manière allusive donc, l'auteur laisse entendre que les jeunes juifs sont aussi formés à la science des devins.

Le portrait du sage est ici très classique, conforme aux usages et à la formation des pages et scribes royaux dans la Perse ancienne, selon des sources citées par J.A. Montgomery[55]. Mais à ces qualités innées et à ces connaissances acquises, les jeunes juifs ajoutent un respect scrupuleux de la Torah: dans le ch. 1, sur la question des aliments

---

[54] On identifie habituellement ces *maśkilîm* de Dan 11 et 12 aux *hasidîm* qui, d'après I Mac 2,42, auraient constitué un mouvement piétiste rallié à la révolte des Maccabées. Cette origine assidéenne des visions est pourtant contestée par Collins (Daniel and His Social World, Interpr 39, 1985, 131-143), qui fait remarquer que les *maśkilîm* de Dan 11 sont essentiellement des scribes et semblent bien différents de ces *asidaïoi* engagés dans la révolte armée (I Mac 2,42; 7,12-13; II Mac 14,6). De plus, la perspective des visions est davantage celle d'une solution spirituelle des problèmes, envisageant le martyre plutôt que la lutte armée.

[55] J.A. Montgomery, The Book of Daniel, 1927, 122; cf aussi M. Delcor, Le livre de Daniel, 1971, 61-62.

(v. 8-16), afin d'éviter tout contact avec des mets impurs; aux ch. 3 et 6, en refusant toute compromission dans le culte des idoles. La sagesse profane de ces courtisans est complétée par une attitude religieuse conforme à une donnée théologique courante depuis le Deutéronome: l'observance de la Loi est la vraie sagesse, supérieure à toutes les autres. C'est cette attitude qui leur vaut de surpasser tous leurs collègues, même dans les sciences profanes (1,18-20), car «Dieu leur a donné savoir et instruction en toute écriture et sagesse» (1,17: *ntn lhm 'lhym md' whśkl bkl spr wḥkmh*). Cette excellence des quatre jeunes gens est le fruit d'un don de Dieu, récompense à leur fidélité, et rappel que toute vraie sagesse vient de Dieu[56].

Dan 1,17b enfin, précise que «Daniel savait comprendre les visions et les songes» (*wdny'l hbyn bkl ḥzwn wḥlmwt*), remarque qui introduit le rôle spécial joué par Daniel en ce domaine dans les histoires qui suivent, et suppose donc leur existence. Ce ch. 1 présente les personnages et le cadre où vont se jouer les récits haggadiques; l'intervention de l'éditeur du livre (et auteur de la partie apocalyptique) est ici beaucoup plus importante que dans les chapitres suivants, si même il ne l'a pas entièrement composé comme introduction à la collection des *haggadôt*[57]. Mais son soin à décrire les qualités naturelles et la formation profane du sage courtisan est d'autant plus remarquable qu'il n'en sera plus du tout question par la suite.

b) Le sage et les magiciens

Dès le ch. 2, cette classe de sages apparaît en fait essentiellement composée de devins et de magiciens, et c'est avant tout dans le domaine de la mantique que Daniel va exercer son habileté. Dans ce chapitre, il est question d'interpréter un songe[58] et même d'en deviner le contenu. «Le roi fit appeler les magiciens (*ḥrṭmym*), les devins (*'špym*), les enchanteurs (*mkšpym*) et les chaldéens (*kśdym*) pour lui interpréter ses songes» (2,2: *lhgyd lmlk ḥlmtyw*). C'est bien dans ce sens rare

[56] Ce n'est que dans le judaïsme postérieur, à travers les Antiquités juives de Fl. Josephe et la vie de Daniel dans les Vitae Prophetarum du Pseudo Epiphane (éd. Th. Schermann, 1907), que les observances de Daniel sont assimilées à la diète ascétique des mouvements orphiques ou pythagoriciens, et que celui-ci devient une figure de philosophe à qui une longue ascèse et la maîtrise de soi ont valu la sagesse qui le caractérise. Cf sur ce sujet, D. Satran, Daniel: Seer, Philosopher, Holy Man, in Ideal Figures in Ancient Judaism, G.W.E. Nickelsburg-J.J. Collins (éd.), 1980, 33-48.

[57] Cf les remarques de L.F. Hartman-A.A. Di Lella, The Book of Daniel, AB 23, 1978, 131-133.

[58] Le mot *pšr* n'apparaît pas moins de 12 fois dans ce chapitre, comme complément d'objet des verbes *yd'* (haph.): 2,5.25.26.30, ou *ḥwh* (pael ou haph.): 2,4.6.7.9.16.24.26.

de «interpréter» qu'il faut comprendre ici *ngd* (hiph.), comme en Gen 41,24, et non pas «pour faire connaître au roi ses songes», car l'exigence exorbitante du roi n'a pas encore été exprimée dans le texte. Comme dans l'histoire de Joseph (Gen 41,24), cet usage de la racine *ngd* (en Dan 2,2) veut signifier le caractère prophétique de l'interprétation du songe.

Ce point est d'ailleurs l'essentiel de cette histoire: toute l'intrigue vise uniquement à faire valoir le don exceptionnel de Daniel en matière d'oniromancie. Une fois interprété, le songe, et même le message qu'il véhicule, n'ont plus aucune importance. L'histoire ne donne aucune suite à ce songe, et la profession de foi du roi est suscitée par son admiration pour Daniel, bien plus que par le message qu'il vient d'entendre de la part de Dieu. Davantage encore que la capacité du sage courtisan, c'est l'intervention divine qui est soulignée, et l'accent est mis sur la nécessaire révélation du mystère par Dieu lui-même: *gl' rzh*, «révéler le mystère», ne revient pas moins de quatre fois dans ce ch. 2 (v. 28.29.47[2]).

On admet généralement que les v. 2,14-23 sont un ajout au texte primitif du récit, comme l'indique en particulier la reprise au v. 24 d'une visite chez le roi qui fut déjà décrite en d'autres termes au v. 16[59]. Tout ce développement est dû à l'auteur des visions[60], car il répond à son effort de donner à l'ensemble du livre une unité de pensée. Cette adjonction va dans le sens du récit, mais en accentue encore la portée théologique en rappelant que c'est Dieu qui est le maître de l'histoire (v. 21), qui donne la sagesse (vv. 21-23), qui révèle les choses cachées (v. 22). Or, dans la logique de l'auteur apocalypticien, cette révélation du mystère ne peut se faire que dans une vision de la nuit (v. 19: *bḥzw' dy lyly' rzh gly*). Il est intéressant de constater que le même personnage, entre la composition du récit de cour et sa relecture apocalyptique, est passé de la qualité d'interprète inspiré à celle de visionnaire. C'est l'indice d'une indéniable continuité ressentie par l'auteur apocalypticien entre ces deux manières d'être prophète.

Le récit du ch. 4, dérivé de la légende apocryphe de Nabonide, reprend le thème de l'interprétation du songe, mais l'accent est mis cette fois-ci sur le message délivré à travers le rêve. Ce n'est plus l'interprétation et la sagesse de l'interprète qui sont mises en évidence mais, à travers elles et la réalisation du rêve, est décrite la prise de conscience d'une vérité théologique qui conduit le roi à la conversion. Le sage interprète doit, par sa parole, s'opposer au roi et lui annoncer sa ruine, comme un prophète. Il demeure pourtant impuni, car une

---

59 Delcor, Daniel, 71.

60 A. Lacocque, Daniel et son temps, 1983, 64-65; Niditch-Doran, JBL 96, 191.

fois encore, la supériorité de son dieu est reconnue. Daniel n'est pas seulement «celui qui dit l'interprétation» (v. 6.15: *pšrh 'mr*), il est ce chef des magiciens (*rb ḥrṭmy'*) «en qui réside l'esprit des dieux saints» (v. 5.6.15: *dy rwḥ 'lhyn qdyšyn bh*). L'interprétation n'est pas due à une révélation ponctuelle, mais à l'esprit de(s) dieu(x) qui réside en Daniel de façon permanente. On retrouve une qualité de Joseph, le sage qui «a l'esprit de Dieu en lui» (Gen 41,38: *rwḥ 'lhym bw*), et à laquelle prétendait également Elihu (Job 32,8.18).

Au ch. 5, il ne s'agit plus d'interpréter un songe, mais de décrypter une écriture mystérieuse. Comme dans le récit précédent, l'attention est certes portée sur le message contenu dans cet oracle, mais le rôle de l'interprète apparaît plus que jamais indispensable, car sans lui le message resterait scellé. Les v. 11-16 énumèrent avec emphase les qualités de cet homme «en qui réside l'esprit des dieux saints» (v. 11: *dy rwḥ 'lhyn qdšyn bh*), et qui possède: «lumière, intelligence et sagesse pareille à la sagesse des dieux» (v. 11: *nhyrw wśkltnw wḥkmh kḥkmt 'lhyn*), «un esprit extraordinaire» (v. 12: *rwḥ ytyrh*), «connaissance et intelligence» (v. 12: *wmnd' wśkltnw*).

Cette redondance des expressions témoigne d'une réelle inflation des termes, par laquelle est cependant recherché un effet de climax dans la description du sage courtisan à travers les ch. 1; 2; 4; 5. Les correspondances thématiques de ces deux derniers chapitres sont bien connues[61]; la liste des qualités de Daniel reprend ici les données de 4,4-6[62], mais le développement qui en est fait tend à synthétiser tout ce qu'il est possible de dire sur l'excellence d'une sagesse qui vient de Dieu. Le fait que l'oracle à interpréter n'est plus maintenant un songe, mais un écrit, veut compléter ce portrait de l'interprète inspiré par ce qui sera l'une de ses prérogatives essentielles dans l'apocalyptique: la capacité de lire le sens caché des écritures et des prophéties.

En ce sens, on peut se demander si les trois aptitudes qui lui sont reconnues en 5,12: interpréter les songes (*mpšr ḥlmyn*), résoudre les énigmes (*w'ḥwyt 'ḥydn*), défaire les enchantements (*wmšr' qṭryn*)[63], ne sont pas, en même temps que la synthèse d'un savoir tout à la fois

---

[61] A défaut d'être expliquées de façon satisfaisante, si l'on tient à une origine indépendante de chaque récit. Hartman-Di Lella remarquent simplement: «Although it forms a narrative unit by itself, the present tale may have come from the same story teller as the one who produced the tale in ch. 4; or if from a different story-teller, the present story at least shows acquaintance with the story told in ch. 4» (Daniel, 186).

[62] Daniel est appelé «chef des magiciens, exorcistes, chaldéens et conjureurs» (5,11: *rb ḥrṭmyn 'špyn kśd'yn gzryn*); la liste des spécialistes est identique à celle de 4,4, et ce titre fait allusion à la fonction de «premier préfet de tous les sages de Babylone» (*rb sgnyn 'l kl ḥkymy bbl*), à laquelle il fut nommé en 2,48b. Ici encore, une trace rédactionnelle d'unification de l'ouvrage est perceptible.

sapientiel, oraculaire et magique, une discrète allusion à Num 12,6-8. D'après ce passage, de rédaction deutéronomiste (cf *supra* II.1.b), les prophètes reçoivent la parole de Dieu à travers songes et visions qui sont, globalement, qualifiés d'énigmes (*ḥidôt*). A cette révélation en clair-obscur s'oppose l'évidence (*mar'eh*), dans laquelle Moïse s'entretient avec Dieu face à face. Or Daniel, sans usurper le privilège de Moïse, et en assumant les modes de révélations prophétiques décrites en Num 12,6-8 que sont le songe et la vision, surpasse les prophètes en ceci qu'il sait «interpréter les songes» et surtout «résoudre les énigmes»[64]. De la même manière que l'inscription mystérieuse à déchiffrer, les énigmes à résoudre (*'ḥwyt 'ḥydn*) illustrent l'autre champ dans lequel s'exercent les capacités d'interprète du courtisan inspiré: celui de la prophétie écrite et demeurée voilée, énigmatique.

Si l'on compare la description des sages courtisans faite en Dan 1 avec le portrait de Daniel brossé à travers les ch. 2-6, on remarque tout de suite que l'éducation et les qualités des premiers ont fait totalement place à une sagesse inspirée par Dieu, à une connaissance révélée, à des aptitudes surhumaines qui s'exercent exclusivement dans le domaine de l'interprétation des songes et des oracles. Dès le ch. 1 cependant, et au niveau même de cette sagesse profane, s'affirme l'opposition entre une sagesse humaine et celle qui est don de Dieu à ceux qui observent sa Loi. Il n'y a jamais affrontement entre Daniel et les autres sages de Babylone, mais leur présence toujours impuissante est là pour rappeler cette distinction entre un savoir humain et une sagesse divine. Ainsi, sous une autre forme, se perpétue l'antagonisme entre vrais et faux prophètes; désormais l'enjeu ne porte plus sur la valeur et l'authenticité des oracles, mais sur la justesse des interprétations.

5. Quand le sage se fait prophète

Par rapport à l'histoire de Joseph, les qualités de l'interprète inspiré sont renforcées dans les récits de Daniel A, tant à propos de leur

---

63 *Qtryn* siqnifie au sens propre «noeuds, liens»; Théodotion traduit littéralement λύειν συνδέσμους, et aussi la Vg *solutio ligatorum*. Le sens métaphorique de «problème» est redondant par rapport à ce qui précède, aussi préférons-nous comprendre ces «noeuds» au sens de liens magiques, enchantements, que Daniel avait le pouvoir de délier. On pense à l'akkadien *kisrum*, «noeud», également au sens magique (cf von Soden, AHw I,488). Cette interprétation est suggérée par R.H. Charles, A Critical and Exegetical Commentary on the Book of Daniel, 1929.

64 K. Koch, (Is Daniel Also Among the Prophets? Interpr 39, 1985, 117-130) a raison d'écrire à ce sujet: «il y a ici plus qu'un prophète».

efficacité (cf Dan 2, où il faut deviner le contenu du songe pour garantir l'exactitude de l'interprétation), qu'en ce qui concerne leur origine divine. En Dan 1,17b, cette science des songes et des visions est donnée à Daniel en plus de tout autre sagesse, et en échange de sa fidélité à la Torah[65]. Dan 2 précise cette idée en parlant de Dieu qui «révèle le mystère» (v. 28.29.47), et on a vu comment l'auteur apocalypticien des visions de Daniel B explicite ce fait en attribuant à Daniel une «vision de la nuit» au cours de laquelle ce mystère lui est révélé (Dan 2,14-23). Finalement, Joseph aussi bien que Daniel sont des hommes en qui l'on reconnaît, en raison de ce pouvoir extraordinaire, l'action de l'esprit de Dieu (Gen 41,38; Dan 4,5.6.15; 5,11).

Le sage interprète, dans ces histoires de cour, apparaît donc comme un homme inspiré, et l'on a vu les indices permettant de qualifier de «prophétique» cette interprétation de signes qui sont considérés comme des messages divins voilés, comme autant d'énigmes (*ḥidôt* ou *'aḥîdan*). Ce langage imagé du songe ou de la prophétie (cf Num 12,6-8) est énigmatique car il procède par analogies et comparaisons, selon un rapport non évident entre signifiant et signifié, et qu'il revient à l'interprète d'établir. Celui-ci ne rêve pas lui-même, mais il interprète les songes des autres, ce qui le situe, chronologiquement, entre le Joseph de Gen 37 (qui a des rêves dont il n'est pas nécessaire de donner l'interprétation) et le Daniel visionnaire de Dan B. Puisque Dieu fait savoir ses intentions au roi (Gen 41,25.28; Dan 2,28.45; 4,21), mais qu'il use pour cela d'un langage voilé, l'interprète est non seulement un médiateur obligé, il est surtout celui sans qui la parole resterait scellée et, par conséquent, le véritable messager de cette parole.

Cette figure particulière du conseiller royal tient à la fois du sage et du prophète de cour, et si sa sagesse est sans cesse soulignée, elle apparaît d'un type spécial que H.-P. Müller appelle «mantische Weisheit»[66]. Partant de la constatation que la racine *ḥkm*, tant en hébreu qu'en araméen biblique, peut décrire le savoir et l'habileté de personnes expertes dans le maniement de forces magiques ou dans la science des choses cachées et à venir, H.-P. Müller défend l'hypothèse que ces «magisch-mantischen Weisen» représentent une

---

[65] Ce qui n'est apparemment pas le cas de Joseph. Ce point donne un argument supplémentaire à l'hypothèse que Gen 39 serait une addition tardive. En plus de l'aspect didactique et moral, cette histoire de la femme de Potiphar ajoutait, tardivement, et peut-être même sous l'influence des récits de Dan A, ce qui manquait à Joseph dans son rapport à la Torah. Désormais, sa sagesse exceptionnelle apparaît aussi comme le fruit de son attachement indéfectible au yahvisme.

[66] H.-P. Müller, Magisch-mantische Weisheit und die Gestalt Daniels, UF 1, 1969, 79-94; Id., Der Begriff «Rätzel» im Alten Testament, VT 20, 1970, 465-489; Id., Mantische Weisheit und Apokalyptik, SVT 22, 1972, 268-293.

tradition archaïque de sagesse, différente de la sagesse exprimée dans les collections de sentences. Ce type de sagesse aurait perduré, parallèlement à la sagesse didactique, de façon plus ou moins officielle en Israël, et s'incarne après l'exil dans le personnage de Daniel. On sait, en plus des critiques contre son interprétation sapientielle de l'histoire de Joseph, les objections faites à la thèse de G. von Rad d'une origine sapientielle de l'apocalyptique[67]. Selon H.-P. Müller, la thèse de G. von Rad pèche uniquement par ce manque de distinction entre ces deux formes de sagesse, et l'apocalyptique apparaît bien marquée, dans son origine, par cette sagesse mantique[68].

Tous les textes bibliques examinés par H.-P. Müller comme indices de cette sagesse mantique s'avèrent être exiliques ou postexiliques[69]. On y trouve toujours décrit des sages attitrés aux cours royales d'Egypte, de Mésopotamie ou de Perse, et il paraît raisonnable de conclure avec lui que cette forme de sagesse s'infiltra dans la tradition littéraire d'Israël par l'intermédiaire de la diaspora. C'est lors de l'exil à Babylone que les Israélites eurent l'occasion de faire connaissance avec elle de façon plus immédiate, bien que la chose ne leur fût sans doute pas entièrement nouvelle. J.C. Vanderkam[70] suggère d'envisager le débat sur l'origine prophétique ou sapientielle de l'apocalyptique dans la perspective ouverte par H.-P. Müller, en faisant valoir la proximité, voire même les similitudes existant entre prophétie et divination. «Prophétie» est alors entendu dans un sens plus large que le prophétisme classique des VIIIe–VIe s., et comprend toutes les pratiques divinatoires et mantiques – le songe y compris – qui lui sont associées, même si elles furent parfois objet d'ironie ou de condamnation[71].

---

67 En particulier par W. Zimmerli (Der Mensch und seine Hoffnung im Alten Testament, 1968, 151 ss.) et P. von der Osten-Sacken (Die Apokalyptik in ihrem Verhältnis zu Prophetie und Weisheit, 1969) qui soulignent l'absence de perspective eschatologique dans le courant sapientiel.

68 Müller, SVT 22, 271: «Weder die Weisheit in ihrer höfisch-pädagogischen Hochform, wie wir sie aus der israelitischen Königszeit kennen, noch deren demokratischere Sukzessoren in nachexilischer Zeit, sondern die archaische Gestalt einer mantischen Weisheit hat sich in der Apokalyptik fortgesetzt.»

69 Jes 19,11-13; 44,25; 47,10 ss.; Jer 50,35 ss.; Sap 7,17-21; Est 1,13. Comme on l'a vu, le récit de l'ascension de Joseph en tant qu'histoire de cour (Gen 40-41) serait également postexilique.

70 J.C. Vanderkam, The Prophetic Sapiential Origins of Apocalyptic Thought, A Word in Season, Essays in Honour of W. McKane, JSOTS 42, 1986, 163-176.

71 Dtn 18,9-22 et Jes 44,25-26 opposent le prophète et les devins; mais d'autres passages associent prophétie et divination: Mi 3,5-8; Jer 27; 29; Ez 13,1-9, même si c'est pour les vouer à une commune réprobation. L'argument de Vanderkam (A Word in Season, 17 ss.) est ici un peu faible, car, bien évidemment, on ne saurait trouver d'appréciation positive de la divination en Israël après la revision dtr des traditions, et

Pour H.-P. Müller, le Daniel des récits haggadiques est la figure type de cette sagesse mantique, non seulement par le contenu même des récits – et l'examen que nous en avons fait nous rend pleinement d'accord avec sa théorie – mais aussi du fait que le personnage qui s'y trouve décrit relève d'une très ancienne tradition relative à un légendaire sage magicien. Le rapprochement fait entre le Danil de la légende ougaritique d'Aqhat, le personnage mystérieux cité par Ezéchiel (14,14.19-20; 28,3) et le héros des récits de Dan A est une observation classique des commentateurs. Le pivot de l'argumentation est l'apostrophe au roi de Tyr en Ez 28,3.

On admet que, puisque l'oracle et la complainte contre le roi de Tyr (Ez 28) sont émaillées de références aux traditions légendaires et mythiques de la côte syro-phénicienne, le Daniel en question doit être quelque sage devin ou magicien dont le nom était véhiculé par l'une ou l'autre de ces traditions; on a donc reconnu en lui la figure patriarcale de la légende d'Aqhat[72]. Dans l'autre sens, puisque les récits haggadiques de Dan A sont nés dans la diaspora babylonienne, on conçoit facilement que le nom et la réputation de ce Daniel aient été empruntés à Ezéchiel pour donner une identité à leur héros, identité certes fictive, mais répondant parfaitement aux besoins de la pseudépigraphie devenue la règle pour ce genre de littérature.

Cette identification du héros ougaritique avec le Daniel d'Ezéchiel a été contestée par H.H. Dressler[73]; mais on ne peut, comme il le fait, nier toute dimension sapientielle au personnage[74], ni le caractère

---

le lien entre prophétie et divination apparaît toujours comme une raison de suspecter la première. C'est plutôt dans les pratiques archaïques de consultations oraculaires qu'apparaît le mieux le recouvrement partiel des deux pratiques: I Sam 28,3-19.

72 Cf W. Zimmerli, Ezechiel, BKAT XIII/2, 1969, 662 ss.

73 H.H.P. Dressler, The Identification of the Ugaritic Dnil with the Daniel of Ezekiel, VT 29, 1979, 152-161; il est répondu à ses arguments dans la même revue par J. Day, The Daniel of Ugarit and Ezekiel and the Hero of the Book of Daniel, VT 30, 1980, 174-184.

74 Dressler, VT 29, 155: «To sum up the Ugaritic material: Dnil is neither king, nor wise, nor righteous, nor able to save his son». La question disputée de savoir si Danil est appelé roi dans le texte KTU 1.19:III:45-46 n'a pas grande importance; cette seule attestation de *mlk* dans le texte d'Aqhat ne semble pourtant pas réellement contestable, d'autant moins que, ailleurs (KTU 1.17:II:25), Danil habite un palais (*hkl*). Juger la veuve et l'orphelin relève des fonctions ordinaires du roi (KTU 1.17:V:7-8; 1.19:I:23-25); ce n'est certes pas un trait typiquement sapientiel, mais c'est bien une manifestation de justice royale. Quant à savoir s'il put sauver son fils, l'interruption du texte après KTU 1.19:IV ne permet pas de le savoir, même si le poème des Rephaïm peut le laisser entendre. Il semble cependant que ce soit précisément ce dénouement de l'histoire, perdu pour nous, qui fonde l'utilisation qu'en fait Ez 14,12-20.

magique de son activité[75]. Il ne faut pas oublier que la sagesse à laquelle fait allusion Ez 28,3 ss. est un savoir-faire de devin et de commerçant. A notre avis, le Daniel d'Ez 28,3 et 14,14.19-20 fait bien référence à une tradition syro-phénicienne dont la légende ougaritique d'Aqhat est pour nous le plus ancien témoin, mais il est certainement vain de chercher des correspondances trop étroites avec les différents avatars de cette figure légendaire[76]. Si l'on fait abstraction de l'étape intermédiaire représentée par les notices d'Ezéchiel, il n'y a certes plus grand-chose de commun entre le héros ougaritique et celui du livre de Daniel, mais c'est là une caractéristique du procédé pseudépigraphique: le nom seul, et l'aura qui l'entoure, suffisent à authentifier ce qui lui sera attribué. En l'occurrence, il s'agit d'une aura de sagesse, de connaissance des choses cachées et de fidélité à son dieu.

C'est précisément cette connaissance des choses cachées qui caractérise cette sagesse mantique et quelque peu magique que, s'agissant de son expression biblique dans les personnages de Daniel et Joseph, nous préférons qualifier de «prophétique». Car une distance est définitivement prise avec l'archaïque magie du Danil ougaritique; il n'est pas davantage question d'oniromancie – la science de ces *ḥarṭumîm* rendus muets devant nos héros –, mais d'une véritable inspiration divine, d'une révélation par Dieu des mystères qui lui appartiennent. Puisque toute vraie sagesse est d'origine divine, et c'était déjà la leçon du songe de Salomon à Gabaon, il était normal alors que cette sagesse, débordant la connaissance empirique des choses du monde, en vienne à englober la connaissance des choses invisibles. La sagesse de ces courtisans devient véritablement prophétique puisque c'est eux qui, démêlant les énigmes et décryptant les écritures, disent désormais la parole de Dieu. Ce n'est pas sans raison que, selon les témoins les plus anciens, le livre de Daniel a été classé parmi les livres prophétiques; son report dans la collection des Ketubim par les rabbins dut se faire vers le IIe s.p.C., et il n'y est attesté que depuis la Gemara du Talmud babylonien. Malgré le silence du Siracide (44-50), les traditions juives anciennes et néotestamentaires tiennent Daniel pour un prophète. Le personnage n'est pas véritablement un sage au sens classique, ni un prophète, mais il est plus que cela, car en interprétant songes et écritures, il dit de façon pleine et définitive la parole prophétique.

---

[75] Par ses imprécations contre les villes (KTU 1.19:III:45-IV:7), l'efficacité de sa parole contre les rapaces (KTU 1.19:III:1-39), ses pratiques destinées à susciter la croissance des plantes malgré la sécheresse (KTU 1.19:II:12-25).

[76] Il est en revanche douteux que le Daniel mentionné dans I Hen 6,7; 69,2 se réfère à ce personnage, car nous sommes là en pleine angélologie.

L'évolution de cette sagesse en prophétie continuera dans l'apocalyptique, car c'est la même certitude qui conduit tout ce mouvement: le sage véritable est assisté de la *ruaḥ* de Dieu, il est celui qui connaît le rapport caché entre les événements du monde et les desseins divins, car cela lui fut révélé. Le déchiffrement des signes prophétiques contenus dans les visions oniriques ou dans les écrits sacrés requiert la participation au même esprit source de ces signes. L'établissement du rapport caché entre le signifiant et le signifié dans la démarche interprétative exige, même de la part du sage interprète, une forme d'inspiration supérieure à celle du prophète qui ne fait que transmettre une parole, bien souvent énigmatique. Nous rejoignons ainsi l'observation faite par divers auteurs[77] d'une récupération progressive, dès la période perse, de l'inspiration prophétique par une partie du courant sapientiel.

Nous pensons avoir montré que deux attitudes convergentes contribuèrent à cette évolution. D'une part, la conception déjà ancienne d'une origine divine de la sagesse amène peu à peu à la conclusion que sa possession est le résultat d'un don direct de la divinité. Cela est clair dans le récit du songe de Salomon à Gabaon (I Reg 3,4-15), dès la rédaction des *Acta Salomonis* sans doute. On a vu cette conception revenir en pointillé dans les discours des amis de Job, et en particulier dans l'introduction du discours d'Elihu, où ces sages se savent inspirés d'une *ruaḥ* divine. D'autre part, l'influence exercée sur les milieux prophétiques et sapientiels de la diaspora par une sagesse mésopotamienne, très mêlée de pratiques mantiques et magiques, contribua à l'éclosion d'une science interprétative des rêves individuels tout d'abord, puis, plus hardiment, des écrits prophétiques. On en perçoit un premier écho dans la mise en garde de la lettre de Jérémie aux exilés (Jer 29,8), et l'évolution est ensuite sensible entre les sages interprètes que sont le Joseph de Gen 40-41, le Daniel des récits de Dan A et la littérature des *p^{e}šarîm* de Qumrân.

Cette science interprétative des rêves n'a rien à voir cependant avec l'oniromancie chaldéenne traditionnelle, telle qu'on la connaît

---

[77] Cf G. Fohrer, Das Buch Hiob, KAT XVI, 1963, 451: «So nimmt der Weise während des Zurücktretens der Prophetie die Würde der Übernatürlichen Erleuchtung und der unmittelbaren Eingebung für sich in Anspruch. Er tritt neben oder an Stelle des Propheten und beansprucht fur seine Lehre die gleiche Anerkennung wie der Prophet für sein Wort. Angesicht dessen wird das Selbstbewusste Auftreten Elihus verständlich.» Et aussi L. Ramlot, Prophétisme, DBS VIII, 1971, 1175: «Donc les crises de la sagesse en Israël, bien loin d'aboutir, sous l'influence des prophètes, à une élimination de la sagesse de la religion juive, s'achèvent non seulement en réconciliation des deux courants, mais en promotion du milieu sapientiel: la sagesse théologique des scribes va progressivement relayer les éclairs prophétiques, mais avec une stabilité et une continuité qui manquaient aux prophètes.»

à travers les diverses clés des songes qu'elle a produites. Il s'agit ici d'une interprétation que nous qualifions de «prophétique», car elle ne procède pas déductivement à partir de listes de cas systématiquement répertoriés, mais fait appel aux capacités charismatiques d'un individu, hors de toute caste professionnelle (en théorie du moins). Cette démarche postule l'origine divine et des songes, et de leur interprétation. Ceux qui la pratiquent prétendent donc à une inspiration à caractère prophétique, dans la mesure où, sans leur intervention, la parole divine, demeurant inintelligible, ne serait pas véritablement proclamée. On a vu les nombreux petits détails à travers lesquels ces sages courtisans font valoir l'origine divine de leurs interprétations, et on retiendra, en conclusion, cette utilisation du phénomène onirique par certains milieux de sagesse pour «usurper» un rôle précédemment tenu par les prophètes.

L'attention prêtée aux songes dans ces milieux de sagesse paraît surprenante en regard du silence de tous les recueils de sentences à ce sujet. Le récit du songe de Salomon à Gabaon semble bien être, dans la littérature biblique, sa plus ancienne trace écrite. En dehors de l'histoire de Joseph et de ses prolongements dans les récits de Dan A, on ne la retrouve que dans le livre de Job. Dans ce dernier cependant, la place accordée aux diverses manifestations de l'onirisme (cauchemars, visions prophétiques, visite du dieu ou d'un ange médiateur) est le prolongement d'une ancienne tradition attestée déjà dans le *Ludlul bêl nêmeqi*. Si tous les milieux de sagesse n'ont pas accordé au phénomène onirique la même importance, on ne peut nier qu'une part du courant sapientiel reconnaissait en lui une des sources du savoir, et sans doute aussi le moyen de s'attribuer une inspiration jusqu'alors réservée au prophétisme.

Conclusion

Les différentes parties de cette étude ont amené chacune à des conclusions que nous nous contentons de reprendre ici.

Il ne s'agissait pas d'éprouver une fois de plus quelle légitimité était reconnue au rêve dans la religion israélite ancienne. Des travaux antérieurs ont montré que la réponse à cette question devait être nuancée, et tenir compte de l'époque considérée, du courant théologique et du contexte social concernés. Il convient en outre, sur cette question précise de l'orthodoxie yahviste reconnue aux messages transmis par la voie des songes, d'établir d'abord à laquelle des différentes manifestations de l'onirisme on se référait. En Israël, de même que l'on distinguait entre des pratiques clairement réprouvées par le yahvisme (telle l'oniromancie), et d'autres qui ont pu être tolérées ou même officiellement pratiquées (l'interprétation des songes et certaines formes d'incubation, p.ex.), de même, il nous paraît certain que l'on n'attribuait pas la même valeur religieuse à toutes les formes de l'onirisme. Il demeure parfois difficile de préciser à quel type d'état onirique se réfère tel récit ou telle allusion, mais ce qu'un Jérémie condamnait sous le terme de *ḥ^{a}lôm* chez les faux prophètes, était sans aucun doute distinct de l'expérience nocturne que lui-même pouvait éprouver dans le cadre de son activité prophétique. Si l'on garde comme hypothèse que la même racine *ḥlm* désignait des phénomènes oniriques variés et diversement appréciés, alors l'apparente contradiction entre certains textes vétéro-testamentaires disparaît. L'ambiguïté de l'hébreu est, sur ce point, comparable à celle de nos langues occidentales modernes.

Nous ne nous étions pas davantage engagés dans une perspective strictement historique, au sens de l'étude des traditions. Cependant, l'indispensable critique littéraire à laquelle nous avons dû soumettre nos documents, nous amène à réfuter deux opinions très généralement admises dans la recherche biblique:

1° L'attribution des récits de songes à la source élohiste dans l'analyse documentaire du Pentateuque.

Dans aucun des textes étudiés: le songe d'Abimelek (Gen 20), les songes de Jacob (Gen 28 et 31), la péricope de Balaam (Num 22-24) et l'histoire de Joseph (Gen 37; 40-41), cette attribution à E de «l'élément onirique» du récit ne s'est avérée pertinente. En règle générale, d'ailleurs, c'est l'ensemble de la théorie documentaire qui nous a paru déficiente dans les textes étudiés. Sans méconnaître la complexité de la genèse littéraire de ces récits, le songe apparaît en certains cas si intrinsèquement lié à la structure et à la logique interne de la narration, qu'il est impossible d'isoler, dans le texte actuel, deux sources distinctes, dont l'une aurait été dépourvue de cet élément dynamique. C'est le cas de la péricope de Balaam et de l'histoire de Joseph en particulier.

Le plus souvent, la date de rédaction ou de composition que nous avons cru pouvoir fixer pour tel ou tel récit est plus récente que celle que l'on assigne traditionnellement au document E. C'est le cas, selon nous, de Gen 20, Gen 31, Num 22-23 et Gen 40-41. Dans cette histoire de Joseph, nous avons montré que tous les songes n'appartiennent pas à la même couche rédactionnelle, et que seuls ceux de Joseph (Gen 37) font partie de la composition primitive – et sans doute ancienne – de l'histoire. Quant au songe de Jacob à Bethel, il nous a réservé la surprenante découverte que la célèbre vision qui le caractérise est un ajout très tardif à une théophanie onirique qui, elle, appartient sans doute à la constitution primitive du cycle de Jacob. Une telle diversité de provenances et de dates dans ces récits de songes exclut de les attribuer à une même couche rédactionnelle.

2° Le schéma évolutionniste de l'attitude d'Israël envers le songe à l'époque biblique.

En corollaire à cette mise en défaut de la théorie documentaire sur ce point, la thèse selon laquelle les révélations oniriques dans les traditions patriarcales étaient des emprunts ou des concessions de l'Elohiste à la culture cananéenne ambiante – thèse encore récemment argumentée par K. Jaroš – apparaît désormais caduque. De même, nous pensons avoir montré que la défiance, voire l'hostilité, que l'on attribue au Deutéronome et aux rédacteurs deutéronomistes envers cette forme de révélation n'est pas suffisamment fondée. Nous voyons dans Dtn 13,2 (la seule mention du rêve dans le code deutéronomique), la main d'un glossateur tendant à orienter tout le paragraphe dans le sens d'une problématique postérieure, issue de la polémique contre les faux prophètes. On ne trouve, dans la fresque historique deutéronomiste, aucune attitude critique envers les rêves, et c'est même elle qui nous transmet l'un des textes bibliques le plus explicitement favorable: le songe de Salomon à Gabaon.

On ne nie pas, certes, l'apparition d'un certain malaise en Israël, lié à un développement particulier de la polémique prophétique qui semble avoir atteint un paroxysme dans les années qui précèdent l'exil. Mais la question des songes prophétiques n'en a jamais constitué qu'un point de détail: à une allusion précise de Jérémie (Jer 23,25) font écho quelques prolongements deutéronomistes (Jer 23,28; 27,9; 29,8) suscités, semble-t-il, par la pratique de l'oniromancie au sein de la communauté de l'exil. Pas davantage que le courant deutéronomique, cette crise n'a remis en question la capacité reconnue au rêve de permettre une rencontre avec le divin, ni sa dimension prophétique, comme l'attestent les textes plus tardifs de Num 12,6-8 et Joel 3,1.

Enfin, notre dernière partie s'inscrit en faux contre l'opinion que le courant sapientiel aurait eu, à l'égard des songes, une position critique, ou tout au moins sceptique, achevant ainsi, à époque tardive, une évolution des mentalités et de l'orthodoxie qui, d'abord tributaires des conceptions cananéennes ambiantes, seraient progressivement parvenues, à travers la première épuration élohiste, puis la critique prophétique et la réprobation deutéronomiste, à une perception très naturaliste du phénomène. Malgré l'influence de la philosophie grecque, on n'en est jamais arrivé là, les littératures apocalyptique et néo-testamentaire en font foi. Dans la période considérée à travers les textes étudiés, nous ne décelons donc aucune solution de continuité en Israël dans l'attitude observée envers l'expérience onirique. Celle-ci a bien sûr été l'objet d'évolutions et de déplacements fonctionnels, au gré des changements politiques et sociologiques que connut Israël, mais il ne semble pas qu'on ait jamais contesté son importance religieuse ni mis en doute qu'elle pût être l'occasion d'une expérience privilégiée du divin.

Notre attention cependant s'est essentiellement portée sur la fonction du songe, aux niveaux littéraire, culturel et anthropologique, tels que nous les avons brièvement présentés en introduction.

Au niveau strictement littéraire, le songe apparaît comme un procédé de composition particulièrement apte à structurer un récit, quelqu'en soit le genre. Cette capacité structurante provient en partie du fait, souvent observé au cours de ce travail, qu'il permet et suscite une organisation symétrique de la narration. De part et d'autre d'un axe qui passe par l'éveil du rêveur, celle-ci se déploie à la manière d'un diptyque dont les panneaux se correspondent souvent terme à terme. La structure du songe d'Abimelek, ainsi que celle du premier épisode du cycle de Keret, illustrent parfaitement ce balancement symétrique d'un récit dont une part se déroule dans le rêve et l'autre dans la réalité. Le cas du songe de Jacob à Bethel est encore plus caractéristique, non seulement par la rigueur formelle du texte, mais encore parce qu'à la symétrie songe – éveil, s'ajoute celle des événements qui précèdent et qui suivent immédiatement le sommeil du patriarche.

L'éveil du rêveur est généralement décrit en des termes stéréotypés et apparaît, par sa fonction charnière entre le monde onirique et le monde réel, comme une articulation importante du récit. Cette articulation opère d'ailleurs, à la manière d'une lentille optique, certaines inversions de termes entre les deux volets du diptyque, nécessaires à la progression de la narration, mais significatives aussi de changements et de transformations qui interviennent, par la médiation du rêve, tant dans la trame du récit que dans le devenir du héros. Les trois exemples mentionnés d'Abimelek, de Jacob à Bethel et de Keret en donnent des illustrations, et c'est sur ce point sans doute que le procédé littéraire rejoint la dimension anthropologique.

Une autre faculté du songe dans la composition littéraire est d'offrir un des éléments dynamiques de la courbe de tension conduisant l'ensemble du récit. L'argument se développera entre un événement annoncé initialement dans un rêve, et sa réalisation attendue au terme de toutes les péripéties qu'il plaira à l'auteur d'imaginer. L'histoire de Joseph donne un bon exemple de cette fonction narrative du songe: la nouvelle évolue certes, comme le souligne C. Westermann, entre une crise (le conflit entre les frères et Joseph) et son dénouement, mais la manière dont cette crise sera résolue se trouve annoncée dès le début, dans les songes de Joseph (Gen 37), qui sont aussi à l'origine du conflit. Dans le genre épique, on a constaté qu'une fonction structurante est également assumée dans le cycle de Jacob par les épisodes nocturnes du songe à Bethel et de la rencontre sur le Yabboq. Ces deux événements se correspondent non seulement de façon symétrique en deux points significatifs du cycle, mais ils donnent à l'ensemble du mouvement d'aller et retour accompli par le patriarche une surdétermination symbolique en tendant le récit entre deux rencontres avec le monde divin.

Enfin, les auteurs trouvent dans le songe un procédé d'écriture simple permettant d'introduire un dialogue entre le rêveur et la divinité, dialogue qui peut être lui-même la forme littéraire choisie pour présenter ou développer un enseignement ou une réflexion théologique. Ce dialogue onirique sera alors le lieu d'un véritable débat, comme on l'a vu entre Abimelek et Elohim, et aussi, dans une moindre mesure, entre Balaam et Elohim. Mais cette venue du dieu dans le rêve peut avoir une finalité plus concrète, et signifier son intervention efficace dans le cours des choses et dans la vie du héros. C'est ainsi qu'il vient au secours de Keret ou de Jacob (Gen 31), qu'il donne à Salomon (I Reg 3) ou à Daniel (Dan 2) la science et le prestige nécessaires à accomplir leur mission.

Rappelons, sur ce point de la fonction littéraire du songe, que le fait de voir en lui un procédé de composition n'implique aucun jugement de valeur envers l'expérience à laquelle il se réfère. Si l'on peut affirmer que la totalité des songes décrits dans nos textes sont fictifs, les situations évoquées, quant à elles, ne l'étaient pas dans le contexte culturel concerné. Il y va de l'efficacité du procédé littéraire que la situation mise en oeuvre soit vraisemblable aux lecteurs et corresponde à un type d'expérience réel. Nous avons éprouvé la valeur de cet axiome, en montrant comment la réflexion théologique développée à travers la péricope de l'enlèvement de Sarah en Gen 20 pouvait, et même devait inclure la rencontre onirique entre Abimelek et Elohim, par référence à une théorie du songe dont on trouve l'exposé en Job 33.

En ce qui concerne la fonction du songe au niveau culturel, nous avons tenté de la définir dans trois sphères sociologiques et institutionnelles distinctes: la royauté, le prophétisme, le courant sapientiel.

A Ougarit comme en Israël, le songe est apparu comme un élément important de l'idéologie royale: qu'il s'agisse de Keret ou de Salomon, le roi est censé jouir par ce biais d'une relation directe avec le dieu tutélaire de la dynastie. Dans le premier épisode de l'épopée de Keret, dont on sait le rôle de propagande et la manière archétypique d'illustrer la fonction royale, le songe est le moyen par lequel la divinité intervient dans la vie du roi, et donc dans le cours de l'histoire: restaurer la dynastie équivaut à sauver le royaume du chaos. La figure du roi voit ainsi non seulement confirmée sa relation privilégiée avec la divinité, mais acquiert le prestige d'un véritable savoir prophétique reçu directement de son dieu.

On a vu comment, dans le contexte politique tendu de son accession au trône, Salomon gagna, grâce au songe qu'il eut à Gabaon, une légitimité que ni les armes, ni des règles de succession très claires ne pouvaient lui assurer. Cette révélation onirique, reçue dans un sanctuaire peut-être encore représentatif et héritier d'une tradition étroitement mêlée à la monarchie de Saül, lui valut, par une sorte de passation mystique du pouvoir, de rentrer à Jérusalem tout nimbé du charisme des antiques «juges». L'importance de ce songe pour la figure royale ressort de sa permanence à travers les différentes relectures dont ce texte fut l'objet. Depuis le document gabaonite primitif (qu'avec M. Noth nous admettons comme «Grundlage»), à travers les Actes de Salomon et la rédaction deutéronomiste, il n'a cessé de servir de cadre littéraire aux développements successifs de la théologie royale israélite.

Nous avons relevé qu'un élément important de cette idéologie royale proche-orientale, caractérisé par G. von Rad comme «le privilège de la libre requête», se trouve être l'un des ressorts principaux de ces deux récits de songes. En effet, si l'on peut saisir, dans les psaumes ou dans des inscriptions, des allusions à cette relation particulière et privilégiée du roi avec la ou les divinités protectrices de son royaume, les songes de Keret et de Salomon sont les seuls textes nous décrivant explicitement, sous forme dialoguée, l'octroi par le dieu du don demandé. Ce qui amène à poser la question – qui demeure pour l'instant sans réponse – de savoir si cette «libre requête» avait lieu de façon habituelle dans le rêve. Auquel cas, et en raison de la distance chronologique et géographique de ces deux textes, on serait en droit de supposer, dans l'institution monarchique syro-palestinienne, une pratique régulière et institutionnelle de l'incubation, peut-être dans le cadre des rites d'intronisation.

De l'incubation, il a été abondamment question à propos du songe royal. Nous avons cru devoir réfuter en détail la théorie qu'une telle pratique serait attestée à Ougarit par le songe de Keret (KTU 1.14:I) et un passage de la légende d'Aqhat (KTU 1.17:I). Tandis que nous interprétons ce dernier texte comme un rite de supplication, rien, dans le récit du songe de Keret ne permet d'identifier une quelconque attitude rituelle. Nous avons retracé l'histoire de cette théorie qui pèse d'un poids certain dans les études touchant à ce sujet, et souligné l'inadéquation du schéma hellénistique de cette pratique pour interpréter les indices livrés par les textes du Proche-Orient. En raison de cette référence constante et exclusive à des pratiques grecques, le mot même d'incubation nous paraît piégé, même si, faute de mieux, nous continuons de l'utiliser. Il est possible d'ailleurs qu'elle ait été pratiquée à Ougarit, mais on ne peut l'affirmer en s'appuyant sur les textes mentionnés de Keret et d'Aqhat.

Cette question de l'incubation se pose également à propos du songe de Salomon à Gabaon. Nous avons conclu à l'absence, dans le texte, d'indice clair d'un *rituel* – toujours selon le modèle grec. Cependant, compte tenu du contexte historique et politique, et de la nécessaire fonction légitimatrice de ce songe, compte tenu aussi de ce qui a été dit sur le privilège royal de la libre requête, nous estimons vraisemblable que les rédacteurs des Actes de Salomon aient fait référence à une pratique ancienne et prestigieuse d'incubation royale, sans nous prononcer sur la réalité historique des événements rapportés en I Reg 3. L'appréciation minimale de ce texte sur ce point consisterait donc à y voir une allusion purement littéraire, à but de propagande, à une pratique nécessairement connue par ailleurs des lecteurs. Cela seul peut tenir lieu d'indice suffisant, sans que l'on puisse préciser quoi que ce soit sur le déroulement d'une telle incubation, et avec toutes les réserves que suscite l'isolement du cas.

De façon inattendue, c'est dans le milieu prophétique qu'une forme d'incubation est apparue la plus probable. Nous interprétons le texte de I Sam 3 comme un récit de vocation prophétique, mais nous y voyons aussi la description, succincte et allusive, d'une véritable initiation par le vieux prêtre du jeune *nazir* de Silo, au moment où se manifeste son charisme de *nabi*. Ce récit nous semble relater un élément important de l'institution prophétique: l'acquisition par le jeune prophète d'un savoir propre à faciliter une forme d'autoconditionnement à l'écoute d'une parole «vue» dans le sommeil. On a parlé, à ce sujet, d'une sorte d'éveil, ou d'un état de conscience dans le sommeil, propice à recevoir des révélations, plus ou moins bien maîtrisé par le voyant, et signifié littérairement par le «dialogue» onirique entre lui et son dieu.

L'étude de la péricope de Balaam, que nous considérons comme un texte avant tout engagé dans la querelle contre les faux prophètes, mais dont on sait aussi tout ce qu'il doit à la tradition prophétique transjordanienne, montre que l'auteur prend grand soin de distinguer les dialogues oniriques du prophète et ses visions oraculaires. Nous y décelons un effort de rationalisation théologique, suscité par le contexte polémique évoqué, mais qui confirme bien la capacité de certains de ces prophètes à recevoir sur demande des instructions divines pendant la nuit. Cette tentative de distinguer, dans l'activité de Balaam, la vision prophétique et l'expérience onirique (réduite à un *a parte* furtif entre le prophète et son dieu) témoigne sans doute du malaise soulevé, à ce stade de la polémique prophétique, par un certain usage oraculaire des rêves, et dont Jérémie se fait l'écho. Cette distinction ne correspond cependant pas à l'activité du Balaam de Deïr 'Alla qui reçoit ses oracles sous forme de visions nocturnes, et cette technique devait être suffisamment connue et répandue pour que l'auteur de Num 22-23, dans le portrait idéal du prophète qu'il veut donner, fût obligé d'en tenir compte.

Outre l'information livrée par l'inscription de Deïr 'Alla – incontestable sur ce point – on rencontre dans la Bible plusieurs attestations claires que des prophètes (Natan, Isaïe, Jérémie, Ezéchiel) recevaient des «visions» pendant la nuit, sans qu'il soit possible de dire si elles étaient spontanées ou provoquées. On se doit cependant de distinguer de telles expériences, désignées par la racine *ḥzh* et ses dérivés, des visions prophétiques proprement dites, riches d'images et d'allégories visuelles, et dont la perception est signifiée par *r'h* et ses dérivés. Autrement dit, le *ḥazôn* est une vision sans image, ou une «parole vue».

Nous avons fait l'hypothèse que, lorsque cette «vision» (*ḥazôn*) se produit au cours de la nuit ou dans le sommeil, elle était plus ou moins équivalente à ce qu'en d'autres milieux ou en d'autres circonstances on nommait simplement «rêve» (*ḥ^{a}lôm*). Plus précisément, *ḥazôn* semble avoir désigné un état onirique propre à l'expérience prophétique, de toute façon distinct du rêve ordinaire ou du songe allégorique. Cela rend compte de l'absence de référence au *ḥ^{a}lôm* chez les prophètes, dont on sait pourtant qu'ils avaient des nuits peuplées de visions; à un onirisme qui leur était propre correspondrait un terme spécifique: *ḥzh* et ses dérivés.

Quant au courant sapientiel, malgré le mutisme des collections de sentences sur la question du songe, nous pensons pouvoir conclure de notre recherche que certains milieux de sagesse lui reconnaissaient une fonction dont l'importance est allée croissante depuis la période de l'exil. Nous avons attribué à la rédaction des Actes de Salomon le contenu sapientiel du songe de I Reg 3, ce qui constituerait la trace la plus ancienne, en Israël, d'une attention portée au songe par ce milieu, c'est-à-dire en fait, dès les premiers documents écrits dans le royaume salomonien. Afin d'illustrer l'idée que la sagesse est un don de Dieu, on a utilisé le cadre littéraire offert par la tradition gabaonite du songe de Salomon, laissant entendre du même coup, que l'expérience onirique peut être une source de sagesse. Il est difficile de savoir dans quelle mesure cette idée excédait alors les limites de l'idéologie royale.

Il faut attendre la littérature postexilique pour retrouver, dans les dialogues du livre de Job, l'idée qu'une rencontre onirique avec la divinité était le lieu offert à une véritable pédagogie divine. Cela est clairement exposé dans le premier discours d'Elihu (Job 33), et sert de toile de fond au récit du songe d'Abimelek (Gen 20), dont on a montré les affinités avec le courant sapientiel: Dieu vient dans le songe donner à l'homme un enseignement concernant son comportement moral. On peut saisir, à travers ces deux textes, l'exposé d'une théorie précise sur la fonction du rêve, la seule qui soit ainsi explicitement donnée dans nos sources.

Relevant les allusions à une sagesse directement inspirée de Dieu dans les discours des trois amis de Job, on a montré comment, une fois encore, l'expérience d'une rencontre onirique avec un être divin (Job 4) sert à rendre compte de cette inspiration. Quelle que soit l'ironie que l'on peut soupçonner à l'égard de l'attitude et des prétentions de ces personnages, le type d'expérience décrit correspond trop à ce que l'on peut rencontrer ailleurs dans le prophétisme (Jes 21) pour être purement imaginaire. Il ne fait pas de doute, à notre avis, que ce recours à l'autorité d'une inspiration divine, que ce soit sous la mouvance de la *ruaḥ* ou par la voie des songes, a été le fait de tout un courant dans le milieu sapientiel.

Sous l'influence conjointe de cette conception ancienne d'une origine divine de la sagesse, et d'une «sagesse mantique», telle que l'ont définie les travaux de H.-P. Müller, se développe dès l'époque perse une figure particulière de sage, qui tient à la fois du conseiller royal et du prophète de cour, et cela sans doute dans les milieux éclairés de la diaspora. Nous voyons dans le Daniel des récits haggadiques de Dan 1-6 et le Joseph de Gen 40-41, non seulement des héros de légendes de cour, mais les représentants types de cette catégorie de sages, doués d'une *ḥokmah* divine qui les rend exceptionnellement habiles à interpréter les messages cachés venus des dieux. Cette science inspirée de l'interprétation, d'abord appliquée aux songes, passe bien vite à d'autres formes d'énigmes, et finalement aux écrits prophétiques eux-mêmes: de Dan 5 aux *p^e^šarîm* de Qumrân il y a une continuité indéniable.

Insensiblement donc, ce courant sapientiel récupère pour son compte l'inspiration prophétique et l'autorité qui lui est liée, car c'est désormais ces sages qui diront en clair la parole de Dieu scellée sous les énigmes. Nous pensons avoir montré comment, dans cette évolution, l'expérience onirique joua un rôle prépondérant, non seulement en tant que source de la connaissance des secrets divins, mais encore grâce à l'opportunité offerte par les songes d'exercer cette science interprétative, bien propre à donner à ces sages tout le prestige des prophètes qu'ils ont peu à peu remplacés.

A ce troisième niveau fonctionnel du songe, niveau anthropologique, il nous semble possible de rassembler prudemment quelques observations touchant à une conception plus globale du phénomène chez les Sémites de l'Ouest, mais qui, bien plus que des conclusions, apparaissent comme des jalons posés à une recherche future.

La conviction s'est peu à peu faite en nous, au fil de cette recherche, que l'onirisme auquel se réfèrent les sources écrites dont nous disposons, était aussi riche et varié – et peut-être même bien davantage – que ce que nous révèlent les études psychologiques, psychanalytiques et neuro-physiologiques modernes. La relative pauvreté du vocabulaire, ainsi que l'insuffisance de nos classifications (héritées des traités d'onirocritique de l'Antiquité) nous conduisent trop souvent à parler *du* rêve, alors qu'une diversité d'états oniriques pouvaient être désignés par le même mot. Nous l'avons montré à propos du songe prophétique, où un état onirique particulier semble avoir été signifié – cas exceptionnel – par un terme spécifique (*ḥzh*, et dérivés), et qui, malgré les apparences, ne devait pas se confondre avec ce que l'on nomme ailleurs «songe à message». Aussi serait-il préférable, à ce niveau anthropologique surtout, d'entendre par «songe» l'onirisme en général, c'est-à-dire tous les états de conscience autres que ceux caractérisés aujourd'hui par les tracés électro-encéphalographiques de la vigilance active (rythmes *bêta*, rapides et de peu d'amplitude).

En dehors de la valeur omineuse des rêves (objet de l'oniromancie), des songes prémonitoires (le plus souvent allégoriques), et de l'onirisme prophétique (où sont «vues» des paroles oraculaires), il semble que l'on ait aussi considéré le songe comme une source de la connaissance. On a vu que, dans les discours des amis de Job, parmi les allusions aux sources du savoir sapientiel (l'expérience, l'observation de la nature, la tradition des anciens) s'est glissé également l'appel à l'expérience onirique. Cependant, au contraire de ce que l'on observera ultérieurement, et dans l'apocalyptique notamment, ce savoir n'est pas théologique ou prophétique, mais pratique et moral. Les dialogues nocturnes de Balaam avec Dieu – sans doute sollicités par le prophète – n'ont d'autre but que de répondre à la question: que faire? comment faire? Le songe de Salomon dépeint pareillement la rencontre onirique avec la divinité comme l'occasion d'acquérir un savoir concret: l'art de gouverner.

Nous avons relevé également la valeur d'*expérience transformante* du songe, à propos de Jacob à Bethel en particulier, et parlé à ce sujet de sa *fonction initiatique*, en relation avec l'épisode de la rencontre au Yabboq. Le texte de Gen 28 est caractéristique de cette transformation opérée par l'expérience onirique: un lieu profane devient sacré, ou, plus exactement, la découverte dans le rêve de la sacralité du lieu, transforme le héros. C'est en réalité tout le cycle de Jacob que l'on peut lire comme un «parcours initiatique» où les deux épisodes de Bethel et de Penuel jouent un rôle clef. On ne parlera donc pas d'initiation au sens d'un rite de passage (car le songe n'apparaît nulle part associé à un tel rituel), mais de l'acquisition, à travers cette expérience, d'un savoir, d'une capacité ou d'une identité nouvelle.

On a parlé d'initiation également à propos du récit de vocation de Samuel, l'enseignement du vieux prêtre Eli, permettant au jeune *nazir* d'identifier la nature exacte de l'événement survenu dans son sommeil et, dans l'avenir, de le maîtriser. Dans le cas particulier, ce n'est pas l'expérience onirique seule qui est transformante, mais l'ensemble des faits vécus cette nuit-là (sommeil, appel, enseignement, éveil à une «conscience onirique», perception du message divin), qui s'avèrent transformants, et font du jeune *nazir* un *nabî* des temps nouveaux. A l'articulation de la seconde partie du récit (I Sam 3,15), l'éveil qui, ici encore, marque le passage entre la parole nocturne et la parole diurne, s'accompagne de l'ouverture des portes du sanctuaire, geste symbolique d'une seconde naissance de Samuel.

Il a été dit plus haut comment, en tant que procédé littéraire, le songe permet et favorise la disposition symétrique d'un récit, articulé autour d'un axe passant par l'éveil du rêveur. Nous avons remarqué que, dans les récits de Keret et de Jacob à Bethel, cet événement charnière, si bref soit-il, correspond à la prise de conscience, en état vigil, du rêve qui vient d'être vécu. Ce passage d'un état de conscience à l'autre est décrit synthétiquement par une formule du genre: «Il s'éveilla, et voici que c'était un rêve!» Cette constatation ne vaut évidemment pas pour le lecteur, mais pour le rêveur. C'est alors que peuvent être racontés, revécus ou rejoués analogiquement la situation ou les événements oniriques. Il est possible, en deçà d'une technique littéraire savamment travaillée, qu'on ait vécu le rêve comme un miroir de la réalité, un regard ouvert sur la face invisible des choses (Jacob), une conscience élargie aux dimensions d'une autre temporalité (Keret), autant d'aspects qu'évoque la structure symétrique de certains textes.

Bibliographie

Aarne A.-Thompsons, The type of the Folktale, Folklore Fellows Comm. 184, Helsinki, 1964.

Ackroyd P.R., The First Book of Samuel, CBC, Cambridge, 1971.

Ahlström G.W., Solomon, the Chosen One, HR 8/2, 1968, 93-110.

Aistleitner J., Mythologische und kultische Texte aus Ras Shamra, Budapest, 1959, 1963².

—, Wörterbuch der ugaritischen Sprache, Berlin, 1963, 1974⁴.

Albright W.F., The Oracles of Balaam, JBL 63, 1944, 207-233.

—, Yahweh and the Gods of Canaan, London, 1968.

Alt A., Die Weisheit Salomos, TLZ 76, 1951, 139-144, = Kleine Schriften zur Geschichte des Volkes Israel I, München, 1953, 90-99.

Alexander T.D., Are the Wife/Sister Incidents of Genesis Literary Compositional Variants? VT 42, 1992, 145-153.

Amsler S., La parole visionnaire des prophètes, VT 31, 1981, 359-363.

Badre L.et al., Notes ougaritiques I: Keret, Syr 53, 1976, 95-125.

Balmary M., Le sacrifice interdit. Freud et la Bible, Paris, 1986.

Barthelemy D., Critique textuelle de l'Ancien Testament, OBO 50, Fribourg-Göttingen, t. 2, 1986; t. 3, 1992.

Barthes R., La lutte avec l'ange: Analyse textuelle de Genèse 32,23-33, Analyse structurale et exégèse biblique, Neuchâtel, 1971,41-62.

Becker J., Gottesfurcht im Alten Testament, AnBib 25, Roma, 1965.

Berge K., Die Zeit des Jahwisten, BZAW 186, Berlin-New York, 1990.

Bernhardt K.H., Anmerkungen zur Interpretation des KRT-Textes aus Ras Schamra Ugarit, WZ(L).GS 5, 1955/56, 101-121.

Blenkinsopp J., Gibeon and Israel, SOTS Mon 2, Cambridge, 1972.

—, Did Saul Make Gibeon his Capital? VT 24, 1974, 1-7.

—, Abraham and the Righteous of Sodom, JJS 33, 1982, 119-132.

—, A History of Prophecy in Israel, Philadelphia, 1983.

Blum E., Die Komplexität der Überlieferung. Zur synchronen und diachronen Analyse von Gen 32,23-33, DBAT 15, 1980, 2-55.

—, Die Komposition der Vätergeschichte, WMANT 57, Neukirchen-Vluyn, 1984.

—, Studien zur Komposition des Pentateuch, BZAW 189, Berlin-New York, 1990.

Born A.Van den, Etude sur quelques toponymes bibliques II: Haggib'ah et Gib'on, OTS 10, 1954, 197-214.
Bottéro J., Symptomes, signes, écritures en Mésopotamie ancienne, dans Divination et rationalité, J.-P.Vernant (éd.), Paris, 1974, 70-197.
—, L'oniromancie en Mésopotamie ancienne, Ktema 7, 1982, 19-22.
—, L'épopée de Gilgameš, Paris, 1992.
Bottéro J. et Kramer S.N., Lorsque les dieux faisaient l'homme. Mythologie mésopotamienne, Paris, 1989.
Bouché-Leclercq A., Histoire de la divination dans l'Antiquité, 4 vol., Paris, 1879-1882, repr. Bruxelles, 1963.
Boyd Barrick W., The Funerary Character of «High-Places» in Ancient Palestine. A Reassessment, VT 25, 1975, 565-595.
Brekelmans C.H.W., Solomon at Gibeon, Von Kanaan bis Kerala, Fests. J.P.M. van der Ploeg, AOAT 211, Neukirchen-Vluyn, 1982, 53-59.
Briend J., Israël et les Gabaonites, La protohistoire d'Israël, E.-M. Laperrousaz (éd.), Paris, 1990, 121-182.
Bright J., Jeremiah, AB, New York, 1965.
Bron F., Recherches sur les inscriptions phéniciennes de Karatepe, Genève, 1979.
Bryce G.E., Omen-Wisdom in Ancient Israel, JBL 94, 1975, 19-37.
Budd P.J., Numbers, WBC 5, Waco, 1984.
Caillois R.-von Grunebaum G.E. (éd.), Le rêve et les sociétés humaines, Paris, 1967.
Campbell A.F., Of Prophets and Kings. A Late Ninth-Century Document (1 Samuel 1–2 King 10), CBQ Mon 17, Washington, 1986.
Caquot A., In splendoribus sanctorum, Syr 33, 1956, 36-41.
—, Les songes et leur interprétation selon Canaan et Israël, dans Les songes et leur interprétation, SO 2, Paris, 1959, 99-124.
—, L'initiation dans l'ancien Israël, dans Initiation. Studies in the History of Religions, Supp.to Numen X, Leiden, 1965, 119-133.
—, La divination dans l'ancien Israël, dans La divination, SO 9, Paris, 1968, 83-113.
—, Notes philologiques sur la légende ougaritique de Danel et d'Aqhat, Sem 37, 1987, 5-16.
Caquot A.-Sznycer M.-Herdner A., Textes ougaritiques I. Mythes et légendes, LAPO 7, Paris, 1974.
Caquot A.-Lemaire A., Les textes araméens de Deir 'Alla, Syr 54, 1977, 189-208.
Caquot A.-Tarragon J.M.de-Cunchillos J.L., Textes ougaritiques II. Textes religieux et rituels, correspondance, LAPO 14, Paris, 1989.

Cardascia G., Les lois assyriennes, LAPO 2, Paris, 1969.
Carlson R.A., David, the Chosen King. A Traditio- Historical Approach to the Second Book of Samuel, Stockholm-Uppsala, 1964.
Carroll R.P., Jeremiah, London, 1986.
Cassuto U., Daniel et son fils dans la tablette II D de Ras Shamra, REJ 105, 1939/40, 125-131.
—, A Commentary on the Book of Genesis, Jerusalem, 1964.
Cavalletti S., Sogno e profezia nell'Antico Testamento, RivBi, 1959, 356-363.
Cazelles H., Les Nombres, Paris, 1952.
—, Institutions et terminologie en Deut.1,6-17. SVT 15, 1966, 97-112.
—, 'UZR ugaritique et 'zr phénico-punique à travers des travaux récents, dans Atti del I Congr. Int. Studi Fenici e Punici, 1979), Roma, 1983.
—, mṭpṭ à Ugarit, Or 53, 1984, 177-182.
Charles R.H., A Critical and Exegitical Commentary on the Book of Daniel, Oxford, 1929.
Chary T., Aggée-Zacharie-Malachie, Paris, 1969.
Clark W.M., A Legal Background to the Yahvist's Use of «Good and Evil» in Genesis 2-3, JBL 88, 1969, 226-278.
Clines D.J.A., Job 4,13: A Byronic Suggestion, ZAW 92, 1980, 289-291.
Coats G.W., Rebellion in the Wilderness. The Murmuring Motif in the Wilderness Tradition of the Old Testament, Nashville-New York, 1968.
—, Balaam: Sinner or Saint? BiR 18, 1973, 21-29.
—, The Joseph Story and Ancient Wisdom: A Reappraisal, CBQ 35, 1973, 285-297.
—, From Canaan to Egypt. Structural and Theological Context for the Joseph Story, CBQ Mon 4, Washington, 1976.
—, Saga, Legend, Tale, Novella, Fable. Narrative Forms in Old Testament Literature, JSOTS 35, Sheffield, 1985.
Cohen D., Dictionnaire des racines sémitiques, Paris-La Haye, I, 1970; II, 1976.
Collins J.J., The Court-Tales in Daniel and the Development of Apocalyptic, JBL 94, 1975, 218-234.
—, Apocalypse: The Morphology of a Genre, collectif, Semeia 14, 1979.
—, Daniel and His Social World, Interpr 39, 1985, 131-143.
Coogan M.D., Stories from Ancient Canaan, Philadelphia, 1978.
Coote R., The Meaning of the Name Israel, HTR 65, 1972, 137-142.

Couffignal R., Le songe de Jacob. Approches nouvelles de Genèse 28,10-22, Bib 58, 1977, 342-360.
Cowley A., Aramaic Papyri of the Fifth Century B.C., Oxford, 1923.
Crenshaw J.L., Method in Determining Wisdom Influence upon «Historical» Literature, JBL 88, 1969, 129-142.
—, Prophetic Conflict. Its Effect Upon Israelite Religion, BZAW 124, Berlin-New York, 1971.
Cross F.M., Canaanite Myth and Hebrew Epic. Essays in the History of the Religion of Israel, Cambridge(Mass.)-London, 1973.
Crüsemann F., Der Widerstand gegen das Königtum, WMANT 49, Neukirchen, 1978.
Dahood M., S'RT «Storm» in Job 4,15, Bib 48, 1967, 544-545.
Daiches S., Balaam a Babylonian bâru, dans Hilprecht Anniversary Volume, Leipzig, 1909, 60-70.
Day J., The Daniel of Ugarit and Ezekiel and the Hero of the Book Daniel, VT 30, 1980, 174-184.
Delcor M., Les sources du Deutéro-Zacharie et ses procédés d'emprunt, RB 59, 1952, 385-411.
—, Yahweh et Dagan, ou le Yahwisme face à la religion des Philistins, d'après 1 Sam V, VT 14, 1964, 136-154.
—, Le livre de Daniel, Paris, 1971.
—, Le texte de Deïr 'Alla et les oracles bibliques de Bala'am, SVT 32, 1980, 52-73.
—, Balaam Patôrâh, «interprète des songes» au pays d'Ammon d'après Num. 22,5, Sem 32, 1982, 89-91.
Delorme J., A propos du songe de Jacob, dans A la rencontre de Dieu, Mémorial A.Gélin, Le Puy, 1961, 47-54.
Dement W.C., La psychophysiologie du rêve, dans Le rêve et les société humaines, R. Caillois-E.G.von Grunebaum (éd.), Paris, 1967, 64-91.
—, Dormir, rêver, Paris, 1981.
Demsky A., Geba, Gibeah and Gibeon – an Historico-Geographic Riddle, BASOR 212, 1973. 26-31.
Dennefeld L., Les discours d'Elihou, RB 48, 1939, 163-180.
Derousseaux L., La crainte de Dieu dans l'Ancien Testament, LD 63, Paris, 1970.
Deubner L., De incubatione, Leipzig, 1900.
De Vries S.J., Prophet against Prophet. The Role of Micaiah Narrative (1 Kings 22) in the Development of Early Prophetic Tradition, Grand Rapids, 1978.
—, 1 Kings, WBC 12, Waco, 1985.
Dhorme P., Le livre de Job, Paris, 1926.
Dick M.B., The Legal Metaphore in Job 31, CBQ 41, 1979, 37-50.

Dietrich M.-Loretz O., Der Prolog des KRT Epos, CTA 14 I 1-35, Wort und Geschichte, Fests.K.Elliger, AOAT 18, Neukirchen-Vluyn, 1973, 31-36.
—, Kerets Krankheit und Amtsunfähigkeit, UF 17, 1986, 123-127.
Dietrich M.-Loretz O.-Sanmartin J., Die Keilalphabetischen Texte aus Ugarit, AOAT 24, Neukirchen-Vluyn, 1976.
Dietrich W., David, Saul und die Propheten. Das Verhältnis von Religion und Politik nach den prophetischen Überlieferungen vom frühesten Königtum in Israel, BWANT 122, Stuttgart, 1987.
Donner H., Zu Gen 28,22, ZAW 74, 1962, 68-70.
—, Die literarische Gestalt der alttestamentlichen Josephsgeschichte, SBHlbg 1976/2, Heidelberg, 1976.
—, Die Verwerfung des Königs Saul, Wiesbaden, 1983.
Dressler H.H.P., Ugaritic UZR and Joel 1:13, UF 7, 1975, 221-225.
—, The Identification of the Ugaritic Dnil with the Daniel of Ezekiel, VT 29, 1979,152-161.
—, Problems in the Collation of the AQHT-Text, Column One, UF 15, 1983, 43-46.
Driver G.R.-Gray G.B., A Critical and Exegetical Commentary on the Book of Job, Edinburgh, 1921.
Durand X., Le combat de Jacob, Gn 32,23-33: Pour un bon usage des modèles narratifs dans L'Ancien Testament, Approches et lectures, Point Théologique 24, Paris, 1977, 99-115.
Durant J.-M., Archives épistolaires de Mari, I, ARM XXVI, Paris, 1988.
Dus J., Gibeon, eine Kultstätte des ŠMŠ und die Stadt des benjaminitischen Schicksals, VT 10, 1960, 353-374.
—, Die Geburtslegende Samuels 1.Sam. 1, Eine traditionsgeschichtliche Untersuchung zu I. Sam. 1-3, RSO 43, 1968, 163-194.
Dussaud R., Les découvertes de Ras Shamra et l'Ancien Testament, Paris, 1941^2.
Ehrlich E.L., Der Traum im Alten Testament, BZAW 73, Berlin, 1953.
Eichrodt W., Die Quellen der Genesis von neuem untersucht, BZAW 31, Giessen, 1916.
Eising H., Formgeschichtliche Untersuchung zur Jakobserzählung der Genesis, Emsdetten, 1940.
Eissfeldt O., Der Gott Bethel, ARW 28, 1930, 1-30, = Kleine Schriften I, Tübingen, 1962, 206-233.
—, Die Komposition der Bileam-Erzählung, ZAW 57, 1939, 212-241, = Kleine Schriften II, Tübingen, 1963, 199-226.
Elliger K., Der Jakobskampf am Jabbok. Gen 32,23 ff als hermeneutisches Problem, ZTK 48, 1951, 1-31, = Kleine Schriften zum AT, ThB 32, München, 1966, 141-175.

Engnell I., Studies in Divine Kingship in the Ancient Near East, Uppsala, 1943, 1967^{2}.
Euler K.F., Königtum und Götterwelt in den altaramäischen Inschriften Nordsyriens, ZAW 50, 1938, 272-313.
Fensham F.C., Legal Aspects of the Dream of Solomon. Fourth World Congress of Jewish Studies, 1, 1967, 67-70.
—, Remarks on Keret 26-43, JNSL 2, 1972, 37-52.
—, The Ugaritic Root ṯpṭ, JNSL 12, 1984, 63-69.
Festugière A.J., Artémidore. La clé des songes, traduction, Paris, 1975.
Finkel A., The Pesher of Dreams and Scriptures, RQu IV, 1963/64, 357-370.
Finkel J., A Mathematical Conundrum in the Ugaritic Keret Text, HUCA 26, 1955, 109-149.
Fishbane M., Composition and Structure in the Jacob Cycle, Gen.25:19-35:22, JJS 26, 1975, 15-38.
—, 1 Samuel 3: Historical Narrative and Narrative poetics, Literary Interpretation of Biblical Narratives II, K.R.R. Gros Louis (éd.), Abingdon, 1982, 191-203.
Fisher L.R. (éd.), Ras Shamra Parallels. The Texts from Ugarit and the Hebrew Bible, I, AnOr 49, Roma, 1972; II, AnOr 50, 1975.
Fohrer G., Das Buch Hiob, KAT XVI, Gütersloh, 1963.
—, Die Weisheit des Elihu, Hi 32-37, dans Studien zum Buch Hiob (1956-1979), BZAW 159, Berlin-New York, 1983, 94-113.
Fokkelman J.P., Narrative Art in the Genesis, Amsterdam, 1975.
Follet R., Sunâtûa damqâ, VD 32, 1954, 90-98.
Fowler M.D., The Israelite bâmâ: A Question of Interpretation, ZAW 94, 1982, 203-213.
Fraine J.de, L'aspect religieux de la royauté israélite, AnBib 3, Rome, 1954.
Fretigny R.-Virel A., L'imagerie mentale. Introduction à l'onirothérapie, Genève, 1968.
Freud S., Die Traumdeutung, 1929^{8}, Ges.Werke, II-III, 1942, trad. française de I. Meyerson et D. Berger, Paris, 1967.
Fritz V., Tempel und Zelt. Studien zum Tempelbau in Israel und zu dem Zeltheiligtum der Priesterschrift, WMANT 47, Neukirchen-Vluyn, 1977.
—, Salomo, MDOG 117, 1985, 46-67.
Fronzaroli P., Leggenda di Aqhat, Firenze, 1955.
Fuhs H.F., Sehen und Schauen: Die Wurzel ḥzh im Alten Orient und im Alten Testament. Ein Beitrag zum prophetischen Offenbarungsempfang, FzB 32, Würzburg, 1978.
Gall A.von, Zusammensetzung und Herkunft der Bileamperikope in Num 22-24, Giessen, 1900.

Garbini G., Li fonte citate nel «Libro dei Re», a proposito degli «Atti di Salomone», degli «Annali dei Re de Giuda» e degli «Annali dei Re d'Israele», Henoch 3, 1981, 26-46.
Gaster T.H., The Story of Aqhat, SMSR 12, 1936, 126-149.
—, Thespis. Ritual, Myth and Drama in the Ancient Near East, New York, 1950, 1961².
Geller S.A., The Struggle at the Jabbok: The Use of Enigma in a Biblical Narrative, JANES 14, 1982, 37-60.
Gibert P., Le récit biblique de rêve. Essai de confrontation analytique, Lyon, 1990.
Gibson J.C.L., Canaanite Myths and Legends, Edinburgh, 1977.
Gilbert M. (éd.), La sagesse de l'Ancien Testament, BETL 51, Louvain, 1979, 1990².
Ginsberg H.L., The North-Canaanite Myth of Anat and Aqhat, BASOR 97, 1945, 3-10; 98, 1945, 15-23.
—, Job the Patient and Job the Impatient, SVT 17. 1969, 88-111.
Gnuse R.K., A Reconsideration of the Form-Critical Structure in 1 Samuel 3: An Ancient Near Eastern Dream Theophany, ZAW 94, 1982, 379-390.
—, The Dream Theophany of Samuel. Its Structure in Relation to Ancient Near Eastern Dreams and its Theological Significance, New York-London, 1984.
Golka F.W., Zur Erforschung der Aetiologien im Alten Testament, VT 20, 1970, 90-98.
—, The Aetiologies in the Old Testament, VT 26, 1976, 410-428.
Gordis R., The Book of Job. Commentary, New Translation and Special Studies, New York, 1978.
Gordon C.H., Ugaritic Textbook, AnOr 38, Roma, 1965.
Görg M., Gott-König Reden in Israel und Ägypten, BWANT 105, Stuttgart, 1975.
Gosse B., Le «moi» prophétique de l'oracle contre Babylone d'Isaïe XXI,I-10, RB 93, 1986, 70-84.
Gray G.B., A Critical and Exegetical Commentary on Numbers, ICC Edinburgh, 1912².
Gray J., The Legacy of Canaan, SVT 5, Leiden, 1957.
—, I & II Kings, OTL, London, 1964, 1977³.
Greenfield J.C., Some Glosses on the Keret Epic, EI 9, 1969, 60-65.
Grelot P., Documents araméens d'Egypte, LAPO 5, Paris, 1972.
Griffiths J.G., The Celestial Ladder and the Gate of Heaven, Genesis XXVIII, 12 and 17, ET 76, 1964/65, 229-230.
—, The Celestial Ladder and the Gate of Heaven in Egyptian Ritual, ET 78, 1966/67, 54-55.

Gross W., Bileam. Literar- und Formkritische Untersuchung der Prosa in Num 22-24, STANT 38, München, 1974.
Gunkel H., Genesis übersetzt und erklärt, HAT I/1, Göttingen, 1917[4].
Ha J., Genesis 15. A Theological Compendium of Pentateuchal History, BZAW 181, Berlin-New York, 1989.
Habel N.C., The Form and Significance of the Call Narratives, ZAW 77, 1965, 297-323.
—, The Role of Elihu in the Design of the Book of Job, In the Shelter of Elyon, Essays in Honor of G.W.Ahlström, JSOTS 31, Sheffield, 1984, 81-98.
—, The Book of Job, OTL, London, 1985.
Hackett J.A., The Balaam Text from Deir ʻAlla, HSM 31, Chico, 1984.
—, The Dialect of the Plaster Text from Tell Deîr ʻAlla, Or 53, 1984, 57-65.
Hartman L.F.-Di Lella A.A., The Book of Daniel, AB 23, New York, 1978.
Heaton E.W., The Joseph Saga, ET 59, 1947/48, 134-136.
Hentschel G., Die Elijaerzählungen, Leipzig, 1977.
—, 1 Könige, NEB, Würzburg, 1984.
Herdner A., Corpus des tablettes en cunéiformes alphabétiques découvertes à Ras Shamra-Ugarit de 1929 à 1939, Mission de Ras Shamra, Tome X, Paris, 1963.
Hermann A., Die ägyptische Königsnovelle, LÄS 10, Glückstadt, 1938.
Hermisson H.J., Kakobskampf am Jabbok, Gen 32,23-33, ZTK 71, 1974, 239-261.
—, Observations on the Creation Theology in Wisdom, dans Israelite Wisdom, Theological and Literary Essays In Honour of S. Terrien, New York,1978, 43-57.
Herrmann S., Die Königsnovelle in Ägypten und Israel, WZ(L).GS 3, 1953/54, 51-62.
Herrmann W., Götterspeise und Göttertrank in Ugarit und Israel, ZAW 72, 1960, 205-216.
Hesse F., Hiob, ZBK AT 14, Zürich, 1978.
Hoftijzer J.-Van Der Kooij G., Aramaic Texts from Deir ʻAlla, Leiden, 1976.
Hoftijzer J.-Van Der Kooij G. (éd.), The Balaam Text from Deir ʻAlla Re-evaluated, Proceedings of the Int. Symp. (Leiden, 1989), Leiden, 1991.
Holladay J.S., The Day(s) the Moon Stood Still, JBL 87, 1968, 166-178.
Holladay W.L., Chiasmus, the Key to Hosea XII 3-6, VT 16, 1966, 53-64.

Horgan M.P., Pesharim: Qumran Interpretations of Biblical Books, CBQ Mon 8, Washington, 1979.

Horst F., Die Visionsschilderungen der alttestamentlichen Propheten, EvT 20, 1960, 193-205.

Hossfeld F.L.-Meyer I., Prophet gegen Prophet. Eine Analyse der alttestamentlichen Texte zum Thema: Wahre und falsche Prophet, BB 9, Fribourg, 1973.

Houtman C., What Did Jacob See in His Dream at Bethel? VT 27, 1977, 337-351.

—, Jacob at Mahanaim. Some Remarks on Genesis XXXII 2-3, VT 28, 1978, 37-44.

Humphrey W.L., A Life-Style for Diaspora: a Study of the Tales of Esther and Daniel, JBL 92, 1973, 211-223.

—, Joseph and his Family. A Literary Study, Columbia, 1988.

Husser J.-M., Deux observations à propos des rapports entre le texte de Deïr 'Alla (Combinaison I) et la Bible, The Balaam Text from Deir 'Alla Re-evaluated, J.Hoftijzer-G.Van Der Kooij (éd.), Leiden 1991, 273-281.

—, Le songe comme procédé littéraire: à propos de Gn 20, RevSR 65, 1991, 5-20.

—, Les métamorphoses d'un songe. Critique littéraire de Genèse 28,10-22, RB 98, 1991, 321-342.

Hvidberg-Hansen F.O., La déesse TNT. Une étude sur la religion canaanéopunique, Copenhague, 1979.

Hylander J., Der literarische Samuel-Saul Komplex, 1 Sam 1-15, traditionsgeschichtlich untersucht, Uppsala, 1932.

Ibrahim M.M.-Van Der Kooij G., The Archeology of Deir 'Alla Phase IX, The Balaam Text from Deir 'Alla Re-evaluated, J. Hoftijzer-G.Van Der Kooij (éd.), Leiden, 1991, 16-32.

Israël F., Réflexions méthodologiques sur le classement linguistique de DAPT, The Balaam Text from Deir 'Alla Re-evaluated, J.Hoftijzer-G.Van Der Kooij (éd.), Leiden, 1991, 305-317.

Jacob E., Prophètes et intercesseurs, De la Tôrah au Messie, Mélanges H.Cazelles, Paris, 1981, 205-217.

Jagersma H., The Tithes in the Old Testament, OTS 21, 1981, 116-128.

Janzen J.G., Samuel Opened the Doors of the House of Yahweh, JSOT 26, 1983, 89-96.

Jaroš K., Die Stellung des Elohisten zur kanaanäischen Religion, OBO 4, Fribourg, 1982^2.

Jenni E., «Kommen» im theologischen Sprachgebrauch des Alten Testament, Wort-Gebot-Glaube, Fests. W. Eichrodt, ATANT 59, Zürich, 1970, 251-261.

Jensen H.J.L., Reden, Zeit und Raum in Genesis 28,10-15, LingBib 49, 1981, 54-70.

Jepsen A., Nabi. Soziologische Studien zur alttestamentlichen Literatur und Religionsgeschichte, München, 1934.

Jeremias C., Die Nachtgesichte des Sacharja. Untersuchungen zu ihrer Stellung im Zusammenhang der Visionsberichte im Alten Testament und zu ihrem Bildmaterial, FRLANT 17, Göttingen, 1977.

Jeremias J., Theophanie. Die Geschichte einer alttestamentlichen Gattung, WMANT 10, Neukirchen-Vluyn, 1965.

Jirku A., Kanaanäische Mythen und Epen aus Ras Shamra-Ugarit, Gütersloh, 1962.

Jonge M.de, The Testament of the Twelve Patriarchs, Leiden, 1978.

Jouvet M., Le comportement onirique, Pour la Science 25, 1979, 136-152.

—, Le sommeil et le rêve, Paris, 1992.

Kalugila L., The wise King. Studies in Royal Wisdom as Divine Relation in the Old Testament and Its Environment, CBOTS 15, Lund, 1980.

Kammenhuber A., Orakelpraxis, Träume und Vorzeichenschau bei den Hethitern, Texte der Hethiter VII, Heidelberg, 1976.

Kapelrud A.S., Temple Building, a Task for Gods and Kings, Or 32, 1963, 56-62.

Kearney P.J., The Role of the Gibeonites in the Deuteronomic History, CBQ 35, 1973, 1-19.

Kelso J.L. et al., The Excavation of Bethel (1934-1960), AASOR 39, Cambridge, 1968.

Kenik H.A., Design for Kingship. The Deuteronomistic Narrative Technique in 1 Kings 3:4-15, SBL 69, Chico, 1983.

Kilian R., Die vorpriesterlichen Abrahamsüberlieferungen, literarkritisch und traditionsgeschichtlich untersucht, BBB 24, Bonn, 1966.

Klein H., Ort und Zeit des Elohisten, EvT 37, 1977, 247-260.

Koch K., Das Buch Daniel, EF 144, Darmstadt, 1980.

—, Is Daniel Also Among the Prophet? Interpr 39, 1985, 117-130.

Koenig J., La déclaration des dieux dans l'inscription de Deir 'Alla, I,2, Sem 33, 1983, 77-88.

Kramer S.N., Kingship in Sumer and Akkad: The Ideal King, Le Palais et la Royauté, XIXe RAI (Paris, 1971), Paris, 1974, 163-176.

Kselman J.S., A Note on Numbers XII,6-8, VT 26, 1976, 500-505.

Kühlewein J., Gotteserfahrung und Reifungsgeschichte in der Jakob-Esau-Erzählung, Werden und Wirken des Alten Testament, Fests. C. Westermann, Neukirchen-Vluyn, 1980, 116-129.

Kuntzmann R., Le symbolisme des jumeaux au Proche-Orient ancien, Paris, 1983.

Labat R.-Caquot A.-Sznycer M.-Vieyra M., Les religions du Proche-Orient asiatique, Paris, 1970.

Lacocque A., Le livre de Daniel, CAT XVb, Neuchâtel-Paris, 1976.

—, Aggée-Zacharie-Malachie, CAT XIc, Neuchâtel-Paris, 1981.

—, Daniel et son temps. Recherches sur le mouvement apocalyptique juif au IIe siècle avant Jésus-Christ, Genève, 1983.

Lalouette C., Textes sacrés et textes profanes de l'ancienne Egypte. I: Des Pharaons et des hommes, Paris, 1984; II: Mythes, contes et poésie, Paris, 1987.

Lambert W.G., Babylonian Wisdom Literature, Oxford, 1960.

Landes G.M., Jonah: A Masal? dans Israelite Wisdom, Theological and Literary Essays in Honor of S. Terrien, New York, 1978, 137-158.

Langlamet F., Pour ou contre Salomon? La rédaction prosalomonienne de 1 Rois 1-2, RB 83, 1976, 321-379; 481-528.

Largement R., Les oracles de Bile'am et la mantique suméro-akkadienne, Travaux Inst.Cath. 10, Paris, 1964, 37-50.

Lebrun R., Hymnes et prières hittites, Louvain-la-Neuve, 1980.

Le Déaut R., La nuit pascale. Essai sur la signification de la Pâque juive à partir du Targum d'Exode XI,42, AnB 22, Rome, 1963.

—, Le thème de la circoncision du coeur, Dt 30,6 Jr 4,4, dans les versions anciennes (LXX et Targum) et à Qumrân, SVT 32, 1980, 178-205.

Leibovici M., Les songes et leur interprétation à Babylone, dans Les songes et leur interprétation, SO 2, Paris, 1959, 63-86.

Lemaire A., Galaad et Makir, VT 31, 1981, 39-61.

—, Les écoles et la formation de la Bible dans l'ancien Israël, OBO 39, Fribourg-Göttingen, 1981.

—, Fragments from the Book of Balaam Found at Deir 'Alla, BAR 11, 1985, 26-39.

—, Les inscriptions de Deïr 'Alla et la littérature araméenne antique, CRAIBL 1985, 270-285.

—, L'inscription de Balaam trouvée à Deïr 'Alla: épigraphie, Biblical Archeology Today, Proceedings of the International Congress on Biblical Archeology (Jerusalem 1984), Jerusalem, 1985, 313-325.

—, Vers l'histoire de la rédaction des livres des Rois, ZAW 98, 1986, 221-235.

—, Les inscriptions sur plâtre de Deïr 'Alla et leur signification historique et culturelle, The Balaam Text from Deir 'Alla Re-evaluated, J.Hoftijzer-G.Van Der Kooij (éd.), Leiden, 1991, 33-57.

Lentzen-Deiss F., Das Motiv der «Himmelsöffnung» in verschiedenen Gattungen der Umweltliteratur des Neuen Testament, Bib 50, 1969, 301-327.

Lévêque J., Job et son Dieu, Paris, 1970.

—, La datation du livre de Job, SVT 32, 1981, 206-219.

Levine B.A., The Balaam Inscription from Deir 'Alla: Historical Aspects, Biblical Archeology Today, Proceedings of the International Congress on Biblical Archeology (Jerusalem 1984), Jerusalem, 1985, 326-339.

L'Hour J., Une législation criminelle dans le Deutéronome, Bib 44, 1963, 1-28.

Lichtenstein M., Dream-Theophany and the E Document, JANES 1/2, 1969, 45-54.

Lindblom J., Prophecy in Ancient Israel, Oxford, 1963.

Liver J., The Book of the Acts of Solomon, Bib 48, 1967, 75-101.

Loewenstamm S.E., The Seven-Day Unit in Ugaritic Epic Literature, IEJ 15, 1965, 121-133.

—, Ugarit and the Bible I, Bib 56, 1975, 103-119.

—, Comparative Studies in Biblical and Ancient Oriental Literatures, AOAT 204, Neukirchen-Vluyn, 1980.

Long B.O., The Problem of the Etiological Narrative in the Old Testament, BZAW 108, Berlin, 1968.

—, Prophetic Call Traditions and Reports of Visions, ZAW 84, 1972, 494-500.

—, Reports of Visions among the Prophets, JBL 95, 1976, 353-364.

—, 1 Kings, FOTL IX, Grand Rapids, 1984.

Lust J., A Stormy Vision. Some Remarks on Job 4,12-16, Bijdr 36, 1975, 308-311.

—, Balaam an Ammonite, ETL 54, 1978, 60-61.

Maag V., Zum Hieros Logos von Beth-El, Asiatische Studien 5, 1951, 122-133; = Kultur, Kulturkontakt und Religion, Göttingen, 1980, 29-37.

Macintosh A.A., Isaiah XXI. A Palimpsest, Cambridge, 1980.

Mac Kenzie J.M.L., Jacob at Peniel, Gen 32,24-33, CBQ 25, 1963, 71-76.

Margalit B., The Ugaritic Poem of AQHT. Text, Translation, Commentary, BZAW 182, Berlin-New York, 1989.

Martin-Achard R., Un exégète devant Genèse 32,23-33, Analyse structurale et exégèse biblique, Neuchâtel, 1971, 41-62.

Marzal A., The Provincial Governor at Mari: His Title and Appointment, JNSE 30, 1971, 186-217.

May H.G., The God of My Father. A Study of Patriarchal Religion, JBR 9, 1941, 155-158.

Mazar B., The Historical Background of the Book of Genesis, JNES 28, 1969, 73-83.
McAlpine T.H., Sleep, Divine and Human, in the Old Testament, JSOTS 38, Sheffield, 1987.
McCarter P.K., 1 Samuel, AB 8, New York, 1980.
—, The Balaam Text from Deir 'Alla: The First Combination, BASOR 239, 1980, 49-60.
McCarthy D.J., II Samuel 7 and the Structure of the Deuteronomic History, JBL 84, 1965, 131-138.
McKane W., A Critical and Exegetical Commentary on Jeremiah II, ICC, Edinburgh, 1986.
McKensie S.L., The Jacob Tradition in Hosea XII 4-5, VT 36, 1986, 311-322.
McNamara M., Nabonidus and the Book of Daniel, IrTQ 37, 1970, 131-149.
Merendino R.P., Das deuteronomische Gesetz. Eine literarkritische, gattungs- und überlieferungsgeschichtliche Untersuchung zu Dt 12-26, BBB 31, Bonn,1969.
Merrill A.L., The House of Keret: A Study of the Keret Legend, SEA 33, 1968, 5-17.
Mettinger T.N., King and Messiah. The Civil and Sacral Legitimation of the Israelite Kings, Lund, 1976.
Metzger M., Himmlische und irdische Wohnstatt Jahwes, UF 2, 1970, 139-158.
Meyer I., Jeremia und die falschen Propheten, OBO 13, Fribourg-Göttingen, 1977.
Michel W.L., Job in the Light of Northwest Semitic, vol. I, Rome, 1987.
Milik J.T., «Prière de Nabonide» et autres écrits d'un cycle de Daniel, RB 63, 1956, 407-415.
Millard A.R., The Celestial Ladder and the Gate of Heaven, Gen 28,12.17, ET 78, 1966/67, 86-87.
Miller P.D.-Roberts J.J.M., The Hand of the Lord. A Reassessment of the «Ark Narrative» of 1 Samuel, Baltimore-London, 1977.
Montgomery J.A., A Critical and Exegetical Commentary on the Book of Daniel, ICC, New York, 1927.
—, Ras Shamra Notes VI: The Danel Text, JAOS 56, 1936, 440-445.
—, A Critical and Exegetical Commentary on the Books of Kings, ICC, Edinburgh, 1951.
Moor J.C.de, The Seasonal Pattern in the Ugaritic Myth of Ba'lu, AOAT 16, Neukirchen-Vluyn, 1971.
Moor J.C.de-Dijkstra M., Problematical Passages in the Legend of Aqhâtu, UF 7, 1975, 171-215.

Moor J.C.de-Spronk K., Problematical Passages in the Legend of Kirtu, 1, UF 14, 1982, 153-171; 173-190.
Mosis R., Untersuchungen zur Theologie des chronistischen Geschichtswerkes, Freiburg im Br., 1973.
Mowinckel S., Die letzten Worte Davids, II Sam 23,1-7, ZAW 45, 1927, 30-58.
—, Der Ursprung der Bileamsage, ZAW 48, 1930, 233-271.
—, Psalmenstudien III, Amsterdam, 1961.
—, Israelite Historiography, ASTI 2, 1963, 4-26.
Mullen E.T.(Jr), The Divine Council in Canaanite and Early Hebrew Literature, HSM 24, Chico, 1980.
Müller H.-P., Magisch-mantische Weisheit und die Gestalt Daniels, UF 1, 1969, 79-94.
—, Der Begriff «Rätzel» im Alten Testament, VT 20, 1970, 465-489.
—, Mantische Weisheit und Apokalyptik, Congress Volume (Uppsala, 1971), SVT 22, 1972, 268-293.
Münderlein G., Kriterien wahrer und falscher Prophetie: Entstehung und Bedeutung im Alten Testament, Bern-Frankfurt, 1974, 1979².
Naveh J.,The Date of the Deir ʿAlla Inscription in Aramaic Script, IEJ 17, 1967, 256-258.
Neef H.D., Die Heilstraditionen Israels in der Verkündigung des Propheten Hosea, BZAW 169, Berlin-New York, 1987.
Nel P.J., The Structure and Ethos of the Wisdom Admonitions in Proverbs, BZAW 158, Berlin-New York, 1982.
Newman M., The Prophetic Call of Samuel, dans Israel's Prophetic Heritage, Essays in Honor of J.Muilenburg, London, 1962, 86-97.
Nickelsburg G.W.E.-Collins J.J.,éd., Ideal Figures in Ancient Judaism, Chico, 1980.
Niditch S.-Doran R., The Success Story of the Wise Courtier: A Formal Approach, JBL 96, 1977, 179-193.
Niehr H., Herrschen und Richten. Die Wurzel špṭ im alten Orient und im Alten Testament, FzB 54, Würzburg, 1986.
Nomoto S., Entstehung und Entwicklung der Erzählung von der Gefährdung der Ahnfrau, AJBI 2, 1976, 3-27.
Noth M., Überlieferungsgeschichtliche Studien I, Halle, 1943.
—, Israelitische Stämme zwischen Ammon und Moab, ZAW 60, 1944, 17-28.
—, Überlieferungsgeschichte des Pentateuch, Stuttgart, 1948.
—, Die Bewährung von Solomos «Göttlicher Weisheit», SVT 3, 1955, 225-237 = Gesammelte Studien zum Alten Testament II, München, 1969, 99-112.
—, Samuel und Silo, VT 13, 1963, 390-400.
—, Das vierte Buch Moses: Numeri, ATD 7, Göttingen, 1966.

—, Könige 1, BKAT IX/1, Neukirchen-Vluyn, 1968.
Obermann J., How Daniel was Blessed with a Son. An Incubation Scene in Ugarit, Supp. JAOS VI, New Haven, 1946.
—, Ugaritic Mythology. A Study of Its Leading Motifs, New Haven, 1948.
Oliva M., Vision y voto de Jacob en Betel, EstBi 33, 1974, 117-155.
—, Jacob en Betel. Vision y voto, Valencia, 1975.
Olmo Lete G. Del, La vocación del líder en el antiguo Israel: Morfología de los relatos biblicos de vocación, Salamanca, 1973.
—, Mitos y leyendas de Canaan según la tradición de Ugarit, Madrid, 1981.
—, Antecedentes cananeos (ugariticos) de formas literarias hebreo-biblicas, Simposio Biblico Español (Salamanca 1981), Madrid, 1984, 84-114.
—, Interpretación de la mitología cananea, Valencia, 1984.
Oppenheim A.L., The Interpretation of Dreams in the Ancient Near East, Transactions of the Am.Phil.Soc. N.S. 46/3, Philadelpia, 1956, 174-354.
—, Rêves divinatoires dans le Proche-Orient ancien, Le rêve et les sociétés humaines, R. Caillois-G.E. von Grunebaum (éd.), Paris, 1967, 325-334.
Osten-Sacken P.von der, Die Apokalyptik in ihrem Verhältnis zu Prophetie und Weisheit, München, 1969.
Otto E., Jakob in Bethel, ZAW 88, 1976, 165-190.
Pakozdy L.M. von, Theologische Redaktionsarbeit in der Bileam-Perikope, Num 22-24, Von Ugarit nach Qumran, Fests. O. Eissfeldt, BZAW 77, Berlin, 1958, 161-176.
Pardee D., An Emendation in the Ugaritic AQHT Text, JNES 36, 1977, 53-56.
Parker S.B., The Historical Composition of Krt and the Cult of El, ZAW 89, 1977, 161-175.
—, The Pre-Biblical Narrative Tradition. Essays on the Ugaritic Poems Keret and Aqhat, Atlanta, 1989.
Parlebas J., Remarques sur la conception des rêves et sur leur interprétation dans la civilisation égyptienne antique, Ktema 7, 1982, 19-22.
Paul S.M., Job 4,15 – A Hair Raising Encounter, ZAW 95, 1983, 119-121.
Perlitt L., Mose als Prophet, EvT 31, 1971, 588-608.
Petersen D.L., A Trice-Told Tale: Genre, Theme and Motif, BiR 18, 1973, 30-43.
—, The Roles of Israel's Prophets, JSOTS 17, Sheffield, 1981.

Pfeiffer R.H., Wisdom and Vision in the Old Testament, ZAW 52, 1934, 93-101.

Porten B., The Structure and Theme of the Solomon Narrative, 1 Kings 3-11, HUCA 38, 1967, 93-128.

Porteous N.W., Royal Wisdom, Wisdom in Israel, H.H.Rowley (éd.), SVT 3, Leiden, 1955, 247-261.

Preuss H.D., «...ich will mit dir sein!», ZAW 80, 1968, 139-173.

Pritchard J.B., Hebrew Inscriptions and Stamps from Gibeon, University of Pennsylvania, 1959.

—, Gibeon, where the Sun Stood Still, Princeton, 1962.

Procksch O., Das Nordhebräische Sagenbuch: die Elohimquelle, Leipzig, 1906.

—, Die Genesis, KAT I, Leipzig-Erlangen, 1924.

Puech E., Réponse à A.Lemaire, Biblical Archeology Today, Proceedings of the International Congress on Bibl Archeology (Jerusalem 1984), Jerusalem, 1985, 354-365.

—, Le texte «ammonite» de Deïr ʻAlla: Les admonitions de Balaʻam, première partie, La vie de la Parole, de l'Ancien au Nouveau Testament, Etudes offertes à P.Grelot, Paris, 1987, 13-30.

—, Approches paléographiques de l'inscription sur plâtre de Deïr ʻAlla, The Balaam Text from Deir ʻAlla Re-evaluated, J.Hoftijzer-G.Van Der Kooij (éd.), Leiden, 1991, 221-238.

Pury A.de, Promesse divine et légende cultuelle dans le cycle de Jacob, Paris, 1975.

—, (éd.), Le Pentateuque en question, Genève, 1989.

—, Osée 12 et ses implications pour le débat actuel sur le Pentateuque, Le Pentateuque, LD 151, Paris, 1992, 175-207.

Rabinovitz I., «Pêsher/Pittârôn». Its Biblical Meaning and its Significance in the Qumran Literature, RQu VIII, 1972/73, 219-232.

Rad G.von, Die falschen Propheten, ZAW 51, 1933, 109-120 = Gesammelte Studien zum Alten Testament II, München, 1973, 212-223.

—, Das jüdische Königsritual, TLZ 72, 1947, 211-216 = Gesammelte Studien zum AT I, München, 1958, 205-213.

—, Josephsgeschichte und ältere Chokma, Congress Volume (Copenhagen, 1953), SVT 1, 1953, 120-127.

—, Das erste Buch Mose: Genesis, ATD 2/4, Göttingen, 1949, 1972^9.

Redford D.B., A Study of the Biblical Story of Joseph (Genesis 37-50), SVT 20, Leiden, 1970.

Rehm M., Das erste Buch der Könige. Ein Kommentar, Würzburg, 1980.

Renaud B., La formation du livre de Michée, Paris, 1977.

—, La figure prophétique de Moïse en Ex 3,1-4,17, RB 93, 1986, 510-534.
—, Genèse et théologie d'Amos 3,3-8, Mélanges bibliques et orientaux en l'honneur de M. Henri Cazelles, AOAT 212, Neukirchen-Vluyn, 1981, 353-372.
—, Michée, Sophonie, Nahum, Paris,1987.
Rendtorff R., Das Überlieferungsgeschichtliche Problem des Pentateuch, BZAW 147, Berlin-New York, 1976, 1977².
—, Jakob in Bethel. Beobachtungen zum Aufbau und zur Quellenfragen in Gen 28,10-22*, ZAW 94, 1982, 511-523.
Resch A., Der Traum im Heilsplan Gottes, Freiburg im Br., 1964.
Ribichini S.-Xella P., La terminologia dei tessili nei testi di Ugarit, Roma, 1985.
Richter W., Traum und Traumdeutung im Alten Testament. Ihre Form und Verwendung, BZ 7, 1963, 202-220.
—, Traditionsgeschichtliche Untersuchungen zum Richterbuch, BBB 18, Bonn, 1963, 1966².
—, Zu den «Richtern Israels», ZAW 77, 1965, 40-71.
—, Das Gelübde als theologische Rahmung der Jakobsüberlieferungen, BZ 11, 1967, 21-52.
Rinaldi G., La porta aperta nel cielo, Ap 4,1, CBQ 25, 1963, 336-347.
Roberts J.J.M., Job's Summon to Yahweh: The Exploitation of a Legal Metaphore, RestQ 16, 1973, 159-165.
Rose M., Deuteronomist und Jahwist. Untersuchungen zu den Berührungspunkten beider Literaturwerke, ATANT 67, Zürich, 1981.
Rosenthal L.A., Die Josephsgeschichte mit den Büchern Ester und Daniel verglichen, ZAW 15, 1895, 278-285; ZAW 17, 1897, 125-128.
Ross J.F., Job 33:14-30: The Phenomenology of Lament, JBL 94, 1975, 38-46.
Rost L., Die Überlieferung von der Thronnachfolge Davids, BWANT 3/6, Stuttgart, 1926 = Das Kleine Credo und andere Studien zum AT, Heidelberg, 1965, 119-253.
—, Fragen um Bileam, Beiträge zur alttestamentlichen Theologie, Fests. W. Zimmerli, Göttingen, 1977, 377-387.
—, Die Bücher der Könige, Göttingen, 1984.
Rouillard H., La péricope de Balaam, Nombres 22-24, la prose et les oracles, Paris, 1985.
Rudolf W., Der Elohist von Exodus bis Joshua, BZAW 68, Berlin, 1938.
—, Jeremia, HAT 12, Tübingen, 1968³.
—, Joel-Amos-Obadja-Jona, KAT XIII/2, Gütersloh, 1971.

Rudolph W.-Volz P., Der Elohist als Erzähler: ein Irrweg der Pentateuchkritik?, BZAW 63, Giessen, 1933.

Rummel S., éd, Ras Shamra Parallels II, AnOr 51, Rome, 1981.

Ruppert L., Zur neueren Diskussion um die Josephsgeschichte der Genesis, BZ 33, 1989, 92-97.

Saebø M., Sacharja 9-14. Untersuchungen von Text und Form, WMANT 34, Neukirchen-Vluyn, 1969.

Safren J.D., New Evidence for the Title of the Provincial Governor at Mari, HUCA 50, 1979, 1-16.

Sales M., Possibilités et limites d'une lecture psychanalytique de la Bible, NRT 101, 1979, 699-723.

Sanmartin J., Ug. UZR und Verwandtes, UF 9, 1977, 369-370.

Satran D., Daniel: Seer, Philosopher, Holy Man, dans Ideal Figures in Ancient Judaism, G.W.E. Nickelsburg-J.J. Collins (éd.), Chico, 1980, 33-48.

Sauneron S., Les songes et leur interprétation en Egypte ancienne, dans Les songes et leur interprétation, SO 2, Paris, 1959, 17-62.

Sauren H.-Kestemont G., Keret roi de Hubur, UF 3, 1971, 181-222.

Schmid H., Die Gestalt Abrahams und das Volk des Landes, Judaica 36, 1980, 121-127.

Schmid H.H., Der sogenannte Jahwist. Beobachtungen und Fragen zur Pentateuchforschung, Zürich, 1976.

Schmidt H., Die Gestalt des Mose, Darmstadt, 1986.

Schmidt L., De Deo. Studien zur Literarkritik und Theologie des Buches Jona, des Gesprächs zwischen Abraham und Jahwe in Gen 18,22 ff und von Hi 1, BZAW 143, Berlin-New York, 1976.

—, Die alttestamentliche Bileamüberlieferung, BZ 23, 1979, 236-261.

—, Literarische Studien zur Josephsgeschichte, BZAW 167, Berlin-New York, 1986.

Schmidt W.H., Die deuteronomistische Redaktion des Amosbuches, ZAW 77, 1965, 168-193.

Schmidtke F., Träume, Orakel und Totengeister als Künder der Zukunft in Israel und Babylon, BZ 11, 1967, 240-246.

Schmitt H.C., Die nichtpriesterliche Josephsgeschichte, BZAW 154, Berlin-New York, 1980.

Schreiner J., Jeremia I, Würzburg, 1981.

Schulte H., Die Entstehung der Geschichtsschreibung im alten Israel, BZAW 128, Berlin-New York, 1972.

Schunk K.D., Benjamin. Untersuchungen zur Entstehung und Geschichte eines israelitischen Stammes, BZAW 86, Berlin, 1963.

Scott R.B.Y., Isaiah XXI,I-10; The Inside of a Prophet's Mind, VT 2, 1952, 278-282.

—, Solomon and the Beginning of Wisdom in Israel, Wisdom in Israel, H.H. Rowley (éd.), SVT 3, Leiden, 1955, 262-279.
—, Priesthood, Prophecy, Wisdom and the Knowledge of God, JBL 80, 1961, 1-15.
Seebas H., Der Erzvater Israel und die Einführung der Jahwehvererhrung in Kanaan, BZAW 98, Berlin, 1966.
Seierstad I.P., Die Offenbarungserlebnisse der Propheten Amos, Jesaja und Jeremia, Oslo, 1946, 1965².
Seitz G., Redaktionsgeschichtliche Studien zum Deuteronium, BWANT 13, Stuttgart, 1971.
Selms A.Van, Marriage and Family Life in Ugaritic Literature, London, 1954.
Seow C.L., The Syro Palestinian Context of Solomo's Dream, HTR 77, 1984, 141-152.
Seters J.Van, Abraham in History and Tradition, New Haven-London, 1975.
—, In Search of History. Historiography in the Ancient World and the Origin of Biblical History, New Haven-London, 1983.
Shafer B.E., The Root bhr and Pre-Exilic Concepts of Chosenness in the Herew Bible, ZAW 89, 1977, 20-42.
Shupak N., Some Idioms connected with the Concept of «Heart» in Egypt and in the Bible, Pharaonic Egypt, S. Israelit-Groll (éd.), Jerusalem, 1985, 202-212.
Sinclair L.A., An Archeological Study of Gibeah (Tell el-Fûl), (1954-56), AASOR 34/35, 1960, 5-52.
Skehan P.W.-Di Lella A., The Wisdom of Ben Sira, AB 39, New York, 1987.
Spronk K., The Legend of Kirtu (KTU 1.14-16). A Study of the Structure and its Consequences for Interpretation, The Structural Analysis of Biblical and Canaanite Poetry, W. Van der Meer-J.C. de Moor (éd.), JSOTS 74, Sheffield, 1988, 62-82.
Starcky J., Nouvelle épitaphe nabatéenne donnant le nom sémitique de Pétra, RB 72, 1965, 95-97.
Starcky J.-Savignac R., Une inscription nabatéenne provenant du Djôf, RB 64, 1957, 196-217.
Starcky J.-Strugnell J., Pétra: deux nouvelles inscriptions nabatéennes, RB 73, 1966, 236-247.
Steck O.H., Überlieferung und Zeitgeschichte in der Elia-Erzählungen, WMANT 26, Neukirchen, 1968.
Stein D., Une lecture psychanalytique de la Bible est-elle possible?, Concilium 158, 1980, 39-50.
—, Lectures psychanalytiques de la Bible, Paris, 1985.
Stockton E., Stones at Worship, AustJBA I/3, 1970, 58-81.

—, Sacred Pillars in the Bible, ABR 20, 1972, 16-32.
Stoebe H.J., Das erste Buch Samuelis, KAT VIII/1, Gütersloh, 1973.
Szczygiel P., Das Buch Hiob, übersetzt und erklärt, Bonn, 1931.
Talmon S., «Wisdom» in the Book of Esther, VT 13, 1963, 419-455.
Tadmor H.-Weinfeld M. (éd)., History, Historiography and Interpretation. Studies in Biblical and cuneiform literature, Jerusalem, 1983.
Tarragon J.M.de, Le culte à Ugarit, CRB 19, Paris, 1980.
Tfinkdji J., Essai sur les songes et l'art de les interpréter (onirocritie) en Mésopotamie, Anthropos 8, 1913, 505-525.
Thiel W., Die deuteronomistische Redaktion von Jeremia 1-25, WMANT 41, Neukirchen, 1973.
—, Die deuteronomistische Redaktion von Jeremia 26-45, WMANT 52, Neukirchen, 1981.
Thompson J.A., The Book of Jeremiah, Grand Rapids, 1980.
Thomson J.G., Sleep. An Aspect of Jewish Anthropology, VT 5, 1955, 421-433.
Thureau-Dangin F., Rituel et amulettes contre labartu, RA 18, 1921, 161-198.
Tosato A., The Literary Structure of the First Two Poems of Balaam, VT 29, 1979, 98-107.
Towner W.S., Poetic Passages of Daniel 1-6, CBQ 31, 1969, 317-326.
Trebolle Barrera J.C., Salomon y Jeroboan. Historia de la recension y redaccion de 1 Reyes 2-12,14, Salamanca-Jerusalem, 1980.
—, Historia del texto de los libros historicos e historia de la redaccion deuteronomistica (Jueces 2,10-3,6), dans Salvacion en la palabra, Memor. A. Diez Macho, D. Munoz Leon (éd.), Madrid, 1986, 245-255.
Trigt F.Van, La signification de la lutte de Jacob près du Yabboq, Genèse XXXII 23-33, OTS 12, 1958, 280-309.
Tsevat M., The Throne Vision of Isaiah, dans The Meaning of Book of Job and Biblical Studies, Dallas, 1980, 155-176.
—, Eating and Drinking, Hosting and Sacrificing in the Epic of Aqht, UF 18, 1986, 345-350.
Valentin H., Aaron. Eine Studie zu vor-priesterschriftlichen Aaron-Überlieferung, OBO 18, Fribourg-Göttingen, 1978.
Vanderkam J.C., The Prophetic Sapiential Origins of Apocalyptic Thought, A Word in Season, Essays in Honour of W.McKane, JSOTS 42, Sheffield, 1986, 163-176.
Vaughan P., The Meaning of «bâmâ» in the Old Testament. A Study of Etymological, Textual and Archeological Evidence, SOTS Mon 3, Cambridge, 1974.
Vaulx J.de, Les Nombres, Paris, 1972.

Veijola T., Die ewige Dynastie, Helsinky, 1975.
—, Das Königtum in der Beurteilung der deuteronomistischen Historiographie, Helsinky, 1977.
Vergote J., Joseph en Egypte, Louvain, 1959.
Virolleaud C., La légende phénicienne de Danel, Mission de Ras Shamra I, Paris, 1936.
—, La légende de Keret, roi des Sidoniens, Mission de Ras Shamra II, Paris, 1936.
Vogels W., Les récits de vocation des prophètes, NRT 95, 1973, 3-24.
Weimar P., Untersuchungen zur Redaktionsgeschichte des Pentateuch, BZAW 146, Berlin-New York, 1977.
Weinfeld M., Deuteronomy and the Deuteronomic School, Oxford, 1972.
—, Sarah and Abimelek, Genesis 20). Against the Background of an Assyrian Law and the Genesis Apokryphon, Mélanges bibliques et orientaux en l'honneur de M. Delcor, AOAT 215, Neukirchen-Vluyn, 1985, 431-436.
Weippert H. et M., Die «Bileam» Inschrift von Tell Der 'Alla, ZDPV 98, 1982, 77-103.
Weippert M., The Balaam Text from Deir 'Alla and the Study of the Old Testament, The Balaam Text from Deir 'Alla Re-evaluated, J. Hoftijzer-G. Van der Kooij (éd.), Leiden, 1991, 151-184.
Weiser A., Der Prophet Jeremia, ATD 20, Göttingen, 1952.
Wellhausen J., Die Composition des Hexateuch und der historischen Bücher des Alten Testament, Berlin, 1899[3].
Westermann C., Arten der Erzählung in der Genesis, Forschung am Alten Testament, TB 24, München, 1964, 9-91.
—, Genesis, BKAT I, Neukirchen, 2.Bd, 1981; 3.Bd, 1982.
Whitley C.F., The Deuteronomic Presentation of the House of Omri, VT 2, 1952, 137-152.
Whybray R.N., The Joseph Story and Pentateuchal Criticism, VT 18, 1968, 522-528.
—, The Intellectual Tradition in the Old Testament, BZAW 135, Berlin-New York, 1974.
Wicke D.W., The Structure of 1 Sam 3: Anathor View, BZ 30, 1986, 256-258.
Wikenhauser A., Doppelträume, Bib 29, 1948, 100-111.
Wildberger H., Jesaja, BKAT X/2, Neukirchen, 1978.
Willi T., Die Chronik als Auslegung, FRLANT 106, Göttingen, 1972.
Willi-Plein I., Prophetie am Ende. Untersuchungen zu Sacharja 9-14, BBB 42, Köln, 1974.
Willis J.T., An Anti-Elide Narrative Tradition from a Prophetic Circle at the Ramah Sanctuary, JBL 90, 1971, 288-308.

Wilson G.H., Wisdom in Daniel and the Origin of Apocalyptic, HAR 9, 1985, 373-381.
Wolff H.W., Das Kerygma des Jahwisten, EvT 24, 1964, 73-98.
—, Zur Thematik der elohistischen Fragmenten im Pentateuch, EvT 29, 1969, 59-72.
—, Dodekapropheton 1: Hosea, BKAT XIV/1, Neukirchen, 1976[3].
—, Dodekapropheton 2: Joel-Amos, BKAT XIV/2, Neukirchen-Vluyn, 1975[2].
—, Dodekapropheton 4: Micha, BKAT XIV/4, Neukirchen-Vluyn, 1982.
Würthwein E., Die Erzählung von der Thronfolge Davids. Theologische oder politische Geschichtsschreibung?, Zürich, 1974.
—, Die Bücher der Könige, I, ATD 11/1, Göttingen, 1977.
Xella P., I testi rituali di Ugarit I, Roma, 1981.
—, Gli antenati di Dio, Verona, 1982.
—, L'influence babylonienne à Ougarit d'après les textes alphabétiques rituels et divinatoires, dans Mesopotamien und seine Nachbarn, XXVe RAI (Berlin 1978), Berlin, 1982, 321-331.
Zimmerli W., Ezechiel, BKAT XIII/1-2, Neukirchen-Vluyn, 1969.
Zwi Werblowsky R.J., Stealing the Word, VT 6, 1956, 105-106.

Index

Index des textes étudies

Index des textes cités

Ex